教育部人文社会科学重点研究基地项目
"新技术革命与公共治理转型"(项目编号:16JJD630013)阶段性成果

●中山大学公共行政学丛书

中国新型城镇化发展 与城市区域治理创新

New Type Urbanization and Innovation in Urban and
Regional Governance in China

叶林——等著

中央编译出版社
Central Compilation & Translation Press

目 录

序言　新型城镇化与城市区域治理 …………………… 叶　林　1

第一篇　新型城镇化与城市群治理：京津冀地区的探索 ………… 1
京津冀协同发展的现实基础与推进前景 ……… 杨　龙　胡世文　3
新区域主义视角下京津冀协同治理创新 ………………… 曹海军　38
京津冀城市群协调发展历程的区域经济学
　　分析 ……………………………………… 孙　轩　周静文　61
基于 SNA 的京津冀都市圈地方政府协作治理
　　网络研究 ………………………………………………… 崔　晶　73

第二篇　城市—区域发展与府际治理：中国各大区域的实践 ……… 97
中国式区域管理：跨域治理的应用与限度
　　——以山东半岛城市群发展为例 …………………… 王佃利　99
跨域治理与区域一体化：长三角城市群地方政府跨域
　　合作与治理研究 ………………………… 申剑敏　朱春奎　130
江汉平原城市群网络化结构特征及其复杂性治理
　　研究 ……………………………………… 范如国　甄俊丽　152
基于制度演化视角的泛珠三角区域合作分析 ………… 谢宝剑　174

第三篇 新型城市区域治理的地方创新 197

规制理论视角下的治理转型与城市复兴

  ——以武汉市为例 …………………………… 王 磊 孙小鸽 199

"飞地式合作"与中国区域经济协调发展 …………… 柳建文 221

经济发达镇属地化管理：基于委托—代理

  的理论 …………………………………… 叶贵仁 连晓晓 235

分权的维度与社区公共文化发展：以韩国和

  中国为例 ……………………………………………… 蒋 绚 252

第四篇 新型城镇化与城市区域治理新议题 271

国家治理视野下省际流域生态补偿新思路

  ——以皖、浙两省的新安江流域为例 ……… 杨爱平 杨和焰 273

地方政府合作的府际协议网络测度与评价：

  泛珠三角的一项经验研究 ………………… 锁利铭 马 捷 289

我国城市区域发展评价的演进历程以及典型

  评价体系比较分析 ………………………… 喻 锋 颜丽清 311

区域内部地区间基本公共服务水平差异

  ——以广东省为例 ……………… 叶 林 杨宇泽 贾德清 329

后 记 ………………………………………………………………… 377

序言　新型城镇化与城市区域治理

叶　林

《国家新型城镇化规划（2014—2020年）》明确提出，"我国已进入全面建成小康社会的决定性阶段，正处于经济转型升级、加快推进社会主义现代化的重要时期，也处于城镇化深入发展的关键时期，必须深刻认识城镇化对经济社会发展的重大意义，牢牢把握城镇化蕴含的巨大机遇，准确研判城镇化发展的新趋势新特点，妥善应对城镇化面临的风险挑战"。化国家城镇化已经成为我国在新常态下建设富强、民主、文明、和谐的社会主义现代化国家，以及实现经济建设、政治建设、文化建设、社会建设、生态文明建设"五位一体"的小康社会的重要路径，蕴含着巨大的机遇和挑战。

根据联合国的最新统计，全球人口已经超过72亿，其中有52%的城市人口，这个比例在2020年将达到60%，特别是亚太地区，将成为全球城市化发展的热点区域。城市群是"二战"以后世界城市发展的主要形态，在全球范围内形成了美国大西洋沿岸城市群、五大湖城市群，欧洲的巴黎城市群、伦敦城市群、鲁尔工业区城市群和亚洲的东京周边等多功能集聚的城市群。这些城市群的城市化率均达到80%以上，占据各国乃至整个大陆的经济发展中心地位。这些城市群以特大型城市为中心，引领各国的经济社会发展。在2014年，全球形成了28个人口超过1000万的特大型城市，这些城市的总人口超过4.5亿，占全球城市人口的12%。① 以城市群为代表的新型城市区域的崛起成为全球城市化发展的重要趋势。

我国的城镇化在全球城市化的浪潮下走出了具有中国特色的道路。改革开放三十多年以来，我国经济社会高速发展，形成了珠江三角洲、长江三角洲、京津冀等传统的大都市群，近期又提出了打造长株潭城市群、海峡西岸城市群、中原城市群、环鄱阳湖城市群等大型城市群的规划。例如，以上海为中心的中国长江三角洲城市群包括上海市以及江苏、浙江和安徽的30个城市，面积约30万平方千米，人口超过1.7亿，以其仅占全国2.1%的国土面积，集中了全国四分之一的经济总量和四分之一以上的工业增加值。② 我国的《国家新型城镇化规划（2014—2020年）》明确提出将优化城镇化布局和形态作为重要政策，在空间布局上优化提升东部地区城市群、培育发展中西部地区城市群，从中央到地方建立城市群发展协调机制，促进各类城市协调发展，通过增强中心城市辐射带动功能，加快发展中小城市，有重点地发展小城镇，构建中心—外围结合的城市群布局，促进经济、社会和城乡的协调发展。在京津冀、长三角和珠三角等城市群迅猛发展成为国家重点发展战略后，我国又确定了成渝和长江中游国家级城市群，制定了优先开发环渤海、长三角和珠三角三个特大城市群和重点发展哈长、闽东南、江淮、中原、长江中游、关中平原、成渝、北部湾等八大城市群的城镇化战略目标。推进城市群的发展，已经成为我国新型城镇化建设的核心战略之一。

在通过发展新型城市区域推进我国的城镇化过程中，为了化解大量涌现的区域公共问题，处理好城市群发展的公共管理事务，国内公共管理学界将区域公共管理、区域治理、合作治理等理论大量应用于我国的区域实践，集中研究了大都市区和城市群治理、区域公共管理制度创

---

① 联合国2014年世界人口预测，http://esa.un.org/unpd/wup/。
② 刘士林、刘新静主编：《中国城市群发展报告2014》，东方出版中心2015年版。

新、流域治理、政府间竞争合作关系等问题。本书从新型城镇化与城市群治理、城市—区域发展与府际治理、新型城市区域治理的地方创新及城市区域治理新议题四个主题对新型城镇化发展与城市区域治理进行了具有理论和实践深度的探讨。

2014年2月26日举行的京津冀协同发展工作座谈会上，习近平总书记明确提出，"实现京津冀协同发展，是一个重大国家战略，要加快走出一条科学持续的协同发展路子来"，首次将京津冀协同发展上升到国家战略层面，对京津冀协同发展提出了具体的要求。由国家发改委牵头，三地参与制定了《京津冀协同发展规划纲要》，经过多次修改，2015年2月经过中央财经领导小组审议，2015年4月在中共中央政治局会议上通过。这进一步表明了城市群发展在我国城镇化进程中的战略地位。本书第一篇的四篇文章聚焦京津冀城市群，深入探讨发挥京津冀协同治理的顶层设计和制度创新的优势，说明推动京津冀乃至全国城市群的健康、快速、高效发展，将对我国的城镇化进程产生重大而深远的示范效应和典范意义。

南开大学的杨龙教授及其研究团队对京津冀地区内各城市的发展定位及愿景进行了详细的分析，提出了错位发展的体制与机制改革，将合作机制的创作，作为解决行政体制难以调整的一个重要途径，发挥人民代表大会的作用，通过各级人大联合立法，推进京津冀区域一体化。只有三地的工作目标从聚焦自身发展，转变到促进实现京津冀协同发展的功能定位上来，全面提升京津冀区域整体实力、竞争力、影响力，才能实现优势互补、密切合作、互利共赢和协同发展。

天津师范大学曹海军教授的研究发现，改革开放以后京津冀城市群的协同治理先后经历了"无序对抗阶段"（1980—2002年）、"理性对抗阶段"（2003—2013年）和正在步入的"合作协同阶段"（2014年至今）三个历史阶段。目前，京津冀区域治理模式尚未形成一个成熟规范的制度体系，仍处于构建阶段，制度建设落后于京津冀区域经济社会发展的需要，而且也比中国区域发展的整体进程要落后，其根本原因在于缺乏与此阶段发展相适应的顶层设计和制度创新。京津冀"三地四方"（京津冀和中央）政治结构和城市等级体系复杂，协同治理的推进既需要在中央层面成立高级别综合性区域发展议事协调机构，也需要构建有利于政府间协作的区域治理平台，由此推动城市群区域内部整合，建立事权统一的区域规划体系，形成有利于城市群协调发展的行政区划调整与兼并方案，推进城市群的空间协作组织与重组。同时，通过建立跨域性功能型政府，加强地方政府间的行政协议和区域性立法，建立公民和社会组织充分参与的平台。通过城市群治理中政府、市场与社会的"组合拳"，推进城市间的有序合作，开辟城镇化的新局面。

南开大学的孙轩和周静文从区域经济学视角，对京津冀地区多年来的协调发展效果进行了深入的定量分析后发现，京津冀区域资产投资分析结果、区域经济产出分析结果与京津冀区域协调发展历程相结合，主要区域经济发展指标曲线的走势正好与城市群协调发展的不同阶段相对应。通过经济、市场领域开放合作带来的区域协调发展效果已经释放殆尽，必须通过更深层次的协调、协作才能进一步促进京津冀区域的协调发展。

中央财经大学政府管理学院的崔晶副教授以区域协作治理理论为基础，运用社会网络分析方法（Social Network Analysis，SNA）对京津冀地区13个地方政府协作网络的点度中心度、中间中心度、接近中心度等指标进行测量。通过凝聚子群分析和Ucinet软件所描绘的可视化协作网络，揭示该地区内部组成结构的状态和城市成员之间的互动方式，分析京津冀区域协作网络的演变趋势。研究结果表明，京津冀都市圈地方政府协作网络的整体网络密度不高，但呈现出协作网络愈来愈紧密、辐射联系越来越多的演化趋势。北京和天津作为两大核心城市，在京津冀都市圈中的辐射作用正逐渐显现，但二者的发展还受制于河北各个地方政府的发展状况。河北省环京津的四个地级市，承德、保定、廊坊、张家口等利用地缘优势，积极与北京市和天津市进行对接，接受中心城市的外溢性，成为京津冀都市圈新兴的凝聚子群。但目前京津冀都市圈的多中心网络结构还未形成，网络内协同效应还不明显。在这个意义上，京津冀都市圈亟需构建整体性协作治理的信任机制、多元治理机制和利益分配与补偿机制，提升都市圈协作网络的整体治理绩效，从而实现区域协同发展。

在对京津冀地区进行了深入探讨的基础上，本书的第二篇将研究进一步延伸到我国其他主要城市群的城市—区域发展与府际治理。山东大学的王佃利教授通过对山东半岛的区域发展和城镇化政策的深入分析，提出了"中国式区域治理"的理论模式。将治理理论应用于城市群合作中，成为解决各种跨界问题的可行思路。但是，我国语境下的跨域治理与治理理论所主张的去中心化与分权、多中心网络、竞争性合作、弥合政治与行政的分立，具有很大的理论和现实差距。现实中中国的城市群合作，更多的是在政府主导、行政推进、社会组织缺位的情形下发展的。因此，审慎地认识跨域治理主张的合理性，以及治理实践如何可能，不仅能够更加合理地把握治理理论的发展，也能够更加客观地分析和判断我国的政策实践。

长江三角洲是我国跨域合作治理发展最早的地区，在20世纪90年代就尝试建立健全跨域治理机制，寻求有效的跨域治理模式。自1980年行政性分权后，长三角地区在区域经济由纵向运行系统向横向运行系统转变的过程中，出现了以邻为壑的地方本位主义和地方保护主义，由行政单元高度分割带来空间管理破碎化问题，由此引发了与日俱增的跨域公共议题。解决跨越行政区划的问题，需要地方政府间加强合作，探索有效的跨域治理模式和机制。上海政法学院的申剑敏博士和复旦大学的朱春奎教授的研究聚焦长三角城市政府合作，从初始条件、结构、治理、过程、结果五个维度出发，系统分析以长三角协调会为主要载体的城市政府合作和机制。通过对长三角从20世纪90年代开始的跨城市协调合作十余年的跟踪研究，总结了由省市主要领导峰会的"决策层"负责战略、常务省市长形成的战略贯彻"协调层"和政府部门间专题委员会的"执行层"三个层面的协调机制。这种经济协调会作为一种非制度化的倡导式协调机构，不具有统一性和权威性，在与各地政府的利益相冲突时，很难做出明确的决策。同时，协调会也不具备共同行动的强有力机制，城市间形成的共同决议很难真正得到落实。因此，如何针对跨域公共事务，在中央与地方府际关系、地方政府间关系、政府与社会关系的复杂条件下，透过跨层次整合与战略互动关系，共同强化彼此服务的意义与目标，达到共商解决跨域公共事务的目的，是以长三角为代表的城市群跨域合作与治理的未来发展方向。

武汉大学的范如国和甄俊丽运用复杂社会网络分析和城市引力模型，以江汉平原城市群 14 个城市间的经济联系为主要依据，对江汉平原城市群的网络结构属性特征进行实证分析。研究发现江汉平原城市群经济关联初步具备了网络化规模，但核心城市特征不明显，没有形成多中心城市网络协同发展格局。江汉平原城市群作为长江中游最富裕的地区之一，应该成为"长江经济带"发展重要的依托，需要通过提高江汉平原城市群内各城市间的关联度，优化与扩展其网络协同功能；改善江汉平原城市群内网络化层次结构，形成多中心协同联系；构建适合网络化发展的江汉平原城市群治理机制，加快区域一体化进程，实现江汉平原城市群网络化、协同发展的战略。

暨南大学的谢宝剑博士从制度演化的角度对泛珠三角区域的合作进行分析后发现，在现阶段，泛珠三角区域的省际合作机制中，更多的是对区域的审批和指导功能，存在协调和监督约束力不足的相对缺陷。这些问题导致省际合作机制难以发挥更好的效果，因此，在省际合作机制设计上要突出全面性、规范性和联动性。面对诸如环境污染、突发事件、公共安全等区域公共问题，应当对缺乏实质内容的协议进行梳理和完善，对跨区域公共事务联动过程中的权责划分，法律责任等进行界定,逐步健全泛珠三角区域合作中的利益与责任划分、制度保障和决策程序。

本书的第三篇介绍了城市区域治理的地方创新经验。武汉大学的王磊副教授及其研究团队通过梳理国内外城市治理演化的进程理论,借助规制理论关于积累体制和规制模式之间耦合关系的分析框架,指出城市治理转型的实质是为了在城市尺度上使规制模式更好地适应积累体制的变化。随着城市成为积累的场所和全球竞争的主体,城市治理与城市发展之间的关系日益密切,而以复兴城市为研究对象,更有利于揭示城市治理转型的动因、条件和特征。以武汉的城市治理转型为例,武汉在全国城市发展格局中相对落后,在国家和湖北省治理格局的转型为其提供的空间和支持下,城市治理转型通过市区政府间关系的重新划分,政府、市场和社会的共同治理,以及多中心格局的构建,努力适应经济全球化和新型城镇化积累体制的要求,从而实现繁荣的城市复兴。

南开大学的柳建文博士针对我国地方政府推进区域协调发展的一种新尝试——"飞地合作",进行了深入的研究。与传统的地方合作模式相比,这种合作方式以一方向另一方让渡部分或全部经济事务管辖权为特征,突破行政区划的限制,以经济发达地区输出技术和项目,欠发达地区提供土地进行开发,或是经济落后地区把引进的项目安排在经济发达地区来运作为主要模式。这种实践可以有效调动合作各方的积极性,缓解环境保护与经济发展之间的矛盾。依据欠发达地区不同的发展条件,可采取的合作模式有"外飞地式合作"和"内飞地式合作",前者适用于生态条件脆弱、开发成本大的地区;后者适用于地理区位和经济基础相对较好的地区。为鼓励欠发达地区开展飞地合作,需要加强顶层设计,包括法律制定、政策引导和资金扶持等。飞地合作的最终目的是促进人的发展,不能仅从经济指标出发对"飞地合作"进行判断和评估,还要注重飞地可能带来的社会、政治、文化效应。

华南理工大学的叶贵仁副教授及其研究团队分析了我国经济发达地

区的属地化管理模式。在这种管理模式下，地方政府所拥有的事权、财权和行政编制等都受到了地域和人口条件的限制，而这些因素恰恰是推动城镇化发展的重要公共行政资源。我国城乡二元制的城镇化道路使基层政府一方面承担着城镇化带来的地方发展任务和提供公共服务的任务，另一方面，传统的官僚体制使得他们不得不承担上级政府下放的各项任务，基层政府在重负之下职能的实现受到阻碍，由此引发复杂的管理问题。委托代理理论为分析经济发达镇的属地化管理困境提供了良好的视角。我国当前政治制度环境和地方政府的政治利益驱动是该委托代理行为失灵的重要原因，具体表现为象征性赋权、任务结构分化和消极的变通行为等。需要通过促进上下级政府职责异构，提升镇级政府社会管理与服务职能以及完善激励与监督机制等途径探寻属地化管理困境的解决路径，推动城镇化的健康发展。

城镇化发展的重要内容之一是基本公共服务的城乡一体化。高质量的文化服务作为城市社会的标志之一，是我国在城镇化进程中亟须解决的公共政策问题。中山大学的蒋绚博士通过对我国和韩国公共文化服务的供给理念、模式和政策的对比，提出了在城镇化的进程中推动我国社区文化自治。在微观设施层面，改善文化自治的文化设施管理。在中观地方层面，通过政府与社会的合作，实现多主体参与，加快民间力量发展，壮大自治主体，实现良好的文化治理结构，保障社区文化自治和政府公共文化服务供给的共同实现，从而培育支持社区文化自治的条件。在宏观国家层面，通过可持续性的社区文化自治建设，在全球化背景下在社区层面承担文化发展的责任，使民族文化得以延续繁荣，实现文化强国的梦想。

本书的最后部分提出了新型城镇化发展过程中涌现的城市群治理问题新动向。比如，环境治理是我国城镇化发展的重要内容。华南师范大学的杨爱平教授及其研究团队立足于国家治理的理论视角，以皖、浙两省的新安江流域生态补偿试点为例，从价值、主体、功能、结构四个维度对当前省际流域生态补偿存在的主要问题进行了分析，提出了省际流域生态补偿的新思路；主张强化中央政府在省际流域生态补偿中的制度供给与责任分担，构建政府、市场、社会多元主体协同参与的流域生态补偿机制，建立健全多元组合的流域生态补偿体系，探索流域生态补偿的民主协商机制。

成都电子科技大学的锁利铭和马捷教授提出地方政府治理形态正在从行政区行政、区域行政向区域治理转变，地方政府在面临区域发展模式转变的过程中要在多主体参与、多层次支撑、多领域合作以及多合作区重叠的区域合作环境中理性决策、科学发展。通过应用社会网络分析工具对泛珠江三角合作区在7个政策领域签署的191个协议的深入分析后发现，非经济领域的合作正在成为区域合作的重点；地理位置和资源互补性影响了合作的范围和规模。这些研究成果指出了我国区域合作的最新趋势和前沿问题。

随着我国城镇化进程的深入，我国区域经济的发展经历了从均衡发展到协调发展的转变。伴随着区域政策的变迁，城市区域发展评价也出现了阶段性和多样性的类型区分。华南理工大学的喻锋和颜丽清通过梳理我国城市区域发展评价的五个阶段，分析了我国通过区域竞争力、区域一体化、区域可持续发展、区域科学发展到新型城镇化阶段的评价指标发展过程。研究发现指标体系数量与质量指标日趋复合化，对城市区域发展的评价不再局限于单纯的城市人口、GDP等单一比重指标，而是考虑了城市区域的发展特性和发展需求，建立复合型的评价体系，同时包含了城市区域发展水平的传统指标和新的综合型指标，并由两者的协调程度来衡量和确定城市区域发展的整体发展水平。指标选取与层级更加科学，遵照全面性、层次性、可比性与可操作性等原则，并且都从新时期城市区域发展的多样化内涵出发。指标在内容设置上也更加体现出全面性，指标涉及的方面众多，包含GDP、产业结构、恩格尔系数、住房面积、人均绿地面积、医疗保障水平、每万元GDP能耗、空气指数等，涉及经济、政治、社会、环境、生态等各方面。评价方法逐步实现多样性，城市区域发展评价更多趋向于构建综合性评价指标，根据所用评价区域的特点，综合采用包括专家评价法、经济分析法等在内的多样化的测评工具。区域政策评价指标体系的演进，彰显了我国政府在通过区域发展推进城镇化进程中的"价值追求、激励驱动和结构性变革的动力"。

中山大学的叶林教授及其研究团队针对整体上经济较为发达的广东省内部各区域的基本公共服务差异的最新趋势进行了分析。广东省地域广阔，各地区具有不同的发展特点和优势，但其区域发展差异也是十分明显的，社会经济的非均衡发展导致最富和最穷的地方同时出现在广东的格局。原广东省委书记汪洋曾经表示，发展不平衡是广东科学发展最突出的短板，全国最富裕的地区在广东，经济最落后的地区也在广东。通过构建系统的基本公共服务均等化评价指标体系，本章对广东省在2000—2012年间的6大方面指标和16个单项指标进行了变异系数的收敛分析。数据研究结果显示广东省内各地区间基本公共服务差距整体趋于缩小，但各地区间的绝对差距仍然较大，广东省珠三角地区与珠三角外围地区的公共服务差距明显，并且个别公共服务项目，如社会保障指数、公共文化指数，仍有较大波动或地区差距不断扩大的趋势。区域内部公共服务的差异问题将成为我国城市群治理的新问题。

可以看出，经过过去三十多年的高速发展，我国的城市群已经成为新型城镇化进程的重点模式和核心战略。《国家新型城镇化规划（2014—2020年）》提出了优化提升东部地区城市群、培育发展中西部地区城市群、建立城市群发展协调机制、促进各类城市协调发展的总体方针，根据土地、水资源、大气环流特征和生态环境承载能力，优化城镇化空间布局和城镇规模结构。城市与区域治理的创新对政府的治理体系和治理能力提出了挑战。本书的各章节既讨论了从中央到地方对城市区域治理的战略、方针和政策，也讨论了我国各大区域城市间合作的实践经验和地方治理创新,并对日益涌现的城市区域治理新方向和新问题进行了前瞻性的探讨。希冀此书的研究结论和发现为我国的城镇化转型和城市区域治理提供有益的探索和借鉴。

叶　林

2017年5月于千禧花园

第一篇

新型城镇化与城市群治理：京津冀地区的探索

京津冀协同发展的现实基础与推进前景[*]

杨 龙 胡世文[**]

【摘要】 北京作为首都的唯一性，天津属于区域内的特大型城市，以及河北被京津所分隔的现实特点导致京津冀间的竞争大于合作，产业同构和重复建设严重，市场要素流动受阻，首都面临严重的大城市病。《京津冀协同发展规划纲要》的制定与实施明确了京津冀三地的发展定位，为京津冀协同发展指明了方向。未来京津冀协同发展战略的有效推进不仅需要在京津冀行政区划、财税、市场管理和行政考核等体制层面加强改革，而且还需要推动京津冀协同发展的协调、决策、执行和监督机制改革，并构建京津冀协同发展的法律法规体系。

自 2014 年 2 月中央提出京津冀协同发展战略以来，从中央部委到京津冀三地政府，均开始积极推进京津冀的合作，三地的区域合作有了明显的进展。由国家发改委牵头，三地参与制定了《京津冀协同发展规划纲要》（以下简称《规划纲要》），经过多次修改，2015 年 2 月经过中央财经领导小组审议，2015 年 4 月在中共中央政治局会议通过。《规划纲

---

[*] 基金项目：国家社会科学基金重大项目"区域政策创新与区域协调发展研究"（编号：13&ZD017）。

[**] 杨龙，南开大学周恩来政府管理学院教授；胡世文，南开大学周恩来政府管理学院博士生。

要》明确了京津冀三地的具体功能定位，三地需要按照《规划纲要》的要求调整各自的定位。不仅京津冀三地已有的区域定位和发展战略均不是按照三地协同的区域概念制定的，而且相关的大部分中央部委原有的职能也没有包括促进京津冀的区域合作，所以这些部委也需要按照《规划纲要》的要求，调整各自的职能。在调整地方发展定位和部门职能的同时，还需要改革或建立三地和相关部委的管理体制和协调机制，以适应京津冀协同发展的需要。

一、京津冀三地以往的发展定位

京津冀地缘相接，地域一体，交往半径相宜，本应形成密切的区域合作，但是改革开放三十多年以来三地间竞争多于合作，带来一系列恶果。由于三地各自在自己的辖区内谋划发展，组织经济，管理市场，导致该地区存在严重的产业同构，人才、资本、技术等市场要素的自由流动遭遇行政壁垒，区域范围内的环境恶化。

（一）北京：作为首都具有唯一性

通常一个国家的首都由于其唯一的政治地位和独有的城市功能，都被设为特别行政区，如美国的华盛顿特区、韩国的首尔特别市。北京虽然是中国大陆四个直辖市之一，但其显然与另外三个直辖市明显不同。北京的独特之处主要是它作为国家的首都。

第一，北京具有独特的政治地位。一是北京的政治地位高。中央政府和全国人大等国家领导机构、执政党的中央机构、军队的总部等国家最高领导和管理机构、外国驻华的使馆、国际组织的代表处都设在北京。北京作为中国的政治中心，其政治地位高于其他省级行政区。这方面突出的表现是北京市委书记一直是中共中央政治局委员。中共中央政治局通常有二十余名委员，十八届中央政治局里除了四个直辖市之外，只有广东和新疆的书记是政治局委员。在中共中央机关各部，只有宣传部和组织部的部长才是政治局委员。在国务院，只有副总理以上的领导才是政治局委员，国务委员也都不是政治局委员。全国人大常委会副委员长里只有兼任全国总工会主席的才是政治局委员，全国政协的副主席均不是政治局委员。① 根据中国共产党党章规定，中央政治局和它的常务委员会在中央委员会全体会议闭会期间行使中央委员会的职权。由此可见，北京市委书记在党和国家领导层的地位不仅高于大多数省委书记，而且高于国务院各部委的首长。

二是北京影响中央政府政策的能力远大于其他地方。这方面主要表现为北京的领导、干部和市民与国家领导人、中央机关的干部接触的机会和途径远远多于其他地方的领导和居民。国家领导人和中央机关的干部和工作人员都是北京市民，中央机关的驻地在北京行政区内，实际上北京市里除了市政府，还有中央政府。党中央的机关、中央政府的部委等中央权力机关都只有管理国家事务的宏观职能，不具备社会管理、公共服务等微观职能，中央权力机关运转和人员活动所需要的社会管理、公共服务等由其所在地——北京来提供，实行属地管理。中央权力机关的生存和安全依赖北京提供的服务和保障，北京的基础设施状况和公共管理水平直接影响到中央权力机关的存在状况，出于维持部门运转和发展的需要，各类中央权力机关也会在北京有所投入，因此中央机关与北京市有一种相互依赖关系。从这个意义上，北京市对中央政府施以影响，要比其他地方容易得多，北京从中央部门得到的资源也会多于其他省级政府。

第二，北京的城市负担过重。北京作为首都和政治中心的身份及其附带的独特政治地位和政治能力导致三个结果：一是北京的功能太集中。由于中央机关全部位于北京，所以北京负有向承担这些全国性功能的中央机关提供服务的责任。多年来北京负有"四个服务任务"，即为

---

① 全国人大常委会副委员长、全国政协副主席、国务委员的行政级别为副国级，省委书记为正部级，因此本文讲的政治地位，不是指行政级别。

中央党政军机关的工作服务、为国家的国际交往服务、为科技和教育的发展服务、为改善人民群众的生活服务。仅第一类中央机关的数量，截至2010年有中共中央机关57个，国家机构1940个，人民政协和民主党派机构33个，群众团体、社会团体和宗教组织2067个。仅这些机构的从业人员31.8万，相当于一个县城的人口。① 为了完成这四项服务任务，需要大量的人力物力和财力，资金方面，除了从中央政府得到财政转移支付，主要靠北京自身的财政收入。为了获取财政收入，特别是税收，北京必须有能够创造利润的产业，因而不可能没有经济功能。

除了国家权力机关都在北京之外，科技、文化、教育的全国性或最高水平的机构或组织也集中在北京，跨国公司驻华的代表处、国内大型企业的总部，特别是国有企业，也主要设在北京。北京不仅是中国的政治中心、国际交往中心，也是中国的科技教育和文化中心；由于中国大陆实行政府主导型发展模式，北京也有经济管理中心的功能。

二是北京的规模过大。多种中心功能的叠加使得北京日益需要较大的城市空间，注定会发展成特大型城市。自1949年被确定为中国的首都以来，北京的地域面积不断扩大，昌平、房山、顺义、通县、大兴、石景山等原河北省的县陆续并入北京。北京的面积在国内四个直辖市里排名第二，而排名第一的重庆包含大面积的农村地区。在京津沪这三个城区面积大于乡村的直辖市里，北京最大，经济总量全国排名第一的上海，城区面积仅为北京的三分之一左右。②

三是交通压力大。众多中央机关在北京市内的布局分散，来往公务

---

① 天津市人民政府驻京办事处、天津市人民政府研究室：《借重首都资源》，天津人民政府研究室，2013年。
② 重庆的面积为8.2万平方公里，远大于北京（1.7万平方公里）、天津（1.2万平方公里）、上海（6430平方公里），重庆下辖21个区，17个县，乡村面积远大于城市，重庆的城乡格局类似一个省（天津下辖13区3县，上海下辖16区1县，北京下辖14区2县1个经济开发区）。（以上数据截至2014年10月）

的人流和车流大，造成市内交通压力大。不仅市内人流和车流大，而且外地来京的人和车也多，以至于北京常年限制外地车进京的数量。为了满足众多中央机构和总部的建设需要，满足人员流动的需要，北京城区只能以"摊大饼"的方式发展，通勤距离不断加大，进一步加大了北京交通设施的负荷。

由于全国的人流物流都集中在北京，使得国家的交通基础设施建设也是以北京为中心，飞机航线网、铁路网、公路交通网等都是以北京为中心。这使得很多情况下，往返国内外和往返国内不同地方的人和物资，都要到北京中转。这些途经北京的人流和物流大大增加了北京交通基础设施的负担，北京的城市扩张是为了满足北京之外的国内地区对境外和外地交通的需要，北京的火车站不断增加，客运站已经达到四个；机场也已经饱和，正在开始建设新机场；环线高速公路早已有了六环路，已经开始谋划七环路了。这种多重中心功能重叠的情况，使得国内和国际上的人流物流信息持续向北京集中，累积至今的结果是城市规模过大，"城市病"丛生。国际上的首都从城市功能的角度可以分为单功能与多功能两类。单功能的首都以国家的政治中心为主，可能同时也是文化中心，其典型代表是美国的华盛顿。多功能的首都不仅是国家的政治中心、文化中心，还具备经济中心等功能，伦敦、东京、首尔等都是这类首都。[1] 北京属于多功能首都，但是北京的城市功能过多，已经成为北京的负担。

第三，北京独有的区域意识和自我定位。首先，北京的战略视角是全国为先的。全国的人流物流信息流集中到北京，再向各地发散。北京市最近自身界定的政治中心、文化中心、国际交往中心、科技创新中心这四个核心功能，都是面向全国的。在中国大陆，首都与各地的关系包

---

[1] 戴宏伟、宋晓东：《首都城市发展模式的比较分析及启示》，载《城市发展研究》，2013年第6期。

括两个方面，一是北京服务于各地，各地也需要首都；二是各地服务于北京，首都的需要是高于其他地方的，集全国之力在发展北京。作为首都，北京必须首先完成的是作为全国中心城市的功能，然后才会考虑其他功能。北京优先考虑的是如何面向全国，然后才是如何面向区域。这种城市的地位使得北京在与其他城市或地方政府发展关系的时候，是以北京为中心的。在北京的府际关系概念里，首要的是北京与全国的关系，其次才是北京与所属经济区域的关系。北京与其他城市和省进行合作的时候，要服务于北京核心功能的实现。北京首先需要保证的是作为全国中心这一首都功能的实现，其在区域内的地位和功能要以首都功能的发挥为基础。北京作为全国的中心，对周边地区及全国的聚集和吸附作用明显，而向周边地区的扩散很少。由于北京一直不作为区域的中心，京津冀区域合作因而一直难以推进。因此，要实现京津冀的协同发展，北京需要更多地从区域的角度考虑自身的发展。

其次，北京对其他行政区有所需求的时候，可以通过要求中央支持的方式，而不是通过与其他行政区的协商来解决。这是首都"一地两政府"的特点所决定的，由于中央政府位于北京，在基础设施、能源消费、环境保护等与居民生活密切相关的领域，北京的需求与中央政府自身运转的需要高度一致，这些领域的跨行政区域性事务的解决，中央政府会"出手"。如根据中央政府的安排，在2014年11月北京举办APEC会议期间，为了提高北京的空气质量，河北停产限产企业达到8430家，停工工地5825家。①

北京的行政管理事务也与中央政府的机关管理事务有重合，北京的事情也因此有可能由中央政府出面解决。比如外地政府和企业在北京设立办事处过多，导致寻租现象一事，就是根据国务院办公厅2010年出

---

① 人民网：《河北副省长杨崇勇：望拉平京津冀三地政策差距》，http://politics.people.com.cn/n/2014/1126/c1001-26097287.html（访问时间：2015年4月5日）。

台的《关于加强和规范各地政府驻北京办事机构管理的意见》进行清理的。在半年多的时间，除保留 50 家省级政府（包括计划单列市、副省级城市和新疆生产建设兵团）及经济特区政府驻京办事机构和 296 家地市级政府驻京办事机构外，撤销驻京办事机构 625 家。[①] 北京在服务中央机关的同时，可以借助中央机关的资源，这是其他地方政府无法做到的。

再次，北京的机构设置与其城市功能相适应。为了完成服务中央政府的任务，在北京市政府办公厅里设对外联络服务办公室，负责中央国家机关、中央在京企事业单位和其他省市的综合协调服务，以及日常联系和交流工作。其中服务中央国家机关、中央在京企事业单位是排在前面的任务。利用"部市会商"机制，北京市实现与中央政府部委的协作。

（二）天津：区域内特大型城市

天津历来是中国的重要城市，1949 年 11 月被设为中央直辖市，1958 年至 1966 年一度由直辖市改为省辖市，作为河北省省会，此阶段天津的辖区最大，如 1960 年曾下辖过 14 个县。1967 年天津恢复直辖市，辖区缩小。1973 年以来，辖区和面积稳定下来，没有明显的扩大。在京津冀地区以及整个华北地区，天津也是首位级城市，由于东北没有超过天津的大城市，所以在中国的北方，天津是仅次于北京的首位级城市，是该地区除北京之外唯一的特大型城市。

第一，紧邻首都的直辖市。中国的国土广阔，直辖市却只有四个，而其中的两个相距仅 120 公里，这就是北京与天津，在方圆 22 万平方公里（整个京津冀地区）的区域内并存两个人口超千万的特大型城市，国际上非常罕见。天津与北京只是在两个分开的地方交界，其他部分两地

---

① 崔静：《国务院机关事务管理局：严禁被撤驻京办变相存在》，载《人民日报》，2010 年 11 月 10 日。

间隔着河北的行政区域，因此天津与北京一样，被河北省环抱。①

首先，天津是高级别的省级行政区。国家对天津的定位很高，作为为数不多的直辖市之一，天津市的最高领导人中共天津市委书记多数情况下是中央政治局委员，天津市委书记在党和国家领导层的地位高于其他省委书记和国务院各部委领导。② 虽然天津与北京的最高领导人同为政治局委员，但由于国家领导机关全部坐落在北京，因此天津没有"地主性"的便利，其对中央政府的影响力明显低于北京。

其次，天津的发展空间受到北京的挤压。天津是区域性经济中心城市。在环渤海、华北区域，天津因其制造业发达和国际一流的港口，具有带动区域经济的能力和服务区域内要素流动的能力。天津距离北京仅120公里，铁路和高速公路的水平世界一流，交通上的便利使得天津具有国内其他地区没有的优越条件。1949—1978年，计划经济时代北京逐渐发展为工业城市，国民生产总值自1953年开始，就超过了天津，但是两地的经济总量差距不算大，而且计划经济时代的分工和供应体系使得天津与北京可以并行发展（见图1）。改革开放以来，地方获得发展经济的自主权，北京占尽首都的地利，发展速度明显加快。1978年到2013年北京GDP一直超过天津，20世纪80年代后期以来，北京GDP明显高于天津（见图2）。

作为中国北方除了北京之外唯一的直辖市，又是中国北方唯一的特大型城市，天津曾长期希望成为中国北方的经济中心。但是天津的北方经济中心的地位一直遇到一些城市的挑战，如大连、青岛、沈阳等计划单列市和省会城市。随着十八届三中全会以来国家区域发展战略的调整，天津目前不再提建成中国北方经济中心的口号了。

---

① 天津的蓟州区与北京的平谷区交界，天津的武清区与北京的大兴区交界。
② 近年来只有党的十五届中央政治局没有天津的委员，孙春兰在天津市委书记任内（2014）调往中共中央统战部，目前天津没有政治局委员。

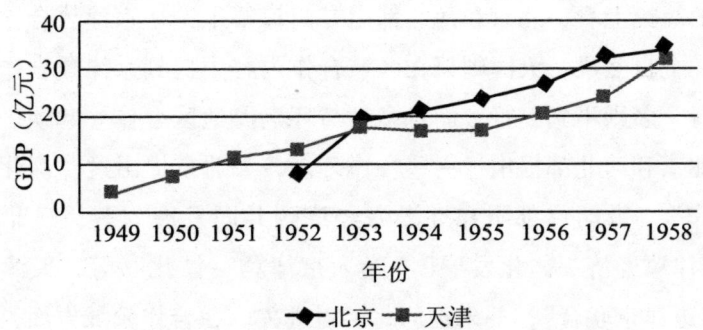

图1　北京市与天津市地区生产总值对比图（1949—1958）

数据来源：根据新中国成立60年北京经济发展数据解读新闻发布会［EB/OL］. 首都之窗，http://www.beijing.gov.cn/zbft/szfxwfbh/wz/t1078211.htm，2009-07-28. 和天津市统计年鉴（2000）整理所得。

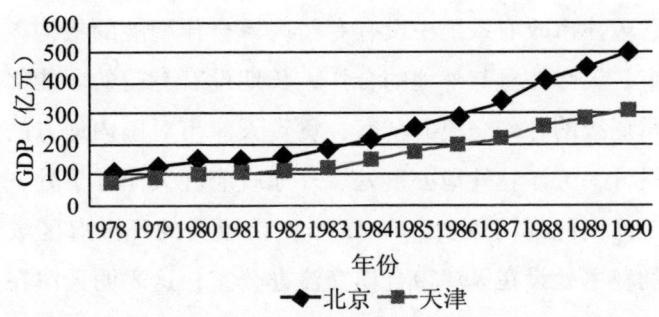

图2　北京市与天津市地区生产总值对比图（1978—1990）

数据来源：根据《北京统计年鉴》（2013）和《天津统计年鉴》（2000）整理所得。

第二，天津在区域中定位的尴尬。首先，天津在京津冀区域合作中的态度不甚明朗。按照首位城市的规律，天津在京津冀区域不是唯一的中心城市，因而无法确定其对区域的带动和辐射的作用。这一点可以从京津冀三地迄今15年连续三个五年规划中关于区域合作内容的比较看出。在对待京津冀地区合作的态度上，京冀远比天津积极。从这三个五年规划的篇幅上看，北京和河北都用专门篇幅来论述京津冀合作，内容至少占一个自然段。天津则只在区域合作内容中提到京津冀合作，少则不到一行，多则不到三行，而且多是与环渤海地区合作一起谈。从内容上看，北京和河北都提出过一些合作理念，如北京提出过"深化京津冀区域合作""带动首都圈和环渤海经济圈共同发展"等，河北省提出"促进京津冀经济一体化发展""融入京津冀一体化"等，天津只提出"积极推进津京联合"，并未把河北涵盖进去。在合作领域方面，北京提出与津冀加强在产业结构调整、交通体系构建、资源开发利用、生态环境保护、区域社会发展、区域合作机制创新等方面合作；河北提出加强区域间产业分工与协作、跨区域基础设施建设、加强生态环境建设与协作、与京津共建高新技术产业带等。天津则没有具体论及京津冀合作的内容，只是依然沿用"环渤海区域"的概念。①

其次，天津市政府系统中设有专司区域合作职能的机构。作为区域性中心城市，天津注意与外地的合作，长期设有专门的职能部门。在市政府设有司局级的合作交流办公室，负责天津市对国内地方的合作。根据其职能设计，天津驻外地办事处、外地政府驻天津办事处、天津的对口支援等工作由此部门负责。有45个城市成员的环渤海区域合作市长联席会议的秘书处设在天津市合作交流办公室，这表明天津在一定程度上被认同为环渤海乃至周边更大范围的中心城市。作为综合经济管理部门，天津市发展改革委设有地区经济处，负责天津与周边地区的经济合

---

① 京津冀三地具体规划内容参见北京市发展和改革委员会：《北京市国民经济和社会发展第十二个五年规划纲要》，http://www.bjpc.gov.cn/fzgh_1/guihua/12_5/sewghgy/（访问时间：2014年11月5日）；天津市发展和改革委员会：《天津市国民经济和社会发展第十二个五年规划纲要》，http://www.tjdpc.gov.cn/zwgk/fzgh/ztgh/index_1.shtml（访问时间：2014年11月5日）；河北省发展和改革委员会：《河北省国民经济和社会发展第十二个五年规划纲要》，http://gov.hebnews.cn/2011-03/21/content_1772364.htm（访问时间：2014年11月5日）。

作事宜。另外，作为京外的地方政府，天津在北京设有驻京办，但是它直属天津市政府办公厅，不属于合作交流办公室管辖范围，且与合作交流办公室平级。作为京津冀区域性中心城市，天津在河北省会石家庄没有设立天津办事处。

天津市政府在关于区域合作的机构设置方面比较齐全，且明显多于北京市政府，但是天津在规划中常年不提京津冀区域合作。这反映出天津把与外地政府的合作当作日常工作，而不作为长期发展战略考虑。

（三）河北：被京津所分隔

河北省位于华北地区的中心地带，环抱北京和天津，自古即是京畿要地。河北是个典型的省级行政区，下辖 11 个地级市、22 个县级市、108 个县、6 个自治县。河北省面积大（18.88 万平方公里），具有广阔的农村地区，全省人口多（7333 万人）。

第一，东部地区的"西部"。首先，河北仅为普通的省级政府。中共河北省委书记从来没有成为中央政治局委员。河北省的省委书记兼任省人大常委会主任，省级政治机构的集权程度高。在京津冀三地里，河北省的行政区划变动最大，天津曾一度并入河北省，并成为省会（1958—1966），这段时间为河北省面积最大的时期。另一方面，河北一些县先后并入北京。1966 年以后天津设为直辖市，河北的面积缩小，并被北京和天津嵌入。服务首都和服务天津一直是中央政府给河北的任务，河北在制定发展战略的时候，不能把自身的发展作为首要的目标。在京津冀区域内，河北居于从属性地位，其重要性也在京津之下。例如近年来出现了河北省省长曾经连续三任都工作不到两年就调离的现象，郭庚茂的任期为一年半（2006 年 10 月—2008 年 4 月），继任的胡春华的任期只有一年九个月（2008 年 4 月—2010 年 1 月），之后陈全国的任期仅为一年七个月（2010 年 1 月—2011 年 8 月）。连续三位最高行政首长不能干满任期，一方面影响到河北省工作的连续性，另一方面导致河北省的区域发展战略在这段时间内频繁变动。郭庚茂任省长时期，认为在京津冀一体化发展过程中河北省不能仅仅处于从属地位，而应该在产业布局上进行合理分工，从而实现三赢。他指出"环京津贫困带"现象，提出建设沿海经济社会发展强省的目标，提出"河北省沿海经济隆起带"战略。但是郭省长仅仅担任了一年半省长，胡春华主政以后，重点加强与京津间的务实合作，不在沿海地区发展。他提出依托环京津、环渤海区位优势，打造冀东、冀中南两大新经济增长极的区域发展战略。一年九个月以后省长换为陈全国，他再次提出沿海发展战略。与前两任领导不同的是，陈省长强调了河北要按照中央的要求为京津提供各种服务，在为首都服务中发展壮大河北经济。①

其次，河北与京津二地的发展差距较大。《中国大陆省域经济综合竞争力发展报告（2011—2012）》指出，2011年北京、天津的经济综合竞争力分别位居全国第四、第七位，处于第一梯队；而河北省经济竞争力则仅为第十三位，处于第二梯队。② 京津冀三地处在现代化的不同阶段，北京整体实现了现代化，中心城区及部分地区已经进入后现代化阶段，天津整体接近实现现代化，而河北还处于现代化的中期。

第二，地理上的"环绕"与"分隔"。首先，河北的发展不得不服从北京和天津的需要。河北省与北京和天津的地理关系与国内相邻省之间的关系不同，河北与京津不是简单的相邻，而是环抱北京和天津，其中北京完全被河北包围，天津除了海岸线部分，也被河北环抱。北京与天津分别在东南和东北两个局部接壤，中间形成了河北省的一块"飞

---

① 具体参见：《河北"本土"省长 郭庚茂调任河南》，载《21世纪经济报道》（广州），2008年4月8日；熊剑锋、马晓芳：《河北省长郭庚茂：京津冀要合理分工平等错位》，载《第一财经日报》，2008年3月6日。高兴翔：《河北新任省长胡春华刷中国官员最年轻纪录》，http://www.xinhuanet.com/chinanews/2009-01/22/content_15530497.htm（访问时间：2014年12月5日）；周楠：《陈全国在河北省十一届人大三次会议上的政府工作报告》，载《河北日报》，2010年1月13日。

② 李建平：《中国大陆省域经济综合竞争力发展报告（2011—2012）》，社会科学文献出版社2013年版。

地"。这种地理格局使得与京津发生联系的首先是河北省内环绕北京和环绕天津的市县，这些市县与北京和天津的经济交往和人员交往多且频繁，受到北京和天津的影响很大，与省内其他市县的发展战略和政策有所区别，形成了环北京经济区和环天津经济区。

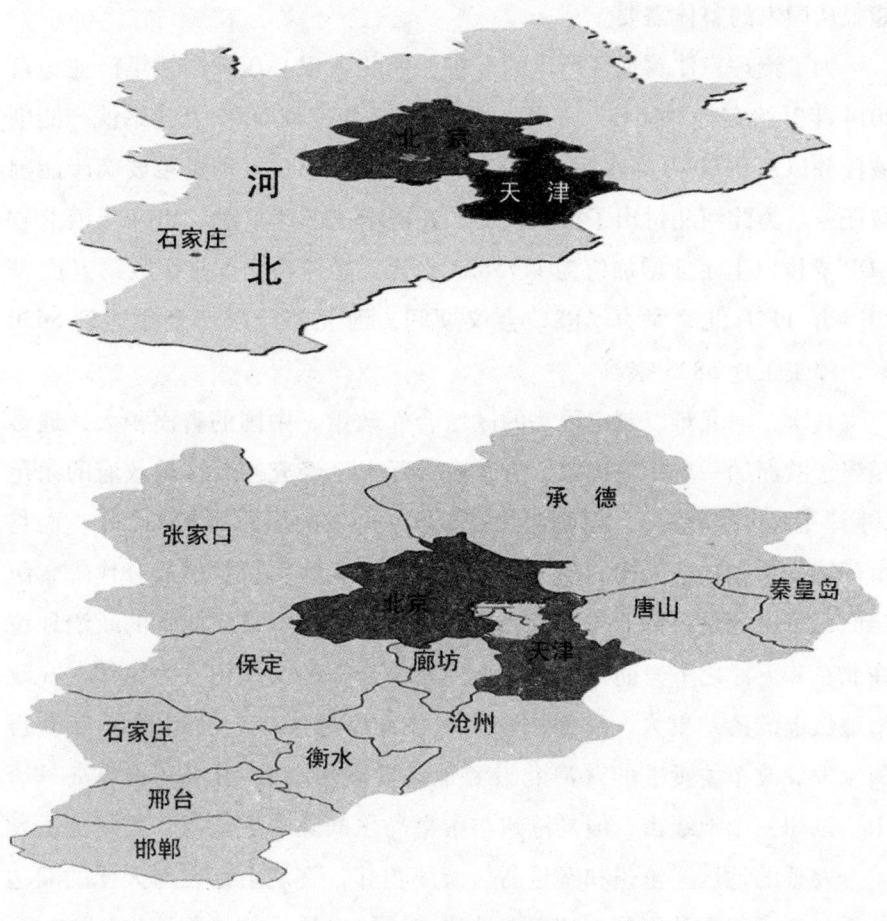

图3　京津冀地区地图

由于距离首都近，环北京周边的河北的县市可以得到北京发展带来的发展机遇。但同时作为北京的腹地，在确保北京水源和大气环境方面，河北做出了巨大的牺牲。华北是我国缺水的地区，多年来尽管河北自身也缺水，但是为保证北京的日常用水，河北不得不减少用水。北京周边的河北农民实行"稻改旱",张承地区禁止开发,目的是保护其原始自然环境,以作为北京的"防护林"和"蓄水池"。处于北京安全屏障的京北和京西的一些地区被设为军事禁区,如河北的张家口和涿州部分地区,不但不能开发,甚至不允许开放。为了保障国家安全,河北只能服从国家的整体需要。

为了治理京津冀地区严重的雾霾,河北下狠心压减高污染产业,自2014年开始实行"6643"工程,拟到2017年完成6000万吨钢铁产能削减任务以及6100万吨水泥、4000万吨标煤、3600万重量箱玻璃产能削减任务。为此河北付出了很大代价,经济增速迅速下滑。2014年河北省GDP规模以上工业增加值为11758.3亿元,增速在全国排倒数第五位。① 2014年11月北京举办APEC会议期间,河北停产限产企业达到8430家,停工工地5825家。②

其次,河北难以制定统一的区域合作政策。中国的省面积大,通常相当于欧洲的一个中等国家,省政府实际上已经充当着区域政府的角色(京津不是区域政府)。但是河北省难以从全省的层面与京津合作,而是由环绕北京和环绕天津的市县分别与北京和天津实行具体的合作。省级层面可以做的是政策上与北京和天津协调一致。本来河北省的政治地位在北京和天津之下,而与北京和天津具体合作的又以市县为主体,在政治地位上的落差更大,从而增加了合作的摩擦成本。例如2011年获得国家发展改革委批准的《河北沿海地区发展规划》,其涵盖秦皇岛、唐山、沧州三个地级市,但是沧州与秦皇岛之间隔着天津市,实际上不是一个完整的地区。沧州和秦皇岛与天津相邻,客观上存在与天津的双边关系,由于双方分别是直辖市和地级市,缺乏平等的谈判地位,影响到

---

① 陕西省信息中心:《2014年全年全国各省(市区)主要经济指标完成情况》,http://www.sei.gov.cn/ShowArticle.asp?ArticleID=247434(访问时间:2015年3月22日)。

② 刘然:《河北副省长杨崇勇:望拉平京津冀三地政策差距》,http://politics.people.com.cn/n/2014/1126/c1001-26097287.html(访问时间:2015年3月22日)。

了双方的交流与合作。

再次,河北省政府系统中与京津冀区域合作相关的机构主要设置在省发展改革委,共有四个处。一是针对服务北京这一政治任务,河北设有"环首办",其主要职责是负责与北京市及其他省(区、市)相关部门和机构的联络,负责环首都绿色经济圈规划、产业调整、重大基础设施建设及重大项目布局等工作。二是设有河北省经济技术合作办公室,负责河北省对国内地方的合作,外地政府驻河北的办事处和异地商会的管理,河北的对口支援等工作也由此部门负责。三是设有地区经济处,负责省内区域经济事宜。四是设有"沿海办",负责沿海地区(包括冀东北、冀中南工业聚集区)发展相关的协调和组织等任务。河北省驻京办和驻津办直属政府办公厅,级别高于省发改委下设的各个处。

河北有专门的部门负责服务北京,体现了河北的重要任务是服务首都。河北设有驻津办,反映天津对于河北的重要性。河北设有"沿海办",说明河北的沿海地区是一个发展重点。这与天津这个沿海城市形成了竞争。

(四)京津冀三地自行定位导致的问题

作为三个独立的省级行政单元,京津冀三地以行政区划为边界发展地方经济,各地都建立覆盖本行政区域的工业产业体系,并通过属地管理制度来组织和管理。属地管理导致三地间的边界成为"壁垒",这种来自行政区划的壁垒导致市场要素和资源难以在京津冀区域内自由流动。例如,在交通道路等基础设施建设方面,"河北通往京津两地的'断头路',总里程数就达到2300多公里"[①]。

第一,在产业布局方面,三地间的产业结构存在雷同,重复建设和浪费现象较为严重。据统计,2013年京津冀工业总产值行业排序的前五

---

① 陈鸿燕:《学者:以"三共一分"思路推进京津冀一体化》,载《新京报》,2014年4月22日。

名中出现较强的产业雷同。其中京津在计算机、通信和其他电子设备制造业、汽车制造业以及石油加工炼焦和核燃料加工业等领域存在产业同构。津冀在黑色金属冶炼和压延加工业、化学原料和化学制品制造业等行业领域存在产业同构。京冀在电力、热力生产和供应业等行业存在产业同构。此外，京津冀三地排名前五位行业的工业产值分别占各地区工业总产值的 62%、45% 和 47%。① 这意味着三地各有一半左右的产值存在同质竞争，面临产能过剩的危险。

第二，与长三角和珠三角地区相比，京津冀地区整体的市场经济发育程度较低，而且尚未形成统一的区域性市场。首先，京津冀地区国有企业规模和比重都较大，民营企业比重较小。据统计，北京、天津、河北三省市的私企占全国私企的百分比分别为 4.27%、2.25% 和 3.18%，合计 9.70%；上海、江苏和浙江分别是 5.70%、13.81%、10.34%，合计 29.85%；广东省私企占全国私企的百分比为 10.25%。② 其次，京津冀地区人才、资本、技术等市场要素的自由流动受到行政管辖权的阻隔，相互间"你加一把锁，我勒一道绳"，严重地降低了经济效率。

第三，更为严重的是北京面临严重的大城市病，原来的发展模式已经不可持续。北京的常住人口已经超过 2100 万，而且还在继续增加。伴随这个过程的是大城市病不断出现，先是交通拥堵，首都被戏称为

---

① 京津冀三地工业总产值行业排序前五的具体情况为：北京（电力、热力生产和供应业；汽车制造业；计算机、通信和其他电子设备制造业；石油加工、炼焦和核燃料加工业；电气机械和器材制造业）；天津（黑色金属冶炼和压延加工业；计算机、通信和其他电子设备制造业；汽车制造业；石油和天然气开采业；化学原料和化学制品制造业）；河北（黑色金属冶炼和压延加工业；电力、热力生产和供应业；黑色金属矿采选业；金属制品业；化学原料和化学制品制造业）。材料和数据来源：北京市统计局、国家统计局北京调查总队：《北京统计年鉴（2014）》，中国统计出版社 2014 年版；天津市统计局、国家统计局天津调查总队：《天津统计年鉴（2014）》，中国统计出版社 2014 年版；河北省统计局、国家统计局河北调查总队：《河北统计年鉴（2014）》，中国统计出版社 2014 年版。

② 中华人民共和国统计局：《中国统计年鉴（2013）》，中国统计出版社 2013 年版。

"首堵",直到现在也没有有效的解决办法。后有城市"内涝",夏天的大雨由于积水无法及时排出,导致低洼区的道路无法通行,甚至发生了因积水而淹死驾驶员的惨剧,引起举国震动。去年来空气污染问题严重,威胁到每个北京居民的健康,坊间又有首都变"首毒"的骇人听闻之说。这些大城市病都与北京人口过多,大大超过了城市的承载能力有关。北京城市负担过重,潜伏较大的风险,一旦发生局部突发事件或遇到天气巨变,很容易导致全局性公共安全事件或大面积灾害。

二、京津冀三地发展定位调整任重道远

《京津冀协同发展规划纲要》明确了京津冀三地的具体功能定位,其中北京为全国政治中心、文化中心、国际交往中心和科技创新中心;天津为全国先进制造研发基地、北方国际航运核心区、金融创新运营示范区和改革先行示范区;河北为全国现代商贸物流重要基地、产业转型升级试验区、新型城镇化与城乡统筹示范区、京津冀生态环境支撑区。[①]这些新的功能定位与三地以往的发展定位差别很大,长期以来北京除了政治、文化和国际交往中心以外,也是经济管理中心、金融中心,又是国内最大的交通枢纽。天津多年来一直致力于建成中国北方经济中心,产业结构自成体系,天津还全力维持其北方最大港口的地位。河北在服务北京的前提下,形成以环首都经济圈、沿海隆起带、冀中南经济区为布局的区域发展战略。《规划纲要》出台以后,京津冀三地都需要调整自己的发展定位和区域发展战略。

(一)北京:疏解城市功能的任务异常艰巨

与天津和河北相比,北京的发展定位最早,也相对简单。北京"四

---

① 王尔德:《京津冀三地功能定位大调整建以首都为核心的世界级城市群》,http://epaper.21so.com/html/2015-07/16/content_133264.htm?div=-1(访问时间:2015年8月5日)。

个中心"的城市定位 2014 年就已经由中央明确,无须自己再次论证和设计。在京津冀三地里,北京的定位调整是做"减法",即疏解首都的非核心功能,而天津和河北则要对产业结构和布局做较大的调整,其中既有"减法",也有"加法",从原有的相对完整的工业体系转到三地共同的产业结构,难度要大于北京。北京的另一个优势是中央政府通过"顶层设计",推动北京非首都功能的疏解。中央做出了全面系统规划,提出了明确目标任务,从国家战略层面动员中央部门、部队单位和兄弟省市共同行动,给予重大政策支持。①

由于城市定位确定得早,疏解首都的非核心功能的工作在 2014 年就已经开始了,例如北京动物园批发市场的搬迁,北京一直在与周边地区的探讨接收事宜,同时也开始征求市场内业主的意见。《规划纲要》出台后,北京市马上加快该批发市场的搬迁步伐,西城区已经明确 2016 年底前"动批"基本完成搬迁。② 北京市另外一个重大举措是提出以通州作为行政副中心,市委书记郭金龙在中共北京市委十一届七次全会上提出"要聚焦通州,深化方案论证,加快市行政副中心的规划建设,2017 年取得明显成效"③。

北京的城市定位明确以后,真正的难点在于疏解非核心功能。城市功能疏解的重头戏是搬迁,由于搬迁意味着众多企业、机构、人员搬出目前国内福利高、文化教育医疗条件好的大城市,动员和组织都相当困难。如何协调当事方的利益关系,需要鼓励性的政策配合,需要限制性的政策管控。由于城市功能疏解还需要接收地配合,如何与接收地的政策衔接,也是北京疏解非核心功能的工作之一。北京的工作虽然主要是

---

① 新华社:《在通州建行政副中心 北京打算怎么干》,http://news.xinhuanet.com/politics/2015-07/13/c_128013817.htm(访问时间:2015 年 8 月 5 日)。
② 周超:《动批搬迁时间表及去向确定》,载《法制晚报》,2015 年 7 月 30 日。
③ 新华社:《在通州建行政副中心 北京打算怎么干》,http://news.xinhuanet.com/politics/2015-07/13/c_128013817.htm(访问时间:2015 年 8 月 5 日)。

做"减法",但是执行过程会非常艰难。

调整北京作为首都的定位不是此次《规划纲要》一次可以完成的,需要长期的努力。经济社会发展是个动态过程,各方面的情况随时在变化,以此次设定的北京市人口控制目标为例,很可能需要调整。《规划纲要》中提出北京的人口红线与疏解北京非核心功能看起来不一致。《规划纲要》提出到2020年北京人口规模不能超过2300万人的"红线"。根据北京市统计局、国家统计局北京调查总队发布的2014年度人口抽样调查结果,2014年末,北京市常住人口为2151.6万人,比上年增加36.8万人,增量比2013年减少8.7万人。[①] 根据以上增速推算,到2020年底北京的人口会达到2372.4万人,将突破2300万人。但是此种推断没有算上马上开始的北京非核心功能疏解过程中的人口迁出,自《规划纲要》出台起到2020年年底还有五年半的时间,北京市的人口增速应该随着机构、企业等的迁出而降低。北京完成四个中心的定位以后,人口有可能会比目前的2100多万人还会少。

科技创新中心也不是首都的必然功能。北京是首都,作为国家的政治中心、文化中心、国际交往中心无可争议,但是其作为科技创新中心主要来自国家相关体制下的累积效应,并非天然合理。我国长期的计划经济体制和高度集权的政治体制,使得北京作为首都集中了大部分国家级的科研机构,最好的高等院校则绝大部分位于北京。1978年改革开放以来高度集中的政治体制没有大的改变,北京也继续保持一流科研机构和高等院校集中的优势,北京目前是全国最大的技术交易集散地,北京技术交易成交额2014年占全国的36.6%。[②] 北京确实具备全国科技创新中心的实力。但是应该注意到:在2013年党的十八届三中全会提出让市场在资源配置中起决定性作用以后,政府不断简政放权,市场和社会

[①] 乌梦达、张漫子:《北京人口去年少增8.7万人 今年将加大人口调控力度》,http://news.xinhuanet.com/local/2015-01/23/c_1114112729.htm(访问时间:2015年8月6日)。

[②] 童曙泉:《北京技术合同年成交额突破3000亿元》,载《北京日报》,2015年3月11日。

将得到更多的自主性，地方政府也得到中央的进一步授权，科技的发展走向多极化是天然趋势，北京作为全国的科技创新中心的地位将不断受到来自其他地方的挑战。随着非核心功能的转移，支撑北京科技创新中心的制造业、服务业等势必有所削弱，直接威胁到北京作为全国科技创新中心的地位。随着制造业撤出北京，大型国有企业的总部也可能搬离北京，也会削弱科技创新中心的支撑条件。再加上北京城市的生存空间严重饱和，严重的大城市病使得北京的生存环境恶化，生活成本畸高，因此对生存质量要求较高，同时又是工薪阶层的科学技术人员，只要外地有适当的鼓励措施，他们很可能选择离开北京。因此，北京作为全国科技创新中心的地位并非高枕无忧。

（二）天津：首次明确自己的区域角色

《规划纲要》结束了京津冀乃至北方地区各地的"××中心"之争，对天津和河北的定位都不再使用"××中心"，而是以"××区"或"××重要基地"来表述。这样的表述更为科学，因为"中心"只能有一个，如果不具备中心的地位，是无法靠人为的方式给某地戴上"中心"帽子的；而且从全国的角度，也不宜提出建设过多的经济中心。

《规划纲要》没有对北京进行新的发展定位，只是保持了京津冀协同发展提出以来，中央对北京四个中心的定位。但是疏解非首都功能进入实质性推进过程以后，北京的发展思路要经历从地方政府向首都行政区的转变。这是一个艰难的过程，在以往长期增长导向的发展定位的惯性下，北京"有聚集资源求增长的路径依赖，尤其是一想到增速、就业、财政收入等现实问题，就自觉不自觉地对如何发挥首都优势促进北京发展考虑多了一点，而对怎样更好地服从和服务于首都功能的特定要求考虑少了一些"①。但是《规划纲要》对天津和河北的发展定位对津

---

① 新华社：《在通州建行政副中心 北京打算怎么干》，http://news.xinhuanet.com/politics/2015-07/13/c_128013817.htm（访问时间：2015年8月5日）。

冀来说却是机会，自京津冀协同发展战略提出以来，天津和河北都明确了自己必须配合北京疏解非核心功能和医治大城市病，需要调整自己的发展定位，至于如何做，一直在等待中央的顶层设计。如今《规划纲要》出台，京津冀三地的发展定位尘埃落定，津冀可以按照中央的区域分工，放手发展自己了。

《规划纲要》有利于解决困扰天津多年的与京冀定位局部重复的问题。以往京津冀各自独立发展的时候，产业同构问题严重，由于没有相互协商的机制，也没有区域规划的约束，眼看着由此带来的资源浪费和投资效率损失，三地均无法解决。《规划纲要》出台以后，该区域内只有天津定位于全国先进制造研发基地，可以避免与北京和河北的产业同构，由于天津已经有较好的制造业基础，下一步只需要考虑如何加强制造业；天津还有可能从北京接收转移过来的先进制造业企业，在制造业发展方面是明显的"加法"。再有，该区域只有天津定位于北方国际航运核心区，对于解决天津与河北在港口基础设施方面的重复建设问题，在海港运营方面长期恶性竞争问题，都有了依据。另外，金融创新运营示范区以天津自贸区为依托，改革先行示范区以滨海新区这一国家级试验区为基础，可以说天津的比较优势在《规划纲要》里得到充分的体现。

通过中央的顶层设计，解决了困扰天津发展的区域内产业同构和重复建设问题；通过此次的区域分工，天津还得以强化自己的比较优势；加上天津基本上没有疏解城市功能的任务，所以京津冀协同发展战略对于天津来说，是个非常好的机遇。但是《规划纲要》里不再提天津作为区域性的增长极，通常也不会再有与此相关的中央政策、资金、项目的支持。在这种新的环境下，由于与上海、广州、深圳相比，天津市场发育程度低，民营企业占比少，经济发展的活力不足，如何靠自身的努力保持在国内 GDP 和增速前四名的地位，是个严峻的挑战。《规划纲要》的推进以解决北京的大城市病为首要任务，天津在服务北京、配合北京疏解非核心功能方面，做出的牺牲可能更大，比如天津的主体功能区规划和"十三五"规划都要进行调整，涉及的利益多，也是艰巨的任务。天津需要在京津冀区域内重新定位自身的地位，除了港口及其物流、部分制造业仍然保持区域内领先定位之外，原有的全面建成区域性中心城市的定位都需要放弃。天津的城市地位将下降，通过转换城市发展战略，调整产业结构，在新的区域定位下优化资源配置，提高经济增长效率，改进居民福利。有所舍弃，才能有所发展。"放下包袱，轻装前进"。天津需要在城市定位的调整中获得重生。

（三）河北：终于实现与京津的错位发展

《规划纲要》对河北的定位为全国现代商贸物流重要基地、产业转型升级试验区、新型城镇化与城乡统筹示范区、京津冀生态环境支撑区。中央对河北的功能定位可以说使河北摆脱了以往的艰难地位：一直以来，河北在服务北京的同时，与天津进行竞争，河北是在背负沉重包袱和面对强大对手的情况下谋划自身的发展，可以说难以放开手脚。多年来，北京和天津两个特大型城市向河北的辐射，不如对河北的"虹吸"。在北京和天津的"夹击"下，河北不得不选择发展北京和天津难以承担的黑色冶金和建筑材料等作为支柱产业，钢铁、水泥、煤炭等高污染和高耗能产业一直向北京和天津输出负外部性。治理京津冀大气污染，河北的这些产业的关停首当其冲，使得河北的产值损失巨大。

今后河北作为全国现代商贸物流重要基地，可以从北京承接疏解出来的企业，由于客流随之转到河北，还可以带动河北相关服务业的发展。天津的功能定位也不包括商贸物流，今后的客流等也会逐步分流到河北。物流的发展需要交通先行，目前京津冀交通一体化的进展最快，其布点也主要在北京与河北、天津与河北的方向。因此京津冀交通一体化河北受益最多，河北的发展条件得到重大改进。北京市计划到2017年向河北转移的工业项目超过80个，总投资1200亿元，达产后能够形成2500亿元的产能。① 河北作为产业转型升级试验区的功能与天津有部分重叠，但是只要河北注意与天津拉开层次，基于北京有巨大的科研产品转化为生产力的需求，河北还是可以大有可为。但是河北在这方面需要吸取以前的教训，不要与天津再进行同质竞争。

作为新型城镇化与城乡统筹示范区，河北得到一个极好的提升公共服务水平、提高居民福利待遇的机会。由于河北的财政收入远低于北京，也低于天津，在由地方提供的公共服务和福利方面，与京津的差距明显，一直是河北综合竞争力的一个软肋。京津冀协同发展的一个重要领域是公共服务，按照《规划纲要》统筹三地社会事业发展的部署，中央可能会有政策和资金跟进；北京和天津也会有相应的政策，如北京拟转出的非首都功能四类疏解对象里，包括部分教育医疗等机构和部分事业性服务机构，位于北京周边的河北可以借此机会，在较短的时间里明显改进公共服务和居民福利。京津冀生态环境支撑区的定位是肯定了河北多年来在保京津的生态环境方面做出的贡献，作为三地共同的环境支撑区，不但中央政府会有直接的资金和项目，京津二地还通过补偿机制对河北进行补偿。更重要的是，在环境支撑区里地方政府的绩效评价标准也会相应调整，困扰河北的GDP增速下降问题会随政绩评价指标的改变而得到缓解。

河北的难点也在于调整自己的产业结构，以往的产业结构"偏重"，"偏重"的产业结构调整起来比较困难，这方面河北还要继续付出代价。河北在港口与天津的过度竞争格局已经形成，让位于天津的北方国际航运核心区定位，河北也面临艰巨的基础设施结构调整任务。尽管有许多困难，但是河北毕竟可以真正地与北京和天津错位发展了，拥有了很好的发展前景。

三、落实京津冀协同发展战略的体制与机制改革

《规划纲要》的落实已经从两个方面开始，一是京津冀三地分别按

---

① 朱竞若、贺勇：《谁将搬出北京城？》，载《人民日报》，2015年7月17日第6版。

照《规划纲要》的要求组织落实相关政策。在《规划纲要》公布不久，2015年7月里京津冀三地均召开了本地的党代表大会，通过了本地实施《规划纲要》的方案，都把落实《规划纲要》作为本地的头等大事来抓。二是要根据《规划纲要》制定若干专项规划，比如在交通、环境保护、产业、公共服务等方面，这还需要中央相关部委和京津冀三地共同参与，不久将会相继出台。但是规划不是万能的，不能指望一次规划解决全部问题。规划也是有期限的，规划期结束后，还有继续规划的问题。规划仅仅是实现京津冀协同发展的一种手段，而且有自身的局限。规划的局限是不能改变行政区划，也不能建立区域协调机制。随着京津冀协同发展的深入，行政体制改革的需要会陆续出现，因此，现阶段探讨如何建立落实京津冀协同发展的体制和机制设计，是有意义的。

（一）行政区划改革的得失

在中国现行的行政体制下，如果在体制改革上有所突破，区域合作的主要障碍会随之消除。既然京津冀合作遇到行政壁垒，而阻碍合作的壁垒来自行政边界，那么改变或去掉行政边界就是最为直接的解决方法。行政区划调整和行政体制的改革可以为京津冀协同发展提供制度保障，目前已有的建议包括几种思路。

第一个思路是行政区划调整。既然京津冀协同发展面临的最大障碍就是行政区划的存在导致地区间行政壁垒的广泛存在，因此有必要通过行政区划调整实现政策的一致和统一市场的形成。国内学者提出了行政区划调整的几个建议方案。

一是京津冀三省市合并。有的学者建议三地合并后设立新的省。[①] 这种方案对于解决京津冀合作的行政障碍问题，是最为彻底的方案，也

[①] 北京市政协委员、经济学者马光远和河北大学教授裴桂芬观点。具体参见：《专家承认京津冀合并直隶省可能性不大》，载《第一财经日报（上海）》，2014年6月23日；陈玉：《专家：京津冀石家庄政治地位重要，可设直隶省》，http://sjz.focus.cn/news/2014-06-15/5150514.html（访问时间：2014年11月6日）。

最为简单。从政治权力和行政权力的集分关系来看，是一种集权模式。但是此方案忽视了首都的特殊性，没有考虑新的省内包含着全国的中心——首都的特殊性，把它等同于普通的省。

这种方案的一种弱化形式是"京津冀特别行政区"设想，即在不合并三地的前提下，按照功能区的模式，组建特别行政区，把跨界的公共事务处置权集中到特别行政区层次。[①] 此方案在既有的行政区划下把跨界事务集中到区域政府层面，操作起来更为容易。这种方案是一种部分集权的模式。

二是京津冀三地行政区划重新划分。河北省环抱京津的行政区划格局并不合理，由于京津分别"嵌入"河北省，河北省实际上被分割为几块。河北省自身的地理构成又较为多样，既有沿海地区，又有内陆山地。这两个方面的因素使得河北省难以制定全省统一的发展战略，其空间规划注定根据区域而有所不同。河北与北京和与天津的区域合作是由临北京和临天津的市县来做的，而不是河北全省与京津合作。目前大力推进京津冀一体化的一个副产品是河北省级政府功能的弱化，那些直接与北京和天津合作的市县功能得以强化。基于此，一种方案认为河北应该拆分，北京、天津分别扩大，余下的为河北省。[②] 更为极端的建议是取消河北省，形成京津分治格局。[③] 由于河北被北京和天津分别"嵌入"，北京和天津被河北环抱的行政格局不合理，适度扩大北京的辖区，以便于北京的水资源保护和生态涵养；扩大天津的辖区，才能真正解决天津与河北及北京在渤海诸港口的恶性竞争，真正实现分工协作。这种

---

① 中国科学院地理资源所区域与城市规划设计研究中心主任方创琳的观点。《"京津冀特别行政区"猜想》，http://www.eeo.com.cn/2014/0627/262604.shtml（访问时间：2014年11月6日）。

② 杨开忠：《打造国家区域治理现代化首善区》，载《国家治理周刊》，2014年第11期。

③ 中国科学院地理资源所区域与城市规划设计研究中心主任方创琳的观点。《"京津冀特别行政区"猜想》，http://www.eeo.com.cn/2014/0627/262604.shtml（访问时间：2014年11月6日）。

方案的基点是京津"双核",保持京津优先的思路。在分别满足京津对腹地的要求而扩大之后,河北省剩余的部分单列,在行政上较为合理。

三是单纯地扩大北京的辖区。"大北京"方案早有人提出,意欲通过扩大北京的行政区划来解决北京发展空间不足,腹地不够的问题。再次提起的缘由是当前北京面临"大城市病",急需疏解首都的非核心功能。但是北京的功能疏解需要搬迁大量工厂,随迁的人员附带安置成本,成批的企业搬迁需要与接收地谈判,需要高额的区际博弈成本。但是如果通过扩大北京面积的方式,把河北省内原来能够接收北京产业转移的地方划归北京,使得北京可以自我疏解非核心功能,可以降低行政成本。此方案也属于简单的方案,具有可操作性,存在的问题是北京要"大"到多少才合适、北京旁边的天津这个特大型城市如何定位、河北省会越来越小等。这种思路是简单的"北京中心论",只解决北京的发展困境,很可能以牺牲天津和河北的利益为代价。

四是建设"新都"。从北京自身出发还有一种解决方案是在京津冀一体化的新概念下,在京畿之内,选择任何地块新建中央政府集中办公区,形成新的中央政府行政区和国家行政新城。① 中央政府机关集中办公从城市功能的角度看较为科学,但是建设"新都"的成本巨大,有关的决策会遇到较大的困难。

五是打造中国政治"副中心"。基于政治中心的定位,北京市汇集了中共中央、全国人大、全国政协、最高法院、最高检察院以及中央军委等各总部机关及其绝大部分直属机构和事业单位,造成北京市政治资源高度集中,北京市政府的社会管理职能面临较大的压力和挑战。对此,有学者在对北京周边城市地理状况和历史文化传统考察的基础上建议将把全国人大和全国政协机构搬迁至保定,设立中国的"议会"首

---

① 中国投资协会副会长刘慧勇和北京大学杨开忠教授的观点。具体参见刘慧勇:《建中央政府行政区可驱动京津冀一体化》,载《中国房地产业》,2014年第9期;邓琦、金煜、饶沛:《京津冀协同发展规划纲要获通过》,载《新京报》,2015年5月1日。

都，实现立法与行政分开办公，从而打造中国的政治"副中心"。① 这种思路一方面有利于疏解北京高度集中的政治资源，缓解北京市的社会管理压力，另一方面则可以带动保定市实现迅猛的发展。但是国家机构搬迁会涉及公务员及其家属的安置和相关公共服务的配套等问题，其成本过大且容易引起公务员队伍的反对和抵制。

"政治副中心"的提法也是不科学的，一个国家的政治中心只能有一个，国家的核心权力机关都设在这个政治中心，而"政治副中心"的标准是什么，其与政治中心是什么关系，可以设立几个"政治副中心"等，都难以找到合理的依据。比如，我国的宪法中就没有规定北京之外的某个城市可以作为政治副中心。其他国家有几大国家权力机关分设的情况，比如南非设了立法、行政、司法三个首都，但行政首都仍然是事实上的政治中心。韩国在世宗新都建立之前，尽管中央政权几个部门分布在三个地方——首尔有总统府、国会、最高法院、国防部、外交部；大田市有 8 个部；果川市有 11 个部门，但首尔仍是政治中心。2014 年年底韩国国务院搬入新行政首都世宗市，但国会、最高法院、总统府在首尔，外交部、统一部、法务部、国防部等部门也在首尔。韩国将形成政治中心在首尔，行政中心在世宗市的格局。

为了分散北京的城市负担，设立"行政副中心"是可行的，可以把一部分行政单位和事业单位外迁至北京附近的卫星城镇，减少市区的负载。设立行政副中心的依据是城市功能的空间分布，城市副中心是指仅次于城市主中心、承担城市诸多主要功能的综合性城市区域。在特大型城市里，根据城市不同功能的分布，均有若干城市副中心。国际上看，东京、伦敦、巴黎等国际大都市都建设了副中心来使城市布局合理化。日本东京为缓解城市中心区的过度拥挤带来的高地价、交通拥堵和环境污染等问题，提出了一系列的计划，建成了围绕东京的 7 个副中心，形

---

① 陈剑：《推进京津冀发展的若干政策建议》，载《中国发展观察》，2014 年第 11 期。

成了分工明确、协调互补的网络化城市格局。英国议会制定了"绿带法",并在伦敦周围布置了9座卫星城,促进了伦敦—伯明翰大都市经济带的形成。巴黎建设了塞纳尔新城和拉德芳斯等9个副中心,其中拉德芳斯现已成为欧洲最具影响力的商务中心之一。

在 2015 年 7 月发布的《中共北京市委北京市人民政府关于贯彻〈京津冀协同发展规划纲要〉的意见》里,通州被正式确定为北京市行政副中心。与以上较为激进的行政区划改革方案和仅聚焦于中央政府建设"新都"的思路不同,北京市行政副中心的规划建设则立足北京自身,通过疏解本市行政事业单位全部或部分搬迁至市郊的方法助力京津冀协同发展。这种思路一方面有助于北京市行政中心由首都功能核心区向城市发展新区转移,减少与首都核心区内中央政府机关、事业单位在空间地域上的交叉重叠,逐渐形成一个专属中央政府的行政办公区。① 另一方面则有助于吸引城区劳动力、技术、资本等市场要素向通州地区集聚,促进通州地区经济社会各方面的快速发展。

以上几种行政区划改革方案中扩大北京的辖区或把京津冀重新划分为三个直辖市的方案属于"大都市区政府"或"巨人政府"的解决跨行政区公共管理问题的思路。其基本特点是建立一元化体制、唯一的决策中心、统一的行政机构,权力集中于一个行政首长。通过合并的方式,去掉大都会区里的小政府,以单一的、全功能的政府取而代之,"有助于政府规模的合理化,促使资源不足的地方政府获得发展,准许公民充分参与公共事务的决定,进而有效地促进经济发展,均衡地方财政,以

---

① 根据 2012 年北京公布的主体功能区规划,北京市分为首都功能核心区,包括东城区和西城区;城市功能拓展区,包括朝阳区等;城市发展新区,包括通州区、顺义区、大兴区(北京经济技术开发区)以及昌平区和房山区的平原地区;其余的生态涵养发展区包括门头沟区等。具体参见定军:《通州被确定为行政副中心 北京规划面临大调整》,载《21 世纪经济报道》,2015 年 7 月 14 日。

及提供跨域服务等事项"①。科层制是最为有效的行政管理方式,政府合并的方式充分利用现有行政体制,也是容易操作的方式。可能遇到的困难主要是原有政府里干部的安排,合并后,政府数量减少,层级减少,多余的干部没有"位子",又没有其他的补偿方式。这种"中国式"的困难也是相当难解决的。

（二）其他可行的体制改革

在中国大陆行政区划变动牵扯面大,轻易不会采用。在不改动行政区划的情况下,可以调整其他管理体制,比如财税体制、工商管理体制,在这些领域实现区域一体化。本文只提及财税体制和市场管理体制的改革。另外,现行体制下还可以通过政府绩效考核体制的调整,引导政府间的合作行为。

一是京津冀财税体制改革。由于三地实行分灶吃饭的财政体制,三地间存在费率、税率及征收方法的差异,而且互相隔绝。如果三地的税率等方面统一,便于生产要素的跨地流动,这是京津冀产业调整实现统一规划的重要保障条件。在目前启动的京津冀产业省际转移过程中,建立横向的税收分享机制,以鼓励企业的搬迁。京津冀财税体制改革需要从纵向和横向两个层面加以推进,尤其应该重点从纵向上完善京津冀协同发展的财税体制。在纵向层面上,首先,厘清中央与京津冀地方间事权与支出责任关系。根据事权和支出责任重心上移的原则,适当增加中央事权和财政支出责任,减轻地方财政支出压力。其次,中央政府承担国家重大战略的事权和财政支出责任。因此,京津冀协同发展作为国家重大战略,中央政府理应承担事权和财政的支出责任。再次,完善中央与京津冀地方政府间财税收入划分体制。最后,调整和完善中央与京津冀政府间的转移支付制度。② 在横向层面上,京津冀三地有必要建立和

---

① 李长晏:《区域发展与跨域治理理论与实务》,台湾元照出版公司2012年版。
② 王延杰:《京津冀协同发展的财税体制创新》,载《经济与管理》,2015年第4期。

完善省际间税收分享机制和利益补偿机制，从而实现人才、资本、技术等生产要素在京津冀地区的跨域流动，为该地区企业搬迁、产业调整提供重要的保障，最终实现京津冀区域财税的协同治理格局。此外，在三地财税体制改革的基础上，有学者建议建立"首都财政"，从而将北京从烦琐的经济发展任务中解放出来，专职做好首都服务，也为进一步剥离经济功能和产业疏解创造条件。①

二是市场管理体制的统一。京津冀在市场管理方面实行属地管理原则，三地行政执法等方面存在差异。一个原因是三地对同样的法规和政策的理解不同，操作不同。第二个原因是三地各自属地管理的制度不同。比如，科技人员的职称考试不能跨界进行、医生不能异地执业、商业银行不能跨区域经营，等等。地区分治的银行业管理模式严重阻碍了金融资本的快速流动，平安银行副行长张金顺对《人民日报》记者抱怨："我们在河北的分行无法与北京和天津的分行联动。"与此相关的小额贷款公司、融资担保机构、交易场所跨区域开展业务难度很大，开设分支机构手续繁琐。统一的市场管理体制也是生产要素跨地流动的重要保障。

以上提到的两个方面管理体制的统一是由于这种一体化方便了企业和个人，为贸易和投资的便利化提供了条件，最终三地都可以从中获益。

三是行政考核体制改革。目前对地方政府的政绩评价侧重于经济增长，这适用于普通的省级政府，对于北京这样的城市功能过多、以功能疏解为主要任务的城市也不适用。对于河北省这样的以降低工业的耗能和排放为主要任务的省，也不适用。为了使京津冀政府集中精力与区域协同发展，需要停止对京津冀分别以 GDP 和经济增长进行考核，也停止对河北省位于北京和天津的生态涵养区和水源保证区的地方政府进行

---

① 赵弘：《京津冀协同发展的核心和关键问题》，载《中国流通经济》，2014 年第 12 期。

GDP 考核。以三地相互放开管辖边界为前提，通过三地互相认可对方的管理标准和权限，达成一致的管理标准。在行政体制不改动的情况下，开放若干领域，实现京津冀一体化。

从促进京津冀合作的角度，设计对三地的"区域考核评价"。在对京津冀党政领导和政府的考核评价时，不进行单独考核评价，而采用"区域考核评价"的方式，即从京津冀区域在国家经济社会发展中的贡献、京津冀协同发展的质量和效益、三地在京津冀协同发展中做出的努力、各自省市经济社会发展状况四个方面进行区域性综合考核。从而使三地的工作目标不再聚焦自身发展，而是聚焦到实现京津冀协同发展的功能定位上来，全面提升京津冀区域整体实力、竞争力、影响力，有力促进三地实现优势互补、密切合作、互利共赢、协同发展。[①]

（三）机制方面的改革

面对京津冀区域一体化的行政壁垒，合作机制的创新是解决行政体制难以调整的一个重要途径。通过协调机制可以弱化行政壁垒，克服行政辖区思维方式的惯性。在建立区域协调机制方面，需要从协调、决策、执行、监督等环节入手。

鉴于京津的地方领导政治地位高，只有中央政府出面才能协调二市一省。京津冀协同发展需要通过中央政府做出三地的功能定位，然后分工协作，形成城市等级体系。目前中央政府已经成立了由副总理任组长的国务院京津冀协同发展领导小组，京津冀三地的党委书记也为副组长，相关部委参加，由国家发展改革委负责推动。相关的一些部委也成立了京津冀一体化协同发展领导小组，京津冀也各自成立了京津冀协同发展领导小组，并设立了办公室。

与之前的"西部大开发"和"振兴东北地区等老工业基地"区域战

---

① 魏进平、刘鑫洋：《京津冀协同发展的历程回顾、现实困境与突破路径》，载《河北工业大学学报（社会科学版）》，2014 年第 6 期。

略相比，虽然其国务院领导小组不是由总理担任组长，但是围绕京津冀协同发展已经成立了从中央、直辖市到省级政府三个层次的领导和协调机制，是迄今为止国内区域政策推动机制最全的一例。由国家发改委牵头制定的《京津冀协同发展规划纲要》也经过了中央财经领导小组的审议，最终经过中共中央政治局的批准，这也是以往区域政策没有达到过的决策层级。在中国，中共中央政治局只对全国性的重大事项进行决策，政治局审定《京津冀协同发展规划纲要》表明中央政府的职能也在变化，中央最高决策层已经直接介入区域合作了。

目前尚缺的是共同组成的协调机制，这个机制可以是由三地常务副省（市）长组成"京津冀协同发展联席会议"，其任务是就国家级领导小组决策的重大事项进行统筹协调、贯彻落实，就区域发展中的具体问题进行研究和协调，向领导小组提出区域发展中急需解决的重大问题及建议。在"京津冀协同发展联席会议"下，可设置若干专业委员会，由三地相关部门组成，具体对接、落实联席会议确定的重大事项和政策。①专业委员会也负责协调三地在执行相关部委设立的京津冀一体化领导小组布置的工作时遇到的问题。

京津冀各个城市之间也需要建立沟通和协调机制，不必事事都经过中央政府级和省级的协调机构。比如可以建立"京津冀城市理事会"，由河北的唐山、石家庄、沧州、张家口、承德、秦皇岛、廊坊、保定、邯郸、邢台、衡水共11个地市与北京、天津两个直辖市的市长组成。此部门的作用在于对总体规划中涉及的各城市间的具体事务进行决策，表决采取多数同意规则。②

京津冀协同发展的执行和监督机制方面，三地分别成立本地的京津冀协同发展领导小组办公室，办公室设在发改委，由各地发改委牵头、

---

① 丛屹、王焱：《协同发展、合作治理、困境摆脱与京津冀体制机制创新》，载《改革》，2014年6月。
② 杨明：《京津冀一体化过程中政府合作机制研究》，载《中国国情国力》，2014年第8期。

各地的相关职能部门参加。目前还缺乏明确的监督机制，而为了保证京津冀的合作协议得到执行，防止地方政府在合作过程中出现违约行为，还需要设立监督机构，其成员应该由京津冀三地政府审计部门、纪检部门相关人员和京津冀区域一体化政策研究人员共同组成。① 监督机制的另一个职能是对京津冀协同发展的效果进行评价，以便对合作协议或合作机制及体制进行进一步的改进。

京津冀三地府际关系的一个重要内容是利益补偿，京津这两个特大型城市与周边的河北省之间是中心城市与腹地的关系，为了服务于北京和天津，河北付出了巨大的代价。因此，在京冀和津冀之间需要建立区域间利益补偿机制，包括产业调整利益补偿机制和水资源与生态环境补偿机制。在产业利益分配方面，有学者建议京津冀地区在产业调整利益补偿机制建设方面建立横向分税制度，在科学合理测算双方对产业贡献率的基础上来分配合作得到的总收益。② 有了这种利益补偿机制，可以促进京津冀间产业对接、科技成果转化和合作园区建设。在水资源和生态环境的补偿机制方面，有学者建议在京津冀间形成生态补偿契约，京津通过横向财政转移支付、对口支援以及经济合作等手段作为对河北省在水资源和生态环境保护上的贡献的补偿。③ 在具体执行中，可以根据河北省在生态环境保护上的实际贡献，调整生态补偿的范围和力度。注重生态保护的京津对河北的补偿无论在当下还是在未来都是亟需的，迫切需要建立稳定的机制。这种省际的利益补偿制度的确立需要由中央政府来决定和确立，而非单纯依靠地方政府间的讨价还价，否则在区际生态环境保护与补偿政策中利益追求并不完全一致的地方政府间博弈往往会导致政府失灵，降低利益补偿机制的有效性和

---

① 杨明：《京津冀一体化过程中政府合作机制研究》，载《中国国情国力》，2014年第8期。
② 齐子翔：《府际关系背景的利益协调与均衡：观察京津冀》，载《改革》，2014年第2期。
③ 梁昊光：《京津冀协同发展关键在于协作机制的转型》，载《城市管理与科技》，2014年第3期。

稳定性。①

（四）发挥立法机关的作用

京津冀区域内三地政府既是行政管理的主体，也是经济组织和管理的主体。三地政府在行政区划内使用行政手段追求自己辖区的利益最大化，干预生产要素的流动，人为地制造壁垒。互无隶属关系的城市间出现非市场性的恶性竞争。各地之间行政权力的使用尚无约束和监督机制，也缺少调节府际矛盾的法律。

借鉴国外大都市区治理立法先行的经验②，发挥人民代表大会的作用，通过全国人大的立法或地方人大联合立法，推进京津冀区域一体化。如中国可以通过制定《国家首都地区法》或《京津冀协同发展法》，或由全国人大或其常委会做出《促进京津冀协同发展的决定（决议）》等，为京津冀协同发展提供法律保障。除了以上由全国人大通过的法律外，中央政府及其职能部门、京津冀立法机关及其地方政府也可以根据实际工作需要在《京津冀协同发展法》的框架下制定相应的行政法规和规章、地方性法规和地方政府规章，从而形成较为完备的京津冀协同发展的法律法规体系。③ 中国也可以在全国人大委员会下设区域发展委员会，作为最高区域权力机关，在区域发展委员会下设立京津冀协同发展小组，由来自京津冀三省（市）的全国人大常委组成。区域发展委员会承担区域立法、区域预算审批、监督等方面的职能，在加快区域规划立法，保持区域规划连续性、稳定性方面起到决定性作用。④

---

① 安虎森、周亚雄、颜银根：《新经济地理学视域下区际污染、生态治理及补偿》，载《南京社会科学》，2013年第1期。

② 在国外区域治理立法经验方面，日本制定了《首都圈整治法》《首都圈市区开发地区整治法》《首都圈近郊绿化地带保护法》等法律，实现太平洋沿岸城市群协同发展；英国通过组建大都市区议会、设立大都市区政府的形式推动城市群协同发展。

③ 于文豪：《区域财政协同治理如何于法有据：以京津冀为例》，载《法学家》，2015年第1期。

④ 齐子翔：《府际关系背景的利益协调与均衡：观察京津冀》，载《改革》，2014年第2期。

地方人大也可以通过联合立法或在地方合作方面设立地方法规的方式，促进京津冀的合作，以往只有北京、天津和河北省的地方人大有立法权，2015年3月十二届全国人大第三次会议审议通过的《立法法修正案》，将过去49个较大的市才享有的地方立法权扩大至全部282个设区的市，这样河北的十几个城市可以通过省人大赋予地方立法权。立法的时效远长过规划，立法的制度化程度也明显高于区域发展战略或区域政策，所以立法对区域合作的促进作用最强。立法的最大优点是便于对合作监督，而目前国内区域合作最大的弱项正是对合作各方缺乏监督，使得合作进程受阻，最终流于形式。目前全国人大只允许设区的市在城市建设、城市管理和环境保护方面制定地方性法规，为了发挥地方人大在区域合作中的作用，促进京津冀协同发展，全国人大应该赋予设区的市更多的立法权，包括与其他城市联合立法、就地方合作问题立法等方面。京津冀三个省级人大以及河北的市级人大也应该考虑如何通过地方立法，促进京津冀协同发展。

京津冀协同发展作为国家重大战略，《规划纲要》通过以后，相关中央部委和京津冀三地积极落实，随着相关的专项规划陆续制订，三地的主体功能区规划的调整，以及三地"十三五"规划的制订和京津冀一体化进程将进入更深层次。除了规划推动之外，行政区划和行政体制改革也是必要的。京津冀协同发展的阻力来自行政壁垒，促进三地合作必然要改革行政体制。行政体制改革涉及的方面多，改动起来难度大，但是也要逐步推动京津冀的行政体制改革，否则难以最终破解京津冀区域合作的难题。在为行政体制改革积累经验的同时，可以先行推进的是如何建立实现协同发展的机制。京津冀协同发展站在全面深化改革的新起点，但是无论是落实《规划纲要》，还是根本解决京津冀三地存在的区域问题，都还有大量的工作要做。

新区域主义视角下京津冀协同治理创新[*]

曹海军[**]

【摘要】 进入新世纪以来，伴随着城镇化进程的快速发展，"城市群"作为城镇化的主体形态成为了国家发展战略和治理体系现代化的重要组成部分。其中，京津冀城市群协同治理更是上升为"一号"国家战略和样板工程，急需顶层设计和制度创新。在此，新区域主义理论突破了传统府际关系政府管理思维和管制模式，在顶层设计方面提出了在中央层面成立高级别的区域发展协调机构、地方政府间的行政协议等制度创新。当然，新区域主义理论在京津冀协同创新中的适用性仍有待实践检验，路径优化仍然面临多重可能性。

进入新世纪以来，作为城镇化发展的高级阶段，"城市群"逐渐成为了推动国家区域发展的引擎。在国家政策层面，城市群的概念是在"十一五"规划中首次进入中央决策的视野的；党的"十七

---

[*] 本文系国家社科基金重大项目"区域政策创新与区域协调发展研究"（项目号：13&ZD017）；中宣部"深化中国梦研究"课题：国家治理体系和治理能力现代化视野下的新型城镇化建设是实现中国梦的必然要求（自选题）；天津市经济社会发展重大应急课题"京津冀协同治理的顶层设计与制度创新"（项目号：TJZD1-003）和天津师范大学2013年中青年教师学术创新推进计划项目"公共治理理论前沿问题研究"（项目号：52WX1301）阶段性成果。

[**] 曹海军，吉林大学法学博士。

大"第一次将"城市群"写进党代会报告;《"十二五"规划纲要》提出推动相关城市群的发展;党的"十八大"报告再次强调要科学规划城市群。直到 2014 年 3 月的《国家新型城镇化规划 (2014—2020)》出台,在"指导思想"部分正式提出"以城市群为主体形态,推动大中小城市和小城镇协调发展"。城市群的重要地位不言而喻。

根据《全国主体功能区规划》,我国目前有规模大小不等、发展水平参差不齐的 24 个城市群。其中又以长三角、珠三角和京津冀城市群最具发展活力,GDP 约占全国总量的 37.42%,其发展直接关乎未来中国经济的可持续性及其在世界经济中的整体竞争实力。但与世界上的著名城市群相比,我国城市群的整体发展水平很低,质量不高,一体化程度更弱。除了资源禀赋等经济因素之外,导致我国城市群发展水平落后的关键因素是城市群内部的"一亩三分地"思维,阻滞城市群协同治理的制度性、体制性因素很多。这一点在京津冀城市群发展中体现得尤为明显。发挥京津冀协同治理的顶层设计和制度创新的优势,对于推动京津冀乃至全国城市群的健康、快速、高效发展都将产生重大而深远的示范效应和典范意义。

一、京津冀城市群协同治理的演化背景与新区域主义的崛起

根据理查德·菲沃克的大都市治理"冲突—竞争—合作"模型①,改革开放以后京津冀城市群的协同治理先后经历了"无序对抗阶段"(1980—2002 年)、"理性对抗阶段"(2003—2013 年)和正在步入的"合作协同阶段"(2014 年至今)三个历史阶段:

---

① Richard C. Feiock, Regionalism and Institutional Collective Action, in Richard C. Feiock ed., Metropolitan Governance: Conflict, Competition and Cooperation. Georgetown University Press, 2004, pp. 2 – 19.

（一）无序对抗阶段（1980—2002年）

在计划经济向市场经济过渡的时期，京津冀地区在鼓励竞争的制度环境刺激下，发展市场经济反而不利于区域经济的整合，"行政区经济""诸侯经济"现象愈演愈烈。[①]

例如，在产业项目方面，石家庄控制着主要的棉花资源，导致了天津纺织行业的萎缩；京津之间围绕着资本密集型产业项目进行竞争：借助独有的政治优势，北京着力发展钢铁、石化等重工产业，与天津争夺北方经济中心地位。在交通基础设施方面，为了与天津抗衡，北京不计资本先后与秦皇岛、唐山联合，兴建京唐港；但天津塘沽港实际上还是成为了北京和唐山的钢铁企业的最佳出海口。

这一阶段虽然相继成立了以政府为主导的区域合作及治理组织，协调区域间物资协作以及企业间的联合，初步形成了"京津冀"一体化的制度框架，但是行政分割和地方本位的意识导致当时的合作程度非常低，呈现出无序甚至是相互冲突的状态。

（二）理性竞争阶段（2003—2013年）

进入21世纪以来，随着经济全球化和我国加入WTO，珠三角和长三角经济先发地区掀起新一轮区域经济合作浪潮，并由此带动区域一体化的进一步发展。区域竞争的压力迫使京津冀区域合作治理再次受到各级政府、企业以及学术界的高度关注。

在这个阶段，京津冀地区之间重工业发展的无序竞争基本告停，差异化竞争逐渐成为主流。这个时期，虽然地方政府的竞争仍然十分激烈，但是在合作方面也取得了不少成效。特别是，2004年2月，国家发改委地区经济司召集京津冀三地发改委在河北省廊坊市召开了京津冀区域经济发展战略研讨会，会上达成了"廊坊共识"，被认为是掀起了"京津冀"一体化新局面的高潮。

---

① 张京祥、罗震东、何建颐：《体制转型与中国城市空间重构》，东南大学出版社2007年版。

这一阶段，京津冀区域内高层协调机制仍停留在双边互访和多边协商的"对话性合作"阶段，通常采取集体磋商的形式。虽然，京津冀有较高规格的政府合作，但是尚未实现破茧。在微观层面，京津冀政府各职能部门分别就质监、旅游、信息化、人才开发等领域建立了对口协调联系机制，实施了制度化集体磋商沟通制度，通过频繁的双边或多边沟通，解决区域合作发展中的具体障碍。尽管如此，区域治理的方式呈现碎片化的特征，而且并没有提出一个具有全观性的顶层设计方案来统领京津冀一体化。

（三）合作协同阶段（2014年至今）

2014年2月26日，习近平总书记在北京主持召开座谈会，专题听取京津冀协同发展工作汇报，中央首次将京津冀一体化的发展提升到重大国家战略的高度。

随后，2014年北京市《政府工作报告》就提出：落实国家区域发展战略，积极配合编制首都经济圈发展规划……建立健全区域合作发展协调机制，主动融入京津冀城市群发展。2014年3月，"京津冀"一词第一次出现在总理的政府工作报告中。紧接着，京津冀三地政府积极响应，就各项议题展开协作，中央和国务院各部委就各项协作展开调研和规划。

目前，京津冀区域治理模式尚未形成一个成熟规范的制度体系，仍处于构建阶段，制度建设落后于京津冀区域经济社会发展的需要，而且也比中国区域发展的整体进程要落后，其根本原因在于缺乏与此阶段发展相适应的顶层设计和制度创新。实际上，改革开放后，中国区域发展不乏相应的顶层设计和政策统筹，中国的区域政策调整也可以分为三个时期，分别对应为"无序对抗阶段"（中央放权让利，地方恶性竞争）—"理性竞争阶段"（中央集权管理，地方理性竞争）—"合作协同阶段"（中央协调发展，地方合作协同）。

1978年以前，中央先后按照"大行政区"—"经济协作区"—"三线建设"—"经济协作区"划分全国区域，同时采取了"均衡发展"的战略，实施具有逆向倾斜、垂直式特征的区域政策，以消除区域差异，维持区域间的平衡发展。

1978年改革开放以后，中央采取渐进主义经济发展战略；同时对地方政府实行"放权让利"的行政、经济分权运作。中央权力下放使得地方获得一定的自主性，促进了经济发展，然而也导致了地方发展出现"区域化"和"地方主义"的现象。

1992年以后，为了改变"强地方，弱中央"的局面，中央决定实行"分税制"，以期改变中央和地方财政分配比例，强化中央对地方经济发展的主导作用。与此同时，中央开始重视区域合作，在"八五计划纲要"和十四大报告中，除了强调地方之间的优势互补、合理交换和经济联合的重要性之外，先后批准各地成立"经济技术开发区""高新技术产业开发区""国家旅游度假区""保税区"等各类经济开发区。由此带来的扩散效益让城市群现象日益显著，许多跨行政区域的经济网络应运而生。

2002年以后，经济区域化对促进地方协调与合作，以及对抑制地方恶性竞争有积极的作用；另一方面，更可以改善中央治理地方事务的困境，以及让中央宏观政策得到执行与落实。然而"非均衡式"的区域发展战略，造就了沿海经济开放区的经济快速发展，尤其是各开放城市竞争力的提升，以核心城市为中心的区域性产业与市场交互运作，形成城市群现象，或形成以大都市为核心的经济圈。地方政府面对竞争的环境，不再局限在行政区划内的经济建设，已向跨行政区边界的区域协作发展。

从比较的角度来看，我国区域治理的过程与美国大都市治理阶段划分存在某种程度的耦合关系，即传统区域主义（old regionalism）阶段、公共选择阶段和新区域主义（new regionalism）阶段。[1]

---

[1] Allan D. Wallis, "Evolving Structures and Challenges of Metropolitan Regions", *National Civic Review*, 1994, 1, pp. 40 – 53; Allan D. Wallis, "The Third Wave: Current Trends in Regional Governance", *National Civic Review*, 1994, 2, pp. 290 – 310.

传统区域主义强调通过上级行政主导的方式来避免下级政府间不合作的竞争关系，同时又可以提供资源给原本较为贫困的地区发展，有利于区域经济整体提升。类似地，改革开放以前，中国区域发展采取中央主导模式，即由上而下的制度建制，与传统区域主义的论点相似，透过制度性的安排特别是行政区划来达到治理的目的。而这样一种行政和财政安排，仅仅是满足了管理方便的需求，地方并没有实质性的治理权，只能长期依赖中央的资源分配，忽视了调动地方积极性这一激励机制，中央的区域政策大都无疾而终。

公共选择理论将区域视为一个"公共市场"，公共部门（各级政府）、私部门（企业、民间组织、非营利组织）、自治团体等具体公共服务提供者在区域内相互竞争。就中国而言，公共选择理论遇到了严重的适用性难题，早期的地方政府公司化（local state corporatism）就是典型案例。在不完全的市场经济条件下，地方政府为了提升地区竞争力、追求地方经济利益最大化，无法完全达到维护公共利益的目标，甚至衍生出恶性竞争的问题。

传统区域主义过分强调政府的作用，而公共选择学派则过分相信市场的力量。新区域主义试图综合这两种理论的优点，突破他们的局限。新区域主义视角下的府际关系理论是对传统府际关系的超越。传统府际关系仅仅从中央政府与地方政府，以及地方政府之间关系的调整来探讨"公共议题的跨域性"，但受到行政区划的影响，地方政府无法超越自身的局限性来解决跨域问题。目前，新区域主义并不是一个统一的学派，其倡导者既有前政府官员，如戴维·腊斯克（David Rusk）、亨利·希斯诺里斯（Henry G. Cisneros），也有经济学家托德·斯万斯特罗姆（Todd Swanstrom）、城市规划学者汉斯·萨维奇（H. V. Savitch）和罗纳德·福格尔（Ronald K. Vogel），以及公共选择学派的代表人物安东尼·唐斯（Anthony Downs）等。国内学者如张紧跟利用新区域主义的理论来分析珠三角的区域治理过程。针对传统府际关系下的区域"治理失灵"，作为当前国外大都市治理的最新理论成果，新区域主义理论的崛起对于分析上述现象，具有一定的优越性和合理性。

首先，新区域主义视角下的府际关系理论是对传统府际关系的超越。传统府际关系仅仅从中央政府与地方政府，以及地方政府之间关系的调整来探讨"公共议题的跨域性"，但受到行政区划的影响，地方政府无法超越自身的局限性来解决跨域问题。新区域主义强调治理（governance）而非统治（government）。[①] 跨域问题不能借由传统国家由上而下的方式处理和解决，而是应该寻求一种透过计划与市场、集权与分权、正式组织与非正式组织所结合的"新治理模式"来解决。新区域主义的倡导者萨维奇和福格尔甚至提出了"复合性网络"的治理模式[②]，其实质就是"没有政府的治理"（governance without government）[③]，通过各种非政府组织和公民的联合，达到区域的"善治"，反映了政府治理角色的弱化。但是，由于中国是一个单一制国家，区域政策的决策与执行过程，都是在政府领导下完成的，所以在市场经济体制下，推动区域治理的重要角色仍然是政府。因此，运用新区域主义治理京津冀城市群存在一种内在张力——既要考虑京津冀城市群政府主导下的治理传统，也要避免行政力量过于强大干预京津冀城市群的自我调节发展。从宏观管理的角度来看，可以在中央层面成立高级别综合性区域发展议事协调机构进行区域协同，也可以构建有利于政府间协作的区域治理平台；从发挥地方积极性的角度来看，鼓励地方政府间的行政协议和区域性立法，保障区域治理的成果。

---

① Allan D. Wallis, "The Third Wave: Current Trends in Regional Governance", *National Civic Review*, 1994, 2, pp. 291-292.

② Savitch, H. V. & Vogel, R. K, "Paths to New Regionalism", *State and Local Government Review*, 2000, pp. 158-168.

③ Donald F. Norris, "Whither Metropolitan Governance?", *Urban Affairs Review*, 2001, 4, pp. 532-550.

其次，新区域主义注重区域文化共识。传统府际关系非常强调中央政府的宏观调控和地方政府的配合，虽然能保证中央政府指令的畅通，但容易造成行政权力过大，抑制了地方政府的积极性。新区域主义注重信任（trust）和沟通（communication），认为拥有高度信任关系的网络将有助于降低交易成本，不必再依赖高层级的权力结构介入或透过正式制度来化解集体行动的困境。① 2014 年 3 月 2 日，习近平总书记提出促进京津冀一体化，要打破"一亩三分地"思维，从政府到社会要形成区域共同体意识和同呼吸共命运的区域文化，克服偏狭的利益本位。因此，新区域主义强调通过城市群区域内部整合，建立事权统一的区域规划体系、形成有利于城市群协调发展的行政区划调整与兼并方案、重视京津冀城市群的空间协调组织与重组，通过这几种措施优化京津冀城市群的治理、提升其整体利益。

最后，新区域主义强调多元治理主体的作用。借助城市政体（urban regime）理论，新区域主义主张许多治理议题不能忽视私人部门的作用，甚至必须正视政府部门以外的组织在治理过程中的参与和合作，运用公、私部门多元互动模式的发展动力，塑造区域治理的有利条件。这就区别于传统区域主义没有将私部门纳入区域治理②，以及公共选择理论没有论述到非政府部门与政府部门之间的合作关系，新区域主义的优势是用区域治理化解传统府际关系理论的缺陷。通过建立跨域性功能型政府，推动建立单一议题或项目的战略性伙伴关系，以及建立公民和社会组织充分参与的平台，弥补政府和市场的区域"治理失灵"。

可以看出，上述三种治理理论总体上体现了中国区域治理从计划经济向市场经济转变的过程；同时，也是中央与地方的分权—集权互动过

---

① 曹海军、霍伟桦：《城市治理理论的范式转换及其对中国的启示》，载《中国行政管理》，2013 年第 7 期，第 97 页。
② David K. Hamilton, "Regime and Regional Governance: The Case of Chicago", *Journal of Urban Affairs*, 2002, 4, p. 405.

程,以及不同时期的中央政府的区域政策激励与地方政府行为选择的过程。总之,在新区域主义视野下京津冀协同治理的顶层设计应该具有一种全观性的视野(holistic views),区域内公共问题的解决或是公共政策的推动,应该寻求从中央到地方、从政府到社会、从规划到市场、从正式制度到非正式合作的结合,通过多主体的协作式治理(collaborative governance)统领全局,促进京津冀一体化进程。

大都市治理理论、模式与中国区域发展对应表

大都市治理理论	大都市治理模型	中国区域发展	京津冀一体化历程
传统区域主义		1949—1978 年	1949—1980 年
公共选择理论	无序对抗阶段	1978—1992 年	1980—2002 年
新区域主义	理性竞争阶段	1992—2000 年	2003—2013 年
	合作协同阶段	2000 年至今	2014 年至今

资料来源:作者自行整理。

二、京津冀协同治理的顶层设计和制度创新

根据新区域主义的理论,京津冀协同治理的顶层设计和制度创新可以做如下战略规划:

(一)在中央层面成立高级别综合性区域发展议事协调机构

京津冀"三地四方"(京津冀和中央)政治结构和城市等级体系复杂,协同治理较其他城市群更为不易。从京津冀一体化的进程来看,其治理的主要动力仍然来自中央与地方各级政府的强力推动,是一种自上而下的运作方式。这往往导致对地区利益协调的忽视,造成市场分割、政府功能碎片化、结构和职能不能互补,无法实现有效整合。区域治理的制度基础和整体意识没有真正形成、自组织能力缺乏支撑。治理组织机构上,京津冀发展和改革委员会区域工作联系会议是目前运行的区域内层次最高的正式综合性治理机构,负责彼此之间信息沟通交流、建议的提出及区域合作的督促,建立的联络员制度承担着日常三省市发改委

部门之间的沟通协作。但其作用和影响已经不能适应京津冀一体化的快速发展，并且参与者（各地发改委）的职能属性和行政级别使得它并不具备决策和管理的性质，调控能力有限。

我国城市群内政府间合作机制的建立离不开中央政府的干预和引导。中央政府的总体布局和统筹规划则是区域协同治理顶层设计的核心，成立高级别综合性的议事协调乃至决策机构是协调中央和地方各级政府以及包括各类企业、社会组织和公众在内的各利益相关者，化解各级政府、部门各自为政的本位主义、地方主义，破解碎片化权威的难题，凝聚区域意识和合作精神，充分调动各利益相关者实现合作共赢的政治前提和制度保障。在我国，由于机构改革远远滞后于区域经济发展，目前中央政府尚未建立起专门性的区域协调机构，不利于区域的协同治理。

中央在区域治理制度形成过程中采取的行动策略以及运行体制机制的创新可以体现为以下几个方面：（1）建立跨域性补偿机制；（2）鼓励性、示范性规划（制定相关优惠政策、改善经济发展环境）；（3）促进合作事项协调；（4）赋权核心城市的辐射带动作用；（5）正式与非正式的双轨合作机制；（6）编制经济合作的专项规则；（7）设置专门的经济协作管理机构；（8）中央和地方形成对口关系推展协作工作；（9）提供专项资金、信息服务；（10）建立区域经济合作组织；等等。

（二）构建有利于政府间协作的区域治理平台

在美国等西方国家，网络化的地方合作是常见的大都市区治理模式。特别是在20世纪90年代以后，在新区域主义学派的大力推动下，这种治理模式得到更为广泛的应用，其中政府联席会和区域联盟两种方式较为常见。

"政府联席会是大都市地区制度化的跨政府合作的最新形式，它们是地方政府的资源联合，不是具有独立权威的能制定法律或捆绑决策的政府，主要职能是对整个大都市地区的事务提出建议。政府联席会也为一般性问题提供一个研究和讨论的区域论坛"① 作为对话和协商平台，城市群区域内政府联合会可以推动地方官员之间针对区域范围问题的经常性讨论，从而提高了对区域范围的长期综合性规划及短期问题合作性的价值和必要性的认识，同时也有助于加强地方成员之间的沟通和信任。区域联合会的自愿性质使得它们在政治上更容易被接受，因为它们不能威胁现有的治理结构。

目前，京津冀的城市行政等级包括了两个直辖市和一个省级单位，及其下辖的市、县、区；其交流合作一般只局限在省级单位。如2004年5月，北京市与天津市签署科技合作协议，携手打造以京津为核心的区域创新体系。2004年7月，京津冀三省市信息化工作研讨会在河北省北戴河召开，会议建立京津冀三省市信息化工作联席会议制度，定期交流工作和沟通信息，协调推进区域合作事项。2009年，北京市提出，发挥科技创新和综合服务等优势，找准北京在京津冀都市圈和环渤海地区的定位，加强与周边省区市的联系沟通。天津市提出，加快滨海新区开发开放，主动推进与环渤海地区各省市的合作。河北省提出，要以更加积极主动的姿态，务实地推进与京津的合作，多领域、多层次与京津对接。然而，可以根据实际情况，实现不同等级的城市政府的跨域合作。

区域联盟的主要理论来源是城市政体（urban regime）理论，它是指城市和郊区、公共和私人等不同主体间的合作行为。莫斯伯格和斯托克认为城市政体具有以下核心要素：来自政府和非政府部门的合伙人，但不局限于商业参与者；基于社会生产的合作—集合资源来完成任务；与同盟参与成员有关的可以确认的政策议程；一个稳定的合作模式，而不

---

① 洪世键：《大都市区治理——理论演进与运作模式》，东南大学出版社2009年版，第138—139页。

是一个暂时的同盟。① "如果将城市的地域扩大为区域，那么城市政体就演变成为区域政体（region regime），也就是区域联盟了。"② 2011年5月，首届京津冀区域合作高端会议在河北廊坊召开，会议主题为"首都经济圈，发展新商机"，国家发改委和京津冀三地的领导、专家就首都经济圈和京津冀一体化进行了讨论。党的十八届三中全会提出了要使"市场在资源配置中起决定性作用"，对于如何发挥市场的决定性作用，区域联盟或许能发挥更好的作用。

（三）推动城市群区域内部整合，建立事权统一的区域规划体系

区域规划是政府区域管理的首要职能，特别是涉及区域性发展的共同议题，区域内政府间无法有效协调，尤其需要借助上级政府的力量加以协调。城市乃至城市群、区域规划是一种战略性的空间规划，主要是以城市群内经济社会的整体发展战略、区域空间发展模式以及交通等基础设施布局为重点。区域规划是协调区域内部发展具有影响的单一决策和推动联合解决区域内部协同治理的有效手段，其重要职能是揭示区域内部公共问题，建立共同协商的治理平台，促进区域内部公共政策的决策与执行。

区域规划具有跨域性和综合性的基本特点。区域规划显然是针对跨行政区域的广域规划，需要区域内政府间达成共识，并采取协同措施才能实施规划。此外，区域特别是城市群的发展需要制定包括经济、社会和环境在内的综合性规划方案，而地方政府受制于管理权限，无法制定综合性的规划，这就需要上级政府或部门介入统筹。京津冀城市群内的政府关系决定了其发展尤其离不开区域规划。

从20世纪80年代开始，由各级政府规划部门牵头、学术界参与制

---

① Mossber, Karen & Gerry Stoker, "The Evolution of Urban Regime Theory: The Challenge of Conceptualization", *Urban Affairs Review*, 2001, 6, pp. 810–835.

② 洪世键：《大都市区治理——理论演进与运作模式》，东南大学出版社2009年版，第151—152页。

定的一系列关于京津冀区域经济协调发展的研究、规划与建设工作就如火如荼地展开了，如京津冀城镇群规划、京津冀都市圈区域规划等。其中，由吴良镛院士牵头的《京津冀地区城乡空间发展规划研究》最负盛名。这些区域规划对京津冀区域的经济活动和资源利用进行空间安排和配置，为城市群协调发展提供了行为准则和发展指引，有利于区域公共事务的具体解决。

在2003年的两会议程上，区域发展正式成为讨论的议题，并且在9月份由国家发改委正式宣布，区域规划将成为"十一五"规划中重要的工作项目，并强调长江三角洲、京津冀地区、成渝地区和老东北基地等，将成为新五年规划编制中区域规划重点研究的地区。在2004年11月，由国家发改委在北京所召开的座谈会中，正式启动了长江三角洲地区和京津冀都市圈的两个区域规划工作，这是中国对区域规划较为具体工作的一个开始，也是中国自改革开放以来，具体地把"区域规划"放置在"国家战略"这一重要位置上。

区域规划将国民经济发展规划、主体功能区规划、土地利用规划、城市群规划、都市圈规划、城市发展战略规划等纳入到统一的城乡规划体系之中，建立完整的中国空间规划治理体系。而目前，发改委主管国民经济和社会发展规划和主体功能区规划，建设部门主管城乡规划，国土部门主管土地利用规划，形成了规划管理权威的碎片化以及多头管理等问题。由此，需要整合部门之间的规划事权，其中"三规合一"（对国民经济和社会发展规划、城乡规划和土地利用规划总体规划进行整合）体制改革是突破口，这也是京津冀协同治理的前提。

（四）形成有利于城市群协调发展的行政区划调整与兼并方案

在京津冀一体化进程中，北京一直处于"摊大饼"式的发展状态，从地域到功能，北京的负荷越来越重，城市发展定位反而越来越不清晰。在与河北的博弈中，河北则处于被"蚕食"的困境，甚至造成了环首都贫困带的出现。这说明过去京津冀一体化缺乏合理的行政区划调整与兼并方案，行政力量过于强大，造成了严重的行政区划割裂。

从发达国家的城市化经验来看，基本上经历从城市化到大都市区化（城市区域化）再到城市群化（区域城市化）的演变历程，而这一发展历程都必然伴随着相应的行政区划调整和兼并方案。从中国的城市化经验来看，这一发展趋势也在逐渐显现，不同的是，我国更倾向于用行政区划调整和兼并的方式来解决大都市区和城市群发展过程中的功能性问题。实际上，自改革开放以来，行政区划调整与兼并在中国的区域治理上是一个快速且直接，同时普遍被中央政府所接受的区域治理模式。一方面它涉及了地方行政领域沟通和权力博弈的过程，另一方面，它减少地方政府间过多的交易成本的耗损。这个模式在长江三角洲地区、珠江三角洲地区，甚至是改革开放以来的全中国，是最直接与方便处理区域之间不协调与冲突的方式。从长三角和珠三角的经验来看，县市合并即"撤县设市"、"撤县设区"、"撤市设区"等行政区划调整成为了增强核心城市竞争力、强化都市圈辐射能力的主要工具之一。因此，研究有利于城市群协调发展，同时又能避免行政过度膨胀的效率低下等问题，就显得恰逢其时了。

实际上，围绕解决环京津贫困带现象，京津冀城市群的行政区划调整坊间流传着三个版本：（1）京津合并方案；（2）冀北地区划归北京，余下保定和沧州以南地区形成小河北省；（3）河北一分为三，以天津市为省会，与秦皇岛、唐山组成渤海省，张家口和承德划归北京，余下的组成河北省。

（五）京津冀城市群的空间协作组织与重组

空间是国家重要的经济与政治场域，国家通常以两种方式来形成空间：一是透过法律体系或者府际关系来创设行政层级体系与划分区域；另外是通过运用空间规划来干预社会或经济空间的发展。

例如为了全国或特定区位经济发展,国家透过推动"策略性规划""成长极""区位政策""空间修复"或"国家空间战略"等倾斜式国土或城市规划①,来为"策略性次国家地位"提供稀缺资源或基础建设,以建构地方特有的社会经济资源吸引外资,并提升该空间既有资本的竞争优势。

2005年,滨海新区上升为国家战略。在中央空间战略的运作下,原以全国经济与金融中心为目标的北京,在其《"十一五"规划纲要》中首次不再提出"经济中心",并将发展定位改为"国家首都、国际城市、文化名城、宜居城市"。2006年5月,国务院下发《推进天津滨海新区开发开放有关问题的意见》正式批准滨海新区成为全国综合配套改革试验区,并定位为"依托京津冀、服务环渤海、辐射三北、面向东北亚,努力建设成为我国北方对外开放大的门户……北方国际航运中心和国际物流中心"。7月批复《天津市城市总体规划(2005—2020年)》,首次将天津定位为"北方经济中心"。2007年5月举行的中共天津市第九次代表大会上,时任市委书记张高丽第一次将滨海新区的开放写进党代会报告的标题,并且专门拿出一章来谈"进一步加快滨海新区开发开放"。2008年3月,国务院印发《关于天津滨海新区综合配套改革试验总体方案的批复》,又给予天津涉外经济体制改革与金融改革创新等十项试点权,意欲重新恢复天津区域经济中心的实力与功能,促使京津城市功能再次转型。2009年10月21日,国务院同意批复同意天津市调整滨海新区行政区划。

---

① 刘玉海:《京津冀调查实录》,社会科学文献出版社2012年版,第12页。另外,布伦纳(Brenner)认为,所谓国家空间战略包括:产业政策、经济发展倡议、基础建设投资、空间规划、劳动市场政策、区位政策、城市政策与住宅政策等等。参见Neil Brenner, "Glocalization as a State Spatial Strategy: Urban Entrepreneurialism and the New Politics of Uneven Development in Western Europe", in Jamie Peck & Henry Yeung eds. , *Remaking the Global Economy: Economic-Geographical Perspectives*, Sage: London and Thousand Oaks, 2003, p. 205。

纵观天津滨海新区的发展历程，与20世纪80年代深圳特区建设和90年代的浦东开发相比，滨海新区的起步相对较晚。但随着滨海新区被国务院批准为全国综合配套改革试验区，赋予天津在金融、土地以及行政管理体制改革等方面先行先试的权力，这也成为此后天津推进相关改革的基本逻辑依托。由于区域机制的成立与运作往往需要庞大交易成本，倘若城市区域中实力较强的成员愿意负担供给成本，扮演推动、协调与监督集体行动或成文协议执行的领导角色，将有助于跨域治理机制的发展。[①] 原本北京有意承担区域整合的领导角色，但在2006年中央介入京津的功能定位以后，北京不愿主动整合，环渤海经济合作联席会议便告终结。尽管天津积极推动区域机制的构建，如2006年推出《推进环渤海区域合作的天津倡议》、2008年推出京津冀发改委《建立促进京津冀都市圈发展协调沟通机制的意见》、2010年推出《环渤海区域合作沈阳倡议》，但未见实质性进展。相对于天津热衷推动"合纵式"区域机制，北京却一直只以"观察员"身份参与"市长联席会"，并改为"连横式"一对一的合作模式，如与廊坊签署《城乡规划合作交流机制框架协议》，与保定签署《城乡规划对接合作签署备忘录》，以及举办多场"京—承农业战略合作论坛"与"京—张经济技术合作座谈会"。由此可见，滨海新区的发展将影响京津冀城市群的空间协作组织与重组。

（六）通过建立跨域性功能型政府，推动单一议题或项目的战略性伙伴关系的建立

功能型政府与一般的政府组织不一样，其并不是一个政权组织，不是要改变现有的政府结构，而是一个政府行政放权下的区域整合机构，在目前现有的地方政府机构之上建立的组织协调机构。在理论来源上，类似于格罗晋（M. Grodzine）与埃拉扎尔（D. Elazar）的"中间组织理

---

① Astley, W. G. & Fombrun, C. J., "Collective Strategy: Social Ecology of Organizational Environments", *Academy of Management Review*, 1984, 4, pp. 576 – 587.

论"（intermediary organization），强调以事务性质、组织能力、绩效，设立中间仲裁组织或成立弹性的公共管理组织，以便在中央与地方的权限冲突、争议之间寻求新的解决途径。在功能和性质上，类似于美国大都市区治理的特区或专区[1]。"专区一般是由州议会或地方政府根据州法律授权，提供一项或有限几项的特定功能，拥有充分的行政和财政自主权的独立政府单位，通常被称为'行政区（district）'、'管理局（authority）'或'委员会（board）'。"[2] 虽然，党的十八届三中全会提出了要使"市场在资源配置中起决定性作用"，但是美国大都市区治理经验显示，完全依靠市场的自发调节机制，并不能有效地治理城市；而功能型政府能克服市场失灵的弊端，推动单一议题或项目的战略性伙伴关系的建立。

目前，京津冀三地亟须成立针对雾霾治理的功能型政府。这一机构是专门针对雾霾治理而成立的，它区别于一般的政府机构和行政部门，负责与京津冀区域的雾霾治理相关的大气议题。它的职权相对比较广泛，既可以制定跨行政区域的大气管理规划，也可以对城市区域内的大气污染企业发放许可证，并对污染企业进行监督和罚款。

（七）地方政府间的行政协议

为应对区域经济一体化和区域公共事务的合作治理，地方政府管理的模式也发生了变迁，由原来的行政区行政转向区域公共治理。在这一过程当中，各区域地方政府不约而同地选择了区域行政协议的方式来实现区域一体化的政府间整合以及区域公共事务的协同治理。合作协议是区域内各政府为促进本地经济的繁荣与社会发展，就各自行政职权范围内的合作事宜所订立的各种协议形式的总称，包括合作宣言、合作框架协议等具体形式。政府按照协议约定，制定共同工作方案，在此基础上

---

[1] Saffell, D. C. & Gillreth, T. ed., *Subnational Politics Readings in State and Local Government*, California: Addison-Weisley Publishing Company, 1981, pp. 1–38.

[2] Kincaid, John. (1999). Overview of Local Governments. In Roger L. Kemp ed. (1999). *Forms of Local Government*. McFarland & Company Inc. Publishers: 7.

行使相应的行政职权,制定相应的地方经济政策,这一方式既能完整表达双方或多方主体的意志,有一定的约束力,又没有改变现有的法律制度、法律框架,包括行政区划等,具有一定的实用性。

地方政府间的行政协议是推动最为积极,且最具成效的治理策略。原因在于借由实质执行部门之间的协调、沟通与合作,是最直接,也是避免"行政区行政"的最佳处理方式。由于区域政府无法完全避免传统府际关系的"条块分割",借由部门的协商是直接进入议题与处理即时性问题的最佳解决办法,这对于官僚制的其他治理模式而言,尽管较不具有整体性与长期性的规划愿景,但对于区域治理的调节却是相当有弹性的。

目前,京津冀三地政府和部门签订了一系列的协作:《京津科技合作协议》《京津冀筹建经济共同体》《推进环渤海区域合作的天津倡议》《在环渤海地区经济联合市长联席会议第十二次会议上的工作报告》《环渤海地区经济联合市长联席会市长特派员集中办公例会制度》《环渤海地区经济联合市长联席会办公室章程》《环渤海地区经济联合市长联席会协议书》《环渤海信息产业框架协议》。但是地方政府间的行政协议或部门性协议不具有强制性,如果某一方单独退出或者不作为,就可能导致区域治理的"集体行动"困境。

(八)区域性立法

制度经济学家道格拉斯·C.诺斯认为,"制度是为约束在谋求财富或本人效用最大化中个人行为而制定的一组规章、依循程序和伦理道德行为准则"①。由于跨域的特征决定了城市群治理的过程是一个集体选择和行动的过程。各个主体之间既存在合作,也存在竞争的关系,而通过制定有效的制度与规则,避免彼此之间的恶性竞争乃至冲突,促进区域

---

① [美]道格拉斯·C.诺斯:《经济史上的结构和变革》,厉以平译,商务印书馆2005年版,第227页。

合作，也就成为城市群治理的核心内容。城市群治理是涉及所在区域范围内公共、私人和社会等主体参与的社会协调过程，要保证这一协调机制的正常有效运作，就必须要有完善的制度基础作为保障。一方面，政府部门必须具有公众认可的合法地位，这样才能长期有效地行使权力，而合法性不足甚至缺失，必然破坏公众对政府部门规划和决策的信心和支持，从而破坏政府对社会的掌控和协调能力；另一方面对于私人和社会组织等非政府部门而言，由于缺乏政府的强制权威和对公共资源的控制力，因此赋予法律认可的权威地位就更为重要，这样才能保障非政府部门的独立性与公正性。

京津冀是一个城市群区域，与国家和城市层面的地域性管理不同，这类区域在中国由于不隶属于任何行政辖区或地域性政区，因此，相关管理、管制措施都无法运用简单的政治和行政方式加以解决。目前可行的方案是通过法律的方式，制定区域性专项法律法规，作为区域治理的法制基础，对协同治理的方式、法制架构、执行机构、经费负担方式、人力资源配置，以及合作事项的范围和权责等，形成区域性的法制基础。区域性行政立法法律具有权威性、强制性和惩罚性，能弥补地方政府间的行政协议（部门性协商和协议）的不足。

（九）建立公民和社会组织充分参与的平台

官民共建的合作论坛、研讨会以及其他领域合作组织层出不穷，且活动频繁，为京津冀区域的发展献计献策，在京津冀区域治理中发挥着不可或缺的推动作用，甚至在20世纪90年代京津冀区域治理的低谷时期，他们充当着重要的治理组织机构的角色。例如1991—1995年间，建立在京津冀两市一省的城市科学研究会基础上的京津冀城市发展协调研讨会承担起了维系京津冀区域治理研究的重任，由其提交的《建议组织编制京津冀区域建设发展规划》的报告获得国务院批准，并由国家计划委员会牵头组织编写。

与长三角和珠三角城市群相比，京津冀城市群的发展主要是依靠行政力量由上而下推动，市场发育还不成熟，城市群发展面临着很多问题。因此，依靠各种公民和社会组织倡导的京津冀区域合作论坛、研讨会，一方面既可以为政府和成员单位提供大量的信息服务，发挥沟通企业与政府、生产与消费的纽带作用；另一方面，保证京津冀一体化的发展战略和实施方案能够更加全面地关照和保障各地区社会民众的利益和诉求，提高发展的民主性、公平性和合法性。就社会发展而言，目前公民或社会组织可以通过什么方式参与进来、充分的参与需要什么条件支持、能够在哪些领域中发挥什么作用等问题仍有待探索。

三、结论与展望

按照中国区域发展的时序来看，中国先后经历了 20 世纪 80 年代"无序对抗阶段"、20 世纪 90 年代"理性竞争阶段"和 2000 年以后"合作协同阶段"。就地方竞争合作关系的线性发展路径而言，从对抗走向合作是区域发展的自然结果。然而事实上，地方为了政绩表现，提升城市—区域竞争力仍是主要考虑因素，地方政府会因政策、制度的需求或经济环境的改变，同时采取不同竞争手段，反而从合作退回对抗的关系，那么从总体上来看，区域治理过程就会出现暂时的可逆性机制。所谓可逆性机制，是指地方虽然存在合作关系，但是当新的竞争项目出台时，可能会退回到"理性对抗"模式，地方依自身的资源禀赋重新安排制度与政策创新，来提升自我的竞争优势；当竞争项目所需的资源出现稀缺时，地方之间会采取激烈的竞争手段，使得区域发展再退回至"无序性对抗阶段"。

此外，就局部而言，地方之间虽然出现"合作"的区域治理模式，但是，当地方"个体理性"选择的利益大于"集体理性"的选择，就算整体性层面进入合作模式，其他局部性领域仍会出现许多无序性对抗状态和理性对抗状态。因此，区域治理模式的发展路径存在"多种机制"共存的特征。

最后，由于中国是一个单一制的国家，区域政策的决策与执行过程，都是在政府领导下完成的。过去，行政力量是经济资源配置的重要影响因素之一，政府往往在引导产业发展上发挥着重大的作用，因此，政府扮演起"发展型政府"（development state）与"企业家型政府"（entrepreneurial state）的角色。因此，传统府际关系强调政府主导型——发展型的治理模式，不仅表现了政府在经济与社会发展层面所发挥的重要影响力量，而且也是具有中国特色的治理模式；但容易出现参与主体单一、忽略与市场的互动关系的问题。如今在市场经济体制下，推动区域治理的重要角色仍然由政府承担。

"新区域主义"的一个最大特点就是强调"没有政府的治理"，这种模式代表了西方国家，特别是美国所支持的一个不经由政府主导的区域治理模式，它借助政策的网络结构整合区域内的公私部门、政府与市场等行动者，共同为区域的议题和发展做出决策的贡献。虽然，这个模式过于强调政府能力的去中心化，以及私人部门在治理过程中愈来愈重要的地位，然而实际上，在中国的区域治理经验中，政府部门之间的合作与协调及其区域公共事务是中国真正处理区域议题的主要内容。

不可否认的是，非政府部门在城市治理甚至是区域治理中都扮演重要的角色。但在京津冀一体化进程中，政府是治理结构中最具影响力的因素，甚至中国的区域治理恰恰是强调政府主导的治理。新区域主义值得借鉴的地方是其丰富多样的协作治理的形式，既打破了传统区域主义把国家/政府作为绝对主体的力量统治城市；也破除了公共选择理论把市场作为基本动力，从经济理性途径寻求解决方案。"政府在区域治理中的重要性都不应该被低估。尤其是对于中国这样从集权传统向分权治理的国家，在区域治理的过程中，如何在地方政府、企业和非政府组织，甚至国际机构的纷纷介入下，既保持各级政府的治理能力、又发挥各方力量的主动性，有效地平衡各自的利益，是极需要长期探索和实践的主要方向。"① 显然，京津冀区域治理由于其历史性发展和独特性运作，由此而形成的区域治理模式与长三角、珠三角区域治理模式是大相径庭的。京津冀区域治理模式在治理制度安排上，至少应由合作框架、运作机制和组织机构三大基本元素构成，三者缺一不可。

1. 优化以政府主导为主体的多元合作框架

多元合作框架是京津冀区域治理模式的根本内容和核心，它关注的是区域内政府之间及其与其他主体之间的权力结构关系。京津冀区域治理模式应该把城市企业、行业组织、社会团体、非营利组织、公民个人等纳入到治理体系的视野之中。在京津冀区域治理实践中，横向地方政府关系、地方政府与非政府的社会主体之间的结构安排对于整个区域治理起着关键性的作用。京津冀区域治理模式的体制框架设计需要妥善处理好三个问题，即在顺应京津冀区域政治行政生态背景以及经济社会发展现状的基础上，实现横向地方政府间关系、纵向中央政府与地方政府间以及地方政府与非政府的社会主体之间的合理的结构安排。

2. 优化以治理为核心的运作机制

京津冀区域治理模式应在治理决策机制（包括协商机制、利益共享协调机制）、政策执行机制、监督保障机制等多方面进行制度安排与创新。目前，京津冀区域省市之间已经就一些公共议题达成了合作与协议，但是由于缺乏一套制度化的执行机制和公共行动机制，这些决议很难得到真正落实。京津冀区域各地进行治理的出发点是可以通过合作治理来共享、促进整体利益。但是由于资源禀赋和区位等条件的不同，京津冀区域的每个地区不可能获得相同的受益。如果按照协调发展的理念，京津冀区域治理模式的建构过程中，必须重视执行机制的制度安排与创新，在确立执行机构和确保治理行动方面寻求新的突破。

---

① 张京祥、吴缚龙：《从行政区兼并到区域管制——长江三角洲的实证与思考》，载《城市规划》，2004 年第 5 期，第 30 页。

3. 优化以合作为目的的组织机构

组织机构是治理模式运行的载体和平台。京津冀区域治理模式不但要有良好的机制，更要有实施具体合作事宜的组织载体。区域治理是通过治理组织机构进行的，治理组织是制度安排创新的产物，它使区域内多元利益主体的获利空间得以扩大或延伸，不仅能将原有的共同利益进一步整合与明确，而且能将原本对立的个体利益转化为共同的公共利益。目前，京津冀区域治理组织机构的建立刚刚起步，治理组织机构的制度建设比较落后，尚未形成规范化和制度化的结构。因此，需要不断健全和创新京津冀区域治理组织结构，以期通过强有力的治理组织机构去推进治理机制的形成和良性运作，实现治理的良好目标。

京津冀城市群协调发展历程的区域经济学分析[*]

孙 轩 周静文[**]

【摘要】 城市群是我国推进城镇化建设的主体形态。如何科学地评价城市群的协调发展过程和状态成为当前亟待解决的问题。本文在对相关概念进行深入阐释的基础上，结合京津冀城市群的协调发展历程，从区域经济学视角，对该地区多年来的协调发展效果进行定量分析。京津冀协调发展不是一个简单的区域内经济极化和平衡问题，而是经历了多个阶段。如何通过深层次的统一规划进一步提升区域协调发展水平成为新时期面临的核心议题。

2011年我国城镇化率首次超过50%，根据美国地理学家诺瑟姆（Ray M. Northam）提出的城镇化发展S型曲线，城镇人口占总人口比重在30%—70%时，表明正处于城镇化的加速阶段。国家"十一五"规划纲要明确提出，要把城市群作为推进城镇化的主体形态。但由于受到历

---

[*] 国家社科基金重大项目（No. 13&ZD017），中央高校基本科研业务费专项资金项目（No. NKZXB1483）。

[**] 孙轩，南开大学周恩来政府管理学院讲师。周静文，南开大学政治学理论硕士，主要研究方向：区域协调发展。

史、地理、政策等多方面因素影响，各地政府对城市群协调发展的认识仍然存在一定差异。如何科学地评价城市群的协调发展过程和状态成为当前亟待解决的问题。①

作为我国最具影响的三大城市群之一，京津冀地区的人口超过一个亿，经济总量占全国的一成左右，然而相比长三角和珠三角，其协调发展水平仍然较低。② 从 1981 年建立环京津经济协作区开始，许多学者就其协调发展的方式和路径进行探讨。本文在对相关概念进行深入阐释的基础上，从京津冀城市群的协调发展历程出发，以区域经济学视角对该地区多年来的协调发展效果进行定量分析。

一、城市群协调发展问题

城市群协调发展是一个区域性问题。基于地理学和社会经济学视角，区域被认为是具有特定自然或人文特征的空间地域范围。在我国，伴随国家宏观政策倾向的阶段性调整，区域间的协调发展长期以来都是学术界理论探讨的焦点问题。③ 然而，近年来，面对快速城镇化带来的各类负面影响，以城市群为代表的区域内协调发展开始引起各领域学者更多的关注。

（一）区域内协调发展的内涵

经济、社会的和谐发展是区域协调的最终目标。根据区域经济发展

---

① 张学良：《中国区域经济发展报告：中国城市群的崛起与协调发展》，人民出版社 2013 年版。
② 许顺才：《京津冀城市群的区域化进程和大北京地区城市化进程的关系演进探析》，载《新型工业化道路与城市发展模式及途径——中国科协 2003 年学术年会 30 分会场论文集》，2003 年；毛其智：《京津冀区域协调发展中的几个问题》，载《南阳师范学院学报（社会科学版）》，2006 年第 7 期。
③ 杨龙：《中国区域经济发展的政治分析》，黑龙江人民出版社 2004 年版；李本和：《促进中部崛起与区域经济协调发展》，人民出版社 2009 年版；魏后凯：《中国区域政策：评价与展望》，经济管理出版社 2011 年版。

规律，区域内协调是一个多层次的复杂概念。地域范围不同，地区城镇化和产业发展阶段不同，区域内协调发展的侧重点也有所不同。

在一个较小的地域范围内，将产业聚集于核心城市并通过经济辐射作用带动周边地区发展的单核心模式往往能够很好地满足区域发展的需要。① 而在一个较大的地域范围内，仅依靠个别核心城市的发展通常无法负担整个区域的经济增长需求，区域内各城市必须通过合理的产业协作，形成一个统一的"城市群"，才能进一步提高区域的整体经济竞争力。② 在城镇化发展的早期阶段，地区生产力水平十分有限，城市与城市之间的关联仅存在于有限的地域空间，因而更多地强调前者；而在城镇化发展的中后期阶段，随着地区生产力水平的提高，城市与城市之间的关联扩大到一个更为广阔的地域空间，后者逐渐成为区域内协调发展的关键。

无论在哪个层次上探讨区域内的协调发展问题，其核心都在于区域的统筹规划。一方面，强调人口、资源和社会经济系统各要素的和谐、合理配置③；另一方面，强调区域之间在经济交往上的关联性、依赖性和互动性④；同时，还需要从产业结构的角度出发，协调城市间的产业

---

① 董晓峰、史育龙、张志强等：《都市圈理论发展研究》，载《地球科学进展》，2005 年第 10 期；袁家冬、周筠、黄伟：《我国都市圈理论研究与规划实践中的若干误区》，载《地理研究》，2006 年第 1 期；刘承良、余瑞林、熊剑平等：《武汉都市圈经济联系的空间结构》，载《地理研究》，2007 年第 1 期。
② 方创琳、宋吉涛、张蔷等：《中国城市群结构体系的组成与空间分异格局》，载《地理学报》，2005 年第 5 期；顾朝林：《城市群研究进展与展望》，载《地理研究》，2011 年第 5 期。
③ 曾嵘、魏一鸣、范英等：《人口、资源、环境与经济协调发展系统分析》，载《系统工程理论与实践》，2000 年第 12 期；肖亚成：《区域经济递进发展的要素成本与利益分享研究》，博士论文，西南大学，2011 年。
④ 胡序威：《区域与城市研究》，科学出版社 1998 年版；李国平、王立明、杨开忠：《深圳与珠江三角洲区域经济联系的测度及分析》，载《经济地理》，2001 年第 1 期；戴特奇、金凤君、王姣娥：《空间相互作用与城市关联网络演进——以我国 20 世纪 90 年代城际铁路客流为例》，载《地理科学进展》，2005 年第 2 期。

分工关系。①

(二) 城市群经济发展模式

根据主导产业扩散理论可知，增长极模式②和梯度模式③是地区产业分布的两种常见模式。受这两种模式的影响，城市群的经济发展一般会呈现出一定的不平衡性。然而，城市群协调发展并不是盲目地追求地区经济的平衡增长，而是需要通过产业协作，建立合理的区域经济分工体系。

大型城市和特大型城市的经济基础较好，产业生态较为完善，经济增长率明显高于周边城市；中、小型城市由于在产业发展过程中没有绝对优势，因而经济增长缓慢，对大型城市的依赖性较强。在缺乏统一规划的状态下，这种地区经济发展的不平衡性往往会朝着过度极化的方向发展，并带来一系列城市问题。例如：中、小型城市为了满足自身发展的需要，容易盲目地选择经济附加值较高的产业进行重点发展，并导致出现工厂荒废、就业率低、土地闲置等现象；而大型城市和特大型城市则受到集聚经济和自我强化机制的影响，不受控制地快速扩张，并面临城市拥堵、环境恶化、就业困难等各种城市病。④

与区域经济的过度极化相比，城市群协调发展则能够通过统一的规划和政策引导，充分挖掘各城市的比较优势，形成各具特色的地区产业分工格局。各城市产业的错位发展，能使得地区内的关联性日益紧密，大、中、小型城市能够准确定位自身的发展机会。特别是核心城市周边

---

① 李学鑫：《基于专业化与多样性分工的城市群经济研究》，博士论文，河南大学，2007年；魏后凯：《大都市区新型产业分工与冲突管理——基于产业链分工的视角》，载《中国工业经济》，2007年第2期。

② 柯善咨：《扩散与回流：城市在中部崛起中的主导作用》，载《管理世界》，2009年第1期。

③ 刘以安、宁宣熙：《中心城市扩张的梯度效应对县域经济发展的影响研究》，载《南京社会科学》，2005年第11期。

④ 王桂新：《中国"大城市病"预防及其治理》，载《南京社会科学》，2011年第12期。

的地区，在城市群产业协调的基础上，不仅不会由于恶性竞争而产生经济增长缓慢的现象，反而由于核心城市的产业外溢效应而得到更多的经济发展机会。最终，在整体经济效益得到提高的同时缩小城市间的经济发展差距。

二、京津冀区域协调发展历程

根据"十一五"期间出台的"京津冀都市圈规划"，京津冀城市群一般是指由北京、天津、石家庄、唐山、保定、廊坊、秦皇岛、承德、沧州、张家口等10个城市所构成的经济和产业发展合作区域。然而，京津冀城市群概念的形成、区域协调机制和合作领域的深化却经历了一个多阶段的演变过程。

（一）理念探索阶段

京津冀城市群的概念最早来源于1982年《北京市建设总体规划方案》中提出的"首都圈"构想，但当时只是基于卫星城市的理念，以北京为核心，对城市及城市周边区域的发展问题进行探讨。1985年到1987年间，在环渤海地区的经济发展研究中，辽东半岛、山东半岛和京津冀地区的发展被视为区域问题，城市发展过程中的协调和沟通得到越来越多的关注。然而环渤海地区的协作更多地强调物资层面的协作，通过地区间调剂指导企业开展横向经济联合，以解决区域内各省市的物资短缺问题。不仅如此，由于环渤海区域范围广、区域间差异巨大，因而合作的针对性也不强。

京津冀作为大区域范围内更为聚焦的地区，两市一省不仅在地理位置上相互接洽包容，而且区域公共问题突出。1988年，北京开始与河北省的保定、廊坊、唐山、秦皇岛、张家口、承德6地市组建环京经济协作区，探索多城市间的协调发展模式；1991至1995年，京津冀两市一省的城市科学研究会发起了京津冀城市协调发展研讨会，来自北京、天津、张家口、承德、唐山、秦皇岛、保定、廊坊、沧州等9个城市的数百名专家学者和各部门、各城市负责人从区域协调的角度探讨各自城市的建设与发展，并提交了《建议组织编制京津冀区域建设发展规划》报告；1996年，北京在《北京市经济发展战略研究报告》中提出了首都经济圈战略，将京、津以及秦皇岛、唐山、廊坊等河北七市包括在内。

（二）理念形成阶段

在理念探索阶段，虽然各方对京津冀地区协调发展有了一定程度的认同，然而这种认同仅仅局限于意识层面，并没有出现深层次的协作。2004年2月，国家发改委地区经济司召集北京市、天津市以及河北省的秦皇岛市、承德市、张家口市、保定市、廊坊市、沧州市、唐山市、石家庄市发展改革部门的负责人，在廊坊市召开京津冀区域经济发展战略研讨会，经充分协商，达成了"廊坊共识"；而同年6月，环渤海合作机制会议在廊坊举行，进一步草拟了《环渤海区域合作框架协议》。"廊坊共识"及《环渤海区域合作框架协议》成为京津冀区域合作的重要成果和标志性事件。同年11月，国家发改委正式启动京津冀都市圈区域规划的编制工作，确定了包括北京、天津两个直辖市和河北省石家庄、保定、唐山、秦皇岛、廊坊、沧州、张家口、承德等8个地级市在内的"2+8"都市圈。

虽然各地开始从人才、旅游、治安、刑侦等具体领域出发开展京津冀区域合作项目，但涉及经济、市场等与各方利益直接相关的领域时，合作推进的难度仍然较大。2008年，京津冀发展改革委区域工作联席会议机制建立，旨在推动京津冀地区联合协作，促进区域经济社会协调发展。同年11月河北省建设厅与北京市建委、天津市建委共同签署《构建京津冀地区共同建筑市场框架协议》，根据协议，京津冀将用三年左右时间，实现三地企业区域内建筑市场的互认共管。共同市场的建立是依据市场一体化的要求，在打破行政障碍的基础上，进一步打破局部市场垄断的障碍。在这一阶段内，京津冀区域协调发展的理念已经全面形成，各方不仅在意识层面上认同区域协作，更多的是通过建立合作机制，从各个层面加强沟通交流，推进京津冀区域合作向实质性方向发展。

（三）理念深化阶段

在"廊坊共识"达成后，围绕京津冀区域协调发展，三方都采取了相应的行动。然而从 2004 年 11 月启动《京津冀都市圈区域规划》编制工作到 2010 年《京津冀都市圈区域规划》正式上报国务院，各方争论不断，导致时至今日规划仍旧没有出台。北京作为首都具有天然的政治、经济、文化等优势，对周边的天津与河北产生巨大的虹吸作用；天津长期以来都是北方的经济中心，直辖市的地位使得其具有较高的政治影响力；河北虽然紧靠两大城市，然而自身经济发展落后，产业结构不合理，缺乏话语权。三地之间不一样的政治地位、社会经济发展状况，以及京、津都争夺区域发展的中心等问题造成京津冀区域协调发展远远落后于长三角、珠三角等地区的区域协调发展。

2013 年 5 月，习近平总书记在天津调研时提出，要谱写新时期社会主义现代化的京津"双城记"。同年 8 月，总书记在北戴河主持研究河北发展问题时，又提出要推动京津冀协同发展。此后总书记还多次就京津冀协同发展作出重要指示。中央对京津冀区域协调发展的高度关注，使得这一理念得到深化，开始从协调发展转向协同发展的道路。2014 年 2 月 26 日，习近平总书记在北京主持召开座谈会，专题听取京津冀协同发展工作汇报并作重要讲话，提出了推进京津冀协同发展的 7 点要求，并将京津冀协同发展上升到了国家战略层次。京津冀协同发展进入了理念深化阶段。

三、京津冀区域协调的经济学分析

集聚与分散是区域发展的两种基本形式，能够从一定程度上反映城市与城市之间，核心城市与区域之间的经济与产业协调关系。然而仅仅通过极化指数①或者平衡性测度模型②从整体上进行判别，往往很难全面地描述区域协调发展的状态。

本文在区域协调状态的评价中，综合考虑极化与均衡因素，采用了一种简单的参照比例测度指标，以核心城市为参照标准，从多个角度、多个层面对京津冀的区域协调问题进行分析。其基本指标参数的计算公式如下：

$$Index(n) = \sum_{i=n}\left(\frac{Ai}{\operatorname{Ref}_{i=n}(Ai)}\right)/n \quad (1)$$

其中，$Index(n)$ 为包含 n 个城市局部区域的参照比例测度指标，Ai 为第 i 个城市所对应的某项统计数据，$\operatorname{Ref}_{i=n}(Ai)$ 为局部区域统计数据的参照标准值，通常选取该区域某个核心城市的统计数据，或者选取 n 个城市统计数据的极大值。

（一）区域资产投资分析

资产投资能够有效反映出地区当前的发展态势。我们通常认为，某年资产投资较高的城市，其当前发展态势较好；而资产投资低的城市，其发展态势与其他城市相比存在一定差距。在此，我们以全社会固定资产投资作为描述各城市发展态势的统计数据，将各年份北京市固定资产投资额作为参照标准值。一方面，通过计算京津冀城市群在不同时期的整体参照比例测度指标，掌握该区域协调发展的宏观状态；另一方面，通过计算个别核心城市间的参照比例测度指标（如：北京、天津两核心城市；北京、天津、唐山三核心城市；北京、天津、唐山、石家庄四核心城市），了解区域内核心城市间的产业与经济协作情况，并将区域内

---

① Estenban, P. and Ray, D. (1994), On the Measurement of Polarization, *Econometrica*, 62 (4), p. 4; Wolfsan, M. C. (1994), When Inequalities Diverge, *American Economic Review*, 84 (2), p. 84.

② 魏后凯：《中国区域协调发展研究》，中国社会科学出版社2012年版。

核心城市间的协作与区域整体的协调发展过程对应起来，分析二者之间的互动关系。京津冀产业投资的多层面历史曲线如图 1 所示。

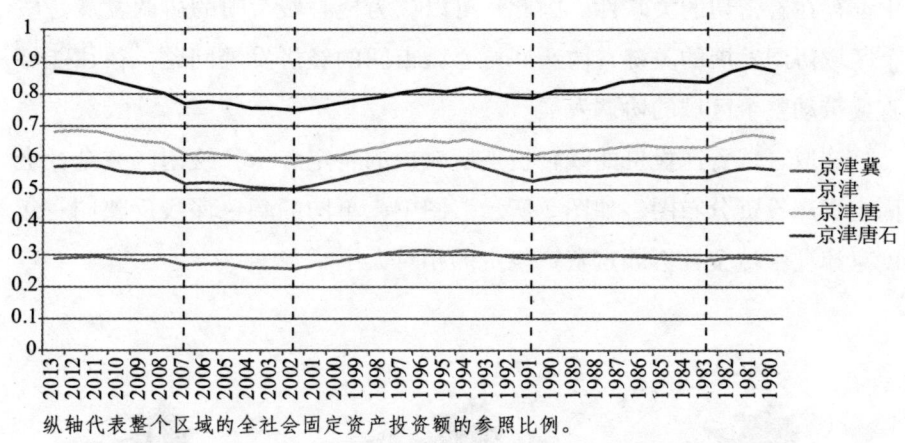

纵轴代表整个区域的全社会固定资产投资额的参照比例。

图 1　京津冀产业投资的多层面历史曲线图

从图 1 中的京津冀产业投资历史曲线可以看出，从 1980 年到 2013 年，京津冀城市群的协调发展态势整体上有所改善，全社会固定资产投资额的参照比例指标从 1980 年的 0.28 增长为 2013 年的 0.49。说明在区域层面，以北京为代表的核心城市正在有意识地促进城市间的协调发展。然而从曲线走势来看，1980 年到 2002 年，大部分资产投资都集中于以北京为代表的核心城市，参照比例指标一直停留在 0.2—0.3 之间，其他城市的发展较为缓慢，且中间经历了多个反复调整的过程。以 1990 年为界线，在 1982 年到 1990 年之间，整个区域的全社会固定资产投资额的参照比例指标呈现明显的下降趋势，北京的发展速度快于周边其他城市；而 1990 年以后，区域之间的协调发展经历了一段很长时间的探索期，全社会固定资产投资额的参照比例指标维持在一个很低的水平。直到 2002 年，全社会固定资产投资额的参照比例指标逐渐开始提升，特别是 2007 年以后，区域协调发展呈现出快速增长的趋势。

进一步分析核心城市间产业投资历史曲线，还可以发现全社会固定资产投资额的参照比例指标走势具有极强的一致性,即京津、京津唐、京津唐石等核心城市之间,甚至包括京津冀整个区域的协调发展过程之中都存在着密切的关联性。因此,可以认为核心城市间的协调发展是整个区域协调发展的关键,协调好核心城市间的经济发展问题,往往能够直接带动整个区域的协调发展。

选取区域资产投资曲线转折点所对应的特定年份,绘制区域全社会固定资产投资分布图,如图2所示。图中,不同的颜色深浅反映同一年度京津冀区域全社会固定资产投资的相对大小。

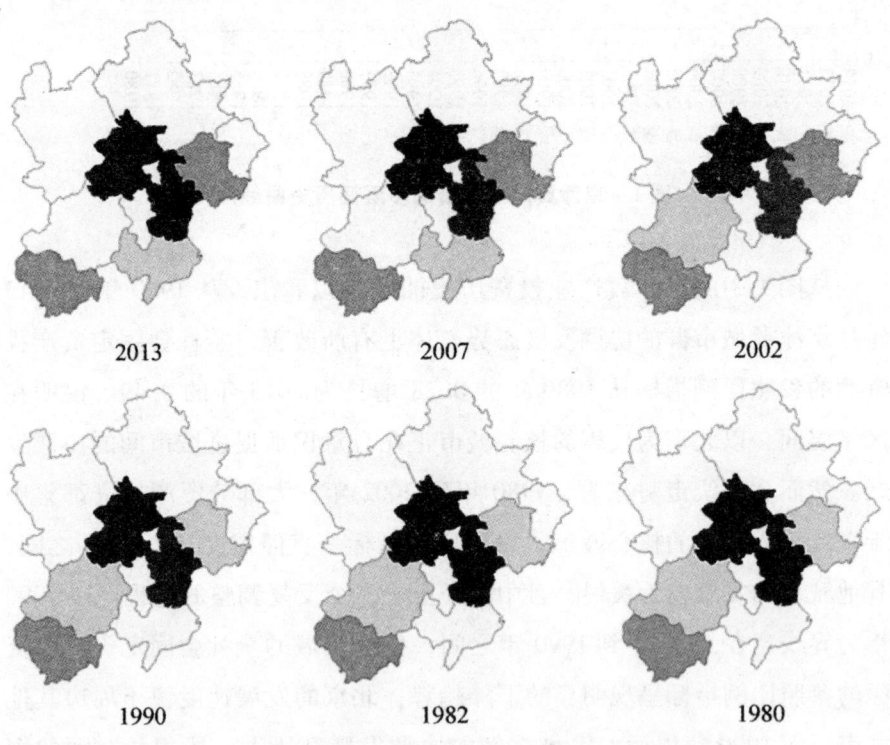

图2 特定年度京津冀区域全社会固定资产投资分布图

(二)区域经济产出分析

经济产出是对城市和地区发展水平进行评价的最直接标准。我们以 GDP 作为描述各城市经济产出的统计数据，将各年份北京市 GDP 作为参照标准值，分别计算京津冀城市群在不同时期的整体参照比例测度指标和个别核心城市间的参照比例测度指标，如图 3 所示。

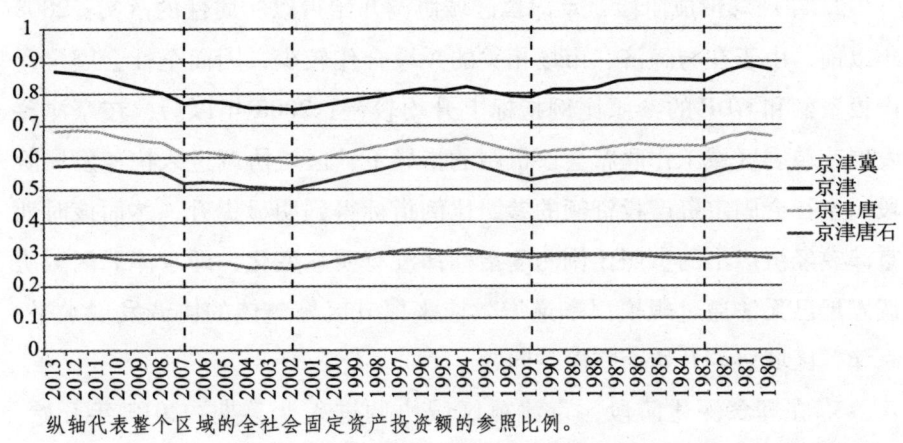

纵轴代表整个区域的全社会固定资产投资额的参照比例。

图 3　京津冀经济产出的多层面历史曲线图

由图 3 可以看出，经济产出历史曲线的整体规律与产业投资历史曲线非常类似。一方面，京津冀经济产出历史曲线也同样包括四个主要的转折点；另一方面，整个京津冀区域的经济产出历史曲线走势与核心城市间经济产出历史曲线走势一致。只是由于经济基础差异和产业投入与回报间的延时，使得经济产出历史曲线与产业投资历史曲线相比更为平缓，部分转折点时间略有偏差。

（三）区域协调发展阶段分析

将京津冀区域资产投资分析结果、区域经济产出分析结果与京津冀区域协调发展历程相结合，可知各参照比例测度指标曲线的走势正好与城市群协调发展的不同阶段相对应：

1. 在理念探索阶段，京津冀区域协调较少关注经济发展的平衡性：1990 年以前，区域内社会生产力和城镇化率均较低，因而区域发展倾向于以北京为核心的经济圈建设，全社会固定资产投资额的参照比例指标有所下降；1990 年到 2002 年，地区经济得到明显提升，各城市开始探索区域协调发展理念，但由于还没有形成统一的认识，因而全社会固定资产投资额和 GDP 的参照比例指标出现了一些波动。

2. 在理念形成阶段，京津冀区域协调开始得以实质性的落实：2008 年以前，由于在与经济、市场相关的领域合作较少，因而全社会固定资产投资额和 GDP 的参照比例指标上升均较慢；2008 年以后，在京津冀发展改革委区域工作联席会议机制的指导下，区域协调进入快速发展阶段，全社会固定资产投资额的参照比例指标得到明显提升，然而该时期京津冀经济产出的参照比例测度指标却没有明显变化，即京津冀区域协调发展已无法通过规模报酬递增效应来提升区域整体的协调发展水平。京津冀区域协调开始面临瓶颈问题。

3. 在理念深化阶段，京津冀区域协调进入调整期：2013 年开始，全社会固定资产投资额的参照比例指标逐渐趋于平稳，通过经济、市场领域开放合作带来的区域协调发展效果已经释放殆尽，必须通过更深层次的协调、协作才能进一步促进京津冀区域的协调发展。

四、结论

综上所述，城市群协调发展不是一个简单的区域内经济极化和平衡问题。从区域经济学视角来看，三十多年来，京津冀协调发展经历了多个阶段。历史维度下，区域资产投资和区域经济产出的参照比例测度指标变化正好与京津冀协调发展理念探索、形成和深化过程对应，是生产力水平和城镇化发展阶段的体现。

当前，京津冀区域协调已进入理念深化阶段，经济和市场层面的协作和简单的资产投资已无法满足区域协调发展的需要。如何通过深层次的统一规划进一步提升区域协调发展水平成为新时期面临的核心议题。

基于 SNA 的京津冀都市圈地方政府协作治理网络研究[*]

崔 晶[**]

【摘要】 本文以区域协作治理理论为基础,运用社会网络分析方法(Social Network Analysis,SNA)对京津冀都市圈 13 个地方政府协作网络的点度中心度、中间中心度、接近中心度等指标进行测量。同时,通过凝聚子群分析和 Ucinet 软件所描绘的可视化协作网络,揭示都市圈内部组成结构的状态和城市成员之间的互动方式,分析京津冀区域协作网络的演变趋势。研究结果表明:京津冀都市圈地方政府协作网络的整体网络密度不高,但呈现出协作网络愈来愈紧密、辐射联系越来越多的演化趋势。北京和天津作为两大核心城市,在京津冀都市圈中的辐射作用正逐渐显现,但二者的发展还受制于河北各个地方政府的发展状况。河北省环京津的四个地级市——承德、保定、廊坊、张家口等利用地缘优势,积极与北京和天津进行对接,接受中心城市的外溢性,成为京津冀

---

[*] 本文原载于《公共管理与政策评论》,2015 年第 3 期。基金项目:本研究受到国家社会科学基金重大项目"基于总量与强度双控的水资源治理转型与市场化机制研究"(项目编号:15ZDC033)、北京市社会科学基金项目"区域协同视角下的京津冀都市圈地方政府大气污染协作治理研究"(项目编号:14JGB079)、中央高校基本科研业务费专项资金和中央财经大学科研创新团队支持计划"生态环境治理中的跨区域协同治理模式研究"的资助。

[**] 崔晶,中央财经大学政府管理学院副教授。

都市圈新兴的凝聚子群。但目前京津冀都市圈的多中心网络结构还未形成，网络内协同效应还不明显。在这个意义上，京津冀都市圈亟须构建整体性协作治理的信任机制、多元治理机制和利益分配与补偿机制，提升都市圈协作网络的整体治理绩效，从而实现区域协同发展。

一、问题提出与文献回顾

近年来，都市圈治理中出现了越来越多的超出地方政府管辖界限和政府部门职能界限的公共问题。为了解决这些问题，政府部门间跨越彼此界限、跨越不同政府层级、跨领域合作的案例也越来越多。从国外都市圈的治理过程来看，北美、欧洲、亚洲的很多国家都经历了构建大都市区政府、废除大都市区政府和区域治理运动三个阶段。[①] 在我国，京津冀、长三角、珠三角等都市圈的水资源分配、空气污染、跨界河流污染等问题也已经让都市圈府际间协作成为区域内各级政府必须面对的议题。如何有效地推进都市圈地方政府的协作治理已经成为我国当前区域协同发展中的一个关键问题。

随着经济全球化的推进以及城市区域日渐成为全球经济重要的竞争者，各国的城市政府开始加强彼此间的合作交流，形成了各种城市群或都市圈网络，以促进区域协同发展和提升总体优势。对都市圈协作网络的研究，新区域主义主张以跨部门（公共部门、私营部门、非营利组织）联盟为主要特征，通过谈判形成大都市区不同层级政府、非政府组织和私营部门间的协作网络，以此来共同解决区域公共事务[②]，提倡"以灵活的治理横向网络代替单一僵化的政府管理模式，吸纳区域内其

[①] 王旭、罗思东：《美国新城市化时期的地方政府：区域统筹与地方自治的博弈》，厦门大学出版社 2010 年版，第 295 页。

[②] A D. Wallis, "The Third Wave: Current Trends in Regional Governance", *National Civic Review*, Summer-Fall, 1994, pp. 290 – 310.

他非营利组织、商业社团和公民组织参与整体治理"①。同时,新区域主义试图在"政府干预"为主的传统区域主义和"市场主导"为主的公共选择理论之间找到平衡点②,通过灵活的政策网络倡导区域的整合和协同发展③,提倡区域性合作组织的构建。整体性治理理论认为要打破政府各部门在提供公共服务时存在的行政壁垒,在不同政府部门及其职能之间建立横向的整合与联系,强调政府在进行公共事务治理时不仅要对政府内部各部门的机构与功能进行整合,而且也要促使政府与政府之间以及政府、私营部门和非营利组织之间进行协作,从而形成一种整体性治理网络。④ 与新区域主义和整体性治理相呼应,不少学者提出了复杂网络在区域治理中的作用。凯莉·洛若斯(Kelly Lerous)等学者认为,社会网络在区域地方政府合作中扮演着重要的角色。各个地方政府作为社会网络中的个体,他们在区域中的机会和受到的限制是由社会—结构环境塑造的。都市圈多重复杂网络影响着府际间的协作,地方政府官员通过代表所属辖区参加地方政府间合作组织(如大都市区委员会),或者具有相同的专业背景,会更加容易形成府际间的联系(如政府间契约的签订)。⑤ 还有学者从复杂网络的角度分析区域治理问题,他们将区域内的地方政府、私营部门和第三部门都纳入到网络治理主体的范畴,强

---

① 叶林:《新区域主义的兴起与发展:一个综述》,载《公共行政评论》,2010 年第 3 期。
② H. V. Savitch & R. Vogel, "Paths to New Regionalism", *State and Local Government Review*, Vol. 32, 2000, pp. 158 – 168.
③ S. Post, "Metropolitan Area Governance and Institutional Collective Action", in Feiock, R. (ed.), *Metropolitan Governance: Conflict, Competition, and Cooperation*, Washington, D. C.: Georgetown University Press, 2004, pp. 67 – 92.
④ See Perri 6, Diana Leat, Kimberly Seltzer & Gerry Stoker, *Towards Holistic Governance: The New Reform Agenda*, New York: Palgrave, 2002; P. Dunleavy, H. Margetts, S. Bastow & J. Tinkler, "New Public Management Is Dead — Long Live Digital-Era Governance", *Journal of Public Administration Research and Theory*, Vol. 16, 2006, pp. 467 – 494.
⑤ K. Lerous, P. W. Brandenburger & S. K. Pandey, "Interlocal Service Cooperation in U. S. Cities: A Social Network Explanation", *Public Administration Review*, Vol. 70, No. 2, 2010, p. 270.

调各组织间通过合作与协调达成统一的网络目标,认为网络治理包含高程度的公私合作和政府对网络的管理能力。① 理查德·菲沃克（Richard C. Feiock）等主张应用制度集体行动框架（ICA）来分析地方政府间的协作治理,关注政府机构中更高层次的集体行动问题,如公共物品、自然垄断和规模经济、公共池塘资源的管理,等等。② 还有学者提出了区域治理中的合作型政策网络研究框架,认为区域合作的政策网络需要具备七个特征,即代表性或多样性、互惠性、水平权力结构、嵌入性、信任和关系的正式程度、参与式决策、合作式领导。③

近年来,国内学者也开始关注都市圈地方政府协作和协作网络关系研究。有些学者对我国区域协作的理论和实践进行了深入研究④,并从新区域主义的视角来探讨区域合作,提出了"复合行政"这一跨行政区的多中心治理合作机制⑤,分析了地方政府合作过程中行政管辖权让渡的问题和区域地方政府间利益的平行激励机制等问题。⑥ 还有学者分析了网络治理的信任机制、价值协同、信息共享等协调机制,研究了都市

---

① ［美］斯蒂芬·戈德史密斯、［美］威廉·D. 埃格斯:《网络化治理:公共部门的新形态》,孙迎春译,北京大学出版社2008年版,第8—9页。
② Richard C. Feiock & John T. Scholz, *Self-Organizing Federalism: Collaborative Mechanisms to Mitigate Institutional Collective Action Dilemmas*, New York: Cambridge University Press, 2010, pp. 3 - 6.
③ Peter deLeon & Danielle Varda, "Toward a Theory of Collaborative Policy Networks: Identifying Structural Tendencies", *The Policy Studies Journal*, No. 37, 2009, pp. 59 - 74.
④ 参见陈瑞莲等:《区域公共管理理论与实践研究》,中国社会科学出版社2008年版;金太军:《从行政区行政到区域公共管理——政府治理形态嬗变的博弈分析》,载《中国社会科学》,2007年第6期。
⑤ 参见张紧跟:《试论新区域主义视野下的泛珠江三角洲区域合作》,载《武汉大学学报（哲学社会科学版）》,2008年第3期;王健、鲍静、刘小康、王佃利:《"复合行政"的提出——解决当代中国区域经济一体化与行政区划冲突的新思路》,载《中国行政管理》,2004年第3期。
⑥ 参见杨龙、彭彦强:《理解中国地方政府合作——行政管辖权让渡的视角》,载《政治学研究》,2009年第4期;杨爱平:《从垂直激励到平行激励:地方政府合作的利益激励机制创新》,载《学术研究》,2011年第5期。

群网络化治理的监督与绩效评估机制。① 另外，还有不少学者关注网络化大都市的发展，提出通过协调与合作实现权利平衡和利益分配，并提出加强京津冀区域一体化的对策和建议等。②

社会网络分析方法是一套用来分析社会行动者之间所构成的关系网络的结构、性质以及其属性的理论和方法的集合。③ 该方法起源于社会计量学者对于小群体的研究，20 世纪 30 年代哈佛大学学者研究了人际关系的模式并提出了"派系"的概念，而后英国曼彻斯特大学的约翰·巴恩斯（John Barnes）等社会人类学者在前人研究的基础上考察了部落和乡村的"社区"关系结构。20 世纪 60 年代和 70 年代，哈佛大学的学者们最终形成了系统的社会网络分析方法。④ 由于社会网络分析方法能够将难以量化的现象进行可视化的测度，因此，作为一种社会学领域的方法被广泛运用到了政治学、经济学和管理学之中。⑤ 在公共管理领域，西方学者主要将社会网络分析应用在政策制定组织网络（policy networks）、纳税人买单的公共服务组织网络（publicly-funded service delivery networks）和合作治理（collaborative governance）等领域并取得了丰硕的成果。⑥ 我国学

---

① 参见鄞益奋：《网络治理：公共管理的新框架》，载《公共管理学报》，2007 年第 4 期；于刚强、蔡立辉：《中国都市群网络化治理模式研究》，载《中国行政管理》，2011 年第 6 期。
② 参见李国平、孙铁山：《网络化大都市：城市空间发展新模式》，载《城市发展研究》，2013 年第 5 期；吴群刚、杨开忠：《关于京津冀区域一体化发展的思考》，载《城市问题》，2010 年第 1 期；孙久文、肖春梅等：《"十二五"期间北京市开展京津冀区域合作的总体思路、重点领域和措施研究》，见戚本超、景体华主编：《中国区域经济发展报告（2010—2011）》，社会科学文献出版社 2011 年版，第 104—116 页。
③ 刘军：《社会网络分析导论》，中国社会科学出版社 2004 年版。
④ [美] 约翰·斯科特：《社会网络分析法》，刘军译，重庆大学出版社 2007 年版。
⑤ 林聚任：《社会网络分析：理论、方法与应用》，北京师范大学出版社 2009 年版。
⑥ 参见 Keith G. Provan and Kun Huang, "Resource Tangibility and the Evolution of a Publicly Funded Health and Human Services Network", *Public Administration Review*, Vol. 72, No. 3, 2012, pp. 366 – 375；李东泉、黄崑、蓝志勇：《社会网络分析方法在规划管理研究中的应用前景》，载《国际城市规划》，2011 年第 3 期。

者也开始应用社会网络分析方法研究政府投资项目的合谋问题和突发事件舆情传播的网络结构[1]，还有学者尝试运用社会网络分析方法对长三角城市群的网络结构进行了分析。[2] 由于社会网络分析研究的是关系数据，因而这一方法与都市圈城市政府之间的协作关系的特性具有高度的契合性。因此，本文将运用这一方法对都市圈地方政府的协作网络进行深入探究。

然而，上述有关都市圈地方政府间关系网络的研究大都集中在对治理网络的理论和框架的研究上，对于都市圈地方政府整体协作网络及其演进还缺乏系统的研究。尤为重要的是，如何刻画都市圈地方政府间协作关系网络是我国都市圈协同治理研究亟待突破的瓶颈。而本文运用社会网络分析方法来研究这一网络，能够有效地、生动地分析地方政府间协作网络的结构、特征及演进，从而突破这一研究瓶颈，推进我国都市圈地方政府整体性协作治理的研究。基于此，本文尝试回答三个问题：（1）都市圈地方政府协作关系的结构和表现特征是什么？（2）都市圈地方政府协作网络的演化趋势是什么？（3）如何提升都市圈地方政府协作网络的治理绩效？

二、基于社会网络分析的京津冀都市圈协作网络测度

（一）研究对象的选择

本文所研究的对象是广泛意义上的京津冀都市圈，包括北京、天津两个直辖市和河北省唐山、承德、张家口、保定、廊坊、秦皇岛、沧州、石家庄、衡水、邯郸、邢台共 13 个城市。它是我国继珠三角、长

---

[1] 参见乐云、张兵、关贤军、李永奎：《基于 SNA 视角的政府投资项目合谋关系研究》，载《公共管理学报》，2013 年第 3 期；康伟：《基于 SNA 的突发事件网络舆情关键节点识别——以"7·23 动车事故"为例》，载《公共管理学报》，2012 年第 3 期。

[2] 李响：《基于社会网络分析的长三角城市群网络结构研究》，载《城市发展研究》，2011 年第 12 期。

三角之后又一个新的区域增长极。改革开放三十多年来，京津冀区域各个城市由最初的产业同构严重、城市之间相互竞争，发展到简单的经济技术合作，再到后来的都市圈规划，到现在的对于区域协同治理的探索阶段。2004 年，国家发展改革委员会召集北京、天津、秦皇岛、唐山等 9 个城市达成的"廊坊共识"，奠定了京津冀都市圈协作的基础。① 同年，国家发改委正式启动京津冀都市圈区域规划编制工作，"京津冀都市圈区域规划"列入了北京、天津和河北的"十一五"规划中。因此，2004 年京津冀地方政府间的各种协作也成为本文的研究起点。

国民经济和社会发展进入"十二五"这一新的阶段，京津冀都市圈的发展迎来了新的契机。对于河北来说，一直有加快京津冀都市圈发展，更好地融入京津冀都市圈的愿望。在"十二五"规划中，河北省明确表示自身具有接受辐射、借力发展的独特优势，在承德、张家口、廊坊、保定四市选择毗邻北京、交通便利的 14 个县（市、区）建设"一圈、四区、六基地"，并加快与北京在规划、交通、通信、金融、市场、社保等方面的对接。② 作为辐射城市，北京也在"十二五"规划中表示：以特大城市为核心的城市群在发展中扮演着日益重要的角色，北京要以更宽阔的视角审视城市自身发展和区域发展，从注重功能集聚为主向集聚、疏解与辐射并重转变。2006 年，国家"十一五"规划将天津滨海新区列入国家战略，同年国务院明确将天津市逐步建设成为北方经济中心，并要求与北京市协同发展。2014 年，京津冀协同发展被提升到了国家战略的层面，从而为这一区域地方政府协作的进一步推进奠定了基础。

---

① 崔晶：《区域地方政府跨界公共事务整体性治理模式研究：以京津冀都市圈为例》，载《政治学研究》，2012 年第 2 期。
② 一圈是指以新兴产业为主体的环首都经济圈，四区是指高层次人才创业、科技成果孵化、新兴产业示范、现代物流园区，六基地是指养老、健身、休闲度假、观光农业、有机蔬菜、宜居生活基地。参见张旭、张晓蕊：《环首都经济圈共赢融合驶上快车道》，载《新京报》，2011 年 6 月 24 日。

（二）研究设计与数据获取

本文选取 2004 年至 2011 年京津冀都市圈 13 个城市政府之间的各种协作作为研究样本，在都市圈协作网络治理理论的基础上，引入社会网络分析方法（social network analysis），对都市圈地方政府间协作网络的结构、特征和绩效进行分析。

本文的主要研究数据来源于京津冀都市圈城市政府之间签订的正式合作协议和城市间的互动客观数据。其中城市间的互动客观数据主要包括政府间高层行政首长的双边互访和考察，城市间在旅游、交通、卫生、警务、环境等公共事务方面召开的协作会议、论坛和成立的各种协作组织等。本文把这些数据分为 2004—2007 年，2008—2011 年两个时期进行比较研究，从而研究各个城市在这一协作网络中的地位和作用的变动（见表1）。由于城市间的每个协作行为都牵扯到行动者双方或多方的互动，因此这一协作网络为无向网络，对于数据的衡量不区分方向性。

表1　2004—2011 年京津冀都市圈 13 个城市协作互动客观数据

城市	北京	天津	石家庄	唐山	邯郸	邢台	衡水	沧州	张家口	承德	秦皇岛	廊坊	保定
北京	0	109	80	88	77	77	76	83	84	88	81	93	86
天津	109	0	80	88	77	78	77	88	78	84	87	92	83
石家庄	80	80	0	77	76	76	73	77	74	78	77	78	79
唐山	88	88	77	0	77	76	73	79	76	81	82	79	79
邯郸	77	77	76	77	0	76	73	76	73	76	76	76	76
邢台	77	78	76	76	76	0	73	76	73	77	77	76	76
衡水	76	77	73	73	73	73	0	73	73	73	73	73	73
沧州	83	88	77	79	76	76	73	0	75	79	79	80	78
张家口	84	78	74	76	73	73	75	0	79	75	76	78
承德	88	84	78	81	76	77	73	79	79	0	79	81	79
秦皇岛	81	87	77	82	76	77	73	79	75	79	0	79	78
廊坊	93	92	78	79	76	76	73	80	76	81	79	0	80
保定	86	83	79	79	76	76	73	78	78	79	78	80	0

通过使用 Ucinet 软件，对社会网络分析方法中的网络密度、网络的点度中心度、中间中心度、接近中心度等进行测量，分析京津冀都市圈地方政府协作网络的结构和特征。同时，通过凝聚子群分析和 Ucinet 加载的 Net Draw 绘图工具所描绘的京津冀都市圈城市政府间可视化的协作网络，揭示都市圈内部组成结构的状态和城市成员之间的互动方式，分析京津冀区域协作网络的演变趋势。

(三) 都市圈地方政府协作网络测度

1. 整体网络密度 (density)

网络密度是社会网络分析中最常用的一种测度指标，它用来描述社会网络中各行动者之间连结的紧密程度。都市圈地方政府协作的整体网络密度是指都市圈协作网络中各个城市间实际拥有的关联数与理论上拥有的最大可能关联数之比。本文讨论的都市圈整体协作网络是无向关系网络，其计算公式为：$D = 2L/n(n-1)$，其中 L 代表协作都市圈城市网络中所包含的实际协作关系连接线的数目，n 代表协作网络中的结点个数。网络密度值介于 0 和 1 之间，该值越接近 1 则代表都市圈地方政府间的关系越紧密。网络密度越大，则该网络对其行动者的态度、行为等产生的影响可能越大。

2. 网络中心度 (network centralization)

网络中心度是指一个网络成员拥有的网络关系的数目，它反映了个人或组织在社会网络中拥有权力的程度，或者反映某一行动者在网络中居于核心地位的程度。[①] 在都市圈地方政府协作网络中，处于中心位置的城市相对于其他城市拥有更大的影响或支配权力。网络中心性的测量一般采用以下三个中心度的指标：

(1) 点度中心度 (degree centrality)，可以用网络中与某点有直接

---

① 刘军：《整体网分析讲义：UCINET 软件实用指南》，格致出版社 2009 年版。

联系的点的数目来衡量。它用来测量都市圈协作网络中各个城市政府与其他城市联系的多少，反映城市政府自身的交易能力。点度中心度越高，城市在协作网络中越居于中心地位。本文所研究网络为无向网络，因而不区分点出度和点入度。点度中心度一般用相对点度中心度来表达，它是点的绝对中心度与网络中点的最大可能的度数之比，即：

$$C_D(i) = d(i) / (n-1)$$

其中，$d(i)$ 代表 i 这个点在网络中的绝对中心度，n 代表网络的规模。

（2）中间中心度（between centrality）描述的是网络成员对资源的控制程度，或者在多大程度上控制他人之间的交往。如果某城市处于许多其他城市点对的测地线（最短的途径）上，也就是说该城市在其他城市之间相连的最短路径上占据中间人的位置，那么该城市就具有较高的中间中心度，从而在协作网络中充当"中介"角色。"中介"城市在协作网络中可以通过控制或者曲解信息的传递而影响群体。中间中心度的计算公式为：

$$C_B(i) = \frac{2C_{ABi}}{n^2 - 3n + 2}$$

其中 $C_{ABi} = \sum_{j}^{n} \sum_{k}^{n} b_{jk}(i)$，$j \neq k \neq i$，代表点 i 的绝对中间中心度；$b_{jk}(i) = g_{jk}(i)/g_{jk}$ 为点 i 处于点 j 和 k 之间的捷径上的概率。

（3）接近中心度（closeness centrality）是指网络中的行动者不受他人"控制"的能力。如果协作网络中的某个城市在交易过程中较少依赖其他城市，那么该城市就具有较高的接近中心度。网络中某一节点与其他点的距离越短，则表明该点越容易到达其他点，该节点在网络中越处于核心地位，而与中心点距离最远的行动者在资源、权力和影响等方面也最弱。接近中心度的计算公式是：

$$C_C(i) = (n-1) / \sum_{j=1}^{n} dij$$

其中 $\sum_{j=1}^{n} dij$ 代表点 i 的绝对接近中心度，d_{ij} 是点 i 和 j 之间的捷径距离。

3. 凝聚子群

除了网络密度与网络中心性研究，社会网络分析还关注网络中的群体研究。一般来说，如果某些网络成员之间具有相对较强、直接、紧密、经常的或者积极的关系[1]，那么它们就会形成一个次级团体，即凝聚子群。本文主要研究建立在互惠性基础上的凝聚子群，即派系（cliques），分析都市圈协作网络中的组成结构，找出在一个都市圈协作的整体网络中存在多少种凝聚子群，并了解这些凝聚子群对整体网络的影响。

三、京津冀都市圈地方政府协作关系网络实证分析

（一）京津冀都市圈地方政府协作网络演变的可视化分析

京津冀都市圈协作网络共有13个城市节点，把表1的矩阵数据分为2004—2007年和2008—2011年两组，分别导入 Ucinet 6.216 软件的 Net Draw 绘图工具可以生成两个京津冀都市圈地方政府协作的可视化网络（见图1、2）。为了方便起见，图1、2中各个城市的节点均用城市名称的汉语拼音首字母来表示，北京（BJ）、天津（TJ）、石家庄（SJZ）、唐山（TS）、邯郸（HD）、邢台（XT）、衡水（HS）、沧州（CZ）、张家口（ZJK）、承德（CD）、秦皇岛（QHD）、廊坊（LF）、保定（BD）。图1、图2中城市之间的箭头线表示一个城市与另一个城市的协作关系。通过京津冀都市圈地方政府协作的可视化网络可以清晰地看出该区域城市政府间协作网络的演变趋势。

---

[1] S. Wasserman & K. Faust, *Social Network Analysis: Methods and Application*, Cambridge: Cambridge University Press, 1994.

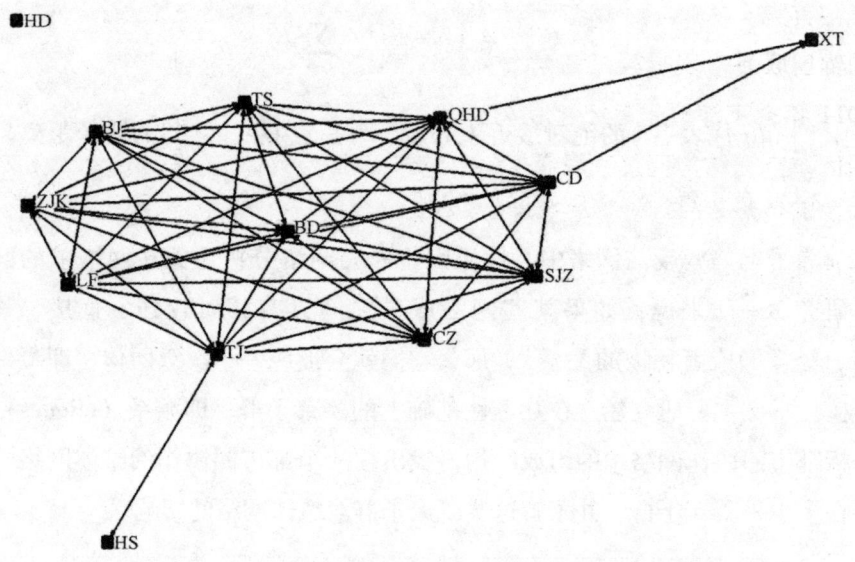

图1 2004—2007年京津冀都市圈地方政府协作的可视化网络图

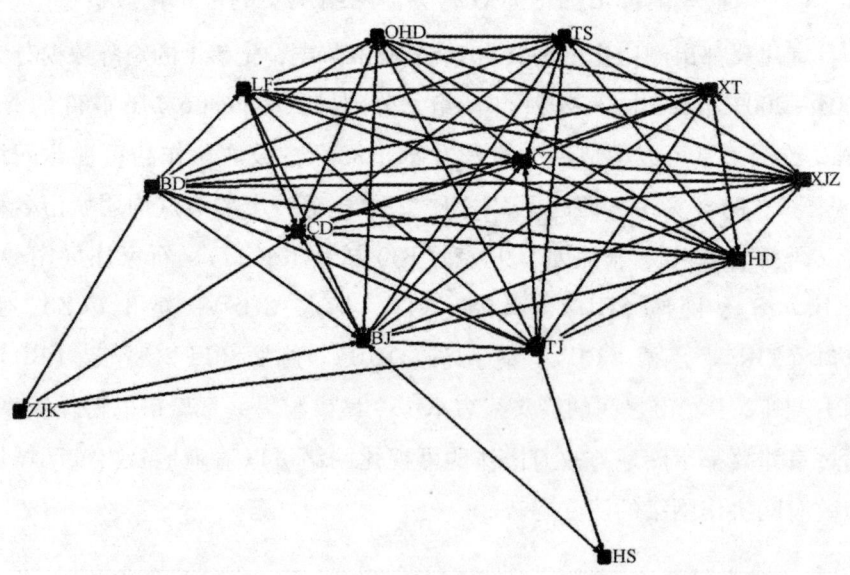

图2 2008—2011年京津冀都市圈地方政府协作的可视化网络图

首先，从 2004—2007 年到 2008—2011 年，京津冀都市圈协作网络的辐射联系呈现加强的态势。从图 1 和图 2 可以明显地看到在 2004—2011 年，京津冀地区已经初步形成了区域协作网络，这与 2005 年后我国区域空间结构调整和规划相一致。伴随着"十一五"规划的推出，我国逐渐形成了六个核心经济圈。其中，首都经济圈和环渤海经济圈的发展加速了京津冀都市圈的融合，并催生了《京津冀都市圈区域规划》的出台。在核心经济圈的带动下，伴随着国家向沿海倾斜的非均衡区域发展战略向区域协调发展战略全面实施的转变①，以及空间经济结构的聚集与扩散效应，京津冀都市圈城市政府之间从相互竞争的关系，转向单纯的经济技术合作，继而走向跨域公共事务治理方面的协作。②

其次，区域协作网络成员间的横向关系在不断发生变化，系统中多中心的都市圈网络并没有完全形成，协同效应不明显。在图 1 中，北京（BJ）、天津（TJ）、保定（BD）等 11 个城市间的协作网络聚集度较高，而邢台（XT）和衡水（HS）两市与区域网络的联系并不紧密，尤为值得注意的是邯郸（HD）孤立于区域协作网络之外，与区域其他城市的协作联系较少。但随着城市与区域一体化的进程加快，京津冀都市圈城市之间的横向关系也随之发生变化。在图 2 中，邯郸（HD）就已经融入了区域协作网络，并与其他城市有着紧密的联系。衡水（HS）在网络中的地位变化不大，仍然与区域网络的联系不太紧密，同时张家口（ZJK）在区域网络中与其他城市的协作联系由原来的紧密（见图 1）变为疏远（见图 2）。因此，与珠三角、长三角这些较为成熟的都市圈相比，京津冀都市圈城市政府之间的协作力度还不够，协同效应不明显，还未能促成网络整体治理绩效的提升。

---

① 陈秀山、杨艳：《我国区域发展战略的演变与区域协调发展的目标选择》，载《教学与研究》，2008 年第 5 期。
② 崔晶：《大都市区跨界公共事务运行模式：府际协作与整合》，载《改革》，2011 年第 7 期。

(二) 京津冀都市圈协作网络的结构和特征分析

1. 都市圈协作网络密度分析

运用 Ucinet 软件对 2004—2007 年和 2008—2011 年的京津冀都市圈协作网络密度 (density) 进行计算，结果分别是 0.1632 和 0.2414。由于网络密度值介于 0 和 1 之间，因而从整体上来说，京津冀都市圈的整体网络密度不高，也就是说京津冀都市圈地方政府间的关系不是很紧密。作为一个新兴的都市圈，京津冀区域内各个城市政府之间在经济、文化、环境、交通等公共事务方面的协作幅度和深度还有待提升。但同时，从这一结果也可以看出都市圈协作网络的密度越来越高，这说明京津冀都市圈在跨域交流和沟通方面日益频繁，这一网络对地方政府的态度和行为等产生的影响也越来越大。

2. 都市圈协作网络的点度中心度、中间中心度和接近中心度分析

京津冀都市圈协作网络的点度中心度反映了每个城市与其他城市发展交往关系的能力。Ucinet 6.216 软件计算出 2004—2007 年和 2008—2011 年该协作网络的总体点度中心度分别为 8.73% 和 12.73%。这表明随着时间的推移，京津冀都市圈各个城市政府都在主动发展与其他城市的协作关系。表 2 列出了京津冀都市圈每个城市在网络中的点度中心度。在 2004—2007 年，北京的点度中心度最高，为 26.0，意味着它在协作网络中居于中心地位，这与改革开放后国家的一系列促进京津冀区域发展的政策以及北京作为区域中心城市的聚集与扩散效应有关。从最初倡议建立环京津经济协作区、华北地区经济技术协作区，到后来提出"首都经济圈"，再到国家发改委启动的"京津冀都市圈区域规划"列入北京的"十一五"规划，北京在京津冀区域网络中的中心地位越来越明显。另外，伴随着市场经济发展所进行的产业结构调整，大都市的集聚效应也使得北京在区域网络中的中心地位得以巩固。很多京津冀地区的外资企业和较大的国内企业，如坐落于河北的韩国浦项制铁集团、河北

的恒利集团等，纷纷在北京设立总部，使得北京作为全球总部城市的特征越来越明显。

相对比而言，在2008—2011年，天津在区域网络中的点度中心度最高，为38.0，并大大高于2004—2007年期间北京的点度中心度。这意味着天津在区域网络中的中心地位凸显，或者说京津冀都市圈内北京和天津双核结构已经初步形成。2006年，国务院正式批准天津滨海新区成为国家综合配套改革试验区，试验区的设立赋予了天津在市场经济体制、金融体制、社会管理体制等方面改革的试点权，并旨在协调天津与北京以及河北诸市之间的发展，使天津向"北方经济中心"转型，从而对整个区域产生辐射作用。

另外，从表2的点度中心度数据中也可以看出河北的廊坊、唐山、承德、保定、沧州、秦皇岛等六市在京津冀都市圈的协作网络中的交易能力也较强，这与这些城市充分利用北京和天津这两个核心城市的扩散效应，主动接轨区域核心城市的资源，积极推动跨界资源流动有很大的关系。由于城市发展的需要，北京的一些污染重、耗能多的炼钢和化工企业，如首都钢铁厂、北京内燃机厂等纷纷外迁到了河北，河北省环北京的几个地级市如廊坊、保定成为承接北京大都市扩散效应最多的地区。同时，河北各个城市也改变了原本对于京津两市磁吸他们资源的不满态度，纷纷提出"对接北京"和"对接天津"的战略，廊坊、保定、唐山、秦皇岛等已经成为京津第二产业转移的重要基地。[①]

京津冀都市圈城市的总体中间中心度不高，分别为2.39%（2004—2007年）和1.58%（2008—2011年）。从表2中可以看出，在2004—2007年，天津的中间中心度最高，而2008—2011年，天津和北京的中间中心度并列第一，这意味着天津在京津冀区域网络中对于资源的控制能力较强，区域内很多的协作联系都通过天津来实现，它始终充当着网

---

① 于涛方：《京津冀全球城市区域边界研究》，载《地理与地理信息科学》，2005年第4期。

表2　京津冀都市圈13城市的协作网络中心性分析统计表

序号	点度中心度				中间中心度				接近中心度			
	排序	2004—2007	排序	2008—2011	排序	2004—2007	排序	2008—2011	排序	2004—2007	排序	2008—2011
1	北京	26.00	天津	38.00	天津	10.00	北京	6.75	秦皇岛	5.254	北京	5.556
2	天津	24.00	北京	35.00	秦皇岛	4.50	天津	6.75	天津	5.254	天津	5.556
3	廊坊	15.00	唐山	19.00	承德	4.50	承德	1.75	承德	5.254	承德	5.545
4	张家口	12.00	承德	17.00	北京	0.00	保定	1.75	北京	5.244	保定	5.545
5	唐山	12.00	保定	17.00	邯郸	0.00	唐山	0.00	廊坊	5.244	唐山	5.534
6	沧州	12.00	廊坊	16.00	邢台	0.00	邯郸	0.00	保定	5.244	邯郸	5.534
7	承德	10.00	沧州	16.00	衡水	0.00	衡水	0.00	石家庄	5.244	石家庄	5.534
8	秦皇岛	10.00	秦皇岛	16.00	沧州	0.00	沧州	0.00	沧州	5.244	沧州	5.534
9	石家庄	9.00	石家庄	10.00	张家口	0.00	张家口	0.00	张家口	5.244	廊坊	5.534
10	保定	9.00	邯郸	10.00	石家庄	0.00	石家庄	0.00	唐山	5.244	邢台	5.534
11	邢台	2.00	邢台	10.00	唐山	0.00	秦皇岛	0.00	邢台	5.169	秦皇岛	5.534
12	衡水	1.00	张家口	4.00	廊坊	0.00	廊坊	0.00	衡水	5.160	张家口	5.472
13	邯郸	0.00	衡水	2.00	保定	0.00	邢台	0.00	邯郸	0.00	衡水	5.451

络"中介人"的角色。天津一直积极地推动区域协作机制的建构，由天津市政府发起的"环渤海地区经济联合市长联席会议"是京津冀区域唯一已形成制度化的区域协作形式，迄今已成功举办16届。另外，2006年的《推进环渤海区域合作的天津倡议》、2008年的《建立促进京津冀都市圈发展协调沟通机制的意见》，以及2010年的《环渤海区域合作沈阳倡议》都是天津市政府积极推动的结果。因此，天津在事实上已经成为这一协作网络的"中介人"。尤为值得注意的是，在河北的13个城市中，承德市的中间中心度在2004—2007和2008—2011两个时期都较高，这说明承德是京津冀都市圈网络中另一个重要的枢纽城市，很多区域公共事务的协作联系都是通过承德市来完成。

京津冀都市圈各城市节点的接近中心度水平普遍较低，但分布比较均衡，也就意味着京津冀各个行动者在这一都市圈协作网络中都会在较大程度上受到其他城市的"控制"，但整体的网络连结性已经形成。相对来说，在 2004—2007 年，秦皇岛、天津、承德三个城市的接近中心度较高。经过几年的发展，到了 2008—2011 年，接近中心度最高的城市为北京、天津，这说明作为一个新兴的都市圈，京津冀区域内核心城市北京和天津的地位在 2008 年之后才初步得以巩固，它们相对于其他城市在资源、声誉、权力等方面占据优势地位。

另外，河北省的承德和保定两市的接近中心度也较高，意味着它们在区域网络中与中心城市的协作距离较近，相比其他河北省的城市，它们都会较少依赖网络中其他的城市，或较少受到其他城市的影响。而衡水、邯郸、邢台等城市在区域网络中与中心城市的距离较远，自身的发展受到其他城市发展的制约。

3. 京津冀都市圈协作网络的凝聚子群分析

运用 Ucinet 6.216 软件对京津冀都市圈协作网络的 subgroup（凝聚子群）中的 cliques（派系）进行分析，可以得到网络中凝聚子群的结构图（见图 3、4）。通过对协作网络中的派系进行分析，能够很好地了解京津冀都市圈内每个城市是如何嵌入到网络之中的，并可以分析出哪些城市之间的联系更为紧密，以及随着时间和空间的变换，区域网络内部的子群变化情况。

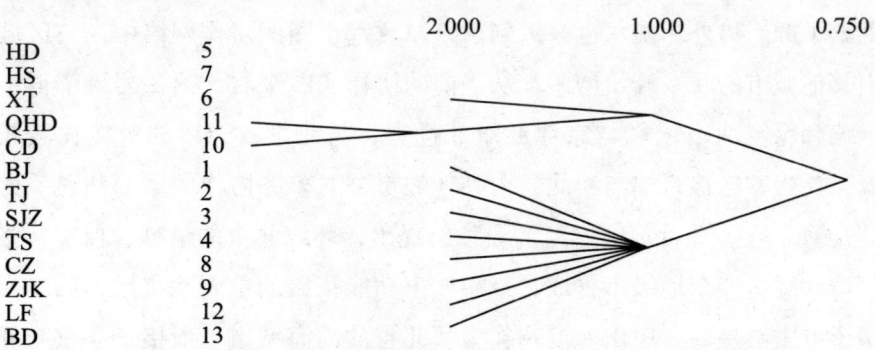

图 3　2004—2007 年京津冀都市圈地方政府协作网络的凝聚子群结构图

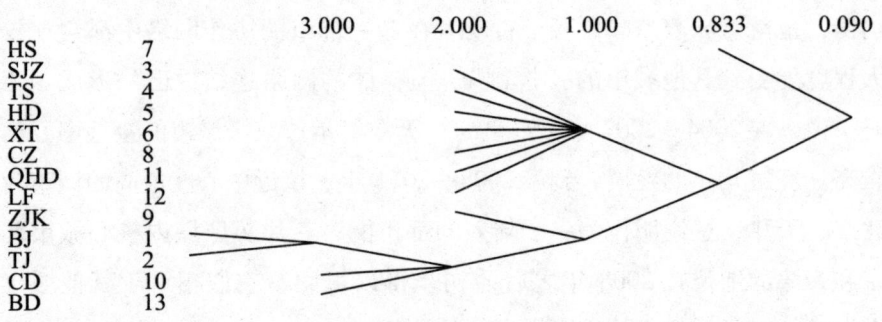

图 4　2008—2011 年京津冀都市圈地方政府协作网络的凝聚子群结构图

从图 3 中可以看到，在 2004—2007 年，京津冀都市圈协作网络初步形成，大致形成了两个凝聚子群。一是位于冀东的秦皇岛、承德两市与冀南的邢台形成的河北省内的凝聚子群；二是北京、天津、石家庄、唐山、沧州、张家口、廊坊、保定等八个城市形成的凝聚子群。这一时期北京和天津两市对于区域的辐射效应还未完全显现。另外，位于河北省南端的衡水和邯郸两市，没有嵌入到上述两个子群当中，这与它们地理位置上与京津的距离较远有关，与其他城市的协作联系较少。

从图 4 可以看出，到了 2008—2011 年，这一网络的凝聚子群结构发生了变化，形成了两大凝聚子群：一是以北京、天津两个核心城市带动承德和保定两市，以及与张家口一起形成的环京津凝聚子群；二是以廊坊、秦皇岛、唐山三市带动的石家庄、邯郸、邢台、沧州的河北省城市凝聚子群。另外，衡水也嵌入到了京津冀都市圈的协作网络中，与区域内其他城市的联系开始增多。从当前的协作实践来看，第一凝聚子群中承德和保定两市依靠与京津的毗邻优势，与北京、天津的对接比较频繁，充当着连接京津与河北省内其他城市公共事务协作的重要角色。尤其是河北省"环首都绿色经济圈"的提出，环绕北京的承德、保定、张家口和廊坊四个地级市将成为京津城市功能拓展的重要承接地；第二凝聚子群中秦皇岛、唐山、沧州作为河北省的沿海城市，衔接了北京与环渤海的辽宁沿海经济带、天津滨海新区和黄河三角洲高效生态经济区的联系。在 2011 年《河北省沿海地区发展规划》获国务院批复后，秦皇岛、唐山、沧州将成为京津产业转移的重要承接地。此外，2004 年之后，每年在廊坊举办的"东北亚暨环渤海国际合作论坛"的影响力日益增强，廊坊在京津冀协作网络中的联络和衔接功能也慢慢凸显。因此，在京津冀都市圈中，以北京、天津为双核心的区域治理网络正逐渐形成，区域内其他城市在网络中的中心作用还不明显，多中心的凝聚子群还没有形成。各个城市之间还需加强交流，促进相互间的互动和协作。

四、结论与相关讨论

本研究运用社会网络分析方法对京津冀都市圈 13 个城市的协作网络进行分析，通过回应文初提出的三个问题，得出以下结论：京津冀都市圈地方政府协作网络的整体网络密度不高，但呈现出协作网络愈来愈紧密、辐射联系越来越多的演化趋势。北京和天津作为两大核心城市，在京津冀都市圈中的辐射作用正逐渐显现，它们的点度中心度始终高于河北的 11 个城市，但北京和天津的接近中心度在 2004—2007 年并不高，直到 2008—2011 年才上升到最高位。因此，北京、天津对于河北诸城市的依赖程度还较高，它们的发展还受制于河北的各个地方政府的发展状况。天津市和承德市在京津冀都市圈协作网络中起到了关键的连接和中介作用，很大程度上促进了区域网络信息资源的沟通和协作机制的形成，网络"掮客"的角色凸显。河北省环京津的四个地级市——承德、保定、廊坊、张家口等利用地缘优势，积极与北京和天津市进行对接，接受中心城市的外溢性，成为京津冀都市圈新兴的凝聚子群。另外，河北省的三个沿海城市秦皇岛、唐山、沧州带动省内几个城市也形成了新的凝聚子群。但京津冀都市圈的多中心网络结构还未形成，网络内协同效应还不明显。

京津冀都市圈地方政府在经贸、环境、交通、警务、人口等公共事务方面协作的最终的目标就是要实现区域的协同治理，而为了这一目

标,还需要在以下几个方面提升京津冀都市圈协作网络的治理绩效:

(一)构建协作网络的信任机制,促进京津冀都市圈地方政府之间的沟通与交流

通过以上分析可以看出,京津冀都市圈的网络密度较低,网络中各个地方政府间的联系还不够紧密。为了促进都市圈的进一步融合,有必要首先建立城市政府间的信任机制。都市圈网络内不同利益主体间信任的构建是京津冀区域地方政府协作治理的前提基础。法国社会思想家涂尔干(Émile Durkheim)认为信任作为一种社会资本,是任何社会运行的保障,是契约的前提条件。[1] 福山认为,信任是委托人就他们所期望的行为和利益对代理人的依赖。[2] 可见,信任是协作治理中的黏合剂,是协作各方达成意愿的基础和保障。在京津冀都市圈网络内,北京和天津两大核心城市之间在城市定位方面的历次竞争使得当前协作网络信任机制的构建尤为迫切。而网络信任机制的构建需要经历几个渐进的阶段:首先是谨慎试探阶段。都市圈网络中各个城市可以就某些承诺的意向展开对话,建立横向的交流与沟通渠道。通过这些初步的沟通,城市政府之间可以了解彼此的基本政治、经济、文化情况,以及对于合作的某些承诺。其次是契约签署阶段。经历了试探性的对话与沟通阶段,都市圈各个地方政府之间可以依据法律准则,共同签署合作契约。契约的达成需要经历各方深入谈判,通过讨价还价、协商等方式来探讨如何调和彼此的利益冲突。最后是友好善意阶段。区域内各个利益主体超越对契约条款的依赖,深入理解各个成员的优势、劣势,认真考虑或接受他们的观点。京津冀都市圈内地方政府间建立共同的信任是需要时间的,

---

[1] É. Durkheim, *The Division of Labour in Society* (1893), W. D. Halls (trans.), Basingstoke: Macmillan, 1984.

[2] F. Fukuyama, *Trust: the Social Values and the Creation of Prosperity*, Harmondsworth: Penguin, 1995.

友好善意阶段是高级的信任阶段。在这一阶段,区域内各个地方政府对跨界合作的内部和外部的意义,以及合作所产生的变化对其他城市的影响都有着深入的理解。因而,这种信任关系能够体现在区域合作中,区域成员之间会有着互相理解互相谦让的行为,能够更好地实现京津冀都市圈的整体利益。

(二)构建都市圈多元治理机制,提升京津冀都市圈协作网络的治理绩效

新区域主义倡导吸纳非营利组织、私营部门和公民来参与区域协同治理,建立区域性协作组织,用灵活的横向治理网络替代单一的政府管理模式,从而整合和协调区域的发展。因而,在区域和城市治理中,调动各类社会组织、企业、区域性合作组织的积极性,引入多元治理机制,是近二三十年来在世界范围内蓬勃发展的新的治理模式。在京津冀区域协作实践中缺乏专门负责区域政策实施的职能部门,因此跨区域合作组织的构建是十分必要的。中央政府可以赋予其对京津冀区域公共事务治理的财政资金分配权和管理权,而该组织也可以设立不同的专项资金,用于不同类型的区域协作治理。这些资金的来源包括中央政府提供的资金、京津冀都市圈内各个地方政府提供的资金,或者各类基金会或私营部门的捐助。在这方面,美国华盛顿大都市区政府委员会和欧盟设立区域专项基金的做法都是值得借鉴的。[1] 通过这一组织的设立,可以减少区域内各个协作成员间的信息沟通成本、协商或分配成本,以及执行或监控成本。除了这一组织的构建,吸纳非政府组织、企业、公民参与区域事务的治理也是较为有效的治理方式。我国长三角都市圈的良好发展就得益于多元治理机制的形成。长三角城市经济协调会自 1997 年

---

[1] 参见崔晶:《大都市区跨界公共事务运行模式:府际协作与整合》,载《改革》,2011 年第 7 期;杨爱平:《从垂直激励到平行激励:地方政府合作的利益激励机制创新》,载《学术研究》,2011 年第 5 期。

成立以来在推动长三角区域一体化的进程中发挥着举足轻重的作用，该协调会还积极引入协会、商会等社会中介组织参与区域治理，并在2012年成立国内首个独立办公的区域合作组织——长三角协调会。因此，京津冀都市圈网络的发展可以借鉴国内外很多地区的发展经验，提升区域网络的治理绩效。

(三) 构建协作网络的利益分配与补偿机制，实现区域协同发展

区域公共问题的外部性或者溢出效益是推动区域内各个利益主体达成合作、实现区域目标的重要力量。[①] 一般来说，协作的潜在收益较高，而区域主体协商、监管和执行契约的交易成本又较低时，往往能够达成区域合作。[②] 在都市圈地方政府合作过程中和合作后，都会出现合作成员间的利益不均衡状态。因而，在促进京津冀都市圈一体化的过程中，有必要建立中央政府和跨区域合作组织共同组成的联动补偿协调机制，来协调和处理区域内的利益分配和补偿问题。很长时间以来，在保障京津两地水源供应和水环境安全的同时，河北省部分地区却面临着水资源供需紧张、水土流失、土地沙化和水源污染等一系列生态与环境问题。同时，京津两地重污染企业转移到河北也加重了当地的环保压力，再加上河北省环京津贫困带的出现等都使得京津冀区域合作网络中有关生态和环境方面的补偿显得格外重要。[③] 因此，河北省诸市可以就利益补偿事宜向跨区域合作组织提出申请，该组织在对损失进行评估的基础上，动用上文提到的专项资金就生态破坏、环境污染等问题进行补偿。如果

[①] Richard Feiock, *Metropolitan Governance: Conflict, Competition, and Cooperation*, Washington, D. C.: Georgetown University Press, 2004.

[②] D. Hackathorn & S. Maser, "Bargaining and the Sources of Transaction Costs: The Case of Government Regulation", *Journal of Law, Economics, and Organization*, Vol. 3, 1987, pp. 69–98.

[③] 环京津贫困带问题研究课题组：《对环京津贫困带发展现状与对策的跟踪研究》，见戚本超、景体华主编：《中国区域经济发展报告 (2009—2010)》，社会科学文献出版社2010年版，第176—177页。

合作双方或多方对利益损失问题有争议，中央政府可以出面就这一问题进行调解，并就专项基金不足以补偿的部分，组织协作各方和私营部门、基金会等相关机构重新进行捐助。当然，在利益补偿方面需要利益让渡，即区域内一定要有一方在利益分配与补偿方面进行利益的让渡。像北京、天津等中心城市在发展过程中得到了周边其他地方政府各个方面的支持，在经济社会发展方面走在了前列。因此，在促进都市圈一体化的过程中，这些中心城市需要以包容的心态对其他地方政府进行一定的利益让渡，以实现区域整体利益的最大化。

第二篇

城市—区域发展与府际治理：中国各大区域的实践

中国式区域管理：跨域治理的应用与限度
——以山东半岛城市群发展为例*

王佃利**

【摘要】 治理理论如今甚为流行，其丰富的内涵和多重的解析视角，使其成为众多问题解决之道的创新性标签。在全球化背景下发展起来的城市群正面临着各种跨界问题的困扰，如何求解？将治理理论应用于城市群合作中，便成为可行的思路。跨域治理理论是在理论发展和现实需求的双重动力的作用下形成的，它强调城市群合作中应在不同行政区域、不同政府层级、不同性质组织之间形成一种持久性的合作关系。本文在规范层面通过介绍国内外针对解决大都市区发展问题的各种理论，分析了跨域治理的核心要素和行为机制；在实证层次上，结合山东半岛城市群合作和发展中的各种问题，以跨域理论去寻求促进城市群合作的具体路径。进一步的分析发现，理论上的期望和现实的政策选择之间存在较大差距，治理理论所主张的去中心化与分权、多中心网络、竞争性合作、弥合政治与行政的分立，都具有很强的解释力，但在中国现实中的城市群合作，更多的是在政府主导、行政推进、社会组织缺位的情形下发展

---

* 基金项目：本文为国家社科基金项目（"区域公共物品供给与城市群公共管理体制创新"10BZZ031）阶段性成果。

** 王佃利，山东大学政治学与公共管理学院教授、博士生导师。

的。因此，审慎地认识跨域治理主张的合理性，以及治理实践如何可能，不仅能够更加合理地把握治理理论的发展，也能够更加客观地分析和判断我国的政策实践。

一、引言

随着全球化、城市化的快速发展，城市群成为21世纪重要的经济、社会推动力量，越来越多的城市群出现，并开始主导国家乃至全球经济的发展，城市与城市之间的合作就成为亟待解决的问题。在国家权威体系中的地方政府，需要处理比以往更加复杂的利害关系，越来越多的结构不良问题的出现，对于地方政府治理能力的提升提出了紧迫的要求。政治、经济和社会结构的发展和变化，使得地方政府由面对区域内单一的行政问题转向面对复杂的多面向的跨部门、跨区域事务的各种问题，所以，地方政府必须结合多方面的综合力量，提升行政服务的能力。于是，以治理理论为基石的跨域治理理论应运而生。跨域治理理论的提出是为了解决目前地方政府面临现代科技和经济发展所导致的复杂的行政事务，是一种面对困境的回应，跨部门议题的出现提出了跨域治理的必要性。

中国传统的公共行政管理是基于行政区划的管理，地方政府间有严格的行政区划边界，计划经济体制下也很少发生临界的管理交叉问题，这构成了中国区域管理的基础。在向市场经济转型时期，各地方政府在相互竞争中形成了行政区经济[①]，各个区域相互分割，甚至出现以邻为壑的问题。随着市场经济的发展，越来越多的因素促使跨域事务的产生，横跨性的区域公共事务的出现改变了传统的行政区划的管理适用性，不仅在横向上影响地方政府之间的水平关

---

① 刘君德、舒庆：《中国区域经济的新视角》，载《改革与战略》，1996年第5期。

系，也改变着地方政府和企业、非政府组织等社会组织的关系和中央政府与地方政府之间的垂直管理关系，这个问题引起了中国学者的关注，王川兰从区域行政的角度①，陈瑞莲等从区域公共管理角度②对这些问题进行了研究，揭示出中国的区域管理进入转型时期。

治理理论是对当代经济和社会转型的回应，其推动者主要是国际发展援助机构、发展分析者和相关学者。在中国，对治理理论进行介绍和引入的最有影响的学者俞可平将治理理论兴起的原因归结于社会资源配置中的市场和政府的双重失效③，王诗宗认为，治理的兴起来源于社会科学理论发展和行政现实需求两方面的推动。④ 学者们对治理的兴趣更在于将治理理论与现实问题结合在一起，拓展治理理论的应用领域。较多的研究者从政府、企业与公民社会（或第三部门）的关系的角度进行研究，有的侧重于政府在治理中的指导作用⑤，有的关注点集中在第三部门的发展和公民社会的培育。⑥ 有学者认为通过政府内部沟通机制、层级结构改革来实现治理⑦，也有学者将治理理念进一步拓展到地方和

---

① 王川兰：《竞争与依存中的区域合作行政：基于长江三角洲都市圈的实证分析》，复旦大学出版社2008年版。
② 陈瑞莲等：《区域公共管理理论与实践研究》，中国社会科学出版社2008年版。
③ 俞可平：《治理与善治》，北京大学出版社2006年版。
④ 王诗宗：《治理理论及其中国适应性》，浙江大学出版社2009年版。
⑤ 娄成武、张建伟：《从地方政府到地方治理——地方治理之内涵与模式研究》，载《中国行政管理》，2007年第7期。王诗宗：《地方治理在中国的实用性及其限度——以宁波市海曙区政府购买居家养老政策为例》，载《公共管理学报》，2007年第4期。
⑥ 郭道晖：《政府治理与公民社会参与》，载《河北法学》，2006年第1期。陈剩勇、马斌：《温州民间商会：自主治理的制度分析——温州服装商会的典型研究》，载《管理世界》，2004年第12期。
⑦ 徐勇：《"回归国家"与现代国家的建构》，载《东南学术》，2004年第4期。李文星、郑海明：《论地方治理视野下的政府与公众互动式沟通机制的构建》，载《中国行政管理》，2007年第5期。

城市领域，探讨地方治理①和城市治理②，开始形成一些跨部门、跨层次合作的思想。

在治理理论的基础上，有学者提出跨域治理的理念。③ 作为治理理论的拓展，行政学领域实践和理论的双重作用促进了跨域治理的产生：城市群的发展、市场机制的运行、公众需求的上升、信息化技术的普及等。政府的市场化改革进一步推动了跨域治理的产生。越来越多的跨域公共问题的出现是以上因素联合作用的结果，跨域事务的复杂性体现在以下三个方面，首先具有不可分割的公共性：跨域性公共问题的范围往往超越了任何单一部门、组织或政府层级的管辖权之外。其次，具有跨越疆界的外部性：政府机构采取政策所产生的后果可能是由其他的地方及人民来承担。第三，问题解决具有政治性：由于跨域事务本身的公共性具有不可分割的特质，因此无论是共同利益的追求，或是避免共同性灾难，都需要具备某种政治性的安排。所以，地方政府必须努力发展与上级政府和其他地方政府、社会组织、非营利组织等社会团体的良好协作关系，根据跨域事务的不同特点构建跨域治理的机制。

理论的愿景并不必然会呈现为实践中的政策行动。从理论上看，跨域治理有其明晰的理论思路，但它的应用性如何，能否与现实的实践相吻合，都是一个尚待检验的问题。本文在对跨域治理理念分析的基础上，结合山东半岛城市群合作和发展中的各种问题，试图通过跨域治理的理论去构建城市群合作治理的具体路径，找出跨域治理理念下推动城市群合作治理的具体政策选择。研究进一步分析和论证跨域治理的理论实用性，最终探求中国区域管理的发展之道。

---

① 孙柏瑛：《当代地方治理：面向21世纪的挑战》，中国人民大学出版社2004年版。
② 踪家峰、顾培亮：《城市公共管理研究的新领域——城市治理研究及其发展》，载《天津大学学报（社科版）》，2007年第10期。王佃利：《城市治理中的政府作用机制浅析——从治理主体利益定位的角度》，载《甘肃行政学院学报》，2008年第6期。
③ 林永波、李长晏：《跨域治理》，台湾五南图书出版有限公司2005年版。

二、跨域治理的理论图景

城市群在区域一体化的过程中出现了越来越多的跨域问题,公共管理面对的是一种全新的行政生态,诸多公共事务已经普遍超出传统的行政区划边界,相互交融,如区域环境问题、网络安全问题、人口问题、流域治理问题等等。这些问题具有复杂性和多样性,是一个系统问题,牵一发而动全身,区域利益的各方必须逐步构建合作治理的理念和共同发展的价值观。伴随着跨域问题的出现,传统的行政管理方式已不能有效应对跨域问题,在治理理论的启迪下,一些新的理念在探索和寻找解决跨域管理问题的"良方"。其中影响比较大的就是自国外传入的新区域主义和国内学者所倡导的"复合行政"和"区域公共管理"的理念。

(一)寻求区域管理的理论尝试

1. 新区域主义理论的借鉴

到 20 世纪初,世界一些发达国家开始出现城市中心人口向郊区迁移的现象,市中心和郊区联系在一起形成大都市区。但是,在发达国家大都市区快速发展的同时,一系列问题的出现使政府和学术界不得不关注大都市区的治理。大都市区最明显的特征是其区域范围内包含着不同层级的政府权威,分散化的利益关系相互重叠,政府机构林立,呈现出"地域碎化"和"职能碎化"。① 针对如何解决大都市区政府的合作问题,应对城市政府"碎化"现象,国外学者们先后形成了区域主义和新公共选择两种不同的理论视角。区域主义主张建立统一的、具有正式权威的大都市政府,即"一个区域,一个政府",认为一个大都市区的福利只有通过一个一体化的政府结构才能实现。② 相反,公共选择理论认

---

① 洪世键:《大都市区治理:理论演进与运作模式》,东南大学出版社 2009 年版。
② Warren, R., *Government in Metropolitan Regions: A Reappraisal of Fractionated Political Organization*, Davis: University of California, 1966, p. 5.

为并不需要改变大都市区政府的分散化现状,而是通过一套完善的多中心特征的自我统治和民主行政的机制,来对大都市进行管理,如果多中心治理者维持一定的竞争,将使公共选择理论所蕴含的多中心政治体制成为富有活力的安排,从而解决大都市区各种各样的问题。① 区域主义和新公共选择理论都没有很好地解决大都市区公共事务的治理问题,大都市区政府的主张弱化了竞争和激励,多中心治理模式则造成了美国地方政府更加严重的"破碎化",给大都市的合理发展造成了强烈的负面影响。

20 世纪 90 年代开始形成另外一种视角——新区域主义。新区域主义研究者不仅仅把注意力放在单纯的组织结构调整方面,他们开始尝试把集中治理和分散治理结合起来。新区域主义关注的是政府与非政府组织以及其他利益相关者的协作机制②,其并不关心体制结构的改变,而是强调社会力量和公民对大都市区治理的参与,这也是它与传统区域主义的本质区别。③ "新区域主义"提出了"治理"的概念,强调某些关键性的区域政务和公共服务可以通过区域内各级不同政府或者政府部门间的灵活协作来达到其最佳配置,或者由区域内各级不同政府自愿参与组成协调管理委员会来统筹规划区域内各项事务。④ 新区域主义试图突破"市场主导"和"国家干预"的两难困境,强调组织内部动员力量的形成和竞争主体的培育,也关注区域政治主体的构建和区域合作机制的形成。新区域主义作为试图把集中治理和分散治理相结合的新理论,强调"治理"而非"统治",主张跨部门而非单一部门,注重合作而非协

---

① Ostrom, V., Charles, M. T. & Warren, R., "The Organization of Government in Metropolitan Areas: A Theoretical Inquiry", *Political Science Review*, 1961, 55, pp. 831 – 842.
② 张紧跟:《新区域主义:美国大都市区政府治理的新思路》,载《中山大学学报(社会科学版)》,2009 年第 1 期。
③ 王旭、罗思东:《美国新城市化时期的地方政府:区域统筹与地方自治的博弈》,厦门大学出版社 2009 年版。
④ 叶林:《新区域主义的兴起和发展:一个综述》,载《公共行政评论》,2010 年第 3 期。

调，特别是重视非营利组织和其他参与主体的合作化、网络化治理的主张，对于我国城市群的治理以及政府之间、政府和其他社会参与主体之间的合作机制的形成，具有很好的借鉴意义。

2. "复合行政"和"区域公共管理"的理念创新

在经济全球化的背景之下，政府的管理范式开始由"统治行政"向"管理行政"转变，在反思我国行政区经济和把握城市群发展的基础上，有学者提出了"复合行政"的理念。王健等认为，"复合行政"就是在经济全球化背景下，为了促进区域经济一体化，实现跨行政区公共服务，跨行政层级的政府之间，吸纳非政府组织参与，经交叠、嵌套而形成的多中心、自主治理的合作机制。①"复合行政"的核心思想包括：第一，多中心。通过地方政府与地方政府之间、地方政府与非政府组织之间的合作形成的多中心分别提供，充分发挥中央政府、地方政府、非政府组织等不同主体的积极性。第二，交叠与嵌套。在跨行政区不同层级政府之间，政府与非政府之间，通过上下左右交叠与嵌套而形成的多层次合作。第三，自主治理。发挥地方政府的自主性，发挥非政府组织自发参与性，采取民主合作的方式，形成自主治理网络。何显明指出，"复合行政"概念并不包含一个如何解决经济一体化过程中的行政管理体制问题的一揽子方案，但其着眼于政府管理体系创新，主张建立跨域的多中心、自主治理的合作机制的思路，对于跳出传统的囿于行政区划和行政领导体制的思维框框，探寻新的改革路径富有启示意义。②

针对我国区域公共问题的日渐凸显，陈瑞莲等倡导性地提出了区域公共管理理论，传统的"封闭型"和"内向型"的"行政区行政"的政府治理形态愈发笨拙和不合时宜，应从区域公共管理的视角对区域协

---

① 王健、鲍静、刘小康、王佃利：《"复合行政"的提出——解决当代中国区域经济一体化与行政区划冲突的新思路》，载《中国行政管理》，2004年第3期。

② 何显明：《市管县体制绩效及其变革路径选择的制度分析——兼论"复合行政"概念》，载《中国行政管理》，2004年第7期。

调发展、区域公共问题的解决寻求思路。① 区域公共管理理论强调从行政区行政到区域公共管理，从科层制到组织间网络制，从"国家简单化"管理到"国家精密化"管理和从内部政策到区域公共政策等方面的转变。在经济全球化、区域一体化、组织网络化等各种新形势下，区域公共管理的理念，无疑给我国城市政府合作和区域发展提供了一些理论上的指导。

（二）跨域治理的理念与策略设计

国外"新区域主义"和我国区域治理的相关理论的核心理念是一致的，都主张政府机构之间，政府和企业、非营利组织之间形成一种合作机制，共同管理公共事务。当前这些新理念启迪了人们的思路，但多停留于价值倡导层面，还缺乏具体的机制设计和策略路径。在这方面，跨域治理不仅有着同样的追求，不仅具有更大的包容性，而且还在具体合作机制上进行了探讨。

跨域治理是指针对两个或两个以上的不同部门、团体或行政区，因彼此之间的业务、功能和疆界相接及重叠而逐渐模糊，导致权责不明、无人管理与跨部门的问题发生时，藉由地方政府、私人企业、小区团体以及非营利组织的结合，透过协力、社区参与、公私合伙或行政契约等联合方式，以解决难以处理的问题。② 跨域治理涵盖了组织单位中的跨部门，地理空间上的跨区域，最终形成公私分野的伙伴关系和横跨各政策领域的专业合作。跨域治理在治理理念之上，强调"跨域性"，"跨域"有多种表现形式：上下级政府之间、同级政府之间、政府和社会之间、政府和市场之间、不同的政策领域之间等。

跨域治理是公共部门治理的新形态，具体包含两个层面的含义。首先，是政府之间的纵向和横向的协作关系。随着社会的发展，越来越多

---

① 陈瑞莲等：《区域公共管理理论与实践研究》，中国社会科学出版社2008年版。
② 林永波、李长晏：《跨域治理》，台湾五南图书出版有限公司2005年版。

横跨政府部门和组织界限的议题需要政府协作解决,可以通过政府间合并、共同行动协议、行政契约、有限协议和非正式伙伴关系等形成合作关系和政策网络的架构。以英国政府伙伴关系为例,为解决地方政府间的环境污染及水资源管辖等跨域问题,英国政府自20世纪70年代末期,就发展出一套合作的执行策略,这套策略采用沟通的途径,来设计地方治理系统和实务运营。① 其次,是政府和社会组织之间的沟通、交流与协作,尤其是地方政府和非营利组织、私营组织之间的合作。城市政府和社会治理的其他组织之间建立一种相当稳定的合作关系,由此形成合作性的、持续性的协调与相互利益的满足。跨域事务的复杂性和公众需求的多样性,要求地方政府必须推动政策的民主化,促使地方事务的治理由当地政府垄断向社会组织和公民参与转变。同样,要求在政府和企业、社区以及非营利组织之间建立权力共享的合作伙伴关系,以通过信息的沟通和交流,发挥各自的资源优势,弥补其他组织的不足之处,以达到共同的目标。② 其主要协作方式包括政府和社会其他组织之间的签约外包、合作协议和制度化的合作形成等。

跨域治理理念的包容性很大,但核心也很明确,它强调多样化的分层结构、多中心、分权化和公民参与③,治理即意味着关注更为普遍的协调,以及多种多样的正式的、非正式的公私互动类型。④ 针对各种跨域问题,跨域治理的内容和方式也非常多,在跨域治理中,政府和政府

---

① Healey, P., *Collaborative Planning: Shaping Places in Fragemented Societies*, London: Macmillan Press Ltd., 1997.

② Perri 6, S., "Joined-up Government in the Western World in Comparative Perspective: a Preliminary literature Review and Exploration", *Journal of Public Administration Research and Theory*, 14 (1), 2004, pp. 103 – 138.

③ 王诗宗:《治理理论及其中国适应性》,浙江大学出版社2009年版。

④ Perter, B. G., "Governance and Comparative Politics" in Pierre, J. (eds.), *Debating Governance*, New York: Oxford University Press, 2000, pp. 36 – 53.

之间，政府和社会组织之间主要的合作性包括寻求信息、寻求调整方案、政策制定、资源互补和基于具体项目的合作等（见表1）。

表1 跨域治理理念下的合作内容

寻求信息	寻求调整方案	政策制定	资源互补	基于项目的合作
通过政府之间以及政府和其他组织之间的交流获取各方的基本组织和运行事务的信息，地方官员为公共项目提供信息支持	地方政府通过要求获得一些上级管理的标准和规定，从而寻找行动的自由，以要求终止或改变项目规定或者规章制度	合作治理的参与者正式或者非正式地参与协作性政策制定的规划、目标选择和政策制定	从众多的参与者中寻找并获取资源，以及与不同级别的参与者联合并调控资源	为了达成一致的目标完成一定的项目，政府之间进行横向和纵向的合作，政府和其他社会组织之间展开合作

资料来源：作者根据阿格拉诺夫、麦圭尔的研究整理而成。①

尽管跨域治理的理念核心很明确，但是如何实现跨域治理，将这一理念很好地运用到城市群合作发展以及其他跨区域公共问题的管理之上，仍是一个难题，也是解决区域公共事务的关键。为了解释集体行动的机制，麦金尼斯提出了一个制度分析框架，主张通过三个层面（立宪选择层面、集体选择层面、操作层面）将内部结构因素和外部环境因素相融合，以通过对过程的分析来构建一个多主体行动的模式。②本文根据麦金尼斯的制度分析框架构建了跨域治理的合作机制，从初始条件、制度层面、组织层面、具体政策操作层面几个方面进行剖析，通过将制度分析和发展框架具体化，将跨域治理的合作形式纳入到制度性的安排之中，从微观上考察跨域治理中合作机制各个层面的具体形式（见图1）。

---

① ［美］阿格拉诺夫、［美］麦圭尔：《协作性公共管理：地方政府新战略》，李玲玲、鄞益奋译，北京大学出版社2007年版，第62—92页。
② ［美］麦金尼斯：《多中心治道与发展》，毛寿龙译，上海三联书店2000年版。

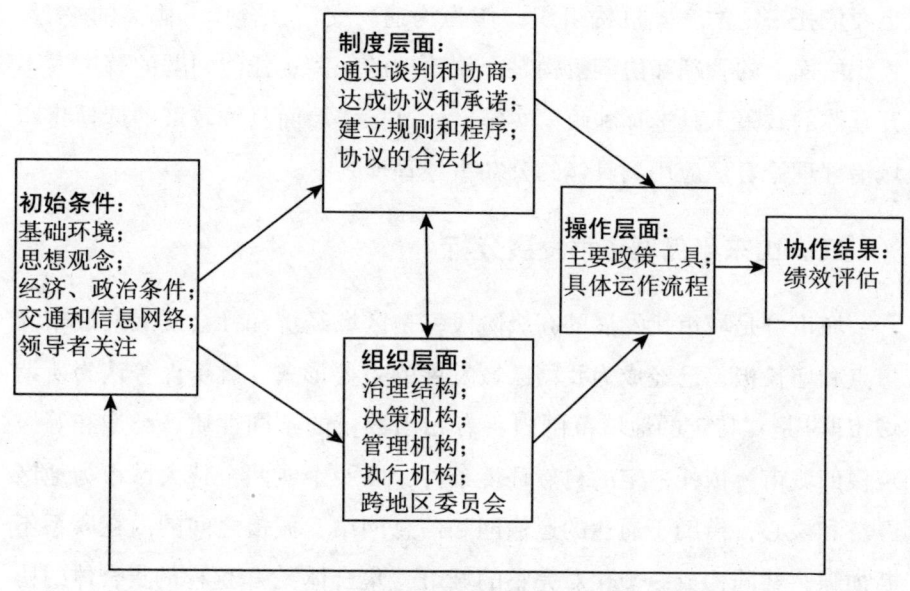

图 1　跨域治理的合作框架

资料来源：作者自制。

在制度分析框架中，两个基本变量决定了治理结构以及治理工具的选择。一是行动者（actors）以及行动者的关系；二是公共事务的性质与类型，两者是交互影响的，公共事务的状态（例如流域）制约着治理结构的生成。本合作框架着重于前者，分析行动者的行为发生过程。如图 1 所示，跨域治理的促成条件首先包括管理者思想观念的转变，具备一定的合作意识，由于政治、经济和社会等各方面的发展和改变以及各种动力机制的形成，才促进了跨域合作的产生；无论是高度地方性的问题还是区域性问题，都需要规模适度的集体行动。当不同层次之间的冲突出现时，需要有解决那些冲突的建设性安排[①]，这些制度安排通过谈判和协商达成一定的制度化协议，建立合作的规则和行动的程序，使协作行为合法化，解决跨域性的公共事务的管理问题；跨域治理的实现

---

① ［美］奥克森：《治理地方公共经济》，万鹏飞译，北京大学出版社 2005 年版。

也要依托一定的实体机构组织，作为沟通、交流、合作、协商的平台，组织层面上的管理和协调机构是合作治理的保障；任何问题的解决离不开具体的政策工具选择和政策实施，通过操作层面具体政策的选择将跨域治理理论合理应用到具体的公共事务管理之中。

三、山东半岛城市群发展分析

城市群是城市化发展的高级阶段，是区域经济和社会发展的战略支撑点和增长极，已经成为我国区域发展的主要形式。姚士谋等认为所谓城市群[①]是在特定的地域范围内具有相当数量的不同性质、类型和等级规模的城市，依托一定的自然环境条件，以一个或两个特大城市为地区经济和核心，借助于通达的运输网和信息网络，城市之间的内在联系不断加强，共同构成一个相对完整的城市"集合体"。[②] 这样的集合体的协调发展，不仅要共同解决所面对的跨界问题，还要协调内部的利益矛盾，因此良性的合作机制必不可少。

改革开放以来，山东省尤其是山东半岛地区，经济有了显著发展，城市化水平有了显著提高，被誉为环渤海经济圈的"小明珠"，成为双核型城市群的代表。山东半岛城市群[③]在各种力量的推动下得到迅速发展，逐步建立起较为完善的城市群合作机制。按照跨域治理的分析框架，我们对山东半岛城市群的发展进行了分析。

---

① 对于城市群的界定，在国内学术界的研究中，还有都市圈、都市连绵区等词，彼此并没有严格意义的差别。如法国著名城市学家戈特曼提出了"megalopolis"来表示"巨大的城邦"，但国内译名一直有"巨大城市""城市连绵带""城市带"等，并没有统一。

② 姚士谋、陈振光、朱英明：《中国城市群》，中国科学技术出版社2006年版。

③ 山东半岛城市群，其内涵有不同的层次。自然地理上的小山东半岛为胶莱河以东的胶东半岛，大山东半岛是从寿光小清河口到日照岚山头苏鲁交界的绣针河口两点一线以东的部分，行政单元涵盖了威海、烟台、青岛、潍坊、日照五市。在山东省的规划中所提出的山东半岛城市群地区包括了济南、青岛、淄博、烟台、潍坊、威海、日照、东营，此外滨州市的邹平市也被划入了半岛城市群地区。

（一）半岛城市群发展的初始条件

城市群中的跨域治理应该致力于寻求提升治理能力的途径，这就要求能够清楚地认识所处的环境，找出属于地方的特点和优势，包括地理区位的空间特性、历史文化的轨迹、经济的发展、交通网络、领导者的推动，等等。这些因素构成了城市群合作的初始条件，并且处于动态的变化之中。

山东半岛地理条件优越，人文早觉，汇精聚粹，拥有城市群形成的良好基础条件。历史上就出现了许多较为发达的城镇，尤其是1904年胶济铁路的建成使山东东西连为一体，此后百年中，山东就作为一个相对独立的、能匹配众多的矿产和农业资源进行采掘、加工制造、进出口的经济区。[①] 改革开放以来，山东经济总量不断增加、工业化水平不断提高，沿胶济线和沿海城市发展迅速，山东半岛城市群浮出水面。

进入21世纪以来，山东半岛城市群呈明显的上升发展趋势。2001年，山东半岛城市群八个城市GDP共实现6228亿元，超过京津两市的4644亿元，也超过辽东半岛城市群所在的辽宁的5033.17亿元。2002年八城市GDP同比增长12.59%。[②] 高速增长的城市经济带动了城市化的发展，在国家统计局发布的百强县中，有82个百强县的地理分布集中于长三角、珠三角以及环渤海三大经济圈，其中长三角地区46个，珠三角地区15个，环渤海地区21个。在环渤海的21个县市中，山东有20个，占绝对主导地位。[③] 县域经济的发展改变了山东半岛原有的城市格局，促进了山东半岛城市化的进展，也改变了山东半岛城市群在全国城市群中的地位，成为继珠三角、长三角之后的我国第三大城市群。

---

① 马传栋：《论全面提升山东半岛城市群的整体竞争力》，载《东岳论丛》，2003年第2期。
② 王乃静：《山东半岛城市群发展战略新探》，经济科学出版社2005年版。
③ 中华人民共和国国家统计局：国家百强县名单，2006年9月30日，http：//www.stats.gov.cn/was40/gjtjj_detail.jsp? searchword = % B0% D9% C7% BF% CF% D8&channelid = 6697&record = 36。

早在 20 世纪 80 年代，山东的学者就开始提出半岛城市群的概念，并向省级决策机构提交相应的报告，受到山东省领导的重视。2002 年，张高丽同志（时任省长，后任省委书记）提出编制山东半岛城市群规划的要求，2003 年政府工作报告就提出了"促进半岛城市群崛起"的战略，2005 年山东省通过《山东半岛城市群总体规划》。2009 年山东半岛城市群发展迎来新契机，该年 3 月，国家发改委会同 25 个部委办和有关单位，组成联合调研组对黄河三角洲进行专题调研，推动《黄河三角洲高效生态经济区发展规划》成为国家战略。[①] 该年 4 月和 10 月，胡锦涛总书记两次视察山东，强调"要打造和建设好山东半岛蓝色经济区"。正是以此为契机，以山东半岛城市群为基础的《山东半岛蓝色经济区发展规划》，2011 年获得国务院批复，标志着山东半岛蓝色经济区建设正式上升为国家战略。山东半岛城市群的发展与合作进入了迅速发展时期。

（二）半岛城市群合作中的制度设计

城市群之间的合作多涉及共同利益或共同问题，这些问题往往涉及面广、影响因素众多，必须以明确的制度设计来推进合作，建立完善城市群发展协调机制。山东省自进入 21 世纪以来，一直贯彻以城市群带动的战略作为发展目标。在推动半岛城市群合作发展方面，主要存在两种类型的合作形式。

1. 省政府的诱导型的合作

与长三角、珠三角城市群相比，山东半岛城市群最大的特色就是各个城市都在一省行政区划之内，便于山东省统一安排和推动。城市群在形成之初，各城市并没有很大的动力去寻求合作，合作的形成主要靠自上而下的力量来进行推动，山东省政府就成为最大的推动力量，主要以各种发展规划的形式表现出来，这在山东省发展战略的演变中有清楚的表现。

---

① 山东省发展和改革委员会：《山东省区域经济发展研究》，山东大学出版社 2009 年版。

2003年12月,《山东半岛城市群发展战略研究综合报告》通过了山东省和国家建设部的论证。报告确定把济南、青岛、淄博、威海、烟台、潍坊、日照和东营八个城市称为"山东半岛城市群"。报告称:济南、淄博在自然地理上不属于半岛地区,但属于胶济、兰烟沿线的城镇密集地区;东营和日照虽然不是"城镇密集地区",但属于半岛或邻近半岛的沿海地市。在国务院关于扩大沿海经济开放区范围的通知中,这八个城市均属山东沿海经济开放区,左右兼顾,将这八个城市所在地区统称为"山东半岛城市群地区"①,可以说,半岛城市群地区的确定不仅仅是城市化和经济发展的结果,也体现了山东省明确的行政意图,就是将规划范围扩大以带动区域整体的发展。《山东半岛城市群总体规划(2006—2020年)》在2006年年底由省政府批准实施,半岛城市群由理念进入到初步实施阶段。

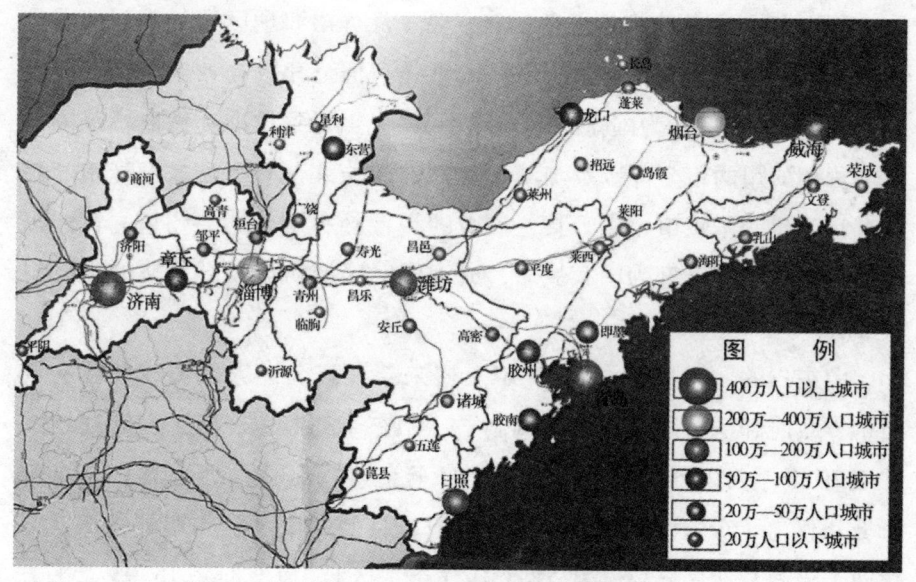

图2　山东半岛城市群示意图

资料来源:《山东半岛城市群总体规划(2006—2020年)》

---

① 周一星:《山东半岛城市群发展战略研究综合报告》,中国建筑工业出版社2004年版。

为促进区域协调和发展，山东省政府对山东半岛城市群发展战略给予了高度重视，积极组织众专家对该发展战略进行研究、论证，并得到了有建设性的研究成果。但是，由于种种原因，区域发展战略并没有始终保持政策的连贯性，而是出现了思路上的转变。2007年山东省又提出了"一体两翼"的布局构想。"一体"是指以青岛、济南两大中心城市为支撑，主要由半岛城市群和省会城市群经济圈两大板块组成的区域，"两翼"分别指北临渤海湾的黄河三角洲和南接苏豫皖的鲁南经济带。这既是山东以往发展战略的综合，又符合城镇的发展趋势，将山东省域全部整合到城市群的发展思路中。该构想是针对山东省区域发展不平衡的实际情况提出的，在过去从"东中西"横向坐标考虑全省区域发展的基础上，侧重于从"北中南"纵向坐标考察山东省的未来发展，确定了山东省内各个行政区域的互动合作发展问题。

2008年，国务院将长三角、珠三角、江苏沿海地区等一系列区域规划纳入国家战略，山东省政府也提出了《黄河三角洲高效生态经济区发展规划》，谋求上升为国家战略，并于2009年得到批准。该地域范围包括东营和滨州两市全部以及与其相毗邻的潍坊北部寒亭区、寿光市、昌邑市，德州的乐陵市、庆云县，淄博的高青县和烟台的莱州市。黄河三角洲地区的发展上升为国家战略，成为国家区域协调发展战略的重要组成部分。

山东省的发展战略在2009年又迎来新契机。国家发展改革委会同山东省政府和国务院有关部门编制了《山东半岛蓝色经济区发展规划》，并于2011年获国务院批准。山东半岛蓝色经济区主体区包括山东全部海域和青岛、东营、烟台、潍坊、威海、日照六市及滨州市的无棣、沾化两个沿海县所属陆域，共51个县（市、区），海域面积15.95万平方公里，陆域面积6.4万平方公里。山东半岛蓝色经济区建设上升为国家战略，山东半岛城市群发展由此进入一个新的阶段。

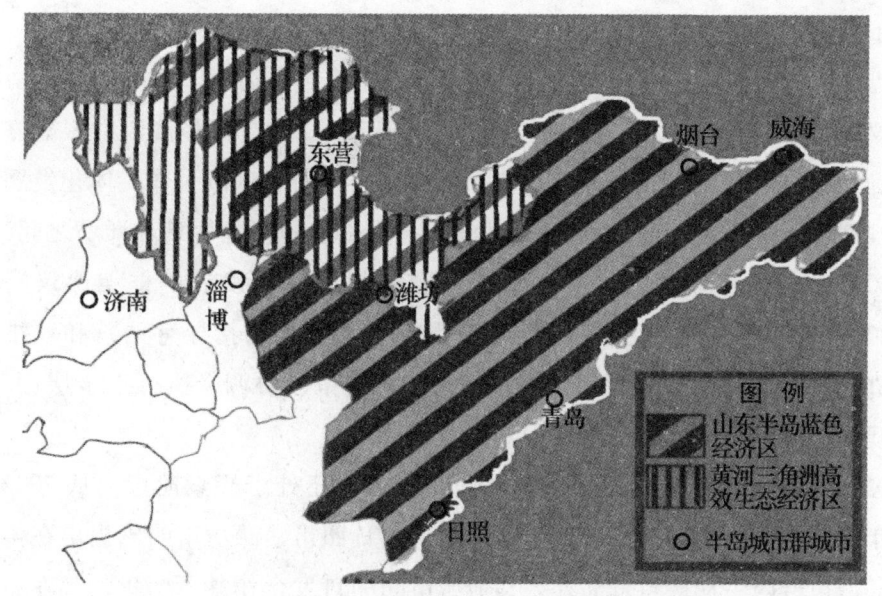

图 3 黄河三角洲高效生态经济区与山东半岛蓝色经济区示意图

资料来源：根据《山东半岛城市群总体规划（2006—2020 年）》《山东半岛蓝色经济区发展规划》《黄河三角洲高效生态经济区发展规划》相关资料整理。

山东省政府持续不断地推动区域发展战略的提升，并主动寻求与国家战略的重合，体现了省政府的主导性。在山东半岛城市群合作发展中，不仅涉及地级市之间的问题，还存在海陆统筹、"蓝黄叠加"等跨界合作的问题，这也凸显了城市群发展中合作的重要性。

2. 城市政府间自发型合作

城市群的发展会使各个城市之间的联系更加密切，相互依赖性不断增强。它们就会在上级政府许可的范围内，相互之间就共同的区域公共事务、区域公共问题形成合作。在山东半岛城市群发展中，一些城市开始逐步形成合作共识，设计了相关的合作制度。

在半岛城市群中，由于青岛市的龙头地位，临近青岛的各市积极谋求与其合作，最为典型的就是日照市和潍坊市。2003 年日照市下发《关于接轨青岛融入半岛城市群的意见》，并制订了实施方案；2004年4月，青岛与日照共同签署了《关于进一步发展两市交流合作关系的框架协议》，由日照市主动寻求合作发展为两市互动。在蓝色经济区发展战略确定后，2009年两市规划部门签署《加快推进青日区域合作一体化发展规划合作协议》，开始以区域一体化为导向的合作。在青岛和潍坊之间，2007年首先签署了《关于加强交流合作促进共同发展的框架协议》，2008年又签署了《关于加快推进青潍一体化发展的指导意见》和《推进青潍一体化发展行动计划》，两地还从决策、协调、执行三个层面，建立了两市合作推进机制。

但就城市群总体来看，城市群内的合作还处于探索阶段。从2002年山东半岛城市群项目规划启动以来，除日照市、潍坊市明确提出在半岛城市群内主动接轨青岛外，其他城市间的自发合作并不多见，现在城市群的合作范围还仅仅局限于青岛、济南两个城市的周围，许多合作领域也仅仅是某市政府或某一方面，没有上升为市级合作水平，合作范围远没有形成网络化，合作影响力也比较低。有些已经形成的合作关系，也缺乏细致的规定和认真的落实。

总体看来，正是在山东省政府的强力推动下，山东半岛城市群开始逐步形成了整体合作发展的态势，这种推动凸显了全局性、战略性的特点，具有很强的行政主导色彩。而城市群内的融合性合作却没有有效展开，地方政府自发合作的动力不足，城市群内部市场的行政性分割、城市间的重复性建设和恶性竞争仍然存在，这些问题没有得到有效的解决。

（三）半岛城市群合作的治理结构

跨域治理网络是一个包括各种互动作用的网络，良好的合作要求各个主体间形成良好的治理结构，以组织的形式推动合作的发展。城市群之间的合作，在组织层面上主要涉及治理结构，包括决策机构、管理机构、执行机构等。

从山东半岛城市群的概念出现到上升至政府理念，最初几年城市群合作并没有有效进展，原因之一就在于缺乏相应的推动组织。从负责部门来看，在规划的研究阶段，由省发改委的地区处负责牵头有关部门负责制定城市群的发展规划，但具体规划由省建设厅负责。省政府并没有出台具体的关于协调和约束各个城市政府行为的规章，且原拟设在省发改委的秘书处最终也没有成立。①

由于山东省当前的合作主要是政府诱导型的合作，城市群合作机制也主要表现在自上而下的行政推动机制上。自"一黄一蓝"上升为国家战略之后，这一局面得到了改变。山东省成立了省领导牵头的工作领导小组，在发改委设立了黄区建设办公室和蓝区建设办公室，具体负责落实和推进城市群发展战略，各个城市纷纷成立了对应的机构，构成了自上而下的行政组织系统。2011年，山东省又成立"两区建设工作领导小组"，统一领导、统一决策、统一部署"两区"建设工作，省委书记任组长，领导小组办公室设在省发展改革委。山东省政府还建立"两区"建设重点工作协调推进制度，坚持"谁分工，谁负责；谁分管，谁协调"的原则，根据省政府领导同志工作分工和部门职能，设立11个"两区"建设重点工作协调推进组，明确分管省长、牵头部门和参加部门。这种按照行政层次建立的自上而下的组织机构，可以充分利用行政组织来推进城市群合作，但行政命令的色彩也比较明显，各级推进机构的纵向联系相对密切，而横向联系较少，不利于城市之间的深度合作。

在自发型合作机制下，城市群之间的合作动力来自于城市自身，双方容易形成合作共识，进而转变为实质性合作。潍坊市政府为推动与青岛接轨，成立由市政府领导任组长的接轨青岛领导小组，后建立了双方高层领导互访制度和市长联席会议制度，市、县两级都成立了推进一体化发展组织协调机构。青岛市和日照市规定建立双方的定期交流制度，

---

① 王佃利：《半岛城市群发展动力与障碍的行政学分析》，载《东岳论丛》，2009年第5期。

成立青岛—日照经济发展合作理事会，两市市长任主席，协商解决双方合作中的重大问题。青岛、烟台、威海建立市长联席会议制度，就城市间的发展规划、产业布局、基础设施、技术人才等展开协作沟通。鲁南城市带城市建立了鲁南五市市长联席会议制度。这些自发型合作机制主要靠领导人之间的共识、互动来实现，领导者的个人意识就成为重要的影响因素，城市群之间的合作模式也就具有不稳定性。治理理论向往平行性的网络治理结构，但当前的山东半岛城市群合作，更多的是按照层级结构来展开的垂直型组织，横向的也多为政府间合作关系，而基于市场结构的、弹性化的网络结构还明显发育不足，缺少应有的地位。

（四）半岛城市群合作中的项目推进

跨域合作不仅注重对合作理念的追求，还注重政策工具的选择。传统的政府工具仅仅局限于政府组织直接提供公共产品和服务，在治理中包括了各种合作、管制、抵押、保险等等。跨域治理的实现要关注问题解决的具体运作流程，也要对具体的政策工具进行选择。

项目合作是当前半岛城市群合作中的主要形式。如在基础设施方面，山东省在"十二五"期间将围绕济南、青岛重点建设城际轨道交通，目标是建成省会济南与周边主要城市半小时至一小时直达交通圈，实现区域同城效应，预计在14个城市之间将建设18条城际轨道交通。青岛国际机场先后在日照、潍坊和淄博设立了虚拟机场；青岛港分别与威海港和日照港合资经营集装箱码头项目。

半岛城市群还进行了专项区域合作，如各市人事部门成立山东半岛城市群人才联盟，旅游部门成立山东半岛城市群旅游联合体，新闻部门成立山东半岛报业联盟等。建设山东半岛蓝色经济区，金融创新和资本驱动至关重要。2012年初，蓝色经济区产业基金管理有限公司成立，以政府财政资金作为引导资金，也捆绑了民间与国际资源。"蓝基金"与青岛、日照、威海三市实现了战略合作，与烟台、潍坊、淄博、滨州四市达成合作意向。

总之，就目前情况来看，半岛城市群合作主要是政府间合作，已经得到了比较全面的发展，在诸多领域中取得了有效的进展，但是也呈现出明显的行政主导型的特点，城市间合作主要是等级式治理。治理理论所欲凸显的分权化、多主体并没有明显的体现，市场化的主体极少参与到合作中，就是城市政府自身合作也处于探索阶段和初级水平。

如今我国正进入城市化快速发展时期，山东省城市化的发展就以城市群发展作为动力和表现形式，经济发展的主要动力日益集中于城市圈，而城市圈之间的分工、合作和竞争，将决定新的世界经济格局。从山东半岛的历次城市群规划可以看出，山东半岛试图从不同的角度出发，将区域的发展一体化，而不管区域如何划分和管理，跨域问题的治理始终是城市群发展的核心和关键。

（五）中国式区域管理的转型特征

随着城市化的快速推进，中国的区域发展模式从以城市带动乡村转向以城市群带动区域一体化；随着行政改革的推进和公共管理的转型，中国的区域管理从政府主导的行政区行政模式向治理式的政府合作模式转型。区域发展的阶段性和政府管理体制的现状，使区域公共管理呈现出中国式的特色。总体而言，山东半岛城市群发展战略的演变体现了当前中国区域管理的发展要求和趋势，具体而微地体现了当前中国式区域管理的发展特点。这种转型特点体现在以下几点。

第一，从区域发展动力与目标来看，城市群推动下的跨域问题突出。在城市化快速发展时期，城市以及城市群发展成为区域发展的主要动力。在20世纪末期，中国市管县体制下的区域发展思路，是以中心城市带动农村发展，寻求城乡一体发展，山东省城市化的快速发展就得益于经济带动下的"市改县"的政策安排。进入21世纪以来，城市群成为区域发展的主要形式，以城市群发展实现区域一体化发展。仅仅在2009年，国务院批复了包括山东省的《黄河三角洲高效生态经济区发展规划》在内的 11 个国家层面的区域规划①，表明我国区域管理的目标转向了城市群的一体发展。区域一体化发展以各城市为主体，出现了跨行政区划、跨部门职能、跨行政层次的各种问题，反映出区域管理处于一种复杂的、动态的、分化的环境中，需要转变传统的科层制式的区域管理方式。

第二，从区域管理的运行模式来看，当前的区域管理体现出明显的行政主导特色。传统的区域管理是建立在行政区行政的基础上的，地方政府基于行政区划的刚性界限，以行政命令的方式对本地社会公共事务进行垄断管理，具有相当程度的封闭性和机械性。在集权制的体制和科层制的运行模式下，这一思路被运用到区域管理中，许多城市群内部都已经展开了卓有成效的合作，但多数为政府之间的合作。以山东半岛城市群为例，从半岛城市群的范围确定来看，具有明显的行政推动色彩，从该规划的推动来看，也和地方政府主要领导人的思路和关注密切关联。② 在贯彻最为得力的半岛经济区发展规划中，其实现也主要依赖于国家战略的地位和省政府的强力推动，其落实机制又变成了省政府自上而下的行政推动，其他各类组织仍然处于缺位状态。

第三，从区域管理的合作手段来看，缺乏切实有效的政策工具。与当前丰富的区域管理理念相比，区域合作实践中切实可行的手段却相当缺乏，众多的理论虽然关注到了绩效考核、合作组织、法规确立等手段，但论述多流于空疏，还缺乏精致的制度设计。即使是在政府实践中，也多是利用政府间上下级关系以及行政手段来推进一体化进程；即

---

① 这 11 个规划包括：《珠江三角洲地区改革发展规划纲要（2008—2020 年）》《关于支持福建省加快建设海峡西岸经济区的若干意见》《江苏沿海地区发展规划》《关中—天水经济区发展规划》《辽宁沿海经济带发展规划》《横琴总体发展规划》《中国图们江区域合作开发规划纲要》《促进中部地区崛起规划》《黄河三角洲高效生态经济区发展规划》《甘肃省循环经济总体规划》《国务院关于推进海南国际旅游岛建设发展的若干意见》。
② 王佃利：《半岛城市群发展动力与障碍的行政学分析》，载《东岳论丛》，2009 年第 5 期。

使是区域地方政府之间签订的合作协议，也往往是省级政府立场与意志的体现。行政协议是政府间合作最常采用的方式，叶必丰等收集了138份行政协议文本，发现其中78.9%没有约定效力，即使是部分对效力有明确约定的行政协议，也只是约定了生效时间，对于具有怎样的效力和如何实现则完全没有涉及。[①] 没有效力约束的行政协议很难得到落实，甚至仅仅作为形象工程或政绩考核的指标，使手段成为目标。

现实问题的迫切、传统管理模式的局限、实现手段的缺乏，既折射出当前中国区域管理的困境，也反映出区域管理的转型方向。

四、跨域治理对城市群合作的启示

根据费雷德里克森的观点，治理一词弥合了政治—行政之间的差异[②]，治理中的合作理念是与实现手段密切关联的。治理理论所倡导的分权化管理、多中心合作、公民的全方位参与、自主治理等，也是跨域治理理念的核心。跨域治理强调在解决跨区域的公共事务时，既不是单一的国家政府，也不是完全的公民社会和市场经济，而是他们的共同作用。针对目前我国城市群合作和发展中存在的各种问题，跨域治理对于促进中国式区域管理的转型极具启示意义。

随着我国市场经济的发展和非营利组织等社会力量的壮大，非政府主体具有参与公共事务管理的能力，分权化的管理为地方政府之间自发性的合作提供了契机。此外，行政改革推动着地方政府职能的不断转变，政府部门更加关注民生、关注地方公共服务的供给和管理，而非营利组织、企业等在公共物品供给上的优势促使地方政府开始主动地建立和社会组织之间的联系和合作机制。随着我国民主政治的发展，公民社会开始形成，政府不断通过构建信息平台等方式建立和公众之间的沟通

[①] 叶必丰、何渊：《行政协议：区域政府间合作机制研究》，法律出版社2010年版。
[②] 王诗宗：《治理理论及其中国适应性》，浙江大学出版社2009年版。

渠道，这些因素的客观存在为跨域治理理念在我国城市群合作和发展中的应用提供了条件。所以，将跨域治理的理念适当地应用到城市群合作和发展中，必将推动城市跨域公共事务的合理解决。具体而言，根据跨域治理理念的策略路径，我们从以下几个方面推动半岛城市群的发展和合作：

（一）初始条件：改变传统观念，构建合作治理理念

在城市群发展初期，区域内合作水平有限，城市之间的联系程度并不紧密，合作动力不强，解决问题的关键就在于要打造适合城市群合作的外部环境。在跨域合作中，政府就要发挥主导作用，采用政府诱导型合作。在集权制国家，中央和地方存在着天然的不一致和分歧，中央往往偏重于公平，地方则偏重于效率，公平与效率之间很难找到平衡点，所以二者总是存在矛盾和冲突。但是，我们可以跳出这一思维模式，将中央和地方的目标都定位于为民众提供优质的公共服务，这就决定了二者在归属和逻辑上具有统一性。伴随着全球化改革的进行，无论是我国的分权化改革还是西方国家的"竞争型政府"改革和"企业家精神政府"改革，都试图把地方政府塑造成极具竞争力的行政单位，导致地方政府间关系脆弱，严重影响了跨域公共事务的管理。在跨域治理视角下，有必要调整地方政府间的竞争性关系，推动地方政府间的合作。

上下级政府之间、地方政府横向之间形成合作治理的理念是城市群合理发展的前提和关键。中央政府和山东省政府作为山东半岛城市群的第一推动者，应该采取政治动员和经济诱导相结合的方式推动城市群内的广泛合作，充分发挥领导者、协调者、仲裁者的作用，推动、引导、督促城市群合作机制的形成。例如，山东半岛城市群的合作已经启动，中央政府和省政府要继续为两区建设提供必要的法律、政策环境，同时在财政转移支付、金融创新等方面来诱导地方政府深度合作，促使城市群合作模式从诱导型模式向自发型模式转变。同时，按照治理的理念，要充分重视社会力量的作用，政府部门形成积极的与第三组织和社会公

众的合作意识,构建共同治理、共同发展的理念。

（二）制度层面:构建合作机制和相应的绩效考核机制

跨域治理理论主张形成区域的多元主体合作机制,参与公共事务治理的主体增多,必然要求形成合理的合作机制。在行政主导式的合作中,合作要依赖于三方面的因素:中央政府的行政理念和战略、省级政府的规划和推动、城市政府间的沟通和博弈。① 政府之间可以通过非正式的政策型伙伴关系、行政契约、共同行动协议等政策理念和模式由竞争隔绝走向相互合作。省级政府要统筹区域分工和产业布局,完善区域基础设施建设,针对跨域事务的合作来打破行政壁垒,实现政策一体化、公共管理和服务一体化。同时依据民间组织推动经济合作具有成本低、见效快的优势,组建跨地区的民间组织,以民间的力量自下而上地推进区域政府合作,可以突破行政区划的限制,进而推动城市群一体化发展。

以往,我国城市政府实行唯GDP的考核机制,地方政府官员只注重本区域内的经济发展和财富增长,从而忽视了区域协调发展,导致行政区经济现象的出现,各个区域之间往往在招商引资、出口贸易等方面形成恶性竞争,社会公平也在一定程度上被弱化。所以,中央政府的行政理念和绩效考核机制对于城市群区域的合理健康发展意义重大。针对要改变以往单一的绩效考核主体,林永波、李长晏提出,跨域治理中应建立伙伴关系的绩效考评制度,政府行政部门、志愿部门、私营部门和社会团体要建立一种伙伴关系,参与到政府绩效考评体系中来,相互之间打造平等对话的平台,沟通彼此的利害关系,制定协力的规范,强化伙伴管理,建立多元主体的考核制度,增强考核的客观性和结果的公平性。② 同时改革区域政府的绩效考核指标。具体来讲,在政府的绩效考

---

① 山东省行政管理学会:《东方行政论坛》(第一辑),山东人民出版社2011年版。
② 林永波、李长晏:《跨域治理》,台湾五南图书出版有限公司2005年版。

核中，应强化经济结构、资源消耗、环境保护、自主创新、公共服务覆盖面等方面的考核指标，相应弱化经济增长速度、招商引资、出口总值等对城市政府绩效的影响。以此引导政府转移注意力和发展方向，推动城市的可持续发展。

（三）组织层面：打造互利对话的协调和沟通渠道

城市群合作是一种跨区域的政府行为，不同的利益主体具有不同的甚至相悖的利益目标，只有充分整合利益主体的相关利益诉求，才能推动城市群地方政府间有序的合作，进而促进整个区域的合理发展。所以，通过建立政府间的平等对话机制和集体性的协商制度，如构建城市群市长高峰论坛和区长联席会等常规化、制度化的对话平台，针对当前城市群发展的市场秩序、公共产品提供、合作机制等进行协商，可以有效地推动城市群地方政府的深入合作。例如在山东半岛城市群中，如今仅有部分城市展开一体化合作，缺乏整体的合作组织；在海陆统筹方面还缺乏涉海部门综合管理机构等等，这都需要创新管理体制，通过建立城市机构联盟和相关协调机构等，有效地推动城市群政府间合作机制的形成。

半岛城市群发展过程中，各级政府应积极推进构建相应的组织平台，为民间组织的发展创造良好的制度环境。通过举办各类论坛和洽谈会，促进交流和资本要素的合理流动。民间组织的主要职责是研究区域发展战略和推进地区协作，具体形式可以由不同的层次构成：一是参谋咨询机构。可以建立以这些学术代表人物和专家学者为主体的咨询委员会等类似机构，为半岛一体化发展中的各种合作问题的解决提供科学论证的方案。二是充分发挥行业组织、贸促会等在政府发挥作用受地区利益限制的领域中的作用。这些非政府组织可以发起商务洽谈、商品展销等各类活动，可以向区域协调管理部门、专业委员会或者各地方政府反映合作过程中的新问题和新动向，并提出建议，成为政府与社会经济部门之间的桥梁。

（四）操作层面：注重具体的政策工具的设计

推动城市群的健康发展，宏观的制度和合作机制是前提和保障，但是，城市政府政策的制定和执行同样重要。在政府诱导型合作中，政策设计就成为微观的合作推动机制，我们以以下各方面政策为例来说明政策实行中的具体设计：

在财政政策方面，中央财政应继续推动并完善财政激励和约束机制，加大对地方城市政府的财政补贴制度，协助地方政府建立城市群区域发展的基本的财力保障制度。地方政府之间建立起良好的横向援助机制，实现城市群区域内各地方政府的优势互补，并分清各个层级政府的财政责任，推动城市群区域经济的高速发展。

在投资政策方面，政府要逐步加大对城市交通、能源和公共服务设施建设等方面的投资比例，省级政府、市（地）级政府也要适当提高对城市基础设施建设的投资比例，保证城市公共物品的供给和需求。同时鼓励和引导民间资本按照不同的投资领域，通过各种合法的金融手段，确定其投资方向。

在环境政策方面，城市群区域的重点开发地区要制定严格的环境保护机制，完善排污权交易制度，鼓励新建项目通过排污权交易获得排污权；同时，保护城市区域发展环境的关键是加强环境影响评价制度和风险防范机制，城市重点发展区域要按照发展循环经济的要求，坚持"谁污染、谁治理"的原则，建立城市区域环境保护的合作机制。

五、结语：跨域治理的限度和未来

自 1887 年威尔逊（Woodrow Wilson）在《政治学季刊》上发表《行政之研究》一文后，公共行政学便逐渐从政治学中分离出来，成为一个独立的研究领域。学者们在行政学领域展开了广泛的研究，既有持久不绝、争论不休的经典理论，也曾涌现了很多"来去匆匆"的"时髦"的理论，从传统的官僚制理论，到 20 世纪 60 年代的新公共行政，再到20世纪70年代之后的公共管理理论和新公共服务理论，都在理论争辩和实践检验中沉浮。其中，20世纪90年代兴起的治理理论已经在行政学领域持续了二十多年，成为解决各种公共行政问题的一把"金钥匙"，以至于学术界中出现了"治理，到处都是治理"[①]的现象。治理成为这个时代的"元话语"，为公共行政理论的发展提供了一个"实验室"，将治理理论与实践对应起来进行分析，不仅能够认清治理理论自身的限度，也可以进一步发展治理理论[②]。将治理理论应用于城市群中的合作机制，以跨域治理的视角分析山东半岛城市群的发展，就体现了这方面的思考和尝试。

与"统治"相反，治理所注重的分权和多中心思想提供了达成合作的规范途径。对于城市群现实发展而言，跨域治理有明确的追求：通过分权化改革，提高地方政府的治理能力，关注区域内的伙伴关系和网络治理；通过价值和文化的塑造，用整体观念消解地方利益歧视，增进地方与地方区域之间的合作；结合私营部门、非营利组织整合资源的技术，规范公民参与的正当性，提升城市政府在区域一体化中的管理和服务能力。这也是新区域主义、复合行政、区域公共管理等理念在面对跨域问题时的一致理念，治理理论成为恰到好处的选择，治理成为实现城市间合作的最优策略。

半岛城市群发展的过程也是追寻合作的过程，但这一政府主导、行政推动的过程并没有体现出太多治理的意蕴来。跨域治理所内涵的假设——其一是民主、协作和相对妥协的合作精神，其二是成熟且多元的公共问题治理的主体（政府、非政府组织和公民等），在具体的实践中都没有得到应有的体现，城市群的合作成为上级政府主导、地方政府贯

---

① Frederickson, H. G. (2005), Whatever Happened to Public Administration? Governance, Governance Everywhere, in Evan Ferlie, Lawrence E. Lynn & Christopher Polllitt (eds.), The Oxford Handbook of Public Management. New York: Oxford University Press, pp. 282 – 304.

② 王诗宗：《治理理论及其中国适应性》，浙江大学出版社2009年版，第131页。

彻的行政命令的执行。在积极应对跨域公共事务管理中的各种问题的同时，我们不得不意识到，理念的美好并不等于现实的万能，理论和现实的差距让我们看到了跨域治理的适用限度，这也从另一角度启迪城市群合作机制的形成和跨域公共问题的解决，对跨域理论进行再次审视。

第一，审视层级制在跨域合作中的推动作用。治理理论强调自主治理和自组织，主张决策重心下移，面向地方和基层，因此跨域治理将合作主体认定为是平等主体，这样的观点在分权化、破碎化的政府体制环境下提出跨域公共事务解决之道，有很好的适应性。当我们观察我国的城市群合作机制时，必然要求厘清跨域治理的适用环境。我国是中央集权的政治体制，地方政府与中央政府，省政府与城市政府等很难实现多中心平等、合作治理的愿景。从半岛城市群的分析我们也可以看出，城市群目前的合作机制主要的推动力量仍旧是政府，尽管我国一直进行着分权化的改革，但是上一层级政府的力量要明显大于地方政府的自主管理能力，城市政府自主性尚不能实现主动性的合作和管理，显然这与跨域治理的多中心治理理念不符。跨域治理的理念核心即一种平等的合作管理，我国严格的政府等级为跨域治理的顺利实现设置了一道屏障。同时，跨域治理主张模糊的行政和管理界限，但相对于我国严格的行政区划现实而言，实现公共事务的跨域性的合作管理存在一定的阻碍。从反面想，城市群的合作就要充分发挥层级制政府推动的作用。

第二，审视社会组织在跨域合作中的作用。理论上，成熟的公民社会是跨域治理的必要条件之一。跨域治理实际上涵盖着一种公民社会的发展和形成过程，即通过非政府组织、第三部门和公民社会的发展来推动跨域治理。但中国的现实导致了跨域治理理念中的社会组织自主性和公民社会的参与远远不足，在半岛城市群合作中我们很少看到社会组织的作用。跨域问题的解决也是跨域公共物品的供给过程，跨域问题自身的特性决定了它的供给就具有政治性：由于跨域事务本身的公共性具有不可分割的特质，因此无论是共同利益的追求，或是避免共同性灾难，都须具备某种政治性的安排，很多区域公共物品的供给都是政府的"独舞"，在这个领域中社会组织参与范围小、渠道少，并没有成熟的社会性力量能够担任起合作治理的责任者之一。而且由于制度和法律的不完善，非营利组织等社会组织的发展仍旧有待改善，这些都影响跨域治理理念在实际的国家治理和公共事务管理中的适用。

第三，审视跨域治理的发展过程和实现层次。跨域治理的实现依赖于各主体之间的关系网络，合作要依赖各种伙伴关系、协议和同盟所组成的网络来完成①，但是网络化的形成并非是一蹴而就的，需要一个发展过程。在半岛城市群发展过程中，合作网络的初步形成主要是政府独自的倡导和推动，参与的主要是政府体系内部的成员；只有随着合作的逐步发展，各种私营组织、社会组织才会成长、参与、互动，各种合作主体开始形成彼此之间的伙伴合作关系，这是网络成长时期；网络一体化是网络化治理的高级阶段，网络化的结构已经消解了组织内的横向边界和纵向等级，只是基于共同的价值观分享形成集体行动。认清这样一个发展过程，就能够客观地面对现实，不再苛刻地期待治理效果的立竿见影。治理的层次性表现为，它不仅是理念上的一套固定的"好的治理"原则，而且也是实践中可以应对问题的多元化工具。因此在实践中治理的应用首先是"作为工具的治理"，它的最终导向才是"作为理念的治理"。

同时，跨域治理不仅仅是一种指导实践的理念，更是解决现实问题的政策工具，所以必须考虑跨域治理的适用对象。跨域公共事务虽然具有跨界性，但是也不可忽视其内含的政治性和公共性。所以，我们不得不重新审视：跨域治理理念所主张的多中心合作治理真的切合当前我国跨域公共事务的管理吗？政府所具有的资源优势和强制性权力也启发我

---

① [美]戈德史密斯、[美]埃格斯：《网络化治理：公共部门的新形态》，孙迎春译，北京大学出版社2008年版。

们进一步思考：如果由政府单独承担跨域公共事务的管理，其效果和跨域治理所主张的社会力量参与相比是否更好？这些问题的存在决定了我们不可盲目地将跨域治理理念照搬照抄应用到现实城市群的合作和发展中。简而言之，由于跨域治理本身的特点以及目前我国政治、经济等制度存在的不完备之处，跨域治理在我国城市群合作和发展的运用中还会存在一定的限制。

总之，跨域治理模式的选择与政治制度、经济体制、社会发展状况以及城市的发展阶段密切相关，跨域治理和外在的环境相互影响、相互依存。对于具体的城市群合作和发展而言，必须根据自身的状况和面临的主要问题，因地制宜地推动跨域治理改革。随着治理理论中又出现"重新政府化""协同政府""网络化治理"的新走向，等级制的作用和政府的地位重新得到重视，王诗宗认为，可持续的治理必须是制度化的，而政府作为制度的保障者、公共责任的最终负责者必须在位。① 这有助于我们客观把握跨域治理中政府层级制的作用，合作不一定都是平级的扁平化结构。治理要更多地发挥"作为工具的治理"，注重治理微观机制的实现，将会更好地促进治理理论的应用。

尽管我们有意无意地对跨域治理理论解决复杂的跨域公共问题寄予厚望，但是，跨域治理理论并非无所不能，无论在我国还是发达国家，跨域治理的解释能力和适应能力必然需要在制度的演进中不断完善，因成功而发展，因失败而改进。从传统公共行政到新公共管理，再到今天地方政府的跨域治理，可以看出，没有一种理论具有永恒不变的实践价值，不同的时代面临着不同的挑战，但是公共行政的目的始终是实现社会公平、正义，满足公民的基本价值需求。在这一最终目标的指引下，我们必须在丰富的理论知识和实践经验中不断探索，以寻求和改善政府公共事务的治理之道，实现区域发展的美好愿景。

---

① 王诗宗：《治理理论及其中国适应性》，浙江大学出版社2009年版，第194页。

跨域治理与区域一体化：长三角城市群地方政府跨域合作与治理研究

申剑敏　朱春奎*

【摘要】 建立健全跨域治理机制，寻求有效的跨域治理模式，是我国全面深化改革与推进国家治理现代化面临的一项重要课题。本文在回顾长三角城市政府合作历程的基础上，从初始条件、结构、治理、过程、结果五个维度出发，系统分析了以长三角协调会为主要载体的城市政府合作和机制。结果表明，如何针对跨域公共事务，在中央与地方府际关系、地方政府间关系、政府机关与公民社会关系、政府机关与企业组织关系的演化时序过程中，透过跨层次整合与战略互动关系，共同强化彼此服务的意义与目标，在取得相互认同的管理方式上，实现共商跨域公共事务的解决之道是长三角城市跨域合作与治理的未来发展方向。

建立健全跨域治理机制，寻求有效的跨域治理模式，是我国全面深化改革与推进国家治理现代化面临的一项重要课题。在中国，自 1980 年行政性分权后，在区域经济由纵向运行系统向横向运行系统转变的过程中，出现了以邻为壑的地方本位主义和地方保护主义，行政单元高度

---

* 申剑敏，上海政法学院国际事务与公共管理学院讲师。朱春奎，复旦大学国际关系与公共事务学院教授。

分割带来了空间管理破碎化问题，由此引发了与日俱增的跨域公共议题。① 我国地方政府也在积极探索行之有效的区域治理模式，特别是改革开放以来，随着区域经济一体化的加速发展，长江三角洲地区成为经济社会发展最快的重要增长极，同时我国也面临越来越多的跨越行政区划的问题，需要地方政府间加强合作，探索有效的跨域治理模式和机制。本文旨在聚焦长三角城市政府合作，从初始条件、结构、治理、过程、结果五个维度出发，系统分析以长三角协调会为主要载体的城市政府的合作及其机制。

一、跨域治理：长三角区域协调发展的新模式

20 世纪 80 年代以来，长三角地区在中央政府推动下开展了以经济联合为重点的区域合作。以 1992 年长三角 14 个城市政府的协作办（委）负责人成立联席会议为起点，根据 20 多年来长三角城市政府合作的方式与重心变化，大致可把合作划分为沟通交流（1992—1996 年）、专题合作（1997—2003 年）、跨域联动（2004 年迄今）三个阶段。

沟通交流阶段，长三角城市政府间的合作以建立沟通渠道和部门交流为主要内容。1992 年 5 月，上海、南京、杭州等城市政府协作办公室负责人牵头成立长三角协作办（委）主任联席会议，成员包括上海、南京、杭州、无锡、苏州、扬州（当时泰州尚未从扬州分出）、南通、常州、镇江、宁波、舟山、绍兴、无锡、湖州、嘉兴等 15 个城市。期间，成员城市共举办了五届协作办（委）主任联席会议，借助定期会晤机制，加强在经济、贸易等方面的信息交流，但还未开展太多实质性的合作。

专题合作阶段，城市政府之间主要通过专题形式推动合作。1997 年

---

① 李广斌，王勇：《长江三角洲跨域治理的路径及其深化》，载《经济问题探索》，2009 (5)：16 - 22。

4月，原先的协作办（委）主任联席会议升级为市长级联席会议，更名为长三角城市经济协调会，在扬州举行第一次会议，吸纳江苏泰州入会。1999年5月举行的协调会第二次会议上，首次明确今后以专题形式推动城市合作，确定了科技、国企改革与资产重组、建立合作信息网、旅游商贸等四项合作专题。1997年至2003年，成员城市通过9个专题推动了多个领域的实质性合作，并于2003年把浙江台州列为会员，范围涵盖了长三角地区16个核心城市。

跨域联动阶段，长三角协调会设立办公室作为城市政府合作的实体运作机构，专题合作的覆盖面进一步扩大，城市政府进入了范围更广的跨域合作与协调发展的新阶段。期间，协调会分别于2010年、2013年扩容，先后吸纳了合肥、盐城、马鞍山、金华、淮安、衢州、徐州、芜湖、滁州、淮南、丽水、温州、宿迁、连云港等城市成为协调会成员，成员城市扩容至30个。

二、长三角城市政府合作的初始条件

（一）总体环境

组织合作的直接动因源于对资源与风险共担的需求[1]，同时也源于对彼此既有资源的强烈需求。[2] 总体环境的复杂性和组织互赖性是合作产生的重要前提。长三角城市政府合作环境体现在城市群的空间布局、

---

[1] Alter, C. & Hage, J, *Organizations Working Together*, Newbury Park, CA: Sage Publications, 1993.

[2] Chen, B. & Graddy, E. A., "Inter-organizational Collaborations for Public Service Delivery: A Framework of Preconditions, Processes, and Perceived Outcomes", in *ARNOVA Conference*, Vol. 17, November 2005, p. 19. Gray, B., *Collaborating: Finding Common Ground for Multi-party Problems*, San Francisco: Jossey-Bass, 1989. Gray, B. & Wood, D. J., "Collaborative Alliances: Moving from Practice to Theory", *The Journal of Applied Behavioral Science*, 27 (1), 1991, pp. 3 - 22. Thomson, A. M., "Collaboration: Meaning and Measurement", Ph. D. diss, Indiana University, 2001.

经济规模和产业结构等方面，各城市在空间布局上高度集聚；总体经济规模在全国位居前列，但也面临保持领先地位的区域竞争压力。这些环境因素体现出长三角区域一体化环境的复杂性。同时，由于地缘相近、人文相通，以及区域内各城市在经济增长速度、产业结构、所有制格局等方面的差异和互补，城市之间存在较高的经济依存度和互赖性，这些环境因素促使城市政府通过自发建立区域合作组织，寻求合作与共同发展的机会。

（二）合作历史

长三角地区合作历史可追溯至建国初期，中央政府采取刚性的行政手段推动区域政府合作。[①] 1982年至1988年的上海经济区，是中央直接推动下开展的区域一体化探索。上海经济区被视为较早的长三角经济圈雏形，带有很强的试验性质。在经济区规划办公室成立之初，国务院在有关会议上强调了成立经济区的原因和主要任务：一是解决条块矛盾，解放生产力；二是走依靠中心城市的路子；三是成立规划办，专门进行研究工作；四是强调规划办的试验性质，通过试验，在全国逐步形成以大中城市为依托，不同规模式网络型的经济。[②] 上海经济区成立之后，按照"统一规划、择优发展、经济联合、建制不变"的原则，主要推行了区域规划、经济联合两项工作。1988年，原国家计委发文撤销上海经济区规划办公室。总体而言，改革开放之前的长三角地方政府合作，特别是依托上海经济区开展的各项合作，具有两个明显特征：

第一，主要依赖中央推动与行政手段进行合作，是典型"自上而下"的合作模式。从管理体制来看，在每一阶段中，中央都会成立跨区域的行政机构履行规划和协调职责，如在1961年成立华北、东北、华东、中南、西南、西北六个党的中央局；在上海经济区运作期间，国家

[①] 陶希东：《中国跨界区域管理：理论与实践探索》，上海社会科学院出版社2010年版。
[②] 李立军：《20年前的"长三角"试验——关于上海经济区规划办公室的历史考察》，载《今日浙江》，2008年第15期。

计委等部委负责同志同时也是经济区规划办公室的主要成员。

第二，合作范围与之后相当长时期内长三角地区的合作范围大致相当。1958 年的六省一市（上海、江苏、浙江、山东、福建、江西、安徽），1970 年的四省一市（上海、江苏、浙江、安徽、江西）、上海经济区期间的四省一市（上海、江苏、浙江、安徽、江西）等，包括了以上海为中心地缘相近的行政区划。这一合作范围在 1990 年之后没有太大调整，之后关于"长三角"是否扩容的争论，基本上仍然保持在这一范围之内。

（三）直接推动者

直接推动者是组织合作开始并得以维持的重要推动力。长三角城市政府合作的直接推动者是江浙沪皖省级政府、有关城市合作部门，它们策划并启动了以长三角协调会为载体的城市政府合作。

上海经济区撤销后，中央政府没有继续通过行政性手段来推动长三角地区的区域合作事项。1992 年 10 月，中共中央第十四次代表大会报告指出，以上海浦东开发开放为中心，进一步开放长江沿岸城市，尽快把上海建成国际经济、金融、贸易中心之一，带动长江三角洲和整个长江流域地区经济的新飞跃。这一提法标志着长三角经济圈的概念在国家宏观管理层面逐步形成。

上海等城市的政府协作部门是长三角协调会建立的直接推动者。1992 年 4 月，由上海牵头，南京和杭州协助，加上江浙两省 12 个地级市的合作部门，共同成立长三角协作办（委）主任联席会议。当时参与筹办联席会议的工作人员谈及建立联席会议的动机时说，20 世纪 80 年代成立的长江沿岸中心城市经济协调会和南京经济区两个"一大一小"的区域经济合作组织，都不能覆盖另一个正在崛起的经济区域长三角，作为合作部门，有必要成立一个覆盖长三角经济区的区域性合作组织。[①] 长三角协

[①] 胡雅龙：《世界第六大城市群——长江三角洲城市群崛起之路》，上海社会科学院出版社 2010 年版。

调会从建立伊始，就是一个自下而上的地方自发合作的过程。

三、长三角城市政府合作的结构分析

（一）战略目标

战略目标反映了合作各方对于合作在问题、内容等方面形成的共识，以及合作活动的战略取向。[①] 随着目标的逐步明确，合作得以不断拓展和推进。由于长三角城市政府合作是一个较长的过程，在不同阶段中，结构方面的变量随阶段进展不断变化。从最初沟通交流阶段单纯的部门合作，扩展到城市间的合作与联动发展，并逐步对接国家的区域发展政策。

在沟通交流阶段，各个城市的协作办主任显然没有就联席会议的作用达成一致认识，也没有积极的战略取向，长三角协作办（委）主任联席会议在成立之初没有形成合作协议或宣言，只是创造了信息交流沟通平台。因此这一阶段的合作目标并不明确。协作办（委）主任联席会议讨论和交流的重点基本上与国家区域政策导向一致，侧重经济联合与企业合作。

在专题合作阶段，长三角协作办（委）主任联席会议于 1997 年升级为市长级联席会议，正式更名为长三角城市经济协调会。在当年第一次会议制定的《长江三角洲城市经济协调会章程》（以下简称《协调会章程》）中，首次明确协调会作为长三角区域合作组织的目标定位，"推进和加强长江三角洲地区城市间的交流与合作，促进长江三角洲地区的联动发展"。会议纪要同样反映了会员城市对于协调会战略目标的共识，提出"将由分散、自发、民间形式逐步走向政府规划指导下进行的形

[①] Agranoff, R., "Inside Collaborative Networks: Ten Lessons for Public Managers", *Public administration review*, 66 (s1), December 2006, pp. 56–65. 巴希尔·玛祖兹：《公私合作伙伴关系面临的议题、挑战和风险》，载《国家行政学院学报》，2010 年第 6 期。

式，这将有利于国务院的统筹规划，有利于贯彻优势互补、互惠互利、联合发展、共同繁荣的方针，把长江三角洲建设成为我国经济最发达的地区之一"，协调会在目标定位中强调了与国家区域发展政策的契合。在跨域联动阶段，城市政府合作的战略目标经历了进一步调整，主要体现在与同一时期国家宏观层面的指导方针相互衔接。2004年长三角协调会第五次会议、2007年协调会第八次会议中，根据同时期国家区域政策的总体要求，分别修改了《协调会章程》中的"基本宗旨"。在第五次会议通过的修改草案中，增加了落实党的十六届三中全会精神的内容，在"基本宗旨"中增加了"树立和落实科学发展观和坚持'五个统筹'的要求"，"以立足于增强区域经济的国际竞争力，以优化发展环境为重点，进一步拓展合作领域，完善合作机制，提升合作水平，协调和推动长江三角洲地区区域经济的联动发展，为率先全面建设小康社会，率先基本实现现代化作出积极的贡献"。在协调会第八次会议通过的修改草案中，增加了落实党的十七大精神的内容，协调会基本宗旨调整为"贯彻落实国家区域发展战略，立足于显著增强区域的综合实力、创新能力、可持续发展能力和国际竞争力，深化改革，扩大开放，坚持率先发展、科学发展"①。

（二）合作类型

合作类型反映了合作和跨域治理的具体内容。根据合作的紧密程度，可分为网络、伙伴关系、联盟形式、整合四种合作形态。② 在网络型合作中，参与者组成非正式的策略性伙伴关系；在伙伴关系的合作中，参与者通过行政契约、约定和协议等开展合作；在联盟形式的合作中，参与者组建都会联盟并让出部分自主性；在整合性的合作中，参与

---

① 长江三角洲城市经济协调会办公室主编：《走过十年》（上、下册），文汇出版社2007年版。
② Sullivan, H. & Skelcher, C. *Working Across Boundaries: Collaboration in Public Services*, NY: Palgrave, 2002.

者通过合并和建立科层体制进行更深层次的合作。在长三角城市政府合作的三个阶段中，合作类型明显呈现出扩展和深化的态势，从侧重沟通交流的"网络"阶段，逐步发展到合作更加紧密的伙伴关系、联盟以及具有科层特征的整合结构。

在沟通交流阶段，城市政府之间通过定期会晤交流城市发展情况，增进对于区域合作的共识，因此属于网络型的合作。在专题合作阶段，长三角协调会成员作为协议主体签署了旅游合作的《杭州宣言》、信息合作联席会议、《长三角地区知识产权服务合作共同宣言》等多边协议，在相关协议中承诺建立定期会商机制，交换共享信息、人才、市场等资源，加强行业和市场的联合监管，等等，表明这一阶段已经进入以伙伴关系和联盟为主的合作类型，各方合作的紧密程度进一步增强。在跨域联动阶段，长三角协调会建立了协调会办公室作为实体机构，办公室职责与人员组成逐步完善，已具有初步的科层特点，属于整合型的合作类型。如通过《协调会章程》的多次修改，完善了长三角协调会推进城市政府合作的组织架构，在协调会第五次会议修改的《协调会章程》中，决定在办公室内设工作组；第六次会议修改的《协调会章程》将工作组改为联络、财务、专题等分工明确的不同部门；第八次会议修改的章程进一步明确了协调会办公室的议事形式。在第八次会议后，长三角协调会办公室划分为决策层、职能层和事务层，根据明确的工作规则推进城市政府合作事项。

(三) 合作规模

合作规模是指直接参与合作的主要成员数量和范围，反映的是合作的包容性问题。[①] 合作规模制约并影响合作行为及其成效，适度的合作规模有助于降低合作成本；随着合作的发展，合作规模可能呈现不断扩

[①] Ansell, C. & Gash, A., "Collaborative Governance in Theory and Practice", *Journal of Public Administration Research and Theory*, 18 (4), November 2007, pp. 543–571.

展的趋势。长三角城市政府的合作规模在不同阶段有所变化，协调会会员城市从最初沟通交流阶段的14个城市，逐步拓展到跨域联动阶段的30个城市，突破了地理意义上的"长三角"地区，拓展到包括安徽在内的"泛长三角"地区。但与上海经济区时期的四省一市相比，长三角协调会的成员仍然保持相对较小的规模，对于扩容也持非常谨慎的态度。

在最初的沟通交流阶段，按照最初发起联席会议的有关部门（上海、南京、杭州三地合作部门）设想，联席会议必须涵盖上海经济区时期的地理范围，即三省市内的10个城市。在汲取科研机构关于长三角地理划分的意见后，后来又增加了与10个城市联系紧密的周边四个城市，即南京、扬州、镇江和舟山。1992年成立长三角协作办（委）联席会议时，共包括14个城市的协作部门。这一规模的界定与当时国务院对于长三角经济圈的认识是一致的，在1992年国务院举行的长三角沿海及沿江地区规划座谈会上，会议讨论框定的"长江三角洲"范围，就包括了上述的14个城市。

合作规模在进入专题合作阶段后逐步扩展。1996年，江苏泰州从扬州市划出，由县级市升级为地级市。1997年，长三角协调会根据行政区划的调整情况，在当年举行的第一次会议上决定纳入泰州。2003年举行的长三角协调会第四次会议决定纳入浙江省台州市，进而形成了覆盖长三角地区16个核心城市的合作格局。2010年3月举行的长三角协调会第十次会议上，协调会决定新增合肥、盐城、马鞍山、金华、淮安、衢州6个城市成为会员，规模扩展至泛长三角地区的22个城市。2013年4月举行的长三角协调会第十三次会议，同意吸收芜湖、连云港、徐州、滁州、淮南、丽水、宿迁、温州8个城市为成员，至此共有30个会员城市。

（四）权力配置

权力配置是指在合作和跨域治理结构中，合作者经协议确立的权力关系。长三角协调会的内部权力配置经历了从不明确到逐步稳定的转变。进入专题合作阶段后趋于稳定，协调会成员之间遵循平等协商自愿原则，通过商议决定合作事项。但在工作职责上，通过建立常任主席方赋予上海市总牵头的职责；通过建立轮值机制赋予其他城市在较短时期内的牵头权限，同时通过设立专题组明确具体专题的职责分工。这种"常任+轮值+专题组"的权力配置结构，有利于保障合作者平等的决策权，通过确定总的牵头城市政府，确保合作事务的有效落实。

在协作办（委）成立之初，上海、南京、杭州三个城市的合作部门承担了牵头职责。成立之后，由于尚未开始实质合作，14个城市合作部门之间并未就具体职责达成协议。长三角协调会根据第一次会议确定的《协调会章程》，建立了以平等协商为原则的组织结构。协调会设常任主席方与执行主席方。其中，常任主席方由上海市担任，常设联络处设于上海市政府合作交流办公室；其他各城市按照城市排名轮流担任执行主席方，任期两年。上海市在协调会的权力配置中显然处于较为中心的位置，特别是在日常联络等工作中，承担着牵头推进的职责。执行主席配合常任主席方，负责召集和举行每两年一次的成员会议。

2007年举行的长三角协调会第八次会议确定了成员城市之间的权责关系。常任主席方由上海市担任，执行主席方由各成员城市轮流担任，轮值期为一年。协调会办公室在常任主席方设办公室作为常设办事机构，办公室正、副主任由上海、南京、杭州、宁波等市的合作部门负责人担任，其他成员城市的合作部门负责人均为成员。协调会设立专题组为协调会立项的合作专题实施机构，组长由专题牵头单位领导担任。2014年和2015年，长三角协调会又先后设立了新型城镇化建设专业委员会、品牌建设专业委员会等五个专委会，以逐步形成行业主管部门牵头、成员城市共同推进的组织形式，促进协调会专题（课题）合作项目的开展与转化。

从不同阶段的组织架构来看，上海、南京、杭州、宁波等城市在协调会中担负着牵头协调的重要职责。同时，协调会通过设立专题组、专业委员会等责任机构，也可以使其他城市的有关部门在具体合作中发挥比较主动的作用。

四、长三角城市政府合作的过程

（一）形成共识

形成共识是合作开展的必要条件，合作过程是一个不断强化和巩固共识的过程。在形成共识方面，长三角相关城市政府通过不断修改《协调会章程》来巩固和深化彼此对于区域合作的共识，这些共识包含对于城市合作意义、对接国家区域战略等方面的认识。

长三角《协调会章程》的多次修改，体现了这一形成和巩固共识的过程。合作的共识首先体现在对区域合作目标的共识上，推进各城市的交流合作，是为了推进长三角地区的联动发展；其次体现在对国家区域发展政策的呼应，进而为率先全面建设小康社会，率先全面基本实现现代化做出积极的贡献。共识还体现在确定合作内容等具体工作的操作层面。长三角协调会以专题为推进合作的抓手，在每项专题设定之前，协调会办公室都要通过会员城市的合作部门收集专题意向，经过多次碰头会讨论后，形成向市长联席会议上报的专题合作提案，征求成员城市意见的同意率要达到70%以上，才能形成总体意向。[1]

（二）建立合法性

合法性包括形式、机构和机制等方面的合法性。合法性有助于增强合作各方对合作的信心和预期，当合作网络建立了覆盖多个层面的合法性时，合作成功的可能性更大。[2] 在建立合法性方面，长三角协调会经

---

[1] 长江三角洲城市经济协调会办公室主编：《走过十年》（上、下册），文汇出版社2007年版。

[2] Bryson, J. M., Crosby, B. C. & Stone, M. M., "The Design and Implementation of Cross-Sector Collaborations: Propositions from the Literature", *Public Administration Review*, 66 (s1), December 2006, pp. 44–55.

过多次会议讨论，确立了在议事形式、合作实体机构等方面的合法性，并通过与省际合作机制衔接，获得各自所在省级政府的支持和认可。

长三角协调会通过定期会商机制确立了形式上的合法性。在机构合法性方面，协调会组织经历了不断的调整和完善。在 1997 年举办的协调会第一次会议通过《长江三角洲城市经济协调会章程》后，随着协商制度的确立、合作范围的深化，以及会员城市的扩展，先后于 2004 年第五次会议、2005 年第六次会议、2007 年第八次会议、2009 年第十次会议、2013 年第十三次会议，经过会议表决做了相应调整。

第一是扩展会员范围，从原先 15 个城市逐步扩展到长江三角洲地区城市和其他地级以上城市，为扩容留下空间。

第二是增强与省级协调机制的衔接，如在 2004 年修改章程中提出贯彻落实两省一市经济合作与发展座谈会的精神，2007 年再次提出要落实更高级别的"沪苏浙主要领导座谈会"的战略部署。

第三是办事机构由虚变实，明确办公室作为常设机构的组成、职责和人员构成；明确议事形式的组成和会期。

第四是明确专题组职责，标志着在主要议事形式之外，协调会的实质运作是以专题项目合作为抓手的。

（三）达成初步协议

清晰的初步协议有助于合作开展，协议内容可根据具体进展进行调整。初步协议包括正式计划和紧急情况时的非正式计划[1]，正式的组织计划将明确合作的使命、目标、职责和义务[2]；规划的形式和内容对合作结果将产生不同程度的影响。

---

[1] Bryson, J. M., Crosby, B. C. & Stone, M. M., "The Design and Implementation of Cross-Sector Collaborations: Propositions from the Literature", *Public Administration Review*, 66 (s1), December 2006, pp. 44 – 55.

[2] Mattessich, P. W., Monsey, B. R. & Murray-Close, M., *Collaboration — What Makes It Work*, Minnesota: Amherst H. Wilder Foundation, 2001.

长三角协调会最初通过章程确定城市政府合作的宗旨与主要任务；在合作正式启动后，通过每次会期发布的协议明确下个年度的合作内容及其节点目标。长三角协调会是一个合作的平台性机构，没有就合作领域形成总体的规划或方案。从 2004 年协调会举办的第五次会议开始，每年度的市长联席会议均以举办地命名的合作协议形式，明确下年度合作专题的目标、范围和职责分工。对于年度合作的进展，通常也以上年的合作协议为依据进行评估。

（四）管理冲突

管理潜在冲突的水平决定了合作的持续性。[①] 有效的冲突管理方式对合作的维持和成功将产生积极影响。在管理冲突方面，以长三角协调会是否扩容为例，尽管合作早已在实质上超越了地理空间上长三角地区的范围，但在合作机制设计上，协调会组织在没获得上级政府明确支持之前，始终回避扩容的问题。特别是上海经济区由于过快扩容导致协调不力的失败经历，使得协调会一直在扩容问题上保持谨慎态度。自协调会成立以来，会员以外的周边城市对加入协调会的热情很高，从 2004 以来就不断有城市递交入会申请书，媒体形容为"一股'融入长三角'之风在长三角经济圈的外线城市中刮起"[②]。但是否加入、如何加入的问题一直以来在协调会内部存在争议。

长三角是我国经济总量最大的区域，基本特点是经济要素同质、生态体系同构、环境资源同享、经济水平同步性及人文资源相通。在经济发展中，存在着很大的利益冲突。冲突的领域主要有：招商引资、税收减免、劳动人事、道路交通、基础设施、产业布局、生态环保、城市规

[①] Bryson, J. M., Crosby, B. C. & Stone, M. M., "The Design and Implementation of Cross-Sector Collaborations: Propositions from the Literature", *Public Administration Review*, 66 (s1), December 2006, pp. 44 – 55.

[②] 长江三角洲城市经济协调会办公室主编：《走过十年》（上、下册），文汇出版社 2007 年版。

划、信息公开等方面。《关于以筹办"世博会"为契机，加快长江三角洲城市联动发展的意见》的出台在一定程度上可以视为城市合作的共同纲领。通过长时间的信息交流，各城市加深了对其他兄弟城市和自己的认识，寻找到了合作方向。从这些合作的方向上看，主要集中在合作机制的建立、共同关心的城市区域竞争力和共同利益所在的方面，如基础设施建设、环境保护、人才与旅游合作和提升城市区域形象等易于合作的方面。但是，在有利益冲突的领域，如吸引投资和产业规划等，成员城市仅指出了意向性的合作方向，或采取回避或淡化的态度。应当指出，这种求同存异的合作方式在一定程度上使得城市合作能够逐渐展开和不断深入。这不同于欧洲的潜在的冲突必须在合作的早期予以解决的城市合作经验。

（五）中间成果

中间成果有助于合作者增强彼此的信任与共识，这些过程中的进步对维持合作而言十分重要。[1] 取得中间成果是确保合作实现预期目标的必要环节，如果在合作过程中不断取得进展，合作成功的可能性更大。

长三角协调会运行期间的中间成果，主要体现在历次成员会议在议题、成果等方面的连续性。1982 年迄今，长三角地区共计举办 5 届协作办（委）主任联席会议；1997 年至 2015 年，共举办 15 次长三角城市经济协调会市长联席会议，2001 年以来举办 15 次副省级的经济合作与发展座谈会（2009 年开始更名为长三角地区合作与发展联席会议，扩容为

---

[1] Ansell, C. & Gash, A., "Collaborative Governance in Theory and Practice", *Journal of Public Administration Research and Theory*, 18 (4), November 2007, pp. 543 – 571. Rogers, T., Howard-Pitney, B., Feighery, E. C., Altman, D. G., Endres, J. M. & Roeseler, A. G., "Characteristics and Participant Perceptions of Tobacco Control Coalitions in California", *Health Education Research*, 8 (3), 1993, pp. 345 – 357. Huxham, C. & Vangen, S., *Managing to Collaborate: The Theory and Practice of Collaborative Advantage*, NY: Routledge, 2005.

江苏、浙江、安徽与上海三省一市），2004年以来举办10次省市主要领导座谈会（2009年后安徽纳入）。从会议主题来看，前后两次会议的主题如果呈现较高的连续性，一定程度上可表明各方在会议间歇期保持了紧密互动，合作取得积极的预期进展。以长三角协调会的成员会议为例，纵向比较15次会议的主要议题和协议，每次会议在内容上基本保持前后相续，即首先讨论上次会议的专题进展情况，在此基础上研究如何深入，并形成新的合作意向和专题。

五、长三角城市政府合作的治理分析

治理维度涉及行动者、责任、持续互动三个变量。合作的行动者由不同层面的组织或个人构成，行动者的权责、能力和策略等直接影响合作行为；明确责任是合作开始和维持的重要前提。在长三角城市政府合作的三个阶段中，行动者的构成在进入专题合作阶段后有所拓展，从原先单一的合作部门拓展到省级政府、协调会会员城市政府，以及相关承担专题推进的职能部门等，它们基于各自职能承担相应合作事务；国家有关部委也通过规划等形式间接影响城市政府合作。在进入跨域联动阶段后，行动者经历了各自层面的行政机构改革，其职能和权责也相应调整，对城市政府合作有一定影响。持续互动是合作实现预期目标的必要条件。在合作的不同阶段，行动者之间的互动呈现不同关系和状态，影响合作行为及其成效。

（一）垂直互动

沟通交流阶段，当时国家计委在撤销上海经济区规划办公室后，通过规划方式明确地方政府合作的政策导向。如在《国民经济与社会发展"八五"规划（1991—1996）》中，提出推动跨省、区、市的横向经济联合，把地方合作重心确定为经济合作。1991年中共中央、国务院同意上海市加快浦东地区开放，被当时长三角各地协作办的负责人认为是建立长三角区域合作机制的重要契机。①

专题合作阶段，国家部委通过规划等形式间接影响长三角城市政府合作。原国家计委牵头编制的《"九五"规划（1996—2000）》中提出"区域积极协调发展"的主要任务。其中包括："九五"期间要形成长江三角洲及沿江地区等七个跨省区市的经济区域，以国家战略规划的形式明确了长三角经济区的概念和范围。从 1999 年举办的长三角协调会第二次会议开始，原国家计委和国家经贸委专门派员出席会议并作指导发言，以表明国家对长三角地区区域合作工作的支持态度。

跨域联动阶段，国家在"十五"规划、"十一五"规划、"十二五"规划中进一步强调了区域协调互动、深化合作的区域发展总体战略。2008 年 9 月，国务院下发《关于进一步推进长江三角洲地区改革开放与经济社会发展的指导意见》，首次以国务院发文形式明确长三角地区的总体范围、战略定位和十项任务。在这份被视为未来长三角地区一体化发展的指导性文件中，提出"积极推进泛长江三角洲区域合作"，这一政策导向很快在长三角省际、城际的合作协调机制中得到积极回应。

国家发展改革委 2010 年正式发布长三角《区域规划》。在酝酿和编制《区域规划》的过程中，国家发展改革委牵头组建了包括长三角有关省市政府在内的规划领导小组，共同研究和编制。在参加长三角协调会成员会议时，国家发展改革委负责人专门向成员城市介绍了区域规划编制的思路。长三角《区域规划》是对国务院《指导意见》的具体化，同时也明确了长三角地区在 2015 年前一体化发展的目标、任务和措施。对长三角协调会而言，无论是《指导意见》还是《区域规划》，都从总体上界定了合作的空间范围、发展方向和工作重点。国家发改委在下发《区域规划》的通知中也特别强调了区域内合作协调机制的作用："要充

---

① 长江三角洲城市经济协调会办公室主编：《走过十年》（上、下册），文汇出版社 2007 年版。

分发挥长江三角洲地区区域合作协调机制的作用，建立健全泛长江三角洲地区合作机制，协调解决《规划》实施过程中遇到的重大问题。"

（二）水平互动

沟通交流阶段，长三角地区省级政府之间尚未建立固定的协商互动机制。14 个城市以长三角协调会为合作平台，合作部门通过每年一次的协作办（委）负责人联席会议进行沟通交流。在浦东开发开放后，除上海外的其余 13 个城市多次组织当地的各个系统和所属企业到上海进行对接，协助企业到上海落户。

专题合作阶段，三地省级政府合作频繁，省市领导频频互访。2001 年，首届沪苏浙经济合作及发展座谈会举行，建立了定期协商与合作制度，标志着长三角地区的府际合作，从城市政府为主体的协调会上升至省政府层面。首届座谈会商定在建设区域大交通体系、促进区域生态环境治理、研究信息资源共享、联合开发旅游资源、建设三省市天然气管道网络等五个方面加强合作。对长三角协调会而言，需要从战略目标、合作专题等方面与省际合作机制形成良好的对接。在 2003 年长三角协调会举办的第四次会议上，议定的合作专题大部分与三省市经济合作及发展座谈会相吻合。这一阶段地方政府之间的互动，还表现在上海所制订的对内开放政策在长三角地区产生了积极的导向性作用，各地通过出台类似政策，扩大城市政府之间合作的政策空间。如，1998 年上海出台了《关于进一步服务全国、扩大对内开放若干政策意见》（"国内合作"24 条），2001 年经修订后下发新的"24 条"（沪府发〔2001〕43 号），就促进全国统一市场体系建设，促进与国内各地联动发展提出吸引企业的一系列优惠政策。新旧"24 条"在长三角地区产生了较大影响，1999 年至 2003 年，江苏省（包括苏州和扬州）、杭州、宁波等地先后发布对内开放政策，内容与上海"24 条"大致相同，重点是优化投资环境，在工商注册、企业所得税、人才引进等方面给予落户企业相应的优惠政策。值得一提的是，根据中央建设以上海为龙头的长江三角洲及沿江地区经济带的部署，长三角一些省市提出"接轨上海"口号，如浙江省 2003 年 7 月成立"省接轨上海参与长三角合作领导小组"及其办公室，由省发改委牵头，负责接轨和对接上海的合作活动。江浙两省一些地级市也先后出台接轨上海的实施意见。协调会成员城市通过两年一次会商保持稳定互动。从这一时期开始，城市政府中承担专题的职能部门，包括信息、科技、人事、旅游等部门都参与了协调会合作，通过信息共享、共同调研、起草预研报告、共同宣传等方式进行互动。

跨域联动阶段，两省一市经济合作与发展座谈会自 2001 年首次举办后，基本每年举办一次，商定下年度合作专题，2009 年后更名为长三角合作与发展联席会议。从 2005 年 12 月开始，两省一市建立了更高级别的主要领导座谈会，安徽省从 2010 年后开始加入。至此，苏浙沪皖三省一市之间建立了三个层次的负责人会商机制，按照主要领导座谈会、经济合作与发展会议、城市经济协调会的顺序召开，分别发挥决策、协调、执行等不同层面的功能（由于多种原因，个别年份开会的顺序可能不一样）。国家发展改革委等宏观管理部门对三个层次的协调机制持肯定态度，认为不同层次合作机构与机制的建立和运作，标志着长三角区域合作正式进入了"制度合作"的重要阶段。

除定期会商外，三省一市还通过各自的总体发展规划进行衔接。从各省（市）发布的"九五""十五""十一五""十二五"规划来看，虽然具体表述稍有不同，但区域战略合作目标趋向一致：一是与国家同时期的区域政策、规划目标相衔接；二是通过区域合作促进区域经济一体化，包括各类要素的合理流动与资源优化配置；三是建设有较强国际竞争力的长三角世界级城市群。这些层面的相对一致，使长三角协调会在选择合作专题时具备一定的共识基础。特别是在各省市的"十二五"规划中，大都提到区域合作机制的作用，表明包括协调会在内的多层次区域合作协调机制，已成为各自发展战略中的重要措施。

在城市政府之间，长三角协调会成员从 2004 年之后，基本确立了三种合作互动的方式：一是会商，市长会议会期从两年一次更改为一年一次，由当年的执行主席方承办。二是专题，按照年度会议确定的下年合作专项，明确牵头部门与配合部门，共同组成专题组形成报告和工作方案。三是协同，各城市合作办派员参与协调会办公室的日常工作事项，并作为办公室在当地的联络员。

（三）公私互动

1992—1996 年，各地企业在本地协作办的组织指导下参与地区合作。如南京轧钢厂和上海宝钢厂开展了持续多年的合作。2003 年长三角协调会第四次会议纪要首次提出政府与企业在长三角联动发展中的不同作用，各级政府在长江三角洲联动发展中处于主导地位，而企业在长三角联合与合作中应当占据主角地位。2007 年 12 月，城市经济协调会第八次会议在常州举行，此次会议主题为"落实苏浙沪主要领导座谈会精神、推进长江三角洲协调发展"，会议明确指出，率先在国内组建若干区域性行业协会和非政府组织，搭建长江三角洲"第二合作平台"。这不仅意味着私有集团和非政府组织参与长江三角洲区域合作的新趋势正逐步浮现，而且标志着随着多元行为体的不断拓展，一种新的治理模式——各级政府、私有部门和市民社会多方参与的合作伙伴关系正在酝酿。

六、长三角城市政府合作的结果分析

（一）直接影响

长三角协调会的直接影响体现在以协调会成员为主体达成的多项协议及专题成果。1997—2015 年期间召开的 15 次长三角协调会成员会议，共计实施 41 项专题（第一次会议开始设立专题），开展 47 项研究型课题（第三次会议开始设立课题）。其中，专题作为合作由"虚"转"实"的抓手，通常包括实质性的项目合作；课题主要在一些需要规划研究的领域开展，通常形成一些项目预研和可行性报告，比较成熟的调研报告将被列入下一年度的协调会合作专题。如长三角协调会第六次会议提出的交通卡"一卡通""区域教育体系建设""区域信用体系建设"等课题，在经过一年左右的调研后，"一卡通"、高校毕业生就业合作等被列入协调会第七次会议合作专题。迄今，15次会议总计通过18项正式发布的文件，包括11份城市合作协议、不断修订的协调会章程等。

（二）评估

长三角协调会建立了针对合作专题的内部评估机制。在协调会外部，无论是中央政府还是省级政府，都没有通过制度化形式对以协调会为载体开展的城市政府合作进行评估，而是通过与会等形式进行了肯定。

国家发展改革委等部门通过长期参会等形式对协调会工作给予肯定和支持。国家发改委官员在参会发言中称，长三角协调会"在推进长三角城市群经济和社会一体化发展过程中发挥了重要作用，为全国区域协调组织发挥了示范和带头作用"，对协调会工作给予积极评价。国务院在长三角区域发展规划中，评价长三角地区已经形成了"多层次、宽领域的合作交流机制"，提出要充分发挥现有的长三角地区区域合作协调机制的作用。

各地省级政府从2008年举行的两省一市主要领导座谈会开始，把协调会作为省际合作的执行层，纳入整体的区域合作机制框架中，意味着协调会从一个自发的城市合作组织，转变为区域合作机制的组成部分。

合作各方虽然意识到建立评估制度的重要性，但目前的评估从层面上看，仅仅是内部的年度专题考核，对合作城市及有关部门的监督效果有限；从内容上看，尽管区域经济一体化是导致城市政府合作的重要初始条件，但与之相关的产业合作在协调会运作中所占比例很小，已开展的大部分合作分布在信息、教育、科技、交通等基础设施和公共服务领域，如在2004年之后推进的30余项专题和近30项课题中，与产业直接相关的均不到三分之一，在研究型合作课题中的比例稍高。由此导致的一个结果是，企业通常在政府的组织引导下参与区域合作，但合作对企业发展和区域经济一体化的影响却很难反馈到合作网络当中，难以得到评估。

（三）持续性

合作和跨域治理的持续性，体现在发展了新的合作伙伴、取得长远的共同进步等方面。[1] 就长三角协调会所推动的城市政府合作而言，协调会的持续性不单体现为在内部会议所形成的协议、宣言，更体现在其作为重要合作平台，参与推动了其他层面在更广泛领域内的合作。

据不完全统计，在长三角协调会的直接推动或参与下，长三角地区的省级政府之间、协调会会员城市之间，通过协议、宣言、备忘录和规划纲要等形式，签订或发布了近 40 份规范性文件，规范多边在不同领域的合作关系和责任义务。

此外，在长三角协调会的参与或推动下，长三角建立了三十多个以职能部门为合作主体的联席会议。在这些联席会议建立的规定中，均对联席会议成员单位构成、工作职责等进行了明确规定，以确保专题工作的联合推进。这些横向的合作机制从其主体来看，通常分为三类：一类是直接由江浙沪省级行政管理部门作为成员，如人才开发一体化联席会议、区域创新体系联席会议、环境保护合作联席会议等；一类是由职能部门主管的事业单位作为成员，如信息合作联席会议、科协合作联盟等；另一类是由政府主导、企业等共同参与的合作机构，如物流发展联席会议、长三角园区联盟等。

七、结语

长江三角洲城市经济协调会是以经济为纽带的区域性城市合作组

---

[1] Innes, J. E. & Booher, D. E., "Consensus Building and Complex Adaptive Systems: a Framework for Evaluating Collaborative Planning", *Journal of the American Planning Association*, 65 (4), 1999, pp. 412–423.

织。该组织在长三角的城市合作和区域一体化中，起到了极大的推动作用，促进了长三角城市在旅游、交通等方面合作的不断拓展。长三角地区城市政府在合作体制方面进行了大量卓有成效的探索，从 1997 年长三角城市经济协调会开始，发展到现在的三个层面——省市主要领导峰会的"决策层"负责战略；常务省市长形成的战略贯彻"协调层"；最后是政府部门间专题委员会的"执行层"，包括信用体系建设、长三角金融合作、旅游合作、异地就医联网结算的医疗保险合作、标准相互认证的质量监督合作、城市"一卡通"的交通合作、市场准入联动的工商管理合作以及异地人才服务、高层次人才智力共享、专业技术职务资格互认、企业配套协作、科技联合攻关、科技公共服务平台建设、流域生态补偿机制框架的建立等等，由硬件向软件、由经济向民生、由基础设施一体化向公共服务一体化拓展。

长江三角洲城市经济协调会在长三角的城市合作和区域一体化中，起到了极大的推动作用，促进了长三角城市在旅游、交通等方面合作的不断拓展。总体上说，长江三角洲城市经济协调会作为一种非制度化的倡导式协调机构，不具有统一性和权威性，在与各地政府的利益相冲突时，很难做出明确的决策。同时，协调会也不具备共同行动的机制，因而即使在协调会上达成了共同的决议，也很难真正得到落实。在关系长江三角洲地区合作与协调发展的重大问题上，仍未形成共认识；一些涉及地方利益冲突的深层问题，一般不会在协调会的框架下进行协商或协调。如何针对跨域公共事务，在中央与地方府际关系、地方政府间关系、政府机关与公民社会关系、政府机关与企业组织关系的演化时序过程中，透过跨层次整合与战略互动关系，共同强化彼此服务的意义与目标，在取得相互认同的管理方式上，实现共商跨域公共事务的解决之道是长三角城市跨域合作与治理的未来发展方向。

江汉平原城市群网络化结构特征及其复杂性治理研究*

范如国　甄俊丽**

【摘要】 江汉平原城市群作为长江中游最富裕的地区之一，应该成为"长江经济带"发展重要的依托。本文运用复杂社会网络分析和城市引力模型，以江汉平原城市群14个城市间的经济联系为主要依据，对江汉平原城市群的网络结构属性特征进行实证分析。研究发现江汉平原城市群经济关联初步具备了网络化规模，但核心城市特征不明显，没有形成多中心城市网络协同发展格局；通过复杂社会网络分析提出实现江汉平原城市群网络化、协同发展的"双荆"战略及政策建议。

关键词： 城市群网络化，复杂网络，江汉平原，多中心网络协同

一、研究背景及文献回顾

21世纪是城市的世纪，经济全球化，区域经济一体化，使城市间的

---

* 基金项目：国家社科基金重大项目（14ZDA062），国家自然科学基金（71271159）。
** 范如国，武汉大学经济与管理学院教授，博士生导师。甄俊丽，武汉大学经济与管理学院博士研究生。

经济联系日益呈现出网络化特征。① 当前，我国已进入城市群主导区域经济发展的时代。江汉平原城市群作为长江中游最富裕的地区之———湖北的"牛肚子"，中国中部地区的中部——在国家构建"长江经济带"大战略的历史机遇下，应该针对自身的区位优势和资源条件制定新的发展战略，使江汉平原城市群成为发展"长江经济带"的重要依托。对江汉平原城市群空间经济联系及其主要问题进行研究，是当下湖北以及江汉平原发展一个新的重要课题。

城市群作为特定空间区域上的城市集和，其不同于单一城市的根本特征在于城市体系内网络状的交互作用。② 一些城市在发展过程中打破原有城市间的位序关系，如何重新看待它们之间多边、交互、网络化的关系，实现彼此间多中心、网络化协同发展，值得认真分析和深入研究。对此，德马泰（Dematteis）认为，城市网络作为城市体系内大尺度和长距离的联系，城市是该网络中的主要节点③，霍尔（Hall）则以西欧和北欧八个大都市区为分析对象，研究了它们的组织合作结构、网络流通性等问题④，斯哥特（Scott）对城市群空间结构的演化问题进行研究，将其演化划分为单中心城市主导、多中心城市竞争和复杂网络化三个阶段。⑤ 在我国，曾鹏等比较研究了我国十大城市群的空间结构特征⑥，

---

① 曾鹏、黄图毅、阙菲菲：《中国十大城市群空间结构特征比较研究》，载《经济地理》，2011年第4期。

② Friedmann, J., Miller, J., "The Urban Field", *Journal of the American Institute of Planners*, Vol. 31, No. 4, September 1965, pp. 312–320.

③ Dematteis, G., "Globalisation and Regional Integration: the Case of the Italian Urban System", *GeoJournal*, Vol. 43, No. 4, December 1997, pp. 331–338.

④ Peter Hall & Kathy Pain, *The Polycentric Metropolis: Learning From Mega-City Regions in Europe*, UK and USA: Earthscan, 2006.

⑤ Allen J. Scott, *Global City-regions: Trends, Policy*, New York: Oxford University Press, 2001.

⑥ 曾鹏、黄图毅、阙菲菲：《中国十大城市群空间结构特征比较研究》，载《经济地理》，2011年第4期。

宋吉涛等对我国城市群空间结构的稳定性进行了分析①，李响等则实证分析了长三角城市群的网络化结构特征。②

本文在现有文献研究的基础上，从复杂社会网络视角对江汉平原城市群空间网络化结构特征及其经济联系进行实证分析，对江汉平原城市群的发展与治理给出创新性建议和对策。

二、江汉平原城市群发展现状分析

江汉平原因其地跨长江和汉江而得名，是中国三大平原之一的长江中下游平原的重要组成部分。古语云：湖广熟，天下足。这句话充分说明江汉平原在全国重要的地位。

目前，江汉平原经济和社会发展呈现出以下几个方面的特征：区位优势突出、生态资源条件优越、有较高的城镇化水平、城市综合经济基础雄厚、城市产业基础良好。与此同时，江汉平原在发展中也存在以下一些方面的问题：区域内中心城市缺乏、区域内中等城市实力不足、区域内中等城市间协同乏力、区域内地方性城镇集聚效应普遍偏弱、区域内产业结构起点整体不高。研究江汉平原城市群未来的发展具有很好的理论意义和现实价值。

三、江汉平原城市群网络化结构模型分析

（一）江汉平原城市群经济联系模型

由于城市群内城市之间存在复杂的技术、经济、文化交往、人员流动与互相吸引等关系，因此，城市群间形成了复杂的网络化空间结构。衡量城市群间网络化经济联系密切程度的重要指标是城市群网络化经济

---

① 宋吉涛、方创琳、宋敦江：《中国城市群空间结构的稳定性分析》，载《经济地理》，2006年第12期。

② 李响、严广乐：《长三角城市群网络化结构特征研究及实证分析》，载《华东经济管理》，2012年第1期。

联系量，该指标既能反映城市群内中心城市对周围地区的辐射能力、也能反映周围地区城市对中心城市辐射力的接受程度。①

杰弗森（Jefferson）和齐普夫（Zipf）运用万有引力定律建立起城市群空间作用理论；地理学家，塔弗（Taaffe）认为，城市群间网络化经济联系密切程度同它们的人口成正比，与彼此间距离的平方成反比②，城市间经济联系的计算公式为：

$$R_{ij} = \frac{\sqrt{P_i V_i} \sqrt{P_j V_j}}{D_{ij}^2}$$

其中 R_{ij} 为城市 i 与城市 j 之间经济联系 P_i、P_j 分别为两城市的人口指标，通常为市区非农人口数；V_i、V_j 分别为两城市的经济发展指标，通常为城市或市区的工业总产值或 GDP 值；D_{ij} 为两城市间的交通距离。

考虑到城市间经济联系的单向性和不均衡性问题，需要引入参数 k 对城市间经济联系引力模型进行修正。本文采用城市或市区 GDP 占两关联城市 GDP 之和的比重来修正 k_{ij} 值，则修正后的城市间经济联系引力模型为：

$$R_{ij} = k_{ij} \frac{\sqrt{P_i G_i} \sqrt{P_j G_j}}{D_{ij}^2}, k_{ij} = \frac{G_i}{G_i + G_j}$$

其中，R_{ij} 为城市 i 对城市 j 的经济联系，R_{ij} 有可能不等于 R_{ji}；k_{ij} 为城市 i 对 R_{ij} 的贡献率；P_i、P_j 分别为两城市市区非农业人口；G_i、G_j 分别为两城市市区的 GDP 值；D_{ij} 为两城市间的最短公路交通里程。

（二）城市群网络的拓扑结构及其度量

网络是自然界和社会系统中客观存在的普遍现象。复杂系统理论认

---

① 年福华、姚士谋、陈振光：《试论城市群区域内的网络化组织》，载《地理科学》，2002 年第 5 期。
② 顾朝林、庞海峰：《基于重力模型的中国城市体系空间联系与层域划分》，载《地理研究》，2008 年第 1 期。

为，如果将系统内部的各个元素作为节点，元素之间的关系视为连接，那么系统就构成了一个网络。[①] 复杂网络（complex networks）分析主要从微观角度研究个体之间互动的关系及其发展变化过程，目前，研究复杂社会网络的结构、特点和功能已成为复杂网络理论研究的前沿领域。我们把复杂网络不依赖于节点的具体位置和边的具体形态就能表现出来的"度量"性质叫做网络的拓扑性质，它是系统固有的"结构"性质，相应的结构叫做复杂网络的拓扑结构。城市群是一个复杂社会网络（complex social network）系统，对其拓扑结构特征的度量与分析，本文采用复杂社会网络理论来进行刻画。

1. 网络密度

网络密度（network density）是复杂社会网络结构分析中重要的测度指标，它描述了网络中各主体之间关联的紧密程度这样一个整体特征。城市群网络密度则刻画了网络中各城市间直接关联的程度，其稀疏性体现了网络的整体开放性程度和各城市（节点）获取资源的能力。网络密度越大，城市群网络中节点间的联系越紧密，城市群网络和其中节点的学习、合作能力就越强，反之则越弱。城市群网络密度计算公式可以表示为，网络中各城市间拥有的连接数与可能拥有的最大连接数之比：

$$D = \sum_{i=1}^{n} d_i(c_i)/n(n-1)$$

$$d_i(c_i) = \sum_{j=1}^{n} d_i(c_i, c_j)$$

其中，n 为城市网络规模即城市个数；$d_i(c_i, c_j)$ 表示城市 i 与城市 j 有无联系，若城市 i 与城市 j 间有相关联系，则 $d_i(c_i, c_j)$ 为 1，若

[①] Albert R. & Barabasi A. L., "Statistical Mechanics of Complex Networks", *Review of Modern Physics*, Vol. 74, No. 1, January 2002, pp. 47–97.

与城市 j 无任何联系，则 $d_i(c_i, c_j)$ 为 0。

2. 网络中心性（network centrality）

中心性是度量整个复杂社会网络中心化程度的重要指标。在复杂社会网络中，处于中心位置的节点更易获得资源和信息，拥有更大的权力和对其他节点产生影响。

城市群网络中心性主要表现为：

（1）点度中心度（degree centrality）。点度中心度是根据网络中的联接度数来衡量节点处于网络中心位置的程度，点度中心度计算式为：

$$C_D(c_i) = d(c_i)$$

考虑到不同网络的规模不同，可对点度中心度标准化，即点度中心度的相对数（标准点度中心度），其计算式为：$C_{RD} = d(c_i)/(n-1)$，即节点的点度中心度越高，说明该节点处于网络较为中心的位置。

对于城市网络来说，不同的城市之间经济联系的强度不同，因此我们考虑使用加权网络对其进行描述，以便能更真实地反映城市群网络中那些相对其他节点城市而言处于相对中心位置的节点城市，其加权点度中心度（点权）计算式为：$C_D(c_i) = \sum_{j \neq i} w_{ij}$，即某点 i 的点权是与节点 i 关联的边权之和，这里，w_{ij} 为城市 i 与城市 j 之间经济联系值。

（2）紧密中心度（closeness centrality）。紧密中心度可以用以表达城市网络节点在网络中分享资源的能力，以"距离"来表示。紧密中心度值越高，说明该城市和其他城市间的联系程度越紧密，与中心点城市距离最远的城市在信息资源、权力、声望和影响方面最弱。一般我们采用标准化的紧密中心度，其计算式为：

$$C_{RC}(c_i) = (n-1) / \sum_{j=1}^{n} d_i(c_i, c_j)$$

（3）中介中心度（betweenness centrality）。中介中心度用以衡量节点对网络资源控制能力的程度，表示节点在多大程度上成为网络中其他成员的中介。如某城市位于与其他城市点的最短路径上，则该城市具有较高的中介中心度。这种"中介"和"经纪人"的角色决定了网络中这个城市对其他成员的控制能力。如果一个城市中间中心度为0，意味着该点不能控制人和行动者，处于网络的边缘；反之，若为1，则可以完全控制其他行动者，处于网络的核心。中介中心度的绝对数计算式为：

$$C_B(c_i) = \sum_j \sum_k (g_{jk}(c_i)/g_{jk})$$

其中，$g_{jk}(c_i)$ 表示包含城市 c_i 的两个城市之间短程线数目；g_{jk} 表示城市 c_j 与城市 c_k 间存在的短程线数目。

同样，也可以计算出各节点的标准化中介中心度

$$C_{RB}(c_i) = \sum_j \sum_k (g_{jk}(c_i)/g_{jk})/[(n-1)(n-2)]$$

3. 结构洞（structure hole）分析

结构洞分析从另外一个角度考察了复杂社会网络成员对资源流动的控制，处于中间位置的成员居于重要的联络地位，从而能够控制资源的流动。比如，有三个节点成员 A，B，C，如果 A 和 B 有关联，B 和 C 有关联，而 A 和 C 无关系的话，我们就说 A 和 C 之间存在一个结构洞。结构洞的存在使得 B 处于中间人地位，B 因而可以控制资源的传递。

波特（Burt）的结构洞主要有以下几种指标：

（1）有效规模与效率

波特将某点的有效规模定义为个体网的规模（size）减去网络的冗余度（redundancy），其测量方法为：

$$ES_i = \sum_j (1 - \sum_q p_{iq}m_{jq}), q \neq i,j$$

其中，j 为与自我点 i 相连的所有点，q 为除了 i，j 外的第三者。P_{iq} 代表行动者 i 投入到 q 的关系所占比例，$p_{iq}m_{jq}$ 代表点 i 与点 j 之间的冗余度。
一般来讲，有效规模越大，说明该点在社会网络中的行动越自由，

越不受限制，反之亦然。但是，由于每个点的个体网规模各不相同，对"有效规模"的解释往往也不具有可比性。就需要有一个相对的有效规模测度，这就是各个点的效率测度。一个点的效率等于该点的有效规模除以该点所在个体网络的实际规模，效率越大，说明该点在社会网络中的行动越高效；反之亦然。

（2）限制度。一个节点在自己的网络中在多大程度上拥有运用结构洞的能力和协商的能力，值越大，这个点在社会网络中受到的限制最大。波特指出："你自己的机会受到的限制取决于：你曾经投入了大量网络时间和精力的另外一个接触者 q 在多大程度上向接触者 j 的关系投入大量的精力。"这可用下式表示：

$$C_{ij} = \left(p_{ij} + \sum_{q} p_{iq}p_{qj}\right)^2$$

其中，C_{ij} 是 j 施加给 i 的限制力，p_{iq} 是 i 的全部关系中，投入到 q 的关系占总关系的比例。对于每个 i，有 $C_i = \sum_{j} C_{ij}$

（3）等级度。等级度是限制度在多大程度上集中在一个节点成员，等级度越高，说明该点越居于网络的核心。波特用如下的计算式表示 i 在网络中的等级度：

$$H = \frac{\sum \left(\frac{C_{ij}}{C/N}\right)\ln\left(\frac{C_{ij}}{C/N}\right)}{N\ln N}$$

其中，N 是 i 的个体网络中的点数，即 i 的个体网规模。C/N 是每个点的限制度的均值。分母代表最大可能的总和值。

4. 网络凝聚子群

复杂网络分析的一个重要任务就是对"网络内群体"结构进行研究，主要是通过对网络中节点由于直接、紧密的联系所形成的网络凝聚子群来进行刻画。城市网络凝聚子群是用来揭示城市群网络内部各子群的结构状态，分析各子群间的结构关系、结构内容及联接方式。

四、江汉平原城市群网络的实证分析

（一）城市研究范围及数据获取

本文研究的江汉平原城市群包括：荆州市的荆州区、沙市区（原沙市市）、江陵县、公安县、监利县、石首市、洪湖市、松滋市8个县市区，仙桃、潜江、天门3个省直管市及荆门市的荆门市区（包括东宝区和掇刀区）和钟祥市共14个城市（区），希望通过对这14个城市（区）间空间经济联系的研究，分析江汉平原城市群的网络结构特征及其复杂性治理。

考虑到江汉平原城市（区）经济发展数据的可得性和计算城市（区）间经济联系的便捷性，本文利用湖北省人口统计年鉴和湖北省统计局数据库获得城镇人口资料和GDP（见表1），用2012年截面时点来反映江汉平原城市群经济联系的网络结构。按照修正后的城市间经济联系引力模型，分别计算得到江汉平原14个城市（区）间的经济联系值（见表2），然后利用复杂社会网络分析软件工具Ucinet对其网络拓扑结构进行分析，进一步了解江汉平原城市群经济联系网络化结构特征的主要内容，为江汉平原城市群的发展提供理论依据。

表1　2012年14城区城镇人口与年度GDP

城区	城镇人口（万人）	GDP（亿元）	城区	城镇人口（万人）	GDP（亿元）
武汉市	754.1527	8003.82	洪湖市	27.8685	144.19
荆州区	40.0454	176.95	松滋市	27.1514	153.31
沙市区	50.3703	236.02	仙桃市	55.3029	444.2
江陵县	9.9429	48.7	潜江市	43.7757	441.76
公安县	29.293	157.62	天门市	61.2515	321.22
监利县	35.6136	175.37	钟祥市	43.9019	297.49
石首市	21.3851	108.9	荆门市	42.6119	373.45

注：人口数据来源于第六次全国人口普查，为城市人口和镇人口之和。

表2 江汉平原城市群网络中城市经济联系表

经济联系	武汉	荆州	沙市	江陵	公安	监利	石首	洪湖	松滋	仙桃	潜江	天门	钟祥	荆门
武汉	0	4.1	5.3	0.9	2.4	4.9	1.2	8.4	2.0	31.4	11.2	12.3	6.1	5.0
荆州	0.1	0	46.4	0.7	1.4	0.1	0.2	0.1	0.7	0.2	0.8	0.3	0.2	0.4
沙市	0.2	61.9	0	1.5	2.2	0.2	0.1	0.1	0.1	0.3	1.5	0.4	0.3	0.6
江陵	0.0	0.2	0.3	0	0.1	0.1	0.1	0.0	0.0	0.0	0.0	0.0	0.0	0.0
公安	0.0	1.3	1.4	0.2	0	0.1	0.5	0.0	0.6	0.1	0.2	0.1	0.1	0.1
监利	0.1	0.1	0.1	0.1	0.1	0	0.1	0.6	0.0	0.1	0.1	0.1	0.1	0.1
石首	0.0	0.1	0.1	0.4	0.4	0.3	0	0.0	0.0	0.0	0.0	0.0	0.0	0.0
洪湖	0.2	0.1	0.1	0.1	0.0	0.5	0.1	0	0.0	0.9	0.1	0.2	0.0	0.1
松滋	0.0	0.6	0.1	0.1	0.6	0.1	0.1	0.0	0	0.1	0.1	0.1	0.1	0.1
仙桃	1.7	0.8	0.6	0.1	0.3	0.7	0.1	2.7	0.1	0	1.5	2.2	0.3	0.2
潜江	0.6	2.1	2.7	0.4	0.7	0.2	0.1	0.4	0.1	1.5	0	2.3	0.3	0.5
天门	0.5	0.5	0.6	0.1	0.1	0.1	0.1	0.4	0.1	1.6	1.7	0	0.7	0.4
钟祥	0.2	0.3	0.4	0.2	0.1	0.1	0.1	0.1	0.1	0.1	0.1	0.6	0	1.2
荆门	0.2	0.8	1.0	0.2	0.1	0.1	0.1	0.1	0.1	0.2	0.4	0.5	1.5	0

（二）江汉平原城市群经济联系的网络结构分析

应用城市群网络化结构分析模型，借助 Ucinet 6 软件对表2中的经济联系数据分别进行网络密度、网络中心度和凝聚子群的比较分析，结论如下：

1. 江汉平原城市群网络规模与密度分析

网络规模是在城市群网络中表现出节点数（城市数量），本研究中城市群网络规模值为14，将经济联系数据矩阵进行二值化处理后可计算得到2012年江汉平原城市群网络密度是0.8782。这表明，随着江汉平原区域整合和一体化的推进，城市间经济活动与跨界交易行为日益频繁，江汉平原城市群网络密度值将会呈现逐年增大的态势，网络密度值会越来越高，江汉平原城市间经济联系越来越密切。

为了直观地反映江汉平原城市群的网络结构状况，本文利用 Ucinet-Pajek 绘制生成江汉平原城市群网络的可视化结构（见图 1）。图 1 中，各城区的相对位置即为实际位置，箭头线即表示从一个城市指向另一个城市的经济联系（即经济吸引力）；节点越大表明其出度越大，即该节点城区对所有其他节点城区的经济引力越大；线越粗，一个节点对另外一个节点的经济联系越强。通过分析江汉平原城市群网络结构图，可以较为直观地判断出城市间的联结强度、经济辐射作用和协作行为。

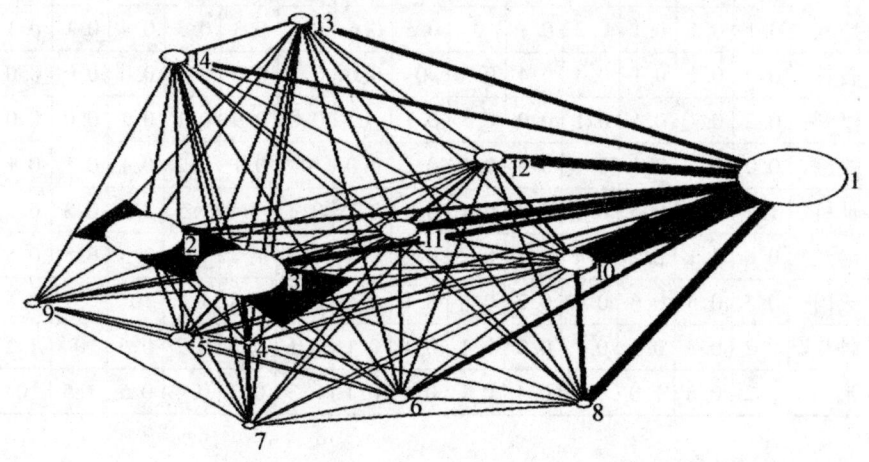

图 1　江汉平原城市群可视化网络结构图

注：1. 城市编号对应关系：1 - 武汉市，2 - 荆州区，3 - 沙市区，4 - 江陵县，5 - 公安县，6 - 监利县，7 - 石首市，8 - 洪湖市，9 - 松滋市，10 - 仙桃市，11 - 潜江市，12 - 天门市，13 - 钟祥市，14 - 荆门市；

2. 各城区位置利用其经纬度数据取得，基本反映城区间相对位置的现实情况。

2. 江汉平原城市群网络的度数中心性、紧密中心性和中介中心性分析

江汉平原城市群网络中，各个点之间的经济联系相当于给每条边赋予一定的权值，形成一个有向加权复杂网络，权值越高，意味着节点之间的联系越紧密。每个点的中心度是通过点入度和点出度进行衡量，分别代表了某结点城市接受其他城市影响的程度和主动影响其他城市的程度。具体各城市在整体网络中的中心位置和状态情况在表3中分别列出并给出了排序结果。

表3 江汉平原14城区经济联系网络中心性分析

度数中心性				紧密中心性				中间中心性		
编号	城区	点出度	点入度	编号	城区	点入度	点出度	编号	城区	中间中心度
1	武汉	95.2	3.8	4	江陵	100	61.905	2	荆州	4.255
3	沙市	69.4	59.1	2	荆州	100	100	3	沙市	4.255
2	荆州	51.6	72.9	3	沙市	100	100	6	监利	4.255
11	潜江	12.9	18.2	7	石首	100	68.421	11	潜江	2.188
10	仙桃	11.4	36.8	6	监利	100	100	5	公安	2.067
12	天门	7.8	19.4	5	公安	92.857	86.667	10	仙桃	1.022
14	荆门	5.7	8.6	11	潜江	92.857	100	12	天门	1.022
5	公安	4.7	9	10	仙桃	86.667	100	9	松滋	0.667
13	钟祥	3.8	9.7	9	松滋	86.667	86.667	7	石首	0.636
6	监利	3	8.7	12	天门	86.667	100	1	武汉	0.522
8	洪湖	2.3	12.9	13	钟祥	81.25	100	14	荆门	0.5
9	松滋	2.2	4.9	14	荆门	81.25	100	13	钟祥	0.5
7	石首	1.5	3.5	1	武汉	76.471	100	4	江陵	0.111
4	江陵	0.9	4.9	8	洪湖	76.471	76.471	8	洪湖	0
网络度数中心势（出度）= 10.137%				网络内向紧密中心势 = 22.25%				网络中间中心势 1.85%		
网络度数中心势（入度）= 7.152%				网络外向紧密中心势 = 19.21%						
网络密度: 0.8791										

从点的度数中心度可以看出：

（1）武汉市的点出度远高于其他市或区，说明其经济活动相当活跃，这也是武汉市作为一个省会城市和交通枢纽城市在城市群中的核心地位的表现，武汉是整个区域内资金、物流、信息和技术的扩散辐射点地位，会对周边城市产生外部经济性，以带动形成城市群联动发展的格局，但其点入度又极小，这说明武汉市与其他城市悬殊极大，这使得整个区域内的资金、信息和技术过于集中在武汉，而其他城市则无法分享这些资源，最终导致武汉一家独大，这反而不利于武汉的长期发展。

（2）其次是沙市区和荆州区，其点出度和点入度都比较高，一方面，以其自身优势，地理位置及经济能力带动周边城区发展，另一方面主动与周边城区接轨，共享资源，相对而言，荆州区的点入度大于点出度，而沙市区恰好相反，说明荆州区比沙市区更能接受其他城市的经济影响，沙市区由于其自身的优势更能对周边城市产生影响。

（3）对于其他城区，特别是仙桃、潜江、天门三市，有较高的点入度，但点出度较小，说明这些城区容易受到周边城区（主要是武汉）的影响，共享其资源，而自身优势相对不足。

再从点的紧密中心度来看：

（1）武汉市、钟祥市、荆门市、天门市、仙桃市、潜江市、荆州区、沙市区、监利县具有很高的外向紧密中心度，说明这些城市和其他城市间的联系程度相当紧密，且在对外经济联系上较少依赖第三方城市。

（2）而石首市、荆州区、沙市区、江陵县、监利县具有很高的内向紧密中心度，说明它们在对内经济联系过程中较少地受第三方城市影响和控制，可以更好地利用其他城区的资源。

（3）其中荆州区、沙市区两者都很高，说明两者较为独立，在与其他城市的经济联系中不易受第三方其他城市的控制，这可能缘于其本身所处的地理位置与经济优势。

（4）对于监利县虽然其本身无明显的优势，但其外向紧密中心度和内向紧密中心度也都很高，这与其周边直接毗邻潜江市、仙桃市、洪湖市、石首市和江陵县有很大的关系。

最后，考虑各节点城市的中间中心度，我们发现荆州区、沙市区、监利县的中介中心度较高，潜江市、公安县次之，其他都较低，也就是说有相当多的经济联系是通过少部分像荆州区、沙市区、监利县和潜江市这样的中介城市（区）来完成的，平均每个城市承担的中介角色次数为1.571，大部分城市都能够通过中介城市联系起来。

同时，通过 Ucinet 软件计算也可以发现，江汉平原14城市群所形成的复杂网络，其度数中心势的入度为7.152%，出度为10.137%，外向紧密中心势为19.21%，内向紧密中心势为22.25%，中间中心势为1.85%。网络间的经济联系非常紧密，且比较均匀，在对外经济联系中，相对较为独立，不易受其他城市控制；同时中间中心势较小，从而较少能够去控制其他城市，这为增强各城市间的经济往来以及区域合作提供了很好的条件。

3. 结构洞分析

从计算结果看，武汉的有效规模大并且效率最高，分别为11.245和0.865，说明武汉的经济联系更不受限制，沙市、荆州次之，这与中心性分析的结果吻合；洪湖的限制度最大，为0.898，说明洪湖在整个网络中受到的限制最大，这也与洪湖的紧密中心度很小相吻合；最后，荆州和沙市的等级度最高，而石首的等级度最低，说明荆州和沙市居于网络的核心，而石首位于网络的边缘，这与中间中心性的结果也基本吻合。

4. 江汉平原城市群网络与凝聚子群分析

根据江汉平原城市群网络经济关系的结构，可以利用 Ucinet 中的 Concor 法进行聚类分析。通过江汉平原城市群网络凝聚子群分析，可以考察14个城市（区）间哪些经济关系强、联系紧密、积极合作，并以此可确定凝聚子群间的亲疏关系（见图2）。

通过图2的结果，可以将江汉平原城市群经济联系网络大致分为以下几大类别：第一，由潜江、天门、仙桃、洪湖、监利、荆门、钟祥形成的凝聚子群带动由松滋、石首形成的子群并相互产生影响；第二，由荆州、沙市组成的凝聚子群；第三，由公安、江陵形成的凝聚子群。而

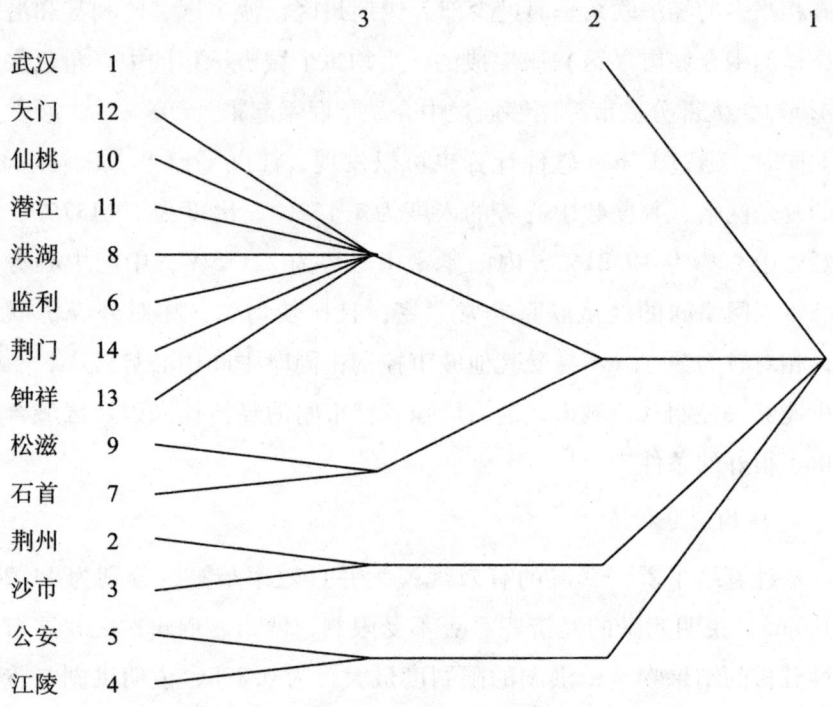

图 2 江汉平原城市群网络凝聚子群分析

武汉则独立于这些子群。分析结果与城市群地理分布位置基本一致，同一凝聚子群内的城市间经济联系具有很强的相似性。

从目前的发展来看潜江、天门、仙桃依托武汉所形成的资源优势和自身区位优势，将周边的洪湖、监利、荆门、钟祥联系起来，形成一个较大的经济聚集群，其他一些城市各自同与之相似的经济体形成小的子群，整个网络多中心特征隐现，但优势不足。特别是武汉市，因其与其他城区间存在悬殊的差距，并未能与周边城市形成资源的共享，导致一城独大。荆州和沙市因其在区位上的接近，两者相互依赖，共同发展，但由于缺少了与外部的联系，因此尽管能够保持一定的独立性，但优势并不明显。因此，基于区位、资源要素禀赋和经济能级差异，要注意围绕某一中心的同层次凝聚子群在经济结构和相互关系上的强相似性，避免因子群中自生的强凝固性而导致封闭的多中心割据、地方保护和区域恶性竞争。因此，各城市主体需要进一步加强经济交流与合作，促进江汉平原区域内产品和资源信息等要素自由流动，逐步形成多中心、网络化协同发展的空间格局。

5. 从城市群中去除武汉节点后的对比分析

为了更好地了解武汉市在城市群中的角色作用，现将武汉市从城市群中去除，仅分析13个城市（区），看会发生哪些变化。同样利用经济联系矩阵中的数据，用软件分析后，得到的结果如表4所示：

表4　江汉平原13城区经济联系网络中心性分析

度数中心性				紧密中心性				中间中心性		
编号	城区	点出度	点入度	编号	城区	点入度	点出度	编号	城区	中间中心度
2	沙市	69.2	53.8	1	荆州	100	100	1	荆州	3.501
1	荆州	51.5	68.8	2	沙市	100	100	2	沙市	3.501
10	潜江	12.3	7	3	江陵	100	63.158	5	监利	3.501
9	仙桃	9.7	5.4	5	监利	100	100	4	公安	2.067
11	天门	7.3	7.1	6	石首	100	70.588	10	潜江	1.768
13	荆门	5.5	3.6	4	公安	92.308	92.308	9	仙桃	0.851
4	公安	4.7	6.6	10	潜江	92.308	100	11	天门	0.851
12	钟祥	3.6	3.6	8	松滋	85.714	92.308	6	石首	0.668
5	监利	2.9	3.8	9	仙桃	85.714	100	8	松滋	0.667
8	松滋	2.2	2.9	11	天门	85.714	100	12	钟祥	0.25
7	洪湖	2.1	4.5	13	荆门	80	100	13	荆门	0.25
6	石首	1.5	2.3	12	钟祥	80	100	3	江陵	0.125
3	江陵	0.9	4	7	洪湖	75	75	7	洪湖	0
网络度数中心势（出度）＝8.147%				网络内向紧密中心势＝21.47%				网络中间中心势1.74%		
网络度数中心势（入度）＝8.089%				网络外向紧密中心势＝18.58%						
				网络密度：0.8846						

考虑到两种情形下的网络规模不同，为了更准确地对两种情形进行对比，对度数中心性和中介中心性采用标准化的中心性指数来进行对比，如表5、表6所示。而因紧密中心度已经是标准化的数据，故仍采用表3、表4所列数据进行对比。

表5 度数中心性对比分析

14 城区网络			13 城区网络		
城区	标准出度	标准入度	城区	标准出度	标准入度
武汉	11.83	0.472			
沙市	8.624	7.344	沙市	9.316	7.243
荆州	6.412	9.059	荆州	6.933	9.262
潜江	1.603	2.262	潜江	1.656	0.942
仙桃	1.417	4.573	仙桃	1.306	0.727
天门	0.969	2.411	天门	0.983	0.956
荆门	0.708	1.069	荆门	0.74	0.485
公安	0.584	1.118	公安	0.633	0.889
钟祥	0.472	1.205	钟祥	0.485	0.485
监利	0.373	1.081	监利	0.39	0.512
洪湖	0.286	1.603	松滋	0.296	0.39
松滋	0.273	0.609	洪湖	0.283	0.606
石首	0.186	0.435	石首	0.202	0.31
江陵	0.112	0.609	江陵	0.121	0.539

表6 中介中心性对比分析

14 城区网络			13 城区网络		
编号	城区	标准中介中心性	编号	城区	标准中介中心性
2	荆州	2.728	1	荆州	2.652
3	沙市	2.728	2	沙市	2.652
6	监利	2.728	5	监利	2.652

（续表）

\multicolumn{3}{c}{14 城区网络}			\multicolumn{3}{c}{13 城区网络}		
编号	城区	标准中介中心性	编号	城区	标准中介中心性
11	潜江	1.403	4	公安	1.566
5	公安	1.325	10	潜江	1.339
10	仙桃	0.655	9	仙桃	0.645
12	天门	0.655	11	天门	0.645
9	松滋	0.427	6	石首	0.506
7	石首	0.408	8	松滋	0.505
1	武汉	0.335	12	钟祥	0.189
14	荆门	0.321	13	荆门	0.189
13	钟祥	0.321	3	江陵	0.095
4	江陵	0.071	7	洪湖	0
8	洪湖	0			

通过对比，我们可以发现（以下所提到的中心性指数均为标准化指数）：网络整体的密度由 0.8791 增加为 0.8846，尽管增加量极为有限，但这说明武汉与其他城区间存在的悬殊太大导致严重不对等的经济联系结构。另外，对各节点来说，在没有了武汉这个巨大经济体影响的情况下，荆州与沙市的度数中心度的出度有所增加，而入度有些微的减小，这说明没有武汉的绝对优势的映衬，荆州和沙市城区的优势凸显出来；相对于其他城区而言，荆州与沙市仍有很高的点入度和点出度，且其紧密中心度也极高，尽管中间中心度最高，但数值仍然很小，说明武汉对其影响极小，他们两者之间由于地理位置上的极度接近，很容易形成抱团，不易受到其他城市的干扰，但会影响到其他城市间的经济往来；潜江、仙桃和天门的度数中心度的出度稍微增加，但入度减少较多，说明其原有经济发展的动力主要来自于武汉，失去了武汉的依托后，优势有所降低；中间中心度也有所降低，说明其通过武汉对其他城市的影响地位

降低；对荆门、钟祥、监利、洪湖这四个城市，也同样存在类似的问题；松滋、石首和江陵度数中心度变化不大，但是中间中心度有微小增加。

从所形成的凝聚子群（图3）来看：在没有了武汉拉动的情况下，呈现出不同的子群划分：荆州、沙市与邻近的公安、江陵形成一个子群，与荆门市遥相呼应，相互影响，形成一个较大的凝聚子群，这说明在没有武汉的作用下，荆州和沙市优势凸显，反而能够对江陵和公安产生足够的吸引力，并将之纳入到自己的社群当中，同样荆门的地位也凸显出来，能够带动以荆州和沙市为首的荆州地区共同发展，形成"双荆"鼎立之势；监利与仙桃，洪湖与天门，两个小的子群相互作用，形成一个较大的经济互惠体；钟祥和潜江由于经济联系上的对等性形成一个小的子群；松滋、石首由于远离这些中心，且自身优势不足，无法形成强有力的联系，从而单独形成一个小的子群。

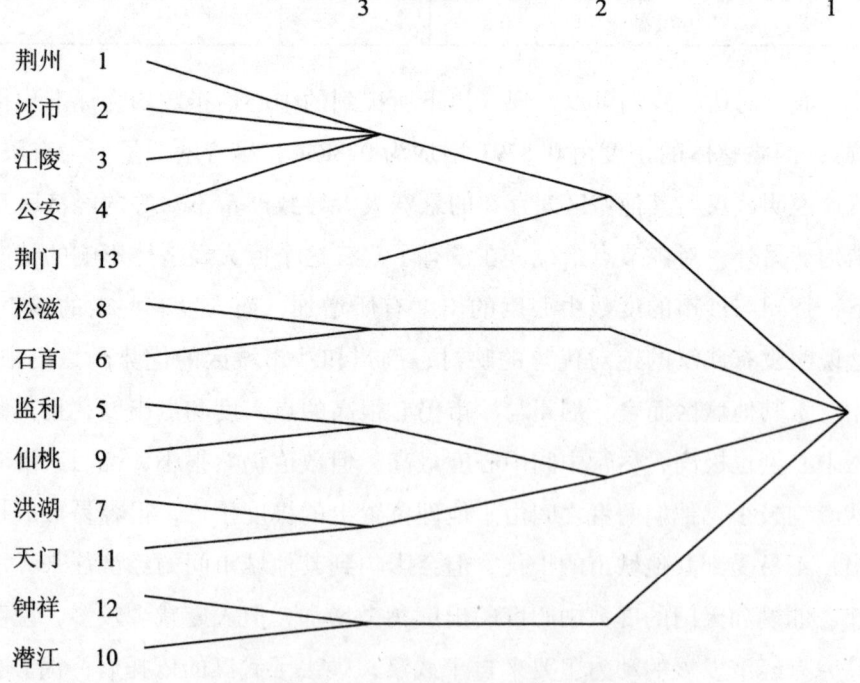

图3　江汉平原城市群（不包括武汉）网络凝聚子群分析

五、结论与建议

通过借助社会网络分析工具构建的研究模型框架，选取江汉平原城市群中14个中心城市，以城市间经济联系为例进行了城市群网络结构的量化分析，可得到以下结论：

第一，江汉平原城市群经济联系网络整体密度处于中等偏上水平，各城市间经济联系呈现出明显的不均衡性的特征；

第二，江汉平原城市群发展得益于武汉这个核心城市对周边城市的广泛带动力，但同时也由于资源的严重不对等受到很大的制约，无法发挥自身的优势；以荆州和荆门为中心的区域传统优势明显，但发展动力不足；潜江、仙桃、天门等城市由于受武汉影响较大，导致无法形成自身优势；

第三，江汉平原内存在着经济结构相似的地方性城市子群，这些小群体之间虽未形成许多具有中介功能的枢纽型城市，但以中心城市发展带动其他城市共同成长的协同发展格局已初步形成，城市群的网络协同力正逐步发挥作用。

江汉平原城市群一体化的最终目标就是形成一个中心明确、沟通无碍、协同发展的网络体系。对城市群网络化结构的研究，使网络中各城市能够清晰地了解自身与其他城市和整体网络的真实关系，为江汉平原城市群功能升级和城市群发展提供实现条件与有效路径。为此，如何提升江汉平原城市群的发展，本研究提出以下几个方面建议：

第一，提高江汉平原城市群内各城市间的关联度，优化与扩展其网络协同功能。加强江汉平原城市群网络化的内部协同，提高城市之间的物质流动、技术合作和市场融合；实现江汉平原基础设施同城化，提升交通、通信、金融、商贸物流等设施平台的服务功能，有效地提高江汉平原城市间生产与交易效率；打破网络中行业与地区分割，在城市集群内建立统一的权利机构，建立江汉平原城市集群区域内各城市市（县）

长联席会议协调机制，定期就诸如资源配置、环境维护、城镇体系发展模式、跨地区基础设施建设、产业空间结构、城市职能分工、管理机制、市场开拓、品牌共享等问题展开全方位的协调和合作，统一政策、做好统筹协调，走优势互补、协同创新的发展道路，通过产业集群发展模式促进江汉平原城市群的共同协调发展。

第二，改善江汉平原城市群内网络化层次结构，形成多中心协同联系。目前江汉平原城市由于武汉市一家独大，多中心格局虽已形成，但优势尚未发挥、应鼓励各层次城市间发展横向多边关系，探索多中心协同发展之路。从湖北发展的角度来讲，可以考虑把武汉、江汉平原特别是荆州，和宜昌连接起来，成为一个经济带。具体而言，把荆州（洪湖市、松滋市、公安县、石首市、监利县、江陵县）、荆门（钟祥市、京山县）、潜江市、仙桃市、天门市、汉川市、当阳13个县市在经济上联结起来，充分利用内部经济关联链把区域内分散的资源、要素、企业及经济部门在城市群网络中进行跨区域整合，逐渐加深城市之间分工协作；构建以荆州为龙头的"江汉平原经济带"，重建沙市，把江汉平原的发展作为一个特区，打造"江汉平原实验区"，地点放在沙市，或者叫做"沙市实验区"；潜江、天门和仙桃除了应加快与武汉的接轨步伐以及充分接受武汉综合服务外，也应该通过各种渠道加强构建与江汉平原内上述其他城市的内在联系；同时，在"江汉平原经济带"战略中重点突出以"荆州—荆门"为一体的"双荆"发展战略，使"荆州—荆门"成为带动江汉平原经济带及城市群发展的"双子座"中心城市，以此作为长江经济带及湖北崛起的战略支撑，推动湖北整体跨越式发展。

实践证明，湖北经济发展如果离开了荆州以及江汉平原的强大，将会陷入"一头独大""虎头蛇尾"的境地。

第三，构建适合网络化发展的江汉平原城市群治理机制，加快区域一体化进程。城市群网络化合作治理是江汉平原城市群有序发展的制度保证，通过区域内生的制度安排，按照江汉平原城市集群建设的总体要求，认真编制好城市集群区域交通、产业、科技、市场等规划，促进区域互动、产业融合、协调发展。规划要有全局性、高起点、新思路和国际视野；要综合考虑资源环境承载力、经济密度、发展潜力进行功能分区。区域内各城市现有的重大产业布局、重大基础设施安排、重点生态环境保护等项目，都要按照建设江汉平原城市集群的整体要求进行重新审视和梳理，突破区域界限，实施协同创新，创造消费新模式、分配新模式、投融资新模式，完善体制机制，在更大范围内整合资源、优化配置，实现江汉平原城市集群区域内的人流、物流、资金流、信息流、技术流的无障碍流通、全面融合、共享共用，实现城市网络协同利益最大化，推动区域经济一体化发展。

基于制度演化视角的泛珠三角区域合作分析*

谢宝剑**

【摘要】 泛珠三角区域合作是由广东省牵头,在包括港澳在内的11个地区进行的区域经济合作。经过十年的发展,泛珠区域合作已经取得了卓越的成效。十年前,泛珠内地九省(区)国内生产总值为4.9万亿元;如今,这个数字激增3.8倍至18.6万亿元,占全国33%。十年间,泛珠区域合作经历了从珠江三角洲地区内部合作发展,到粤港澳跨境区域合作发展,再发展到泛珠跨省区市合作发展的历程,区域合作不断深化。对于泛珠三角区域合作的各类分析和预测多采用单一方面的分析,鲜有从泛珠三角地区整体的制度演化的角度对合作的各个层次的制度进行分析。基于此,本文尝试从制度演化的角度对泛珠三角区域的合作进

---

* 基金项目:国家自然科学基金青年项目"区域治理主体网络及其博弈策略研究"(项目编号:71103204);国家社会科学基金项目"区域契约行政的激励与约束机制研究"(项目编号:10BZZ026);广东省自然科学基金项目"基于区域政策视角的广东区域经济空间结构优化研究"(项目编号:2015A030313623);中央高校基本科研业务费专项资金资助项目——2013年度暨南大学科研培育与创新基金项目"基于演化博弈视角的粤港区域合作制度变迁研究(项目编号:13JNQN004)";广东省普通高校人文社会科学重点研究基地——暨南大学广东产业发展与粤港澳台区域合作研究中心资助项目。

** 谢宝剑,暨南大学经济学院、中山大学港澳与内地合作发展协同创新中心副教授,硕士生导师。

行分析，并就分析结果提出相关的政策和建议。

关键字：泛珠三角，区域合作，制度演化

一、泛珠三角区域的基本情况缘起

泛珠三角的概念，最初由时任中共中央政治局委员、广东省委书记张德江于 2003 年 11 月 3 日在"2003 广东经济发展国际咨询会"上提出，并得到了周边各省区的积极认可和回应。在 2004 年首届泛珠三角区域合作论坛与发展论坛，泛珠三角各方共同签署了《泛珠三角区域合作框架协议》。泛珠三角指沿珠江流域的广东、福建、江西、广西、海南、湖南、四川、云南、贵州九省以及香港、澳门两个特别行政区，为加强合作、共谋发展所组成的区域。该区域内各地区均直接或间接地与珠江流域的经济流向和文化发展有着密切的联系，且在资源、产业、市场等方面有较强的互补性，具有极大的合作发展潜力。

2004—2012 年，前八届泛珠合作各方共签订项目超过 1.8 万个，签约金额逾 3 万亿元，履约率近 80%。[①] 通过比较泛珠区域合作开始之前十年以及泛珠区域合作十年的各省生产总值可以看出，在展开泛珠合作之前的十年，这是 12 年，即 1993—2003 年，泛珠九省，特别是除广东省之外的其他八省，地区生产总值增幅不大；而自 2004 年泛珠合作以来，各省地区生产总值均有较明显的增长。

十年间，泛珠内地省（区）与港澳之间的经贸往来翻开了有史以来最活跃的篇章。内地与港澳贸易总额达 3445 亿美元，增长了三倍。其中，泛珠内地九省（区）与港澳的贸易总额突破 2500 亿美元，比 2004 年增加了两倍以上。港澳对粤投资的项目、合同金额和

---

① 数据来源：广东省泛珠三角区域合作日常工作办公室，2013 年。

实际利用外资金额分别占到外商对粤投资总额的77.9%、71.1%、63.9%。相应地,内地各省(区)也纷纷到港澳举办投资推介活动,借助港澳国际平台"走出去",开拓国际市场。泛珠区域内在港上市的企业由71家增至200家。

表1 泛珠九省地区生产总值　　　　　　　　　单位:亿元

地区 年份	福建	江西	湖南	广东	广西	海南	四川	贵州	云南
1993	1133.49	723.06	1278.28	3225.3	893.58	258.08	2096.48	416.07	779.21
1994	1685.30	1032	1694.40	4240.60	1241.80	331.00	2777.90	521.20	974.00
1995	2160.52	1205.11	2195.70	5381.72	1497.56	364.17	3534.00	630.07	1206.68
1996	2583.83	1517.26	2647.16	6519.14	1697.90	389.53	2985.15	713.70	1491.62
1997	3000.36	1715.18	2993.00	7315.51	1817.25	409.86	3320.11	792.98	1644.23
1998	3330.18	1851.98	3211.40	7919.12	1903.04	438.92	3580.26	841.88	1793.90
1999	3550.24	1853.65	3326.75	8464.31	1953.27	471.23	3711.61	911.86	1855.74
2000	3920.07	2003.07	3691.88	9662.23	2050.14	518.48	4010.25	993.53	1955.09
2001	4253.68	2175.68	3983.00	10647.71	2231.19	545.96	4421.76	1084.9	2074.71
2002	4682.01	2450.48	4340.94	11769.73	2455.36	604.13	4875.12	1185.04	2232.32
2003	4983.67	2807.41	4659.99	15844.64	2821.11	693.20	5333.09	1426.34	2556.02
2004	5763.35	3456.70	5641.94	18864.62	3433.50	798.90	6379.63	1677.80	3081.91
2005	6568.93	4056.76	6511.34	22366.54	4075.75	894.57	7385.11	1979.06	3472.89
2006	7584.36	4670.53	7508.87	26159.52	4828.51	1031.85	8637.81	2270.89	3981.31
2007	9249.13	5500.25	9200.00	31084.40	5955.65	1223.28	10505.30	2741.90	4741.31
2008	10823.01	6971.05	11555.00	36796.71	7021.00	1503.06	12601.23	3561.56	5692.12
2009	12236.53	7655.18	13059.69	39482.56	7759.16	1654.21	14151.28	3912.68	6169.75
2010	14737.12	9451.26	16037.96	46013.06	9569.85	2064.50	17185.48	4602.16	7224.18
2011	17560.18	11702.82	19669.56	53210.28	11720.87	2522.66	21026.68	5701.84	8893.12
2012	19701.78	12948.88	22154.23	57067.92	13035.10	2855.54	23872.80	6852.20	10309.47

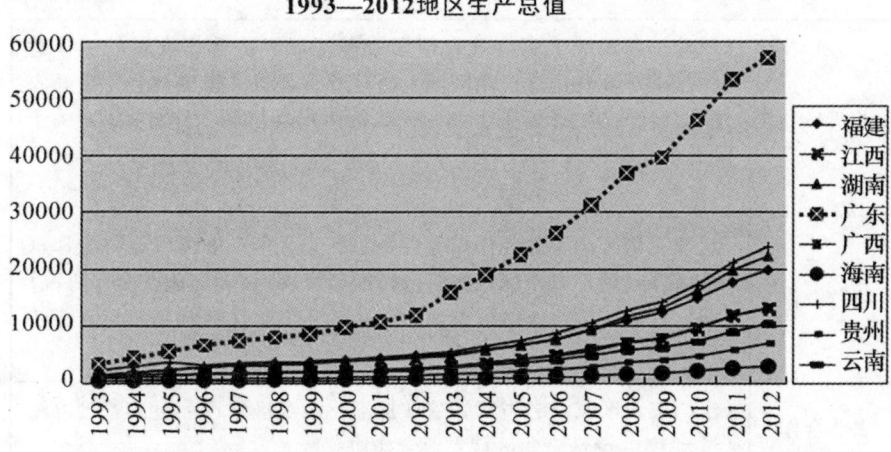

图1 1993年至2012年泛珠三角区域GDP总值比较（单位：亿美元）

泛珠三角区域合作十年间取得举世瞩目的成绩，离不开泛珠三角区域合作的概念构想、制度安排和机制设计。十年来，合作各方相继签署了《泛珠三角区域合作框架协议》《关于区域合作组织间开展工作交流与合作的协议》和《关于进一步加强泛珠三角区域市场环境建设工作的实施意见》等相关制度安排的文件，以及根据这些制度安排所签署的具体合作机制（见表2）。但今后泛珠三角区域合作的方向是什么？怎样才能更好地促进泛珠三角区域在各方面进一步加强合作，特别是如何在制度设计层面更好地推动泛珠三角区域合作？为了更好地回答这些问题，下面首先对制度演化的相关理论进行说明。

表2 泛珠三角区域各项合作政策文件

产业投资合作	《泛珠三角现代物流发展合作协议》《泛珠三角区域房地产合作备忘录》《泛珠三角区域渔业经济合作框架协议》《泛珠三角城市投资促进机构合作宣言》、《穗港关于联合投资推广的合作协议》《推进粤港赣十三市区域经济合作行动纲领》
基础设施合作	泛珠三角经济圈九省区暨重庆市道路运输一体化合作发展2003年议定书、广东省与广西壮族自治区关于省际公路规划与建设备忘录、广东省与福建省关于省际公路规划与建设备忘录、广东省与海南省关于省际公路规划与建设备忘录、广东省与江西省关于省际公路规划与建设备忘录、广东省与湖南省关于省际公路规划与建设备忘录

（续表）

商务贸易合作	《泛珠三角区域工商行政管理局服务区域经济合作发展的工作意见》《关于深化泛珠三角区域工商行政管理机关推进社会主义新农村建设合约协议》《关于创造开放的市场环境的工作方案》《关于促进企业合作发展的工作方案》《泛珠三角区域商会信息交流协议》等
旅游合作	《泛珠三角区域旅游合作指导性意见》《泛珠三角区域旅游合作框架协议》《两广九市区域旅游合作框架协议》《黔粤旅游合作协议》《两广六市旅游协作协议书》《江西省与广东省旅游交流与合作协议书》等
农业合作	《泛珠三角区域（九省区）农业标准化示范区农产品标志管理办法（试行）》《泛珠三角区域农业合作协议》
劳务合作	《泛珠三角区域九省区劳动力市场联网合作协议书》《泛珠三角区域维护跨省区务工人员合法权益联动协议》《泛珠三角九省区人才服务合作协议》《泛珠三角九省区劳务合作协议》
科技文化合作	《泛珠三角区域合作培养文化艺术领军人才意向书》《泛珠三角区域教育信息资源共建共享工程计划》《泛珠三角区域中心城市科技咨询合作协议书》《泛珠三角区域科技创新合作框架协议》《泛珠三角区域科技合作长沙协议书》《粤港科技合作协议书》等
信息化建设合作	《泛珠三角省会市暨副省级警务信息化合作协议》《泛珠三角区域Linux软件产业共同推进合作框架协议》《泛珠三角区域教育信息平台合作协议》《泛珠三角区域无线电管理合作框架》《泛珠三角区域农村信息化合作意向书》《泛珠三角区域CA互联互通合作合作意向书》等
环境保护合作	《泛珠三角区域跨界环境污染纠纷行政处理办法》《泛珠三角区域化境保护合作协议》《泛珠三角区域环境保护产业合作协议》
卫生防疫合作	《泛珠三角区域水产苗种质量检验与检疫证书互认协议》
其他合作	《泛珠三角区域反走私合作协议》《泛珠三角区域安全生产事故应急处置协作方案》《泛珠三角区域企业质量信用体系建设合作协议》等

资料来源：作者根据相关文件资料整理。

二、制度演化：一个区域合作的理论分析框架

在制度经济学研究中，关于制度层次的划分方法有很多种。舒尔茨(Theodore W. Schultz)依据制度作用方面的不同在《制度与人的经济价值不断提高》中对制度做了经典性的分类：用于降低交易费用的制度，如货币、期货市场等；用于影响生产要素的所有者之间配置风险的制度，如合约、分成制、合作社、公司、保险、公共社会安全计划等；用于提供职能组织与个人收入流之间的联系的制度，如财产，包括遗产法、资历和劳动者的其他权利等；用于确立公共品和服务的生产与分配的框架的制度，如高速公路、飞机场、学校和农业试验站等。柯武刚、史漫飞从制度起源的角度，将制度分为两大类型：内在制度和外在制度。而诺斯(North)把制度分为正式约束和非正式约束。[①]

目前学界普通认可的制度分析框架是由奥利弗·威廉姆森(Oliver Williamson)提出的。他将制度划分为四个层次，并且提出了四个层次的制度的各自的变迁时间以及各层次之间的关系。下面对威廉姆森所提出的制度的四个层级进行说明：

(一)制度演化的四个层次及其在区域合作中的表现

第一个层次是嵌入性的基本制度，这类制度多是关于风俗、习惯、传统、道德和社会规范、宗教以及语言和认知等方面。这类制度在日常生活中自发形成，这个层级的制度是社会制度的基础，不同于法律法规等有明确的书面规定，因此也被称为非正式制度。作为嵌入性的基本制度，其变迁过程缓慢而稳定，变迁周期比较漫长。在区域合作中，这一层次的制度主要是不同的地域文化及其在区域间的交流、传播和相互影响。珠江流域的文化具有显著的多样性特征，同时，不同时期的历史、经济、政治族群等对珠江流域文化的整合与互动也起着重要的影响作

---

① 周业安：《制度演化理论的新发展》，载《教学与研究》，2004年第4期。

用。但是,"多样性的区域文化和多元一体的族群格局并不排斥珠江流域作为一个整体的自然地理区域和社会文化区域的现实性存在"①。

第二个层次是基本的制度环境。这类制度是"博弈的正式规则",可认为是人们在长期的博弈中不断试错而最终形成的,达到了制度稳定的状态。例如详细制定的宪法、政治体制和基本的人权;产权及其分配;使政治权利和产权、货币、基本的金融制度,以及政府的征税权力等得以实施的法律、法院以及相关的制度;规定移民、贸易和外国投资规则的制度;以及推动基本制度环境变迁的政治、法律和经济机制。第二层次的制度,即基本的制度环境会对基本的风俗与社会规范等做出相应的反映,第一和第二层次的制度会表现出一定的相互适应性。第二层次虽然没有第一层次那么稳定,但也是相当稳定的,适应周期大约需要十到一百年的时间。目前我国宪法和法律尚未有明确的区域合作条款,但是,《行政法》《行政区域边界争议处理条例》等单行法规定了政府的诚实信用义务,从而决定了地方政府间区域合作协议对缔约主体的约束力。②

第三个层次是治理机制。可以称之为"博弈的玩法"。比如个人交易商品、服务和劳动的制度(如竞争性的市场);制约和影响合约及交易关系的结构、企业的垂直和水平的结构以及内部调节的交易和市场调节的交易之间的边界的制度;公司治理以及支持私人投资和信用的金融制度等。人们将依据这一层次的具体制度安排,来开展和设计各类经济活动。而治理机制又将受到第一和第二层次制度的影响与约束。这一层次的制度变迁相对较快,周期大约在一至十年之间。在区域合作中,治理机制主要是不同地区不同层面之间形成各个领域的合作机制。如跨境区域形成的《粤港合作框架协议》《粤澳合作框架协议》,以及跨省市区域的《京津冀协同创新发展战略研究和基础研究合作框架协议》,等等。

---

① 周大鸣:《珠江流域文化整合的历史与趋势》,载《中国社会科学报》,2011 年 2 月 17 日。
② 叶必丰:《区域合作协议的法律效力》,载《法学家》,2014 年第 6 期。

第四个层次是短期资源分配的制度。在以上三个层级的制度给定的情况下,在经济领域,这一层次的制度实际上指的是经济的日常运行。在不完全市场条件下,价格、工资、成本、买卖的数量等由市场的性质决定。这一层次的制度是最活跃的,变迁速度最快的。从区域合作的视角看,主要是涉及区域合作的具体事务中,各个区域主体间的利益分配、权力义务,等等。如四川省围绕兼并重组、共建园区等跨区域项目、跨区域合作中财税利益分配出台的《四川省人民政府关于建立健全区域合作发展利益分享机制的指导意见》,广东省和广西壮族自治区围绕粤桂合作特别试验区的功能定位、产业选择、政策保障等形成的《广东省人民政府、广西壮族自治区人民政府关于粤桂合作特别试验区建设的指导意见》,顺德区和英德市围绕区域经济合作形成的《广东顺德清远(英德)经济合作区实施方案》等等。

(二)不同层次制度的互动

威廉姆森认为,制度演化的四个层次并不是相互独立的,而是相互联系和关联的:

1. 复杂的系统

威廉姆森将制度划分成四个层次,并将其形成了一个相互联系、相互之间产生影响的系统。这与新古典经济学视均衡为持久状态的概念有本质的不同。复杂系统的方法视经济生活为一种处于渐进演化中的过程,如果把经济看成一个复杂的系统并且各个子系统是有内在联系的、规则形成一个系统,这个系统又会影响现实世界的现象系统。制度是一个递进的不断演化过程,这种递进演进的过程和积累构成了复杂的制度系统。诺思认为:"变迁过程源于事实上的持续不断的变化,持续不断的变化源于认知的变化,反过来,引导角色修正或者改变结构,再反过来,改变事实——如此不断地进行。"[1]

---

[1] 罗小芳、卢现祥:《制度演化的层次及其设计分析》,载《江汉论坛》,2007年第9期。

2. 第一二层次之间的互动

一般认为第一层次为内在制度，而第二层次为外在制度。从制度演化的层次来看，一个社会的制度框架要以演化的内在制度为基础。一个社会的制度框架必须以演化的内在制度为基础。有意识制定的、立法通过的规则，以及由政治过程决定的制度的整个架构，都必须以内在制度为基础。内在制度被定义为群体内随着经验而演化的规则，而外在制度则定义为外在地设计出来并靠政治行动由上面强加于社会的规则。①

内在制度的形成过程是一个不断尝试—错误—尝试的过程。内在制度包括风俗、习惯、传统、道德和社会规范、宗教以及语言和认知等不会被强制执行的软制度。例如一个人凭借自身的判断，认为违法某一外在制度对自身有利，从而选择这一行为，若其之后未能达到预计的收益，将会在下一轮活动中选择遵守规则；反之，达到既定目标，将会坚持这一选择，而其他人也会模仿这一行为。就在这个不断试错的过程中，新的内在制度被演化出来。②

3. 制度演化中的路径依赖

路径依赖是过去的制度框架提供了现在的组织与个体企业家（政治的或经济的）以机会集合的这样一种累积性的制度演进过程。制度方阵包括了一个相互依赖的制度网及由此产生的巨大的报酬递增为特征的政治与经济组织。换言之，组织的存在归因于制度框架所提供的机会。那么为什么制度在演化过程中会出现路径依赖的现象呢？

第一个层次的制度，即基本的风俗习惯等，为制度演化提供了一个基本的框架，使得制度演化相对稳定。制度演化，可以选择路径依赖或者完全的转型，但是，转型会导致一个远高于以路径依赖的方式演变所付出的成本，这就使得制度在演化过程中表现出路径依赖的现象。在制

---

① 罗小芳、卢现祥：《制度演化的层次及其设计分析》，载《江汉论坛》，2007 年第 9 期。
② 卢现祥、朱巧玲：《新制度经济学》，北京大学出版社 2007 年版。

度变迁中存在着路径依赖性，制度系统会在相当程度上顺从惯性，它们通常会按相当稳定的路径缓慢演变。演化性调整，而非痉挛性转换，对于制度发挥节约信息成本的基本功能来讲是必不可少的。

4. 制度演化中的边际调整

边际调整主要发生在第三四层次，相对稳定的一二层次为三四层次的调整提供了约束条件，从而决定了三四层次的边际调整。边际调整无论怎样优化，都难以突破由一二层次所决定的约束条件。由此我们可以看出，在对三四层次进行边际调整时应当考虑一二层次所带来的约束条件，才能更快更好地形成适于经济活动开展和经济发展的制度环境和治理机制。

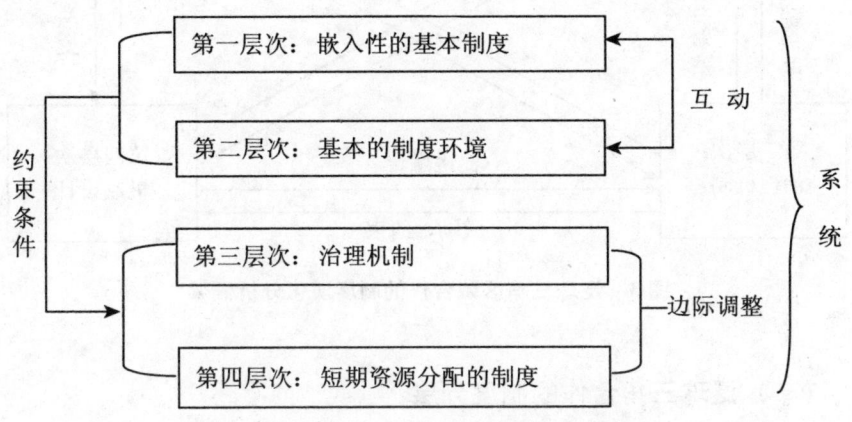

图2　威廉姆森的制度演化理论框架

三、泛珠三角区域合作的制度演化过程

泛珠三角区域合作所取得的成绩，绝不仅仅是由于相关政策的制定，泛珠三角合作的形成与发展有着更深刻的原因，下面就对它的制度演化进行分层说明。

在泛珠三角区域合作中，可以依据制度演化的分层方式将制度划分为四个层次（如图3所示），依次为：泛珠地区不同地域的风俗习惯等通过珠江流域的共通互融形成的泛珠文化；与区域合作相关的法律法规等基本外在制度；有关泛珠区域合作的治理机制；还有泛珠地区交通、打击犯罪以及跨地区产业园区等的具体的机制设计。在泛珠合作中，四个层次的制度相互影响、促进和约束，形成一个相互关联、相互作用的复杂系统。

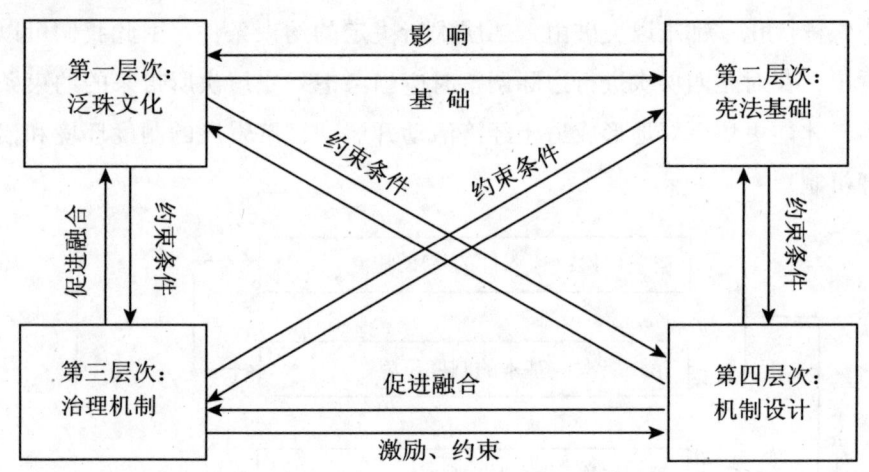

图3 泛珠三角区域合作的制度演化分析框架

（一）泛珠三角合作的制度分层

1. 第一层次：各具特色与交融影响

泛珠的广泛地域，从属于珠江流域，一脉相承。珠江流域文化圈除了涵盖珠江流域及其发源地，还包括了广大的韩江和沿南中国海诸江河流域及其发源地，还有这些流域所辐射的地区。珠江流域文化圈包括的地域广阔，涵盖了广东、广西、贵州、云南、湖南和江西，以及中国南部沿海的香港、澳门和闽南文化。

在"泛珠"区域很早就有了人类的活动，经历了漫漫长河的相互融合和影响，形成了今天共通的泛珠文化基础。泛珠区域也是早期人类的重要发源地，在这里出现过马坝人、柳江人、都安人等智人化石以及旧石器晚期的猫猫洞、宝积岩、上宋村等地点。先秦以来，就有百越、苗蛮、百濮、氐羌、巴、蜀等族群活跃在"泛珠三角"区域。至春秋战国时代，作为汉族前身的华夏族，势力已经东到海滨，南及长江中下游，包括今天的湖南、江西等地。在历史长河中，这些族群以及华夏族不断交流演变，互相融合同化，加上历代汉族的南迁，构成今天"泛珠三角"区域族群的基础。泛珠三角族群文化丰富多彩，举凡生产、服饰、建筑、岁时节日、婚丧、民间信仰、工艺美术、戏曲舞蹈、游戏娱乐、宗族社团、宗教祭祀、语言文学等，都体现着多元交融的情况。由于各民族交错杂居，其文化的相互影响和交融混合现象也相当普遍，这些都充分体现了各族群在文化方面的交流与影响。改革开放后，广东经济的高速发展吸引了泛珠三角其他省区大量劳动力的涌入，在促进经济发展、收入增加的同时，这种区域经济联系的加强也加快了各种文化的交流与融合。为适应经济发展，国家推广普通话，使泛珠各省的族群间克服了语言障碍，在加速区域间文化的整合与交流的同时还增强了对区域文化的认同。近年来泛珠三角区域间交通与通讯技术的高速发展又进一步推动区域文化的整合。泛珠三角地区与珠江流域文化圈的重合，恰使得泛珠三角区域的发展满足了制度演化的第一个层次，既是区域经济发展的必然选择，也是"9+2"省区社会和文化发展的必然结果。①

2. 第二层次：来自宪法的基本规定

第一层次（内在制度）为泛珠区域的合作提供了最根本的基础，而现阶段所形成的第二层次，即基本的制度环境，同第一层次的制度一同为泛珠合作提供了适于合作发展的约束条件。基本的制度环境包含的方面众多，统一的法制是统一的市场体系得以形成和有效运作的根本保

---

① 周大鸣：《泛珠三角区域合作的条件和基础：人文历史》，见梁庆寅主编：《2006年：泛珠三角区域合作与发展研究报告蓝皮书》，社会科学文献出版社2006年版。

障。国家统一的法制,例如《反不正当竞争法》《环境保护法》《商标法》和《专利法》等统一立法,以及统一的行政执法和司法体制,为泛珠三角区域合作提供了基本的法制保障。现在就以宪法为例来说明。

宪法是国家的根本大法,在内容上其规定了国家最根本、最重要的问题,涉及一个国家政治、经济、文化、社会生活等各个方面的主要内容及其发展方向。其在经济方面的规定是我国经济发展的总章程。我国《宪法》第三条第四款:"中央和地方的国家机构职权的划分,遵循在中央的统一领导下,充分发挥地方的主动性、积极性的原则。"① 现行宪法为区域法制的协调发展提供了一个既广阔又狭小的空间,一方面其所包含的权力下放、地方分权、地方自治、地方之间应平等互惠等宪法建制的思考进路,为区域法制协调发展的形式、内容、途径提供了无限想象的空间。国家以根本大法对区域经济发展加以保护,提高保护该经济发展模式的效力,凸显国家对区域经济发展的重视,有利于推动区域经济合作的进一步发展。②

3. 第三层次:泛珠三角区域合作的治理机制

在有了共同的文化风俗(第一层次)与宪法等(第二层次)基础上,十年来,泛珠三角区域合作提出了众多的具体治理方案机制,有效促进了泛珠合作。

"9+2"各方于2004年6月3日共同签署《泛珠三角区域合作框架协议》。目前区域内形成了四种政府合作制度,即洽谈会制度、高层联席会议制度、日常办公制度以及部门衔接落实制度,这些极大地推动着"9+2"合作向务实、纵深方向发展。2005年,《中共中央关于制定国民经济和社会发展第十一个五年规划的建议》首次明确并单列成项阐述

---

① 陈丹:《我国区域法制协调发展的若干宪法问题思考》,载《云南大学学报》(法学版),2008年第4期。
② 仇永胜、王鹏、孔繁怡:《区域经济合作与发展的宪法保障研究》,载《云南大学学报》(法学版),2011年第2期。

香港和澳门的经济定位及参与区域合作的基本要求，肯定香港作为国际金融、贸易、航运等中心的地位，集中精力发展金融、物流等现代服务业；澳门则发展成为世界上更具吸引力的博彩旅游中心和区域性商贸服务平台。2006年，《中共中央关于构建社会主义和谐社会若干重大问题的决定》把"落实区域发展总体战略，促进区域协调发展"作为构建社会主义和谐社会的重大战略任务，进一步明确了促进区域协调发展的战略思路和主要途径。2009年，《珠江三角洲地区改革发展规划纲要（2008—2020年）》首次提出将泛珠江三角洲区域合作纳入全国区域协调发展总体战略。

就香港和澳门而言，到目前为止，CEPA内地与香港、CEPA内地与澳门各自连续签署了五个补充协议。《内地与香港关于建立更紧密经贸关系的安排》补充协议五于2008年7月29日由中央政府和香港特区政府在香港签署；《内地与澳门关于建立更紧密经贸关系的安排》补充协议五则于2008年7月30日由中央政府和澳门特区政府在澳门签署。CEPA补充协议五标志着内地与香港和澳门两个特别行政区之间自由贸易合作迈进新里程。建立在CEPA框架内，配合CEPA落实的泛珠合作，也在CEPA助推港澳经济腾飞，紧密粤港澳合作的过程中，被注入了强劲动力，区域内经贸合作越趋频密，产业转移合作越趋深入。①

4. 第四层次：作为区域间资源配置的机制设计

在以上三个层次给定的情况下，第四个层次来探讨泛珠区域合作具体的资源分配等制度。泛珠区域合作的展开，涵盖了打击走私犯罪、交通基础设施建设和环境保护等各个方面：

第一，泛珠地区联合打击走私犯罪活动。伴随着泛珠三角区域经济、文化等各方面交流协作的日益频繁，涉网犯罪跨地区特性非常突

---

① 杨志军、谢金林、冯朝睿：《泛珠三角区域合作的历程回顾与前途展望——基于"多源流"理论的分析视角》，载《广东广播电视大学学报》，2009年第2期。

出，案件呈现出侦破难、取证难、成本高的特点。经过近十年的发展，泛珠区域反走私工作合作已经成为区域反走私合作的良好平台，为下一步拓展合作空间、挖掘合作潜力打下了良好的基础。2004年11月，广州、深圳、厦门、成都、福州等11个泛珠三角区域城市共同签定了《泛珠三角省会市暨副省级市警务协作框架协议》。2010年12月，来自广州、南昌、长沙、深圳、厦门等11个城市的公安局局长，签署《泛珠三角省会市暨副省级市互联网虚拟社会管控和防范打击涉网违法犯罪合作协议》，联手加大对涉网犯罪的打击力度。

第二，加快铁路、公路、水路等跨界交通基础设施建设。加快实现全面对接、互连互通。进一步消除行政壁垒和贸易壁垒，创造公平竞争的市场环境，建立自由开放的统一市场。如今，贵广、南广高铁开通在即，武广铁路客运专线、厦深铁路、向莆铁路、黔桂、川黔等跨区域铁路先后建成通车，泛珠区域步入"高铁时代"，十年间内地九省（区）铁路营业里程增长25%，达到2.38万公里。

第三，积极推进环境保护合作。2010年泛珠环保合作联席会议提出《珠江流域水污染防治"十二五"规划》，初步建立起泛珠区域环境污染联防联控联治机制。区域环境空气监测信息平台和信息发布机制建设顺利推进，《泛珠三角区域水环境网络监测规划》深入实施，泛珠区域环境监测合作不断加强。区域环保产业交流取得新成效。此外，11省区还于2013年签署了《关于将珠江流域纳入国家重点流域水污染防治规划的建议书》，建议将珠江纳入国家水污染防治重点流域，进一步强化全流域水污染防治和保障水环境安全。生态领域的合作也正在泛珠区域展开。

第四，区域应急管理联动机制不断完善。2013年泛珠三角区域内地九省应急管理合作联席会印发实施《泛珠三角区域内地跨省（区）特别重大、重大道路交通突发事件应急预案》等系列应急预案。泛珠多省共同签订北江、韩江、西江、东江流域防汛抗旱应急管理合作框架协议，建立流域防汛抗旱应急管理联席会议制度。据统计，在汶川地震灾后重建工作中，来自泛珠三角区域的福建、江西、湖南、广东、海南等省份以及香港、澳门特区均参与了灾后重建对口支援，援建项目共计1309个，援助资金共计356.18亿元人民币。①

第五，跨省（区）工业园区的建立。昆明深圳工业园、衡阳深圳工业园、湘西广州工业园、广西凭祥广东工业园、赣州香港工业园等已顺利建成；同时，滇桂、川桂共建北部湾临海产业园，福建与湖南娄底、益阳共建闽商产业园区，湖南与广西钦州共建广西钦州（湖南）临港工业园区，江西与深圳共建吉安深圳产业园，黔桂糖产业扶贫示范园区，四川与18个对口支援省市共建的产业园区，闽粤经济合作区，粤桂特别合作试验区等建设进展顺利，闽粤经济合作区发展规划正在制定。②

（二）泛珠三角区域制度层次间的相互影响

通过以上的分析，可以看出泛珠三角区域的制度体系具有明显的制度演化的层次特征。同时，泛珠三角区域的各层次制度表现出明显的关联性，基于此，我们将用制度演化的系统关系来对泛珠三角区域制度的内在逻辑关系进行分析。

1. 第一层次与第三四层次的互动

泛珠合作的十年，也是泛珠三角区域文化大发展的十年。在泛珠三角区域合作机制的大框架内，泛珠三角各省（区）通过"泛珠三角区域文化合作联席会议"这一形式建立了合作机制，并每年在泛珠三角区域行政首长联席会议期间碰头研究合作事项。在这一机制下，双边或多边的合作得以深化和展开。泛珠各省（区）签订了一系列合作协议，而在各类综合性合作协议中，文化合作也占有相当重要的内容比重。这些协议的签订为合作的开展提供了方向和指引。在先易后难、稳步推进的原

---

① 朱小丹：《携手推进泛珠合作共促泛珠区域跨越发展》，载《南方日报》，2013年9月6日。
② 王军善：《"泛珠"十年打造区域合作共赢格局》，载《中国改革报》，2013年9月18日。

则下，各地在活动开展、举办展览、人才交流等多个领域都取得了丰硕的成果。2004年，广东省成功举办了"珠联璧合——泛珠三角文物精华展"和"荆楚辉煌——湖北省楚文物精品展"。2005—2006年，粤港澳三地共同筹备的"粤港澳文物大展——东西汇流"在广州、香港、澳门三地博物馆陆续推出。2005年9月，泛珠三角民间艺术节表演大赛在汕尾举行。2006年10月，广东省举办了"盛世山歌唱和谐——泛珠三角地区优秀客家山歌邀请赛"。2012—2013年，粤港澳举办"海上瓷路——粤港澳文物大展""岭南印记——粤港澳考古成果展"等展览，引起强烈反响。

泛珠地区各项文化交流活动促进了文化交融，成功打破区域分割、整合文化资源、创新发展机制、促进泛珠三角区域文博合作。虽然第一层次的内在制度是最稳定的，但是今天，随着区域间市场化一体化和广大民族地区基础设施的不断改善，各个族群之间的交流更加频繁。这就为泛珠三角地区在制度演化的第三四层次的发展提供了有利的约束条件，从根本上促进泛珠地区的政策完善和制度优化。同时，不同族群原有的生活和发展模式中都吸收了现代化的因素，生产不断发展，合作的空间空前扩大。这将为第三四层次政策和管理方案的制定提供优化的约束条件。

2. 第二层次与第三、四层次的互动

正是宪法所体现的第二层次的基本制度环境，为第三四层次的具体治理机制和短期政策提供了有利于泛珠合作的环境基础。而有利于促进合作长期稳定的第一二层次，联合合理的和方向一致的第三四层次，即治理机制与短期政策等，这个复杂而统一的制度系统，共同促进泛珠地区区域合作取得成果。

统一的法制无法满足泛珠三角区域发展的需求。泛珠合作，应当要求建立一种积极促进经济互动、加强紧密合作的具体制度，一种具有实现协调和安排功能的制度。例如，对珠三角地区房地产市场的同步平抑和调控，对高速公路一体化的规划、统一收费及其规费在不同行政区域的分配，对环境、人才和旅游资源的共享，我国并没有建立统一的制度，这就需要由地方政府自行建立。①

有些问题，即使在一个行政区域内，由于其并非地方政府的职责，地方政府也无力通过制定具体的治理机制来改变。比如，在进行泛珠三角区域第三、四层次制度设计时，要以第二层次的约束为前提，不能有不切实际的幻想。当遇到地方政府无权解决的问题时，由于存在法律制度不能任意改变的局限，一旦单纯强调泛珠三角经济的一体化和法制的协调作用，地方政府所能建立的协调机制，也只能犹如无源之水，只能陷于空谈和清议。②

3. 第三层次与第四层次的影响

泛珠三角区域合作的各项政策文件等，通过激励和约束机制，促进泛珠合作具有完善的制度设计；另一方面，具体合作制度中所反映的需求与不足，又将促进第三层次治理机制的优化与完善。

产业转移与合作的顺利推进离不开泛珠各省区共同营造的良好环境。十年来，泛珠各省区共同研究出台了《关于推进泛珠三角内地区域产业转移和合作的指导意见（试行本）》，起草了《关于合作共建泛珠三角区域跨省区产业园区的若干政策措施》。各省区也有针对性地出台了一些政策措施。例如，贵州加快推进产业承接区规划建设前期工作；湖南加快推进蓝宁道新产业转移工业走廊建设；云南抓紧研究出台承接产业转移的政策措施；广西编制《广西桂东国家西部大开发承接产业转移示范区规划》上报国家审批；四川深入实施《关于进一步加快推进承接产业转移工作的意见》等举措。

---

① 叶必丰：《区域经济一体化的法律治理》，载《中国社会科学》，2012 年第 8 期。
② 叶必丰：《区域经济一体化的法律治理》，载《中国社会科学》，2012 年第 8 期。

四、结论与政策建议

（一）嵌入性制度：以珠江流域特色文化品牌为纽带，加强民间合作和文化融合

文化作为一种资源配置机制，主要是通过价值观念选择而进行资源优化配置。优性文化的传播和融合能够降低区域间的交易费用、促进要素流动，能够影响制度演进、促进区域间制度一体化的安排，能够优化区域经济的软环境并塑造企业家精神以及激活创新动力，从而提高经济要素水平，最终促进区域一体化的发展。① 泛珠三角区域协作近十年来，在经贸合作方面取得了积极成绩，但文化领域的合作相对不足，成为泛珠合作的短板，制约了泛珠合作的深化。为促进泛珠地区文化融合，增强泛珠区域文化认同，应当从多方出发，加强民间合作和文化融合。

应聚焦于通过合作，让区域间文化资源得到有效保护和科学开发，文化人才体系结构更为合理、素质更为优良，使束缚文化生产力发展的体制机制问题得到根本解决，形成分工协作、互惠互利的产业链，推出一大批精品力作，促进泛珠三角区域文化凝聚力、竞争力、创新力、辐射力的整体提升。各地各级政府推动产业协作，加快发展文化产业，在构建现代文化产业体系、完善文化产业所有制格局、推进文化科技创新、扩大文化消费等方面作出了具体部署。各地各级政府推动文化事业协作，加快公共文化服务体系建设，在建成覆盖全社会的公共文化服务体系、努力实现基本公共文化服务均等化的目标，并就公共文化服务体系、现代传播体系、优秀传统文化传承体系、城乡文化一体化发展等方面作出具体部署，加强泛珠三角区域文化协作，推动泛珠区域文化共享。同时，学术界可以开展相关的研究，挖掘泛珠区域的经济、社会和

---

① 陈柳、于明超、刘志彪：《长三角的区域文化融合与经济一体化》，载《中国软科学》，2009 年第 11 期。

文化交流历史，提炼泛珠文化价值共识。文艺界可以围绕泛珠流域的自然与人文风情开展文艺创作，推出相关的文艺精品，强化大众的泛珠情感。①

(二) 制度环境：融入国家区域发展战略和加强区域合作的法制建设

目前，泛珠三角的部分地区已经融入了国家区域发展战略，如广东省的广州、佛山、肇庆、云浮等四市和广西壮族自治区的南宁、柳州、梧州、贵港、百色、来宾、崇左等七市，纳入了《珠江—西江经济带发展规划》。同时，国家发展改革委、外交部、商务部联合发布的《推动共建丝绸之路经济带和21世纪海上丝绸之路的愿景与行动》，也将泛珠三角的西南地区、粤港澳大湾区等区域纳入其中。因此，从制度环境的角度来看，泛珠三角区域合作应该置身于国家新一轮区域发展战略中，推陈出新，有效组合，发挥区域政策新优势。

从区域合作的法制保障看，不应该停留在对其必要性的论证、域外机制的介绍及脱离实际的方案设计上，应对该问题所牵连的若干法学问题作细致入微之考察，逐渐建立起完整的与此有关的法学理论方案。②因此，需要进一步明确宪法在区域合作方面的规定，健全区域协调发展的法律法规体系。首先，完善宪法的相关条款。宪法在对地方政府不当经济行为的法律控制体系中，有着十分重要的作用。作为具有最高效力的根本法，宪法是制定其他有关协调行政区域利益冲突的各种单行法律的依据和基础。同时明确地方政府的职能和权力界限，加强约束机制，要对府际利益冲突的协调与解决机制作出规定，适度增设司法机关和立法机关的解决途径。③ 在宪法和其他相关法律中明确省际协同立法的依

---

① 贵州省社科联课题组、唐福金：《繁荣泛珠文化 深化泛珠协作——对深化泛珠区域文化协作政策的思考》，加强公共政策协调促进泛珠合作发展——2012年泛珠三角区域合作与发展社科专家论坛（第十届）会议论文，2012年10月。
② 罗小芳、卢现祥：《制度演化的层次及其设计分析》，载《江汉论坛》，2007年第9期。
③ 叶必丰：《长三角经济一体化背景下的法制协调》，载《公法研究》，2005年第2期。

据，按照依法治国和依法行政的要求实现区域协同立法，规范政府的合作行为。对现有探索得比较好的泛珠三角区域合作协议的法律地位予以明确，对缺乏实质内容的区域府际协议进行梳理规范，同时对跨区域的问题联动过程中的权责划分、法律责任等进行界定，为区域联动制度提供规范的法律文本，为各个行政区的地方政府实施区域联动防治行为提供明确具体的法律依据，并保障跨区域合作协议的稳定性与执行的强制性。①

（三）治理机制：健全泛珠三角合作架构和省际合作机制

泛珠三角区域合作的制度形成是以省一级行政区为主体，是《泛珠三角区域合作框架协议》的缔约方，在制度演化的层级中省级行政区是第三、第四层次制度的主要制定者和实施者。随着泛珠三角区域合作的推进，有必要对十多年前的《泛珠三角区域合作框架协议》进行完善，加强协议执行力和约束力，确立系统的区域合作政策目标、采用合理的政策工具组合，并按照十八届四中全会依法治国的要求，在各地的人大确认通过，赋予泛珠三角区域合作在各省开展的合法性。

泛珠三角区域合作已经有一些积极的探索，在一些合作中也取得了成效。但是现阶段，泛珠三角区域的省际合作机制中，更多的是对区域的审批和指导功能，通常协调和监督约束力不足。这些问题导致省际合作机制难以发挥更好的效果，因此，在省际合作机制设计上要突出全面性、规范性和联动性。首先要立足全面性考虑，因泛珠三角区域合作中，要面对诸多方面的问题，如环境污染、突发事件、公共安全等区域公共问题，应当对缺乏实质内容的协议进行梳理和完善。同时，应当考虑规范性，对跨区域的问题联动过程中的权责划分、法律责任等进行界定，逐步健全泛珠三角区域合作中面临的利益与责任划分问题，如健全

---

① 谢宝剑、陈瑞莲：《国家治理视野下的大气污染区域联动防治体系研究——以京津冀为例》，载《中国行政管理》，2014年第9期。

区域发展基金筹集的制度保障、完善区域援助的通用规则、项目报批流程和科学合理的决策程序。①

（四）资源配置机制：制定泛珠三角区域合作规划、实施和评估方案

从制度演化的角度来看，资源配置机制是短期不稳定的，但它却与制度相关主体利益最为密切。在区域合作中，资源配置机制直接影响着各个主体的合作行为。如前所述，在制度演化过程中，不同层次的制度之间又是交互影响的，第二层次的制度决定着第三、第四层次具体机制的方向，作为区域合作具体的实施机制的合作规划与方案，是最为直接的。泛珠三角地区目前尚未制定区域发展规划来统筹不同地区的资源配置。因此，开展具有全局意义的泛珠三角区域合作发展规划编制、明确这种全局规划与相应特殊区域的其他规划的关系，通过区域规划完善合作方案中的利益与责权划分，通过规划实施来配置相应的资源对于泛珠三角区域合作是非常必要的。此外，还应形成《泛珠三角区域合作发展规划》的评估方案，通过规划年度实施情况的阶段性检查、监督，以保证区域合作目标的实现。②

---

① 陈瑞莲、谢宝剑：《回顾与前瞻：改革开放 30 年中国主要区域政策》，载《政治学研究》，2009 年第 1 期。
② 温宪元：《加快泛珠三角区域创新体系的建设框架与发展对策》，载《广东社会科学》，2005 年第 5 期。

第三篇

新型城市区域治理的地方创新

规制理论视角下的治理转型与城市复兴
——以武汉市为例

王 磊 孙小鸽[*]

【摘要】 随着城市成为积累的场所和全球竞争的主体，城市治理与城市发展之间的关系日益密切，而以复兴城市为研究对象，更有利于揭示城市治理转型的动因、条件和特征。本文首先简要回顾了国内外城市治理演化的一般进程，并借助规制理论关于积累体制和规制模式之间耦合关系的分析框架，指出城市治理转型的实质是为了在城市尺度上使规制模式更好地适应积累体制的变化。根据这一思路，本文以武汉为例，分析了其城市治理转型的动因和条件，即武汉在全国城市发展格局中的相对落后，以及国家和湖北省治理格局的转型为其提供的空间和支持，并揭示了武汉城市治理转型如何通过市区政府间关系的重新划分，政府、市场和社会的共同治理，以及多中心格局的构建，努力适应经济全球化和新型城镇化积累体制的要求，从而实现城市复兴。

一、引言

1970年以来，在经济全球化的推动下，越来越多的人口向城市集

---

[*] 王磊，武汉大学中国中部发展研究院副教授，硕士生导师，哥伦比亚大学城市规划博士。孙小鸽，武汉大学中国中部发展研究院硕士研究生。

聚,城市人口比例迅速上升。1800年到1970年的170年间,世界城市人口占全部人口的比例由3%上升到36.6%,年均提高不足0.2%;而在1970年到2010年的40年间,城市化水平提高到51.6%,年均递增近0.4%。人口的集聚提高了生产效率,扩大了消费能力,从而使城市成为财富的集聚地。2008年,全世界城市地区以将近一半的人口贡献了94%的GDP。[1]我国自20世纪70年代末实行改革开放以来,在市场化和全球化的共同作用下,人口和资本也迅速向城市集聚。城镇人口比例由1978年的17.9%提高到2012年的52.6%;城镇固定资产投资占全社会固定资产投资比例,由1995年的78.1%提高到97.4%。[2]

在要素的全球流动性和城市的巨大吸引力的驱动下,发展的尺度与竞争的主体正由国家层面向区域和城市层面发生转移。在这一背景下,地方政府,尤其是城市政府纷纷通过创新治理模式,来获得竞争优势并推动城市发展:以吸引人才为目标的"人才战略"纷纷出台;以提升竞争力为导向的"创新型城市"不断涌现;以实现资源整合为特征的"政企合作"也应运而生。然而,并非所有的城市都能同样分享全球化的盛宴,城市之间也呈现出明显的不均衡发展。一方面,一些城市或是以产业和人才的集聚而成为控制和创新中心,或是以其卓著的文化和自然景观而成为旅游消费目的地。另一方面,外部的经济冲击和内部的转型滞后共同导致了另一些城市产业的衰退和人口的流失。尽管通过对上述两类城市治理模式的研究或许可以得出"值得借鉴"的经验和"努力避免"的教训,但难以通过这些静态的观察,来深入思考治理转型与城市发展之间的动态关系。

因此,选择处于复兴阶段的城市,即经历了停滞或衰退后再次迅速发展的城市作为研究对象,有助于更深刻地揭示治理转型的动因,及其

---

[1] UN Department of Economic and Social Affairs, "World Urbanization Prospects: The 2012 Revision", 2013.

[2] 中国国家统计局:《国家统计年鉴(2003)》,中国统计出版社2013年版。

对于城市发展的作用。这对于推动我国广大中西部地区城市的跨越式发展，乃至我国区域协调发展战略的实现，都将具有重要的意义。本文将以规制理论为分析框架，以我国中部地区中心城市武汉市为案例，揭示治理转型与城市复兴之间的关系。文章结构如下：第二部分将回顾国内外城市治理模式的演进，第三部分是通过规制理论来解释城市治理转型的动因和效应，第四部分将以此为框架分析武汉市治理转型的具体路径，结论部分是对中国城市治理的进一步讨论。

二、城市治理转型

（一）国际城市治理转型

城市治理是城市公共事务管理方式的总和。随着时代的发展，城市经济社会运行的方式在发生变化，城市治理模式也发生着相应的转型。在20世纪80年代之前，城市治理基本上是着眼于如何有效地提供公共产品和公共服务，以保障再生产的顺利进行。自20世纪初，尤其是"二战"后，随着西方国家郊区化的发展，传统的单中心城市逐渐转变为多中心的大都市区。[①] 由于管辖范围的限制，教育、医疗、卫生、环保等具有跨区域特征的基础设施和公共服务供给被分割在若干个行政区边界之内，无法保证有效的供给。为了解决这种"政治碎片化"的局面，通过兼并、合并以及权利让渡的方式成立大都市区政府，从而在更大空间范围内集中统一地布局市政设施与服务，成为城市治理的主要特征。

进入70年代后，在经济全球化的推动下，西方国家普遍出现去工业化现象，城市财政危机逐渐显现。在这一背景下，城市间对于资本的争夺逐渐进入白热化阶段。随着"有效的治理能推动经济发展"成为普

---

① 曹海军、霍伟桦：《城市治理理论的范式转换及其对中国的启示》，载《中国行政管理》，2013年第1期。

遍的共识，城市治理所关注的重点也由公共服务的供给，转向如何推动经济增长。哈维（Harvey）将此称为从管理型（managerialism）向企业型（entrepreneurialism）的城市治理转型。① 简索普和孙（Jessop & Sum）进一步提出，企业型城市的核心特征是创新，以吸引资本流入。② 对应熊彼得对于企业层面创新的论述，他指出企业型城市应具有新的城市空间结构、新的空间生产方式、新的市场、新的资金来源，以及新的城市定位（表1），而实现这些创新的主要方式，也就是企业型城市治理的主要内容，包括制定发展战略、组织集体行动和进行社会动员。因此，城市治理呈现出参与主体多元化的格局，地方政府的角色也由公共服务的提供者向城市发展的策划者和组织者转型。

表1 企业创新与企业型城市创新

企业	企业型城市
新的产品	新的城市空间结构
新的生产工艺	新的空间生产方法
新的销售市场	新的市场
新的原料来源	新的资金来源
新的生产组织形式	新的城市定位

资料来源：根据 Jessop B. and Sum N.，"An Entrepreneurial City in Action: Hong Kong's Emerging Strategies in and for (inter) urban Competition"，*Urban Studies*，Vol. 37，No. 12，November 2000，pp. 2287 - 2313 整理。

（二）中国城市治理转型

由于中国改革一直集中于经济领域，城市治理的变迁也主要体现为

---

① Harvey D.，"From Managerialism to Entrepreneurialism: The Transformation in Urban Governance in Late Capitalism"，*GeografiskaAnnaler*，Series B，*Human Geography*，Vol. 71，No. 1，April 1989，pp. 3 - 17.
② Jessop B. and Sum N.，"An Entrepreneurial City in Action: Hong Kong's Emerging Strategies in and for (inter) urban Competition"，*Urban Studies*，Vol. 37，No. 12，November 2000，pp. 2287 - 2313.

政府和市场之间的关系演变,所以一般认为,中国改革开放以后的中央与地方在行政和财政领域的分权,导致了地方政府成为相对独立的利益主体。① 1994 年分税制改革之前,中国实行财政包干的政策。不仅企业是按照隶属关系缴纳税收,而且大多数地区是按照上期的收入和支出状况确定本期税收上缴比例。这就导致了"鞭打快牛"效应,即收入越多,支出越少的地区上缴的比例就越高。于是,地方政府选择创办国有企业或乡镇企业,一方面减免这些企业的税收,以压低预算收入,另一方面通过摊派,将这些本应取得的收入转入预算外账户。这些企业也往往需要地方政府在市场保护、信贷支持等方面给予的便利,这便产生了地方政府与国有企业或乡镇企业之间的一种"共生"格局。②

随着改革的不断深化,地方政府和企业之间的关系也在逐渐地发生演化。1994 年的分税制改革在一定程度上打破了地方政府与企业之间的紧密联系,导致了城市国有企业关停并转、农村乡镇企业纷纷改制。在以房地产为代表的城市市场得到开发和扩大的背景下,地方政府,尤其是城市政府,开始直接介入到经营性活动以获得收益。张云秋基于对 20 世纪 90 年代青岛的研究,发现地方政府在促进地方经济发展的过程中所表现出的"营利取向、对市场机制的敏感性、担当风险的准备以及高度的理性和效率"可以类比于企业的特质。③ 达克特以 90 年代天津市的商业和房地产业主管部门为个案,发现地方政府的各个主管职能部门在

---

① Qian, Yingyi & Barry R. Weingast, "China's Transition to Markets: Market-Preserving Federalism, Chinese Style", *Journal of Policy Reform*, Vol. 1, No. 2, March 1996, pp. 149 – 85;崔之元:《"混合宪法"与对中国政治的三层分析》,见荣敬本主编:《从压力型体制向民主合作体制的转变——县乡两级政治体制改革》,中央编译出版社 1998 年版。周黎安:《转型中的地方政府——官员激励与治理》,格致出版社 2008 年版。

② Oi, Jean C., "Fiscal Reform and the Economic Foundations of Local State Corporatism in China", *World Politics*, Vol. 45, No. 1, April 1992, pp. 99 – 126.

③ Zhang, Yunqiu, "The Entrepreneurial Role of Local Bureaucracy in China: A Case Study of Shandong Province", *Issues & Studies*, Vol. 32, No. 12, April 1996, pp. 89 – 110.

市场化环境中从事营利性的、具有一定市场风险的、生产性的商业经营活动的现象。①

市场经济的发展要求市场主体之间的平等地位，从而推动了政企分离改革的进行。城市政府逐渐由直接参与市场经营，转变为通过与市场主体之间结成合作关系，共同推动城市的发展。张庭伟以上海为例，分析了地方政府通过大量城市基础设施建设，一方面彰显政绩，一方面为制造和金融业企业提供支持，三者之间围绕城市发展形成了统一的利益联盟。②柏兰芝和潘毅分析了昆山台商如何由最初的钻空子走后门，到推动和参与地方的制度变迁，从而与地方政府一道形成了一个比较稳定的跨界治理格局。③ 20 世纪 90 年代末，城市住房和土地利用制度改革的铺开，使得城市政府越来越多借助于市场力量来实现对于城市空间的更新和塑造。何深静和吴缚龙以上海新天地为例，指出由于地方政府垄断土地一级市场，开发商在决策过程中必须与政府发展良好的关系，使得地方政府能够按照自身的意愿实施城市更新计划。④王德等分析了中国城市基础设施建设融资渠道，指出地方政府越来越多依靠市场化手段来获得财政渠道以外的资金，从而支持规模庞大的城市基础设施建设。⑤

---

① Duckett, Jane, *The Entrepreneurial State in China : Real Estate and Commerce Departments in Reform Era Tianjin*. London, New York: Routledge, 1998.
② Zhang, T., "Urban Development and a Socialist Pro-growth Coalition in Shanghai", *Urban Affairs Review*, Vol. 37, No. 4, March 2002, pp. 475 – 499.
③ 柏兰芝、潘毅：《跨界治理：台资参与昆山制度创新的个案研究》，见卢锋主编：《中国经济转型与经济政策》，北京大学出版社 2004 年版。
④ He, Shenjing & Fulong Wu, "Property-led Redevelopment in Post-reform China: A Case Study of Xintiandi Redevelopment Project in Shanghai", *Journal of Urban Affairs*, Vol. 27, No. 1, February 2005, pp. 1 – 23.
⑤ Wang, D., Zhang, L., Zhang, Z. & Zhao, S., "Urban Infrastructure Financing in Reform-era China", *Urban Studies*, Vol. 48, No. 14, November 2011, pp. 2579 – 2998.

三、规制理论与城市治理

上述回顾表明，中外都经历了由推动城市增长为目标的自上而下的政府统治（government），向多主体参与的社会治理（governance）的转型。这似乎预示着，治理转型和城市增长之间存在着某种互动关系。规制理论不仅提供了分析这一关系的视角，也为进一步深入研究中国城市治理的特点，并将其与西方发达国家城市治理进行比较提供了切入点。

（一）规制理论的基本框架

19世纪70年代起，西方发达资本主义国家经历了一场旷日持久的经济危机。一方面，标准化商品的市场饱和消费模式向多样化转变，使得传统的大规模批量生产模式开始出现衰落的迹象，另一方面，凯恩斯主义福利国家政策和工会力量的不断增长，使得国家财政开支和企业工资水平不断上涨。资本积累利润率的下降和"反周期"的国家干预，共同导致了低增长、高失业率和高物价并存的滞胀局面。这一危机促使以法国学者阿加利塔（Aglietta）为代表的一批学者开始思考资本主义经济演化的长期规律，并在马克思关于生产力和生产关系的理论以及法国年鉴学派和熊彼得创新理论的基础上，建立了规制学派的理论框架。①

规制理论的主要观点是：规制模式（mode of regulation）必须适应于资本积累体制（regime of accumulation）的变化。资本积累体制是指生产与消费间用以支撑社会再生产的相互关系，而规制模式则是国际、国家、地方各个层面上正式的法律、法规与非正式的文化习俗、行为规范的总和，其目的在于保障资本积累体制的稳定。因此，规制理论的核心是强调经济与社会、政治以及文化环境之间的密切关系，认为前者是嵌入在后者所构成的肌理之中的。在规制理论起源的法语语境中，"规制"

---

① Aglieta, M., *A Theory of Capitalist Regulation: The US Experience*, translated by David Fernbach, London: New Left Books, 1979.

(regulation) 这个概念就包括了系统论的内涵，即系统的各个不同部分或过程在某种条件下交互调整从而产生某些有序的动态。① 因此，规制理论不仅对欧美资本主义从福特制向后福特制的转变予以了解释，而且还被广泛运用到对转型经济、发展中国家和经济全球化的研究之中，对地理学和社会学等社会科学的其他领域也产生了深远影响。

规制理论认为，在战后的"福特制"（Fordism）下，资本积累体制的特点是刚性的集约化生产和大众化消费，两者之间的平衡保障了战后发达资本主义经济体的再生产得以进行。集约化生产带来的生产效率的提高使得产能急剧扩大，消费品价格低廉，这就为大众消费时代的到来创造了条件。另一方面，战后西方国家的住房、家用电器、汽车均处于短缺状态，大众消费也成为一种强烈的社会需求。同时，包括最低工资立法、资方和工会间经过集体讨价还价所形成的工资增长与生产率联系机制，以及国家福利制度对于退休、失业、病患群体的收入保障所构成的规制模式，即"凯恩斯福利国家"（Keynesian welfare state），都保障了工人能够分享生产率提高所带来的收益。

（二）积累体制与规制模式转型

19世纪70年代，福特制下的资本积累体制已经难以为继。集约化生产在提高生产效率方面的潜力已被耗尽，工人工资的提高和国家执行福利政策的资金都难以得到支撑。同时，市场的需求也发生了变化。多样化、个性化的需求以及偏好的迅速流转取代了对于标准化产品的大众消费而成为了新的趋势。因此，集约化生产和大众化消费之间的平衡被打破，资本积累体制朝向"弹性化"的后福特制（post-Fordism）进行转型以提高生产率和生产多样化产品，从而形成新的平衡。"弹性化"包括"弹性专业化"（flexible specialization）和"精益生产"（lean production）两种模式。前者指的是以"第三意大利"为代表的，根植于地方环境的中小企业网

---

① 贾根良：《法国调节学派制度与演化经济学概述》，载《经济学动态》，2003年第9期。

络。后者指的是以全球价值链或轮轴式产业区为代表的分包制网络。

随着积累体制向具有"弹性化"的后福特制生产体系转型，以调节"刚性化"生产与消费为目标的凯恩斯福利国家无法再对其构成必要的制度支撑。与之相适应的，是以实现创新为导向的熊彼得工作福利国家（Schumpeterian workfare state）（表2）。这一规制模式是以创新为导向的，具有以下几个特征。首先，参与主体多元化。无论是"弹性专业化"，还是"精益生产"，都要求通过企业、政府、社会机构之间的紧密联系，来共同对市场变化做出迅速的反应，并从社会氛围、政策扶持、产业配套、金融支持等多方面，构建区域层面的创新体系。第二，治理尺度地方化。随着区域成为创新的主要空间尺度，地方政府能够比中央或联邦政府更为有效地搭建教育培训、风险投资、科技园区等平台，将文化、教育、研发、金融机构组织起来，为企业运营和创新提供良好的环境。第三，空间结构网络化。不同于福特时代垂直一体化的产业组织模式，后福特时代的产业组织模式是网络。网络化的结构有利于生产者对市场做出迅速的反应，也推动多中心城市—区域的形成。最后，规制方式灵活化。在城市间竞争压力的驱使下，地方政府往往不得不突破现有法规的束缚，来为资本提供最大限度的便利。

表2 基于规制理论的西方与中国发展转型

	积累体制	规制模式
西方	福特制 ↓ 后福特制	凯恩斯主义福利国家 ↓ 新熊彼得主义工作福利国家
中国	传统工业化 ↓ 传统城市化 新型城镇化	计划经济 ↓ 分权化、市场化、非均衡化 合理划分政府间关系 政府、社会、市场间关系 地区间关系

(三) 规制理论视角下的中国城市化

城市治理模式的转型，是为了在城市尺度上使规制模式更好地适应积累体制的变化，从而进一步推动城市发展和竞争力提升。运用规制理论的这一分析框架，吴缚龙解释了中国积累体制由工业化向城镇化，规制模式由计划经济向市场经济的转型。[①] 在改革开放以前的传统工业化模式下，国家通过计划手段将一部分工厂的产品转化为另一部分工厂的原材料，从而维持社会再生产。同时，由于这种积累体制并不需要集体消费的支撑，不仅工资被压缩到最低限度，而且用于维持劳动力再生产的住房、医疗、教育等生活资料也通过计划方式由国家向单位下达，并由单位向劳动者提供，工作单位构成了积累和规制的基本单元。

然而，如前所述，当代积累体制的"弹性化"转型意味着社会经济主体之间在水平方向上的资金、商品、人员、信息联系日益紧密，这就与垂直的计划经济规制模式发生了不可避免的冲突。正是为了适应积累体制的转型，中国启动了以市场化、分权化和非均衡为主要特征的改革开放进程。[②] 在市场化方面，为了吸引外资进入和推动企业发展，1979年颁布了首部《中外合资经营企业法》，并从1983年起发起了"利改税"等国有企业改革措施；在分权化方面，为了使地方政府具有发展经济的积极性，从1980年推行了财税分权改革；在非均衡方面，为了减小改革的阻力，实行东部沿海地区优先发展的策略。并分别于1980年、1984年和1985年设立4个经济特区、14个沿海开放城市和3个沿海经济开放区。其中，1990年浦东开发、1994年分税制确立以及1998年开始的城市住房和土地利用改革，成为了非均衡化、分权化、市场化改革进程中具有重要意义的事件。尤其是在分税制和城市住房改革的背景

[①] Wu, F., "The (Post-) Socialist Entrepreneurial City as a State Project: Shanghai's Reglobalisation in Question", *Urban Studies*, Vol. 40, No. 9, August 2003, pp. 1673 – 1698.

[②] Hausner, J., Jessop, B. & Nielsen, K. (eds.), *Strategic Choice and Path-dependency in Post-socialism*, Aldershot: Edward Elgar, 1995.

下,地方政府揭开了基于土地开发的城镇化的序幕,即一方面通过招拍挂出让商业用地使用权获得大量土地使用权出让收入,并将其用于市政建设,另一方面通过低价出让工业用地使用权来吸引制造业企业,以形成长期稳定的税收来源。因此,伴随着城市空间不断扩大和形态的不断更新,进入城市的企业和从业人口也在不断增加。

然而,上述基于土地开发的城镇化积累体制逐渐酝酿了新的危机。首先,由于东部地区率先发展,其更高的土地价值导致了区域间差距的不断扩大。第二,由于新开发地区往往毗邻中心城区以获取更高的价值,形成了城市无序蔓延的"摊大饼"格局,并造成了对农田、水体、林地等自然环境的侵蚀。第三,随着城市土地价格的不断上涨,大量城市新移民难以获得基本的生存居住空间,从而妨碍了劳动力再生产的进行。在这样的背景下,区域均衡、人与自然协调、社会和谐成为了城镇化发展的新方向。积累体制的转型,要求对分权化、市场化和非均衡的既有规制模式进行调整(表2)。例如,在分权化方面,需要理顺中央与地方关系,通过主体功能区规划和一系列区域规划,对地方发展进行分类指导;在市场化方面,需要协调市场、政府和社会关系,强调使市场在资源配置中起决定性作用、加快转变政府职能、鼓励社会参与;在非均衡化方面,需要通过实施西部大开发、振兴东北老工业基地、促进中部地区崛起战略,实现区域协调发展。① 国家层面规制模式的转型,不仅意味着中西部地区获得了发展的机遇,也表明其需要通过新的治理方式,推动新型城镇化的发展。

四、武汉市治理转型与城市复兴

上述基于规制理论的分析表明,积累体制的发展与传统的规制模式

---

① 张京祥:《国家—区域治理的尺度重构:基于"国家战略区域规划"视角的剖析》,载《城市发展研究》,2013 年第 5 期。

发生冲突，并推动后者进行相应的转型，从而使得新的规制模式与新的积累体制相互适应。因此，城市治理的转型，不仅是原有治理结构对城市发展无法继续构成支撑的结果，也是通过新的城市治理结构推动城市发展的寄托所在。正是如此，处于复兴进程的武汉就为研究治理转型提供了好的案例。

（一）湖北的发展危机与省市关系重构

作为规制模式的一部分，政府间关系会对城市治理产生重要影响。在国家区域协调战略赋予中西部地区发展机遇的背景下，湖北省与武汉市关系也发生了相应的转变，从而推动了武汉市的治理转型与城市复兴。作为位于中部地区的内陆省份，湖北在改革开放后到世纪之交的近20年时间内一直保持着比较浓厚的计划经济色彩，这突出表现在与省会城市武汉的关系上。1984年，武汉成为"计划单列市"，不仅获得了一系列省级经济管理自主权，而且在财政预算上也独立于省级预算，财政收入不需要与省级政府分成。这表面上赋予了武汉更大的发展空间，但实际上使省市关系趋于紧张。作为湖北最大的城市，1985年武汉的GDP占全省1/4。[①] 由于武汉能够绕过省级政府开展诸如对外贸易等经济管理活动，而且税收不与湖北共享，后者不得不通过控制省内其他城市在武汉的采购、限制省内其他城市向武汉供应原材料、能源，以及将外来投资引向省内其他城市等方法，以尽可能增加省级财政收入。这在很大程度上限制了要素集聚和城市化进程的推进，导致2000年以前湖北省城市化水平一直低于全国平均水平，湖北省GDP占全国的比重也由1979年的4.64%下降到2002年的3.50%。[②]

为了促进积累体制向城镇化的转型，需要通过重新建立湖北和武汉的关系，实现武汉的率先发展。2001年，时任建设部部长俞正声调任湖

---

① 湖北省统计局：《湖北统计年鉴》，中国统计出版社2013年版。
② 中国国家统计局：《国家统计年鉴》，中国统计出版社2003年版。

北省委书记,一方面将武汉的税收增量部分从 2002 年起实行省市共享,从而使得湖北省产生了支持武汉发展的动力;另一方面通过建立武汉城市圈,在进一步扩大武汉企业市场范围的同时,发挥武汉的辐射带动功能,发展县域经济。在省市关系得以协调一致的背景下,以前由于省市关系干扰而分散布局于全省的资源得以集中。例如,将东风汽车总部由位于鄂西山区的十堰市迁往武汉,并在武汉引进诸如 80 万吨乙烯等大型项目;促使武钢与鄂钢的重组联合,整合全省的烟草生产企业,成立武汉烟草集团;推动中心百货等基于武汉的大型商业企业进入湖北其他地市开展经营。这些措施有效提高了企业的效率和竞争力,促进了湖北的发展。2012 年,湖北省 GDP 占全国的比重重新上升到 4.28%,城市化率也超过全国平均水平。[1] 当年 6 月召开的湖北省第十次党代会提出"大力支持武汉建设成为立足中部、面向全国、走向世界的国家中心城市和国际化大都市"。正是在"举全省之力支持武汉发展"的背景下,武汉的复兴获得了可能与空间。

(二)武汉市城市治理转型

改革开放前,武汉市经历了由商业城市向重工业城市的转型。武汉历史上是商业和轻工业的重要聚集地。15 世纪中后叶,汉水改道形成汉口镇,借助位于长江、汉江交汇处的地理优势,商业迅速兴起。至 19 世纪初,汉口成为以经营盐、典当、米、木材、棉布、药材六大行业为主的商业市镇,被列为"四大名镇"之一。19 世纪中叶,汉口被辟为重要的通商口岸。19 世纪末,清政府推行的洋务运动进一步刺激了武汉工业兴起和商品经济的发展,奠定了其作为"东方芝加哥"的商业都市地位。优越的地理位置和繁荣的贸易往来,极大地促进了轻工业的发展,到 1949 年时,轻工业占到武汉市工业总产值的 92.5%。建国后的计划经济时期里,鉴于武汉地处内陆,且承东起西的区位优势,国家在

---

[1] 中国国家统计局:《国家统计年鉴》,中国统计出版社 2013 年版。

武汉布局了大批被称为"共和国长子"的基本建设项目，推动武汉由传统商业市镇转变为国家重要工业基地。随后20多年间，武汉市重工业吸收的固定资产投资比重则长期高达50%—70%，而轻工业部门每年吸收的固定资产投资比重都低于8%。① 由于这种工业化积累体制下的生产单位并非是真正意义上的市场主体，武汉市市场化程度低，政府部门也缺乏推动经济发展的动力，城市治理呈现为自上而下的官僚式结构。

改革开放后，随着国家积累方式向分权化、市场化和非均衡化转型，东部沿海地区率先发展。尽管武汉市GDP在80年代仍然位于全国6—8位，但深圳、杭州、青岛等东部城市与武汉的差距逐渐缩小，而武汉与广州的差距不断加大。1990年，武汉市GDP降至第10位，1995年和2007年继而分别落至第15位和第17位。这反映出武汉城市治理与社会经济发展趋势的不相适应，并促使武汉对城市治理进行变革。2003年，时任武汉市市长在全国人民代表大会上提出"武汉在哪里？"，指出武汉需要更高的定位并发挥更大的作用。随着2006年国家实施促进中部地区崛起战略和湖北省治理模式的转型，武汉获得了通过治理转型实现城市复兴的条件。然而，在新型城镇化成为主流积累体制的背景下，武汉的治理转型一方面需要通过分权化、市场化和集聚化来克服计划经济规制模式所遗留的弊端，另一方面又需要通过市区政府间关系的重新划分，政府、市场和社会的共同治理，以及多中心格局的构建，来适应新型城镇化的要求。

1. 从分权化到理顺市区政府职能

在计划经济垂直型行政架构的影响下，武汉市政府机构表现出官僚机器的明显特点，缺乏推动经济发展的能动性。为了改变这一局面，武汉市一方面调动和扩大区级政府发展区级经济的积极性和自主性。2008

---

① Solinger D., "Despite Decentralization: Disadvantages, Dependence and Ongoing Central Power in the Inland — The Case of Wuhan", *The China Quarterly*, Vol. 37, No. 1, April 1996, pp. 1–34.

年，武汉市发布实施了《关于围绕"两型社会"建设完善城市管理体制的若干意见》，将原本属于市级政府的投资、城市建设管理等 8 类、35 项权力下放至区级政府，并进一步推动区级政府向下辖的街道和乡镇进行放权。首先，在市区两级财政关系上，规定企业所得税、个人所得税市区分成比例由原来的 5∶5 调整为 4∶6；第二，在中心城区设立区级征地拆迁机构，实行土地出让净收益市区五五分成；第三，除重大建设项目外，中心城区对辖区内建设项目实施规划许可、预审，报市规划局核准；开发区和远城区可对辖区内建设项目实施规划许可、审批，报市规划局备案；第四，区级政府对外商投资项目的核准权限由原来的 3000 万美元扩大到 1 亿美元；对不需要综合平衡外部条件的内资企业投资项目，区投资主管部门享有市级核准权限；第五，将各类开发区，以及道路、园林、湖泊和"城中村"改造的管理权限下放至区级政府。

另一方面，在向区级政府放权的同时，市级政府通过战略规划的制定，来凝聚共识和引导城市发展的方向。2010 年，国务院批复的《武汉市城市总体规划（2010—2020 年）》中，将武汉定位为"中部地区的中心城市"。尽管相较于国家对同期郑州市"中部地区重要的中心城市"的定位以及 1999 年对武汉"中部重要的中心城市"定位，这在国家层面明确了武汉在中部地区的首位性，但与武汉市复兴其"东方芝加哥"的历史地位还有距离。2011 年底，武汉市第十二次党代会提出了"建设国家中心城市，复兴大武汉"的目标，即建成为国家创新中心、商贸物流中心、现代制造业中心，并明确指出国家中心城市"是主动谋划和主动作为的结果"。这进一步彰显了地方政府将在城市复兴中发挥其强有力的策划和组织功能。在这个意义上，武汉市城市治理的转型，并非意味着政府的淡出，而是角色的转换。地方政府由对经营活动的直接干预者，转变为发展目标的设定者和市场主体的组织者，即通过政策制定、政企合作、社会动员以及政府架构调整等方式，来整合物质资本、人力资本和社会资本，使之服务于城市复兴。

在政策和规划制定上，从 2011 年到 2013 年，武汉市围绕建设国家中心城市的目标，不仅先后出台了"工业倍增计划""城建攻坚计划""服务业升级计划""自主创新能力提升计划""国际化水平提升计划"作为顶层设计，而且制定了"武汉都市发展区 1∶2000 基本生态控制线规划"，严格划定城市非建设用地，防止过度开发所带来的负面影响。2013 年，武汉市进一步委托"国家中心城市"的提出机构——中国城市规划设计研究院编制了《2049 远景发展战略规划》，将武汉的远景发展目标定位为"世界城市"。由此可见，武汉的城市治理，正在由简单的向下级政府放权，转变为在向基层政府放权来灵活适应社会经济发展，与此同时，通过顶层的政策设计来把握城市发展的方向和路径。

2. 从市场化到政府、市场、社会多元参与

由于区级经济不活跃，武汉对于中央和省市直属的大型国有工业企业的经济依赖度高，国有经济和重型工业的比重一直较高。2005 年，武汉工业总产值中，国有经济比例为 32.1%，而重工业比例高达 78.3%。在国有大型工业企业主导的格局下，武汉市经济主体之间的水平联系比较缺乏，企业对于市场变化的反应不够灵敏。为了改变国有经济独大的局面，培育和壮大市场主体，武汉市在 2008 年发布了"关于优化创业环境大力推进全民创业的若干意见"，从准入门槛、税费减免、补贴奖励、孵化平台等多个方面，推动企业的涌现和发展。2011 年到 2012 年，又通过整合流程、提前介入、部门间并联审批、限时办结等方式，来最大限度压缩工业、建筑业和服务业项目审批程序、时限和费用，来降低市场活动的行政成本。2012 年，进一步出台了"关于进一步鼓励和支持民营经济发展的意见"，又称"新 56 条"，将包括能源电力、电信建设、金融服务、社会事业、国有企业改制在内的十大领域向社会资本开放，并提出面向民营，尤其是小微企业的政府采购、融资服务办法。

武汉市治理的转型不仅停留在通过出台政策来鼓励市场主体的发展，而且还通过主动与企事业单位构建合作关系来整合物力与人力资本，共同推动城市发展。在城市建设领域，根据"城建攻坚计划"，武汉市从 2012 年到 2016 年的基础设施总投资将达到 4436 亿元，而财政资金仅占其中约 5%。为拓宽融资渠道，通过不同的政企合作方式引入市场资金就成为必然。2011 年，武汉市首次通过 BT 方式，将总投资 130 亿元的四大城市道桥项目，交由中国一冶和中建三局出资建设。2013 年，武汉市又通过 BT 方式与南瑞集团和中国铁建合作建设城市轨道交通。在自主创新方面，武汉市的科技资源大都聚集在中央直属的企业、高校和科研院所中。为了打破条块分割，形成"官产学研"充分合作的局面，武汉市与一些大型央企和高校共建研究院。如 2012 年与华中科技大学共建武汉光电工业技术研究院、武汉智能装备工业技术研究院，与武汉理工大学、东风公司共建武汉新能源汽车研究院，与武汉大学共建武汉导航与位置服务工业技术研究院，2013 年分别与武汉船舶重工共建武汉海洋工程装备研究院，与地质大学共建武汉地质资源环境工业技术研究院。这些合作研究机构的名称前不仅均冠有"武汉"，而且其研究课题也以武汉市优势产业的升级和竞争力提升为指向，充分反映了这种治理转型的目的指向。

除了政企合作外，武汉市治理转型还进一步触及更广阔的社会层面。作为全国在校大学生人数最多的城市，武汉市长期以来面临人才资源外流的局面。为增强大学生群体对武汉的认同感，2012 年 9 月，武汉市长进入高校校园，向全市 32 万大学入学新生发放每人百元公交卡和介绍武汉市情的口袋书《最武汉》。2013 年 5 月，武汉启动"大学生留汉"工程，为留汉从业高校毕业生取消落户限制，并提供公租房，体现了致力于发动全市 118 余万大学生群体创新创业，推动城市转型发展的强烈意愿。2013 年 8 月，武汉市在全国率先出台了一项旨在鼓励大学生创业的"青桐计划"，并在首次座谈会上，采纳了参加代表的建议，推出了通过创业主题演讲、项目路演，搭建创业大学生、创业导师与资本对接的平台的月度活动"青桐汇"。当年年底，武汉市长公开表示了希望进入校园交流创业体验的愿望，并将2014年3月的第四次"青桐汇"放在武汉大学举行。为了在更大范围内凝聚社会力量共同参与城市治理，武汉市从2011年起便发起"治庸问责"行动，采取媒体明察暗访、群众投诉举报，以及电视问政等一系列举措，动员社会力量来推动政府作风和职能转变。到2014年4月，全市共问责2735人。其中，给予纪律处分745人，组织处理2008人。尤其是每年两次的电视问政，不仅成为当地收视率最高、参与程度最广泛的电视栏目，还被全国五十多个其他城市借鉴。正如电视问政的推动者武汉市委书记所说，"电视问政是一个平台，是一个聚集人民群众智慧的平台，最后形成一股力量，建设国家中心城市"。

3. 从单中心城市到多中心大都会

与中国许多其他的城市一样，武汉市也具有显著的单中心特征，即以中心城区为核心和新城区为边缘的城市空间结构。2005年，六个新城区的总人口占全市44.4%，而GDP仅为全市的23.8%，城市化率仅有23.7%。单中心格局意味着市域空间范围内分工程度不足，不仅造成了诸如交通拥堵等城市问题，而且也妨碍了城市功能的提升。在这种情形下，武汉市提出依托三个国家级开发区，即以光电子为核心的"东湖高新技术开发区"、以汽车制造为核心的"武汉经济技术开发区"、以临空经济为核心的"武汉临空港经济技术开发区"（以下分别简称"经开区"、"高新区"和"临空区"）和武汉新港，带动位于二环以外的六个新城区的发展，从而形成大光谷、大车都、大临空、大临港四大板块"独立成市"的空间经济格局。因此，在开发区和行政区之间，就需要构建实质性的合作关系。一方面是地域广阔，但发展不足的新城区，另一方面是资本和智力高地，但可利用空间日益缩减的开发区。然而，这种本质上的互补关系却因为行政边界的制约，导致后者的制度和环境难以延伸至前者范围内，而调整开发区规划范围与行政区划需要国务院及相关主管部门的审批，难度大、周期长、短期内难以实现。

在这种情形下，武汉市通过"托管"这一弹性化的政府架构调整，既不改变现有的行政区划，也有效地实现了两者空间的融合。2010年，武汉市将与"高新区"毗邻的洪山区和江夏区共296.13平方公里地域范围的社会经济管理权限交由前者托管，成为前者自1988年成立以来第六次，也是规模最大一次扩容。通过"托管"这一地方政府内部程序，武汉实现了高新区对新城区的实际管理。除了行政管辖地域的原因外，妨碍开发区发展的另一原因在于开发区管委会只是市政府的派出机构，诸如高新技术企业认定等诸多事务的办理都需要依托区级政府来进行办理，从而影响了其行政效能，而这并不能通过上述整合空间的"托管"方式解决。为了推动开发区和新城区行政资源的整合，武汉市一方面通过修订开发区管理条例，寻求从法律层面正式赋予开发区独立管理权限，另一方面开创了"合署办公"和"整体托管"的政府架构改革。由于"临空区"完全位于东西湖区的范围内，武汉市在2012年对它实行了"区区合一"的管理体制改革，即将开发区党工委、管委会与东西湖区委、区政府合署，从而实现两者的行政功能的融合；2014年初，"经开区"对与其毗邻的汉南区进行了"整体托管"，即保留后者的建制和行政区划。因此，扩容后的"经开区"实际上获得了区级政府的执法权利。

（三）武汉的城市复兴

武汉的治理转型有效地推动了城市的复兴。首先，市场化和社会参与治理的程度明显提高，改变了高度依赖国有大型工业企业和政府单边拉动的局面。从2005年到2013年，武汉市民营经济增加值占GDP的比重由39.5%上升至42.3%，全部工业总产值中，国有经济比例由32.1%下降至约26%。在"青桐计划"实施起的4个月内，入驻全市26个大学生创业特区的团队近400个，入驻创业就业大学生近万人。武汉地区2011届26.77万高校毕业生中，47.04%的本科生和专科生，39.93%的硕士和博士生选择留在武汉就业，远高于赴沿海地区的就业比例。高新技术产业增加值占GDP的比重也由2005年的12.9%上升至2013年的18.8%。在社会参与方面，"电视问政"通过面向社会筛选出各部门十大突出问题、相关部门提出整改承诺，媒体进行回访并直播官员与市民代表就整改效果进行的面对面质询，有效地向社会传达了"城市复兴"和"百姓参与"的意愿。2014年，国家统计局武汉调查队从武汉全市随机抽取400户居民家庭开展问卷调查表明，80.9%的调查对象对"复兴大武汉"表示"乐观"。第二，区级经济发展显著加快。在向区级政府放权的激励下，武汉市区级经济迅速发展。2004年，武汉市13个区实现生产总值997.66亿元，占全市的45.1%；完成地方财政收入51.19亿元，占全市地方财政收入的39.6%。2013年，13个区共完成生产总值6811.10亿元，占到全市的75.3%；完成地方公共财政收入485.46亿元，占全市的49.6%。区级经济的迅速发展壮大，改变了武汉市对于中央和省属、市属的大中型国有企业的高度依赖局面，使得"武钢打个喷嚏，武汉就会感冒"的情况成为了历史。2005年，钢铁业还是武汉产值最大的产业。当2012年钢铁产业产值下滑8%时，汽车、装备制造、电子信息、能源环保、食品烟草成为新的五大千亿产业。第三，新城区迅速发展壮大，推动武汉由传统的"核心—外围"结构向多中心结构转变。2013年，六个新城区生产总值和规模以上工业总产值的增幅均高于全市平均水平。新城区增幅规模以上工业总产值超过3000亿元，达到3805.02亿元，占全市的36.6%，比上年提高了6.4个百分点。武汉市正在形成"繁荣在主城区，实力在新城区"的空间经济结构。

随着城市治理方式的转变，武汉市在经济活力度、社会参与度、空间多极化等方面都实现了实质性的转型，并有效地推动了城市竞争力的提升。自2008年起，武汉GDP先后超过南京、宁波、大连、青岛，并在2012年位列全国第九位。这不仅是武汉自1990年后首次重新返回全国前十的行列，同时也从一个侧面表明了，武汉的城市治理转型在一定程度上适应了全球化背景下经济发展的趋势，也结合了中国当前转变发展方式的要求。

五、结论

作为规制模式在城市范围内的体现，城市治理需要与城市尺度上的积累体制相适应。在福特制生产方式背景下，城市治理是凯恩斯福利国家体系的延伸，主要体现为通过官僚机器实现公共服务的有效覆盖；而在后福特制环境中，城市治理则是熊彼得工作福利制的体现，表现为以构建城市竞争力为导向的尺度水平化、主体多元化、结构网络化和方式灵活化。对于中国而言，由于传统的工业化并不需要城市发展的支撑，计划经济下的单位体制取代了城市治理成为维系社会再生产的制度；随着积累体制转向城市化，规制模式转向分权化、市场化和非均衡化，城市治理逐渐演化为地方政府与制造业和房地产企业之间通过合作关系，来共同推动城市增长并从中获益；当新型城镇化初显端倪时，也对城市治理提出了新的要求。

正是在上述意义上，"有效的治理能推动经济发展"，而发展的危机也将促进治理的转型。治理与发展之间这种呈现"V"型的相互作用机制也在本文对于武汉的研究中得到了进一步证实。武汉政府机关的垂直结构明显、对于国有经济依赖程度高、单中心结构明显，这在很大程度上与现代经济发展要求不相适应，从而导致了武汉市在全国城市竞争格局中的逐渐落后，并促使其通过治理转型来实现城市复兴。同样值得注意的是，武汉市治理转型是在国家和湖北省规制模式分别向区域协调发展和"举全省之力支持武汉发展"转型的背景下发生的。尤其是湖北省与武汉市关系的改善，不仅推动了湖北省自身的发展，也为武汉市的治理转型创造了条件。因此，尽管中国城市治理转型同样源于积累体制危机所引起的主动调整，但在很大程度上依然受到国家和区域治理转型的制约。这也是对全球化背景下国家被"掏空"（hollowing out）这一观点的重要补充。

最后，武汉的城市治理转型体现了新型城镇化和经济全球化的双重要求。传统城镇化的对立面是计划经济下的工业化，因此其强调分权化、市场化和非均衡化，旨在通过市场的力量来实现数量和规模上的增长。由于计划经济建立在单位体制的基础上，与西方凯恩斯主义福利国家有着本质不同，因此当前者在分权化和市场化的浪潮下逐渐褪去时，中国城市开始出现了诸如贫富分化、环境破坏等问题。在这一背景下，新型城镇化的对立面是传统城镇化，因此其强调市区政府间关系的重新划分，政府、市场和社会的共同治理，以及多中心格局的构建，旨在通过"找回政府"来实现结构和质量的改善。[①] 事实上，上述武汉治理转型的各个方面，都体现了政府的主动介入，但其角色既涵盖了经济全球化条件下的普遍趋势，即作为发展战略的拟定者和发展策略的组织者，也包括了中国发展路径所提出的特殊要求，即基本公共服务的提供者。这不仅是中国城市治理所面临的挑战，也提供了为城市治理理论和后发国家城市治理实践做出创新的机遇。

---

① 叶林：《找回政府："后新公共管理"视阈下的区域治理探索》，载《学术研究》，2012年第5期。

"飞地式合作"与中国区域经济协调发展[*]

柳建文[**]

【摘要】 中国的地方合作推进迅速,但从实践中看,仍然存在诸多局限:首先,没有涉及地方政府之间经济事务管辖权的让渡。其次,尚未深入打破行政区划的限制。最后,对口支援虽然推动了欠发达地区的经济发展,但面临从政治任务向法律义务的转变、协调支援方与受援地积极性以及如何定位该制度下的地方政府间关系等难题。近年来,"飞地合作"开始成为地方政府推进区域协调发展的一种新尝试。简单来说,就是经济发达地区输出技术和项目,欠发达地区提供土地进行开发;或是经济落后地区把引进的项目安排在经济发达地区来运作。与传统的地方合作模式相比,这种合作方式以一方向另一方让渡部分或全部经济事务管辖权为特征,它可以突破行政区划的限制,同时也可有效调动起合作各方的积极性,缓解环境保护与经济发展之间的矛盾。依据欠发达地区不同的发展条件,可采取的合作模式有"外飞地式合作"和"内飞地式合作",前者适用于生态条件脆弱、开发成本大的地区;后者适用于地理区位和经济基础相对较好的地区。为鼓励欠发达地区开展飞地合作,需要加强顶层设计,包括法律制定、

---

[*] 本文部分内容刊发于《贵州民族研究》,2014年第9期。
[**] 南开大学周恩来政府管理学院副教授。

政策引导和资金扶持等。

一、引言

　　地方合作是促进区域协调发展的重要手段。中国地方之间的合作大体可概括为三种模式：互利模式，即合作的各方均可从合作中获益；大行政单位主导模式，即合作各方中有一方获益多，以至于它可以单独承担地方合作的成本；中央诱导模式，即中央要求地方之间的合作或制定鼓励地方合作的政策，比如对口支援、对口互支。① 目前发达地区之间的合作基本以互利模式或大行政单位主导模式为主。发达地区与欠发达地区的合作主要来自中央政府的安排，以对口支援为主。从实践中看，上述合作模式仍然存在诸多局限：首先，没有涉及地方政府之间经济事务管辖权的让渡。其次，尚未深入打破行政区划的限制。最后，对口支援虽然推动了欠发达地区的经济发展，但面临从政治任务向法律义务的转变、协调支援方与受援地积极性以及如何定位该制度下的地方政府间关系等难题。因此，继续推进地方合作需要探索新的机制。近年来，"飞地合作"开始成为地方政府推进区域协调发展的一种新尝试。简单来说，就是经济发达地区输出技术和项目，欠发达地区提供土地进行开发；或是经济落后地区把引进的项目安排在经济发达地区来运作。与传统的地方合作模式相比，这种合作方式以一方向另一方让渡部分或全部经济事务管辖权为特征，它可以突破行政区划的限制，同时也可有效调动起合作各方的积极性。

二、飞地式合作的形成及特征

　　飞地（enclave）是指位于他国境内而与本国不相毗邻的领土或一国

---

① 杨龙：《地方政府合作的动力、过程与机制》，载《中国行政管理》，2008 年第 7 期。

内位于某一行政区域之中而为另一行政区域所管辖的土地,又可分为内飞地(enclave)与外飞地(exclave)两种类型。国内飞地的出现主要因为经济原因而由政府设置产生。比如,为保障城市发展的资源需求,中国的部分大城市在其他地区获得了异地管辖权,形成了"行政飞地",像位于黑龙江甘南县境内的北京市双河农场、位于江苏省大丰市的上海农场等。

区域经济中的飞地现象也被称为 BOT 发展模式,即一区域在另一区域投资建设(Build),建设方与提供建设用地等资源的一方商定项目建成后建设方运营(Operate)的期限,在运营期满后建设方无条件将项目转交(Transfer)给项目所在区域。这种方式适用于那些资源丰富但开发条件不完备的落后地区与发达地区的合作。① 从实践中看,一般为经济发达地区向欠发达地区转移产业和输出项目,欠发达地区提供建设用地,利税两地共享。其中输出经济的地区称飞出地,输入经济的地区称为飞入地(见图1)。国内较早发展"飞地合作"的是一些沿海经济特区,比如浦东与江苏、深圳与粤西北地区的产业转移和建立异地产业园区等,均已颇具规模。近年来,"飞地合作"在内陆地区也开始出现。

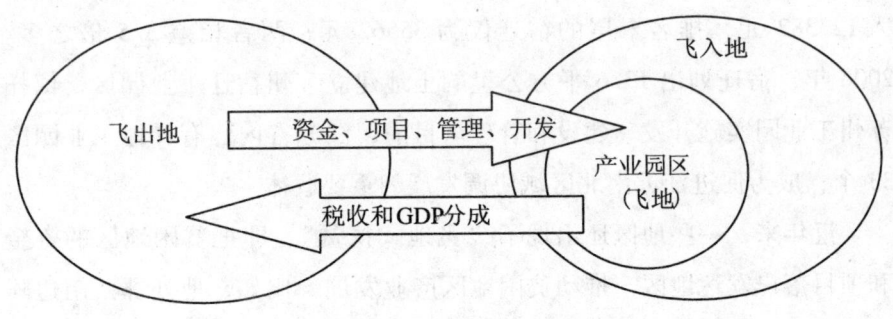

图 1　"飞地"合作示意图

---

① 张敦富:《区域经济学原理》,中国轻工业出版社1999年版,第189页。

飞地式合作首先是地方为突破资源限制而采取的策略。我国省级单位间自然地理、经济水平差异很大。西部各省资源丰富，但缺乏资金和技术。东部沿海省份技术先进，但人口稠密、资源短缺，土地开发强度已接近上限。比如，苏锡常地区建设用地率高达14%，后备土地资源面积仅占该区总面积的0.5%。东莞石龙镇10.38平方公里的土地上集中了上千家企业。目前，产业链条低端的投资项目已无法在东莞安家落户。为解决劳动力短缺以及土地资源紧张问题，沿海发达地区开始通过输出产业和资金在内陆地区设立"工业园区"，以降低商务成本，解决产业发展腹地空间不足的难题。由于产业转移在一定程度上解决了内陆地区资金、管理和技术水平不足的难题，因此这一合作形式也受到内陆地区的欢迎。2010年，国家出台《关于中西部地区承接产业转移的指导意见》，并在江苏连云港市设立东中西区域合作示范区，批准设置了皖江城市带产业转移示范区。依据规划，安徽设立了江南、江北两个带有飞地经济特征的产业集聚区，湖北、河北、陕西、四川等地也都相继设立了类似的产业园区。"飞地合作"开始"起飞"。

其次，飞地式合作的动力来源于地方政府缩小管辖区域内发展差距的努力。中国各省内部也有发展差距。江苏GDP排名第一的苏州人均收入123382元，排名末尾的宿迁仅为35562元，两者相差3.5倍之多。2006年，宿迁划出13.6平方公里的土地建立苏州宿迁工业园区，依托苏州工业园实施开发、建设和管理。目前，江苏省内建有异地工业园区33个，成为促进江苏南北区域协调发展的重要载体。

近年来，一些地区还出现了"飞地式扶贫"，即把贫困地区的资金和项目落户发达地区，推动贫困地区产业发展。比如，地处鄂西南边陲的五峰土家族自治县以喀斯特地貌为主，平均海拔1100米，全县工业总产值不到30亿元，规模以上工业企业仅14家。2011年，在湖北、宜昌两级政府支持下，五峰县与枝江市达成协议，枝江市在交通便利的白洋镇为五峰县划出一片土地建立了"飞地扶贫园区"——五峰民族工业园。建园一年就引进投资 30 多亿元，超过五峰历年招商引资的总和。类似的飞地园区还有四川阿坝藏族羌族自治州设立在成都市金堂县的"成都—阿坝工业园"。

从地域上看，飞地式合作既有跨省的合作，也有省内的合作。以产业转移和承接为导向的飞地合作一般是跨省的，其推动力量来自于地方的资源互补和双向获益。在管理模式上，一般是由经济较为发达的输出地负责园区的规划、开发和经营管理；输入地则主要负责园区的征地、基础设施建设和后勤保障。也有双方共同建立园区开发公司进行合资经营，但在公司管理中也多以输出地为主导。利益分配由双方协商而定。

以扶贫为导向的飞地合作大多集中在省内，主要由上级政府推动，为增强合作双方积极性，上级政府还确定了双方的合作收益。比如，江苏省明确提出苏南与苏北共建的产业园区十年不分红，主要受益留给输入地和园区。湖北省规定五峰民族工业园的税收由枝江、五峰两地"三七开"。四川省要求成都—阿坝工业园区按照成都市出资 60%、阿坝州出资 40% 建设，收益则按照第一个五年成都、阿坝按 3.5∶6.5 分享，2019 年起成都、阿坝按 4∶6 分享。此类合作在管理模式上主要以发达地区为主导，在收益分配上则向欠发达地区倾斜。

总结国内已有的飞地合作，可大致区分为两种模式：发达地区向欠发达地区飞入模式和欠发达地区向发达地区飞出模式。从欠发达地区的角度看，前者可称之为"内飞地合作模式"，后者可称之为"外飞地合作模式"。内飞地合作模式的特点是筑巢引凤，即区位条件比较优越的地区提供土地和各种基础服务设施，吸引发达地区建立工业园区或投资建厂。例如，2010 年安徽出台《关于建立利益分享机制推进园区合作共建的初步设想》，计划将皖江城市带产业转移示范区"净地"交给上海、江苏、浙江独立经营、封闭运作。外飞地合作模式的特点是借鸡生蛋，即一些受自然环境、地理条件约束无法进行资源开发的地区在其他行政辖区内建立工业园区招商引资、发展项目。比如前面提到的五峰土家族自治县铁矿石储量达到2亿多吨，但森林覆盖率达81%，被列为三峡库区水土保持生态功能区，属于国家限制开发区域，因此枝江市建立自己的产业园区进行资源开发。

三、飞地式合作在区域协调发展中的功能

飞地式合作有如下特点：第一，合作双方一般为发达与欠发达地区；第二，合作双方具有较强的资源互补性，合作以市场原则和互惠互利为导向；第三，合作的形式比较灵活、多样，可以摆脱某些政治因素的干扰。因此，飞地式合作在促进区域协调发展方面具有重要功能。

首先，它可以在不触及行政区划的情况下形成合理的区域产业布局和分工体系。发展经济学认为，不同的经济部门或不同的产业的经济增长过程是不平衡的，并且存在关联效应和资源优化配置效应。飞地合作往往是地方产业结构调整的结果，意味着产业的重新布局，也是实现资源空间优化配置的过程。据不完全统计，目前国内飞地合作中基于资源互补的案例大概占到70%以上。通过合作，飞出地获得了更多的发展空间；飞入地则推动了本地产业结构的转换和工业化进程。

其次，它具有区域协同增长效应，涉及经济、社会、文化等诸多方面。对欠发达地区而言，飞地合作的最大好处是可以减少探索时间和创新成本，实现跨越式发展。从2006年开始，苏北的GDP、投资、财政收入、进出口等主要经济指标增速均高于苏南、全省乃至全国。2011年湖北省县域经济综合考核中，五峰土家族自治县排名前进4位，2012年前三季度五峰县生产总值增长13%以上，固定资产投资增长20%以上，公共财政预算收入增长30%左右。在成都—阿坝工业园新开工企业的强力支撑下，2011年阿坝州实现工业增加值10.64亿元，同比增长35.5%，增速居全省第一。[①] 此外，劳动力选择就业的标准是与地区间

---

① 梁现瑞：《飞地园区带动阿坝经济齐飞》，载《四川日报》，2011年6月4日第1版。

的工资水平相比较的,如果不考虑其他因素,只要飞入地的工资水平与飞出地大致相当,就会积极寻求工作机会。因此,飞地合作还具有就业效应。比如,苏州—宿迁工业园区建立以来,苏州已累计向宿迁转移 500 万元以上项目 549 个,带动就业 22.3 万人。① 对欠发达地区来说,飞地带来的生活方式的冲击有可能对本区域的社会发展起到积极作用:"大量证据可以证明这样的论点:如果人们处在一种看不到变革可能性的环境中,那么这种环境下的稳定的贫困甚至可能滋长保守主义。"② 而飞地的形成则可能打破这种相对封闭的社会自然状态,促进社会结构转换。

最后,欠发达地区在边远乡镇创办飞地园区还可以促进农村人口的转移,推动城镇化进程。

由于飞地合作具有的积极功能,探索"飞地"型的区域合作成为"十二五"时期我国推进区域协调发展的重点之一。③ 2010 年,宁夏在石嘴山划出 1.5 万亩土地交由山东淄博建立"淄博工业园"。2011 年,内蒙古与河北签署"关于建设临港产业园和港口项目合作协议",河北在曹妃甸为内蒙古提供 50 平方公里土地建设港口产业区,在乐亭新区划转 10 平方公里土地建设化工产业园区。同时,内蒙古还与辽宁绥中就建设"飞地"港口码头、临港产业园区进行积极接触。作为一种新兴的合作模式,本文接下来将就欠发达地区推进飞地式合作的必要性及可行性展开探讨。

四、欠发达地区如何推进飞地式合作

我国绝大多数地区处在工业化初期或中期阶段,对能源和基础原材

---

① 韩文秀等:《创新推广飞地经济 促进区域协调发展》,载《中国经济时报》,2011 年 7 月 13 日第 5 版。

② [美]李普塞特:《政治人:政治的社会基础》,张绍宗译,上海人民出版社 2011 年版,第 31 页。

③ 贾若祥:《探索飞地型区域合作:关于"十二五"时期完善我国区域协调发展体制机制的思考》,载《中国经济导报》,2010 年 6 月 8 日 B1 版。

料的需求很大。其中辽宁、北京、天津、山东、江苏、上海、浙江、福建、广东等东部发达省市大多处于严重缺能或结构性缺能状态，西部地区资源较为充足，仅广西、云南等个别省区处于一般性缺能状态。① 因此，我国地区间的能源合作具有广阔前景。民族地区拥有丰富的自然资源和劳动力资源，土地成本低，易形成产业"洼地效应"。自20世纪90年代以来，长三角地区综合商务成本上升了76%，工人工资平均上升了51%，石油、煤炭、钢材和土地等要素价格持续上涨。低成本优势是飞地合作的重要条件。以宁夏石嘴山淄博工业园区为例，每吨产品生产成本比淄博节省30%，企业还可享受多项民族地区的优惠政策。②

另一方面，"一个地区的某种资源相对丰富，只构成该地区在这种资源上的潜在比较优势，但并不一定使该地区大量使用这种资源的产业具有比较优势。是否存在这种比较优势，考虑成本（包括环境成本、运输成本等）不但要取决于各地区的资源相对丰富程度，更重要的是取决于这类产业和其他产业相比的要素成本和要素生产率"③。根据"生态环境应力指数"，平均海拔每增高100米，区域开发成本将提升2.2—2.4个百分点。青海、西藏平均海拔在3000米以上，资源开发的成本很大。由于生存环境恶劣，这些省区的投资项目严重不足。

根据国务院2010年颁布的《主体功能区规划》，有20个限制开发和禁止开发的重点生态功能区分布在民族地区。但是，主体功能区并非针对区域协调发展而设计，其主要是通过空间管治和分类调控规范开发秩序。单纯依靠主体功能区规划并不能解决区域协调发展尤其是地区差距

---

① 樊杰主编：《中国地区经济协调发展与区域经济合作研究》，中国友谊出版公司2001年版，第14页。
② 时明霞：《打造合作样本给力结构调整 石嘴山联姻淄博绽放飞地经济奇葩》，载《宁夏日报》，2012年3月22日第2版。
③ 王小鲁等主编：《中国地区差距：20年变化趋势和影响因素》，经济科学出版社2004年版，第38页。

扩大问题。"主体功能区建设将会加剧经济发展的空间不均衡，推动人口、要素和产业向少数条件较好的地区集聚，结果将有可能进一步加剧'中心'与'边缘'化的倾向。对广大西部和落后地区来说，在新的政策框架下，未来发展的'门槛'将进一步提高，成本不断增加，发展难度加大。"①

从发展条件上看，西藏、青海、新疆等省区的特困民族县多位于荒漠高寒区，分布于滇、黔、湘、桂、川等省区的特困民族县多位于喀斯特区。这些地区可开发的资源较少，自然灾害发生率高，生态承载能力低，是少数民族地区中环境特别恶劣、资源特别匮乏和生态特别脆弱的地区。部分特困民族县为单一民族自治县，发展封闭，社会文化变革阻滞力大。有的特困民族县连片分布于"三西"地区，有的连片分布于武陵山区、乌蒙山区等，这些地区缺乏经济增长极，不易形成经济带，是民族地区中区位条件最不理想的区域。

对这些自然条件恶劣的地区，可以选择外飞地合作模式推动经济发展。具体而言，可将这些地区的工业和招商引资项目放到开发条件较好的行政区域内的工业园区中，项目的产值、税收，由双方按比例分成。也可在经济发达地区划出一块"飞地"供这些地区使用，在区域的选择上，可依托现有的对口支援关系由援助方提供。中国目前提出实行资源有偿使用制度和建立地区间横向生态补偿机制。"由于承担生态服务供给的西部民族地区不仅承担了生态环境建设的成本，而且因主体功能区划发展要求而限制了许多经济产业尤其是工业的发展，丧失了相应的发展机会。按照区域分工理论，西部民族地区为全国提供了生态功能专业化服务，而生态服务和产品具有稀缺性，享受生态系统服务功能的'生态收益区'应当为这种生态效益的溢出效益支付相应的生态服务成本。"②

---

① 魏后凯等：《中国区域政策：评价与展望》，经济管理出版社2010年版，第378—379页。
② 田钒平：《西部民族地区经济与生态协调发展的理念转换与制度建构》，载《民族学刊》，2011年第1期。

通过外飞地合作，可以降低这些地区招商引资成本过大的问题，也可解决这些地区因承担生态保护责任而造成的"发展权和福利受损"问题，进而解决这些环境脆弱的民族地区经济发展与生态保护之间的冲突。在管理方式上，这些"外飞地"可由民族地区自管，也可委托飞入地政府代管，或双方共管。外飞地合作模式带有扶贫的性质，在飞地的选择、建设成本分摊、收益分配等方面需要充分发挥上级政府和中央政府的协调作用。

产业转移是飞地合作的重要动力。据有关部门测算，仅广东、上海、浙江、福建四省市需要向外转出的产业产值就达到 1.4 万亿元左右。内蒙古、贵州、云南、新疆、广西目前已经成为产业净转入地区。① 对这些地区而言，可以考虑采取内飞地合作模式推动经济发展，即选择一些交通和基础条件较好的区域作为发达地区的飞地承接产业转移。部分民族省份地广人稀，管理半径过大，行政成本很高，是制约经济发展的重要因素。一些学者提出"分省"或"缩省"的建议，但大幅度调整行政区划成本太高，执行难度很大。② 为促进此类省份的发展，可考虑采取特殊的内飞地合作模式，即将一些地区的行政管辖权与经济开发权适当分离：一是选择那些自然地理条件接近的区域，划归一部分行政区归另一个行政区有期限地开发管理；二是选择某些资源相关的区域，由另一个具有资源开发条件和能力的行政区代管；三是选择那些经济发展条件好的行政区代管其周边的一个或若干个落后地区。也有学者将此模式称为"嵌入式区域合作"，即"在中央政府的周密决策下，选定某些经济发达省区，直接接管欠发达省区的个别县区，接管时间 30 年左右"。③ 内飞地合作的收益分配一般由双方协商而定，由于飞地具有区域

---

① 魏后凯：《中国区域协调发展研究》，中国社会科学出版社 2012 年版，第 390 页。
② 柳建文：《中国区域差距的政治视角及调控策略》，载《学术探索》，2007 年第 4 期。
③ 王维平：《经济政策创新与区域经济协调发展》，中国社会科学出版社 2006 年版，第 207 页。

经济社会协同增长效应，因此欠发达地区在税收和 GDP 分成上可做适当让步。内飞地一般应由发达地区直接管理，但考虑到提升欠发达地区的自我发展能力，此类飞地可采取阶段性的管理权分配措施，即先由飞出地管理，然后双方共管，最后过渡到飞入地管理，双方管理的时间段可在合作协议中明确。比如，佛山市顺德区在英德市建有广东顺德（英德）产业园，园区由顺德主导，英德起辅助配合作用，园区税收、工业产值、GDP 实行五五分成，合作期 25 年，期满后园区的管理和产出全部移交给英德。

优惠政策是飞地合作的重要资源。目前，国家在税收、金融、财政等许多方面给予民族地区特殊的优惠政策，加上《民族区域自治法》提供的经济管理自治权以及西部大开发等政策优惠，形成了一套优惠政策体系。近年来，国务院又相继将乌鲁木齐、石河子、昆明、贵阳、西宁、呼和浩特、银川、拉萨等经济技术开发区升级为国家级经济技术开发区。2010 年，喀什、霍尔果斯正式成为国家级特殊经济开发区。中央决定适当放宽两地的行业准入限制；针对新办企业给予一系列财税优惠政策；对投资新办的重大项目可采取"一事一议"给予更加优惠的特殊政策。这些政策性资源为民族地区推进飞地式合作提供了更多的空间和条件。

欠发达地区特别是民族地区推进飞地合作具有重要政治经济意义。首先，欠发达地区可以利用飞地合作促进人口和产业的均衡分布，通过"飞地"来推动城镇化进程。与东部地区相比，西部地区人口、经济集中度很高，在人口稀疏的区域为发达地区划定飞地，可以引导人口流向和产业布局。少数民族人口的城镇化率偏低，部分少数民族有固守家园的倾向，人口外迁率很低。① 在少数民族人口集中的地域设立飞地，有

---

① 柳建文：《新型城镇化背景下少数民族城镇化问题探索》，载《西南民族大学学报》，2013 年第 11 期。

助于少数民族成员就近选择就业，有利于提升他们的城镇化水平。

其次，民族地区处于中国经济版图的边缘位置，甚至有国外学者认为民族地区发展的唯一障碍就是其与本国主导区域距离遥远。"距离是产生依赖的关键。距离构造了区域经济。它影响并且能够对国家构造施加限制。中心与边缘之间相距越远，对后者控制的代价越大。"① 飞地式合作不仅可以遏制区域差距扩大的趋势，还具有制度扩散效应。"从经济发展来看，一个民族经济进步的程度取决于他们所能获得的向其邻居们的经验学习的机会的多寡，彼此接触的方式越多样化……那些最易与外界接近并有机会与其他民族集团发生相互影响的人们总是最有可能在经济技术领域中跻身前列。"②

最后，"飞地合作"也被称为"嵌入式合作"，开展经济合作的同时可以促进不同民族之间的文化交流与融合，可以作为增强民族团结的新举措。从长三角、珠三角的发展看，地方政府跨区域的合作行为是促进区域社会经济一体化的关键变量，相距遥远的省区因地方合作而联系得更加紧密。因此，推进民族地区开展飞地式合作还具有重要的政治意义。

五、欠发达地区推进飞地式合作的政策引领和保障

飞地合作的出现给中国的区域经济转型带来了新的课题。比如飞地管理机构的权能定位、飞地合作收益的划分以及合作纠纷的处理等。从实践中看，由沿海地区与中西部地区合作形成的"飞地"并不多见，相关成功案例主要发生在省级行政区域内。从广东、江苏等省的经验看，上级政府在飞地合作过程中的统筹协调非常关键。这说明"飞地合作"需要系统的顶层设计。尽管国家《关于中西部地区承接产业转移的指导

---

① 邓正来主编：《布莱克维尔政治学百科全书》（修订版），中国政法大学出版社 2002 年版，第 106 页。

② 陈庆德：《民族经济学》，云南人民出版社 1994 年版，第 83 页。

意见》对中西部地区设立园区承接沿海地区的产业转移做出了一些规定，但这些规定大多是粗线条的，尚没有对跨区域合作的组织协调机构、合作双方的权责划分、合作过程中争议的解决机制以及合作双方的收益划分等做出详细规定。我国的税收以及 GDP 主要按属地化原则统计，合作是否会引起自身税收以及 GDP 流失是地方政府开展飞地合作时优先考虑的问题。由于缺乏组织协调机构和利益分配机制，双方无法有效解决税收以及 GDP 分成问题，往往导致一些酝酿中的"飞地合作"夭折。这也是欠发达地区未来推进"飞地合作"面临的主要障碍。

  在跨行政区的合作中，地方政府之间没有隶属关系，它们之间的合作主要来自互利，其次需要上级政府的推动。在激励地方合作方面，中央可以利用的手段有法律规范、政策诱导、资金支持和地方官员的政绩评价导向。我国没有"政府间关系协调法"或"政府间合作法"，也没有类似美国宪法中约束各州"协议条款"的法律规定，使得较大规模的跨区域合作项目实现难度很大。目前专门协调地方政府间合作关系的"区域经济合作促进法"已列入全国人大财经委立法规划，合作原则、基本制度、主要合作领域以及合作中的争端解决等都将列入立法内容，但针对飞地式合作的法律法规仍处于空白状态。在协调全国地方合作的法律出台后，可借鉴广东、江苏等省开展"飞地合作"的成功经验，明确合作双方的权责划分、利益分配、"飞地"的管理体制、合作纠纷的解决机制等，形成对"飞地合作"的指导性文件，为地区之间推进"飞地合作"提供详细引导和参考。

  推进飞地式合作需要民族优惠政策的灵活运用。民族地区在其他地区建立飞地时需要利用自己的政策性优惠资源，国家在政策上要允许飞地内的企业享受民族地区的优惠政策，鼓励金融机构向符合产业政策的"飞地合作"项目提供信贷支持，对民族地区发展飞地合作给予用地指标倾斜。国家还可设立专项资金奖励那些在飞地合作上取得成效的地方政府和官员。

推进飞地式合作需要防止出现"经济飞地"现象。"经济飞地"是指某一开发区与周边区域经济发展的非兼容性和非协调性，即"住在不发达地区之外的业主在不发达地区兴建工厂和设施的问题。这不仅造成经营利润频繁流出该地区，而且，外地业主对当地社会的冷漠态度和短见常常使他在做出重大决策时没有认真考虑它对当地的居民、社会文化环境及地方感情的影响。再则这些决策不仅不合适，而且常常由于要从当地经济中榨取过多的利润，从而很少注意当地的经济需要"①。为避免与飞入地经济发展脱节，民族地区和发达地区在选择飞地时都必须注意：受区域合作成本和区域比较优势两大因素的制约，较远距离的跨区域经济合作必须以经济资源的互补性和相关性为依据，否则就会出现舍近求远所带来的区域合作成本过高和区域合作不经济的结果。特别是对欠发达地区的地方政府而言，飞地合作的最终目的是促进人的发展，不能仅从经济指标出发对"飞地合作"进行判断和评估，还要注重飞地可能带来的社会、政治、文化效应。"讨论飞地治理的意义还在于，无论是什么样的制度移植，公共治理必须建立在人类自身的幸福与公共生活之上，否则飞地的设立只能是无谓的组织蔓延与权力割裂。"②

---

① [美]瓦尔特·艾萨德：《区域科学导论》，陈宗兴等译，高等教育出版社1991年版，第40页。
② 姚尚建：《制度嵌入与价值冲突：飞地治理中的利益与正义》，载《苏州大学学报》，2012年第6期。

经济发达镇属地化管理：
基于委托—代理的理论[*]

叶贵仁 连晓晓[**]

【摘要】 随着城市化进程的不断推进，经济发达镇的重要地位愈发凸显。然而传统属地化管理模式造成了基层管理的不适应性，被动式改革、治理资源匮乏和条块分割等问题给经济社会的可持续发展带来挑战。本文将属地化管理的困境归纳为以地方领导官僚为核心的委托代理行为的失灵。其基本特点为消极被动的代理人、代理人权力结构不完善、代理人存在自由裁量行为以及代理内容不明确。我国当前政治制度环境和地方政府的政治利益驱动是该委托代理行为失灵的重要原因，具体表现为象征性赋权、任务结构分化和消极的变通行为等。在这一分析的基础上，进而提出经济发达镇破解属地化管理困境的举措。

一、问题的提出

随着农村经济社会的不断发展，经济发达镇呈现出了与传统乡镇不

---

[*] 基金项目：华南理工大学中央高校基本科研业务费专项资金资助"国家新型城镇化背景下的广东省简政强镇改革经验研究"（2015GD01）；2016年广州市社科规划办课题"广州超大城市精细化管理实施途径研究"（2016GZYB26）。

[**] 叶贵仁，华南理工大学公共管理学院副教授。连晓晓，浙江大学公共管理学院硕士研究生。

同的特点，一般具备以下几个基本特征：一是经济实力强，居民收入较高；二是聚集人口多，规模达到城市水平；三是产业发达，经济发展特色明显；四是城镇化水平高，基础设施较完善。① 作为联系城乡之间的纽带，经济发达镇不仅是城乡要素资源双向流动的重要枢纽，也是城乡基本公共服务均等化的重要载体。

属地化管理模式指的是中央政府以行政管辖区域和户籍人口为主要依据对地方政府进行公共资源配置的管理模式。② 在属地化管理模式下，地方政府所拥有的事权、财权和行政编制等都受到了地域和人口条件的限制，而这些因素恰恰是地方政府的重要公共行政资源。

从历史的角度看，中国自古以来便推行属地化分级管理模式。自商鞅变法以来，保甲制度和重农抑商将农民限制于规定的地域范围，随着中央集权的不断强化，属地化管理强度有增无减。长期以来奉行的宗法制度更是将血缘和地缘纽带的治理作用发挥到极致，进一步加强了属地化管理模式。③ 改革开放以后，中国经济进入了一个高速发展的时期，市场经济逐渐成为资源配置的主导力量，传统的属地化管理体制面临严峻的挑战。主要表现为跨地域流动性的持续增强以及政府职能的扩展使得地方政府面临越来越多的管理难题，管理效率不断降低。而基层政府作为政府间逐级发包的最终承包方，经济发展和属地化管理模式的矛盾尤为凸显。

镇级政府处于行政系统的最低层，直接面对社会的各项事务，然而却缺乏作为基层政府应该具备的行政许可权、处罚权、强制权等，给社会管理带来诸多不便。尤其在经济发达地区，产业的发展要求政府提供更多的公共服务，加上外来人口的不断涌入，镇政府管理的事务愈加繁

---

① 叶中华：《经济发达镇行政管理体制改革的思考》，载《中国行政管理》，2008年第1期。
② 周建明：《高流动社会与属地化管理体制下的公共产品供给》，载《学术月刊》，2014年第2期。
③ 周黎安：《转型中的地方政府——官员激励与治理》，上海人民出版社2008年版。

杂，管理对象不断增加。然而，传统的属地化管理体制造成了乡镇政府缺乏足够的执法权、财权和机构编制等，不能有效地提供公共服务以满足管理对象不断增长的需求，严重阻碍当地经济的发展。尤其在教育、城管、医疗等领域，乡镇政府入不敷出、精力不足，社会管理严重滞后于经济发展。广东省的镇域经济发达，镇级政府的改革又较为频繁，以广东省的经济发达镇为主要的研究对象来分析属地化管理问题具有可行性和典型性。本文论述经济发达镇属地化管理的特征及存在的问题是什么，进而探求产生问题的根源并寻找破解对策。

二、委托代理理论和属地化管理困境

（一）委托代理理论和委托代理问题

委托代理理论是 20 世纪 60 年代末 70 年代初，一些经济学家不满 Aroow-Debreu 体系中的企业"黑箱"理论而深入研究企业内部信息不对称和激励问题发展起来的，创始人包括威尔逊（Wilson，1969）、斯宾塞和泽克豪斯（Spence & Zeckhauser，1971）、罗斯（Ross，1973）、莫里斯（Mirrless，1976）、霍姆斯特罗姆（Holmstrom，1979、1982）、格罗斯曼和哈特（Grossman & Hart，1983）等。经过三十余年的发展，委托代理理论由传统的双边委托代理理论（单一委托人、单一代理人、单一事务的委托代理），发展出多代理人理论（单一委托人、多个代理人、单一事务）、共同代理理论（多委托人、单一代理人、单一事务的委托代理）和多任务代理理论（单一委托人、单一代理人、多项事务的委托代理）。[①]

委托代理理论要求具备两个基本假设前提：一是委托人和代理人之间利益相互冲突。委托人和代理人都符合理性经济人假定，由于两者利益的相互冲突，代理人便可能利用委托人赋予的自主决策权谋取自身利

---

① 刘有贵、蒋年云：《委托代理理论述评》，载《学术界》，2006 年第 1 期。

益的最大化，即可能产生代理人问题。二是委托人和代理人之间信息不对称。在具体完成某项任务的过程中，代理人会比委托人掌握更多的信息，并且委托人难以有效地评判代理人的努力程度，也难以对代理人的行为进行有效监督，代理人便可能利用自己拥有的信息优势采取机会主义行为谋取自身的利益，因此委托人必须设计某种契约或者机制，诱使代理人选择适合委托人利益的最优努力水平。①

（二）委托代理理论引入属地化管理的适用性分析

随着委托代理理论的不断完善和发展，这一理论也被广泛地运用到公共管理领域中。由于我国行政管理机制的特殊性，中央政府与地方政府所形成的委托代理关系同样存在着信息不对称、道德风险、逆向选择等问题，与企业的委托关系具有相似性。②从管理体制和组织学角度看，我国纵向政府组织关系主要是一种自上而下的单向垂直的委托代理博弈关系。中央政府是最初的委托人，乡镇政府是最终的代理人。从中央政府到地方乡镇政府，层层授权，层层委托。对于授权链上任一节点处的政府组织来讲，他是上一级委托人的代理人，而同时又是下一级代理人的委托人，这样的局中人具有双重身份。这种关系顺序延伸，就形成了自上而下的单向垂直的委托代理关系。③

为了简化模型，利用委托代理理论分析我国属地化管理问题，可以将中央政府和除乡镇政府之外的地方政府视为委托人，乡镇政府为代理人。上级政府将各项任务层层委托，最终到达基层政府，因而导致基层政府不堪重负。属地化管理模式中上下级政府间的关系符合构成委托代

---

① 谭禹：《委托—代理理论视角的保障性住房政策地方执行阻滞分析》，载《城市发展研究》，2014年第12期。
② 赵蜀蓉、陈绍刚、王少卓：《委托代理理论及其在行政管理中的应用研究评述》，载《中国行政管理》，2014年第12期。
③ 徐敏宁：《纵向政府组织博弈视角下的公共政策执行失灵探究》，载《四川行政学院学报》，2009年第6期。

理理论模型的两个基本假设：不对称信息和利益目标函数不一致。信息的不对称即乡镇政府（代理人）直接面向基层群众，拥有比上级政府（委托人）更多的信息，更了解辖区基本状况和民众需求。而上级政府无法获取乡镇政府在执行过程中的完整信息，因而导致监督和考核力度不大。利益目标函数不一致指的是不同层级政府其利益诉求不同，中央政府面对我国当前较长的行政链条和幅员广阔、人口众多的管理对象，意图通过属地化管理明确责任边界，提高行政效率。而地方各级政府追求的是用最少的人力、财力和物力实现最大的 GDP 政绩考核，并且上下层级政府之间存在着相互博弈的力量抗衡。因而总体而言，委托人和代理人的目标并不一致。基于上述分析，将委托代理理论引入属地化管理问题研究具有可行性。

三、经济发达镇属地化管理困境

属地化管理模式在乡镇基层治理中引发了一系列问题，这些问题在经济发达镇尤为凸显，具体体现在以下几点：

（一）被动式的任务承接

属地化管理模式下的行政逐级发包制使得基层政府成为各项公共服务供给的最终承包方，承担了越来越多的职责。随着城镇化步伐不断加快，原有的管理职能已不能适应治理新情况新问题的需要，乡镇原先偏重于农业经济、工业经济为主的管理职能逐步弱化，而发展新兴产业、推进现代城镇建设、加强社会管理、加强生态建设、改善和发展民生、促进社会和谐等方面的任务日益繁重。然而，上级政府把经济增长、财税收入等作为考核的硬性指标，却忽略了乡镇自身权力与责任体系的不完整性。在调研中了解到，过去镇级政府基本上只要做好征兵、征粮、计生这三项工作即可，现在还要处理好社会信访维稳以及发展经济、招商引资等工作。此外，整个城镇建设、工业园区建设也均由镇级包揽起来。在编制与以往几乎保持不变的情况下，工作量剧增。镇一级政府直接面对农民，很多国家政策如社保、新农保、低保等，都是由镇负责，任务繁重，然而上级往往不赋予一定的权力。①

在经济发达地区，为了适应市场经济发展，上级政府经常改革镇级机构设置，但却往往缺乏足够的事前民主协商与充分论证。由于镇级机构设置经常处于变动之中，相应的权力与责任体系缺乏稳定性，上级政府还经常通过下发政策文件、安排临时任务、各种会议与检查的形式打乱镇级正常的行政过程。

在被动式的任务承接模式下，镇级往往不堪重负，进而诱发一系列选择性执行的行为以应付上级的要求。在调研中发现，镇级往往重视那些上级要考核的、政策性比较强的工作，如土地、规划、建设等，而忽视那些政策性比较弱、上级不考核或者难考核的工作，如维稳、教育和医疗。而这些难以考核的工作恰恰是属地化管理的重要内容，因而使得属地化管理的效率大打折扣。

（二）地方治理资源匮乏

在属地化管理模式下，镇级政府缺乏相应的治理资源来开展日常的行政工作。在事权方面，国家赋予不同层级的地方政府以不同的处理社会事务的权力，镇一级政府处在政权的最末端，其事权受到了严格的限制和约束。镇政府管理权限小、管理事务多造成基层治理困境。在当前乡镇的改革中，上级虽逐步下放若干管理权和执法权给镇级政府，但是存在着诸多问题。一方面，下放的权限往往是"难啃的骨头"，缺乏相应的权力配套而难以执行，导致基层政府功能不全、权力分散、威信不足；另一方面，下放的权限随意性较大，许多在镇（街）发生频率高、直接面对群众的权限没有制订明确的下放计划，一些发生频率低、镇（街）又不具备条件的权限，亦没有收到县里统一指示；在下放的权限中，治安管理等一些与民生息息相关的权限也未下放，某些权限也未完

---

① 2013 年 5 月 22 日，鹤山市领导访谈。

全衔接好。在调研中了解到，镇级政府普遍认为简政放权已然成为上级政府部门"抛包袱"的事情，把"最难啃""最难执行""花钱最多"的事情都下放到镇级，然后将"收钱"的项目都保留，直接导致镇级工作运行不顺畅，执法威信不足且行政效率低下。① 总体来说，属地化管理下，经济发达镇的事权并不能满足其自身发展的需求。

在财权方面，各省市根据自己的情况分别确定与市、县、镇之间的税收及其他财政收入的分配比例。在这样的体制下，虽然镇级国税、地税总额庞大，但其可支配财力所占的比例却很小。即使基层地方政府由于经济的发展增加大量税收，其可支配财力也大打折扣。不仅如此，在简政强镇的改革过程中，"加强镇级财力保障"这一改革精神往往被"选择式执行"，改革重点放在镇级机构的优化和职能调整上，忽视了镇级财力的加强。② 以广东顺德容桂街道为例，容桂街道财政分成大概占30%—40%，低于顺德平均水平。2011年其国税和地税收入48.5亿元（不算关税），但是上级只返还7亿元。这样的财政状况直接导致入不敷出，2012年其财政预算为19.5亿元，但是仅中小学教师和公安就花费6.5亿元，还要负担2000多名各类人员的工资等。③ 由此可见，属地化管理体制下经济发达镇的财力也十分有限。加之高流动社会带来的教育、医疗以及公共设施建设维护的负担不断加重，基层政府不堪重负。

（三）条块矛盾突出

条块分割指的是我国在政治经济等许多领域内长期实行的按照行政区域分成"块块"管理与按照中央到地方的不同部门内部上下层次系统分成"条条"管理相结合的管理体制。而属地化管理强调特定行政区域内一级政府的统筹和协调作用，显然我国传统的条块分割管理体制会给

---

① 2014年1月12日，鹤山市沙坪街道领导访谈。
② 叶贵仁、钱蕾：《"选择式强镇"：顺德简政强镇改革路径研究》，载《公共行政评论》，2013年第4期。
③ 2012年5月9日，顺德区容桂街道办事处领导访谈。

属地管理带来诸多难题。第一，县级政府有关部门设在乡镇的"条条"机构较多，少则十多个，多则二十多个，如公安、司法行政、国税、地税、工商、土地、财政、交通、电信、金融、部分农口等部门在乡镇均有派出机构。然而镇级政府工作的综合性，客观上需要各级职能部门的配合，但独立的"条条"利益使得各项工作协调困难，运行成本增大。"条块"关系的存在造成了镇级权力不完整，上级分割和削弱了镇级管理本区域事务的权力和能力，镇级政府缺乏统一的权力来履行责任。在"条块"关系上，镇级政府并不能对县级职能部门设在镇级的"腿"实行有效的管辖，作为一级政权所应该具有的很多权力都被"条条"收走，它无权支配。镇级政府直接肩负着统筹城乡发展的使命，却缺乏相对完整的、独立的整体协调权力和能力。

第二，"条块"矛盾的关键在于"条条"有执法权，但是他们不一定配合镇里工作。虽然实行属地管理，但是镇里很难管理上级所设的"条条"机构，需要他们配合的工作也存在"踢皮球"现象，即使在"条条"机构之间也是如此，最终导致出了问题互相推卸责任。在条块分割体制中，一些有利可图的机构一般由上级部门管理，其他较少涉及利益纠葛的机构则被视为"包袱"甩给乡镇。此外，在多数地方，上级部门派驻乡镇的机构除人员基本工资外，其他福利津贴、奖金等一般由乡镇财政负责（有的甚至包括基本工资），而后者通常大于前者，再次加重了乡镇财政负担。[①]

由于"条块"部门之间职能交叉、分工不明确，机构之间的"扯皮"降低了行政效率；所以镇领导人不得不通过召开各种会议、下发文件来协调不同机构之间的矛盾，并建立各种领导小组来从事协调工作。镇级政府在执行上级政策的过程往往会采取"筛选"策略，即会优先选

---

① 资料来源：政府文件《关于广东省深化乡镇机构改革的情况汇报》（粤机编办函〔2010〕227 号）。

择那些容易出政绩的事务，对于那些比较困难、牵涉面较广、操作复杂的事务则消极应对。

四、属地化管理困境：以地方领导官僚为核心的委托代理行为失灵

本文从委托代理理论出发，将属地化管理的困境归纳为以地方领导官僚为核心的委托代理行为的失灵。下文将着重分析该行为的特点及其失灵的表现，进而发现产生属地化管理困境的原因。

（一）该委托代理行为的特点

以地方领导官僚为核心的委托代理行为与一般意义上的委托代理行为的特点相比，其显著特征主要包括以下四个方面：

1. 消极被动的代理人

总体而言，属地化管理的过程由于根植于我国的官僚体制，代理人往往处于被动、弱势的地位，而委托方则地位强势且控制力强。一方面，基层政府作为代理人拥有更多有效、直接的信息却几乎无从参与重要政策的制定；另一方面，上下级政府作为委托代理双方，其信息沟通机制不够完善，代理人往往无法及时通过各种手段实现合理的利益诉求。这使得委托代理双方信息不对称的程度大大加深。

2. 代理人权力结构不完善

在属地化管理模式下，委托人将任务层层发包给代理人，然而代理人却缺乏足够的事权和财权，这与经济社会快速发展的现状极不相称。在事权方面，国家赋予不同层级的地方政府以不同的处理社会事务的权力，镇一级政府处在政权的最末端，其事权受到了严格的限制和约束。在财权方面，各省市根据自己的情况分别确定与市、县、镇之间的税收及其他财政收入的分配比例。在这样的体制下，即使基层地方政府由于经济的发展增加大量税收，其可支配财力也大打折扣。由此，"事权大，财权小"成为了属地化管理模式下基层政府权力结构的基本特征。

3. 代理人存在自由裁量行为

在委托代理理论中，一个显著的特点就是道德风险，道德风险是指代理人利用其拥有的信息优势采取委托人所无法观测和监督的隐藏性行动或不行动，从而导致的委托人损失或代理人获利的可能性。而在以地方领导官僚为核心的委托代理行为中，产生道德风险的因素不仅仅是由于信息不对称，更是由于地方政府作为代理人，拥有充分的自由裁量行政行为，即法律规范仅对行为目的、行为范围等作原则性规定，而将行为的具体、标准、幅度、方式等留给行政机关自行选择和决定。① 在这样的情况下，代理人的个体理性行动因而产生某种程度的"脱嵌性"，即各种旨在对代理人的监督性制度，都会因为信息不对称以及这些代理人的自由选择空间而被肢解或规避，进而使得代理人失去有效的制度约束②，由此导致委托代理行为失灵。

4. 代理内容不明确

委托—代理是基于被代理人的委托授权而产生的代理关系，代理人在委托人的授权范围内实施代理行为。然而，在我国当前的行政体制中，上下级政府作为委托代理双方，其代理内容不明确导致代理行为难以达到预期要求。即上级政府委托给下级政府的权限往往是不明确的，甚至只是将该权限部分委托，或者将不该由下级政府承担的任务予以委托。这是由多种因素共同导致的，根本原因是在我国目前的行政体制中，各级政府的定位不清晰，职责不明确，由此导致各方在各类权限的归属上产生分歧。例如，上级政府及其部门往往凭借其权力优势，将那些属于两级政府均需承担的责任不断下放，并用形式多样的责任状、任务书将责任转移至乡镇一级。而针对一些镇级本该具备的权限，上级政府则出于自身利益的需要控制其人、财、物等配套资源，致使乡镇公共

---

① 罗豪才：《行政法学》，北京大学出版社2003年版。
② 王宁：《个体理性还是整体理性》，载《社会科学》，2015年第1期。

行政资源匮乏，严重影响行政效率。

（二）影响该委托代理行为的因素

1. 制度环境

我国的制度环境决定了在属地化管理过程中，委托代理双方地位悬殊，代理人长期处于消极被动的状态。在行政逐级发包和属地管理的体制下，下级政府必须听从上级政府的命令，承担各项任务。[1] 其次，自1984年中央将人事任免权下放到地方之后，"下管两级"制被"下管一级"制所取代，县级因此获得了任命镇级官员的充分权威。一方面极大加强了县级对镇级的干预力，促进了行政效率的提高；另一方面，也促使下级政府对上级领导唯命是从，进而又增强了上级领导驱使下级官员执行各项政策的动力，基层政府的地位愈发被动。

不仅如此，我国的官员激励机制和官僚体制紧密结合。"干部岗位目标管理责任制"从20世纪80年代中期开始在省以下各级政府中实行。这套制度是一系列关于任务分配的管理、政绩考核和奖励措施的规则，主要目的是促进行政效率。在这种干部责任制得到如实操作的地区，地方政府在下级官员上任之际给他们指派了各种各样的任务指标。通常由"签责任状"的形式来运作。就其本身和本质而言，干部责任制很可能有助于确保政策的如实执行。通过对责任指标的具体量化，干部责任制使公正的工作负担分配和无偏私的考核成为可能。然而同时，干部责任制也诱发了一系列问题，最重要的便是该政策在委托代理双方之间形成了一种代理人必须"绝对服从"于委托人的氛围，上级政府对下级政府的高压控制大大降低了基层的工作积极性，使得他们忽略了自主建设，逐渐失去了自主治理的能力。

除此之外，我国上下级政府作为委托—代理双方，其职能同质化决定了双方都具备行使某项权限的合法性，因而在委托—代理的过程中，

---

[1] 周黎安：《转型中的地方政府——官员激励与治理》，上海人民出版社2008年版。

其内容是不明确的、边界是模糊的，上级政府仍然控制着主动权。上下级政府职能定位不清、权责边界模糊，直接导致了权力运行的不顺畅。尤其是县、乡两级地方政府的职能同质化严重，缺乏合理有效的分工，不但降低了行政效能，也增加了行政成本：县级引领统筹经济社会发展和推进治理现代化的能力不强；县级监管的职能弱化，一些审批和执法事务下放到乡镇后专业水准有所下降，执行标准不一；乡镇提供公共服务职能不足，基础设施建设落后，社会工作发展缓慢等。调研发现，基层领导人普遍认为县与镇的职能划分混乱，缺乏统一标准，即使经过多次改革也未能理顺二者关系，这直接导致日常工作的混乱和低效。

2. 政治利益

从政策本身来说，我国正处于转型期，出台的很多政策出现日益严重的政令不畅、有令不行、有禁不止的现象，这些现象不仅弱化了上级政府政策的权威，也造成了公共资源的浪费。作为代理方的基层政府是各项政策执行的主体，并且有其相对独立的利益诉求，在执行委托方的政策过程中存在很多问题。如果一项政策涉及地方上不同的利益主体，需要打破原有的多元化利益格局，地方政府就会寻找契合自身利益和适合本地特点的执行方式。面对来自委托方的上级政府甚至是中央政府下放的政治任务，作为代理方的基层政府不得不扮演两种角色，在"完美履行代理人义务"和"地方利益代表者"中进行相机修正，以致各项政策在执行过程中难免出现失真性问题，即政策在执行过程中出现了与政策内容不符、违背政策精神、偏离政策目标的现象。这正是代理方作为一个独立的政策执行主体面临地方利益而做出的选择性行为，从宏观上来看，不利于政策的全面推行，也引发了属地化管理的诸多问题。

从委托代理双方的自利行为来说，委托方、代理方双方都具备趋利心理。作为委托方，为了实现本级地方政府的利益，其在属地化管理中往往将比较容易出成果、经济利益更大的项目保留，而将繁杂的、资源消耗与成果不成正比的任务和项目下放给基层政府；而代理方由于处弱势的地位，在被动接受的同时往往采用消极应对的方式，以此来保住自身的利益。

（三）该委托代理行为失灵的表现形式

1. 象征性赋权

严格意义来讲，委托代理的形式无法实现上下级政府关系的实质性变化。地方的实际控制权并不是正式意义上的"确权"，而是通过自上而下的"授权"的形式实现的，即上级政府"放权"（即委托）给下级政府。这种所谓"上下分治"的实质仍然是一统体制，并没有带来央地关系的根本转变。[①] 也就是说这种形式的上下级关系调整仅仅实现了"治权改革"而非"政权改革"[②]，其对于权力的调整对目前国家行政体制构建不会造成崩塌性的威胁，且"授权式"和"委托式"的组织方式必然引起国家治理的不稳定性和脆弱性。这也就解释了在属地化管理的过程中出现的诸多问题。镇级政府虽然获得了一些管理权限，但是这些权限存在着不稳定、不配套等特点，随时都有可能被上级收回，无法真正被纳入到镇一级的权力运作体系中。在这样的情况下，镇一级政府的权责体系并未得到完善，反之，还大大增加了镇级的工作负担。久而久之，镇级政府就很有可能从"恪守原则的代理人"变成"藐视上级意志的投机者"，产生一系列违背上级政府初衷的选择性行为。

2. 任务结构分化

我国现行的官僚考核制度和激励制度使得这些属地化管理的任务被基层政府人为地分解成了不同性质的任务。他们将受欢迎的政策无一例外的归入"软"的、无约束的指标一类；而将计划生育、税费征收归入

[①] 周雪光：《从黄宗羲定律到帝国的逻辑：中国国家治理的历史线索》，载《开放时代》，2014 年第 4 期。

[②] 肖滨、郭明：《以"治权改革"创新地方治理模式——2009 年以来顺德综合改革的理论分析》，载《公共行政评论》，2013 年第 4 期。

必须完成的"硬指标"。这样一来，虽然基层政府官员被要求完成所有的任务指标，但是他们往往拥有自主权选择性地执行政策。他们往往动用一切力量也要着力完成硬指标以应付上级的检察和考核，而对于软指标的实现却存在动力不足的情况，他们通常是把受欢迎的政策扔到一旁不管。例如，在征收税费和执行计划生育政策的时候，地方政府通常将所有地方力量全部动员起来以确保任务的完成。这对于属地化管理是非常不利的，从属地化管理的范围来说，地方政府理应解决辖区内的大小事务，而作为基层政府，其管辖的事务更为具体、繁杂，包括提供各项基本的公共服务。任务结构分化以后，出现了"任务盲区"，基层政府沦为上级政府完成硬任务的工具，从而导致基层政府的服务职能逐渐弱化，不仅不利于服务型政府的打造，也加大了政府和人民群众之间的隔阂。

3. 消极的变通行为

作为代理人的基层政府在执行委托内容的过程中倾向于扮演地方利益代表者的角色，当面临不符合自身利益的委托任务时，往往采取消极的变通行为，如选择执行、替换执行和象征执行等。

选择性执行。除了上文所述基层政府在执行上级政府下发的任务中，选择性地完成"硬任务"之外，选择性执行还体现在基层政府按照自身的利益需求，对上级或中央的政策、指令、命令中的内容和精神实质加以取舍后，选择对自己有利的部分加以执行，弱化、甚至无视对自己不利的部分内容。这使得委托人的政令无法完全贯彻落实，影响其整体功能的发挥。

替换性执行。与选择性执行相比，替换性执行最大的特点是委托人的政令存在一定的变异性，当代理人需要贯彻执行的政令与基层政府的部门利益冲突时，代理人往往采取的是与委托任务表面上相一致，实际上相背离的执行措施，妨碍了政令的有效实施，甚至造成委托人目标落空。这种现象反映了在属地化管理过程中，代理人作为一级政府，为了扩大权力、获得地方利益而对委托人表面上顺从、实际上却相互博弈的过程。最终导致的结果是委托内容不断模糊化、进而偏离既定目标。

象征性执行。当委托人的政令模糊、方向不明，或者代理人有意模糊政令内容的时候，为了应付上级政府的委托，基层政府往往在政令执行中做表面文章，缺乏具体可操作的措施，仅仅象征性地执行计划和措施，使得很多项目在组织、人员及资金方面都没有给予足够的投入，导致上级政府制定的政策无法真正落实。

五、结论与思考

（一）总结

当前的属地化管理模式使得基层政府处于非常被动的状态，一方面他们要承担着经济社会不断进步而带来的地方发展任务和提供公共服务的任务，另一方面，传统的官僚体制使得他们不得不承担上级政府下放的各项任务，基层政府在重负之下阻碍了其职能的实现，由此引发了一系列管理问题。委托代理理论为分析经济发达镇的属地化管理困境提供了一个良好的视角。本文将属地化管理的困境归纳为以地方领导官僚为核心的委托代理行为的失灵。该行为具备四个基本特点，即消极被动的代理人、代理人权力结构不完善、代理人存在自由裁量行为以及代理内容不明确。我国当前政治制度环境和地方政府的政治利益驱动是该委托代理行为失灵的重要原因，具体表现为象征性赋权、任务结构分化和消极的变通行为等。本文以委托代理理论为线索来梳理经济发达镇的属地化管理困境，不仅深化了委托代理理论在公共管理领域的运用，而且有助于探寻属地化管理困境形成的根源。

（二）控制失灵的手段

在委托代理理论下，化解经济发达镇属地化管理困境关键是要厘清上下级政府作为委托和代理的双方，其职能定位的问题，并探讨基层政府如何通过改革完善治理结构以实现既定目标，最后探讨如何加强对委托代理双方的约束以促进委托代理行为的科学化和高效化，以此逐步破解属地化管理的困境。

1. 加强委托人和代理人的利益整合，促进上下级政府职责异构

改变传统的上下级政府间关系，从实际需要出发，厘清上下级之间的权责分工。加快镇级政府职能转变，减少上级管理事项，扩大镇级经济社会管理权限，做到相应的财权与事权相匹配。实现纵向政府间权责关系处理的规范化和程序化，促进区（县级市）镇之间财权、事权划分法定化。从财政、土地、规划建设等方面进行经济发达镇试点改革，按照"统一、精简、高效"原则，推进相应的事权改革。从整体意义上理解经济发达镇的独特作用，寻求多元的上下级地方政府间关系。即寻求经济发达镇同省、市（地级）政府之间的直接往来模式，打破传统的下管一级的原则，尝试更为灵活的上下级、跨级政府间关系。

2. 持续推动镇级改革，提升代理人社会管理与服务职能

首先，理顺上下级政府的权责关系，推动权力重心向基层下移。对于经济发达镇而言，现有的乡镇行政管理体制已经成为一种消极阻力，无法适应其经济、社会快速发展的需求。后续的改革应当在总结前一阶段试点经验基础上，进一步研究探索扩权放权的范围、内容和方式。经济管理权限、规划权等统筹性的权力应该上收县级，而和民生息息相关的行政事务管理、社会管理等权限应该下放给镇级政府；而依法必须由县级以上行政机关审批的行政事项，要切实简化程序，减少环节，提高效率。此外，镇级还要做好下放权力的承接，明确责任、加强监督，防止进入"一放就乱、一收就死"的怪圈。

其次，按照市场经济和社会发展的需要，加快镇级政府职能转变，进一步理顺政府与市场、社会的关系，形成党委领导、政府负责、社会协同、公众参与的社会管理和公共服务格局。完善培育和扶持政策，大力发展社会组织和中介机构。放宽社会组织设立的审批制度，明确政府职能转移事项，通过委托、授权等适当方式转移给社会组织；建立政府

向社会组织购买公共服务机制，设立社会组织发展专项资金，积极发展社工服务，推动公共服务均等化、便利化和多元化。

最后，推动镇级市改革，扩大经济发达镇的权力。镇级市改革可以使经济发达的人口大镇获得更大的发展空间，而且能实现就地城镇化，能使更多农民通过转移就业提高收入，通过就地转为市民享受更好的公共服务，从而拉动城市基础设施、公共服务设施和住宅建设的发展。未来的经济发达镇改革必须从"镇级市"的定位出发，优先从职能定位、机构设置、公共医疗服务、基础教育、社会保障和城镇规划与建设等领域推动小城镇建设。

3. 强化委托代理双方的双向约束，完善激励与监督机制

首先，完善政府间激励与考核机制。应当建立科学有效的政绩考核体系，使GDP、招商引资等经济指标与住房保障等民生指标并重并举。在考核机制上，应进一步提高政府考核工作的透明度和公开度，通过建立各种规章制度，将政府官员的政府目标、考核标准、考核程序、考核方法积极向社会公开，并以此加强社会的监督。[1]

其次，完善信息平台建设，拓宽基层政府的利益诉求通道。在制定政策方针时，上级政府应当致力于拓宽信息采集渠道，全方位了解基层的状况，并因地制宜做出合理的决策；而在政令下达后，上级政府应该完善信息反馈渠道，一方面拓宽基层政府的利益诉求通道，倾听基层的难处以对政令做出合理调试，另一方面避免以下级政府的单方汇报作为唯一的信息来源，采用多种方式综合考量地方政府的政策执行效果。

---

[1] 谭禹：《委托—代理理论视角的保障性住房政策地方执行阻滞分析》，载《城市发展研究》，2014年第12期。

分权的维度与社区公共文化发展：
以韩国和中国为例

蒋　绚*

【摘要】 在西方民主国家，随着包容性文化政策与文化治理的兴起，自治性公共文化成为公共服务的重要组成。1996 年以来，东亚国家韩国在"强国家，弱社会"背景下，亦开启自治性公共文化建设，并通过在全国范围内发展社区文化院的方式实施，以体现其文化服务均等，特别是文化民主参与的特质。韩国社区文化院自成立至今，经历了韩国从中央集权向地方分权的体制转型。近年来，中国也在全国范围内广泛开展公共文化服务项目，其中社区文化馆（站）作为自下而上公共文化发展的主要甚至唯一载体，在财政上地方分权但管理上中央集权的项目制制度下运营。比较韩国与中国的社区文化项目的管理与成效后发现，自治性公共文化无法在集权或不完全分权的状态下成功取得良好进展，只有涉及民主参与性、地方回应性与公民社会性的完全分权制度才能为社区文化民主自治提供良好的地方条件。

关键词： 公共文化服务，央地关系，社区文化发展，韩国，中国

---

* 蒋绚：中山大学中国公共管理研究中心／政治与公共事务管理学院，讲师。

一、引言：研究背景、问题与意义

公共服务是政府的重要职能之一，在文化领域，公共文化服务于近几十年随各国国民经济发展、公民力量增强以及对民生问题的关注成为公共服务的一个重要分支。公共文化服务除作为文化福利丰富公众文化生活外，对国家创意度与创新力的提高亦十分重要，特别在创意与创新氛围、人才与消费者孵化方面。各国文化政策不同，根据国家在公共文化服务中扮演的角色，公共文化服务可被分为自由政策模式、联邦政府政策模式和中央专权体制模式①，或被分为中央主导型、地方政府主导型、政府外组织主导型和社会福利型②，此外，国家在公共文化服务中的角色可被分为赞助者、操作者、管理者、经理人，抑或促进者、赞助者、创造者、工程师。③ 欧美国家注重文化治理，实行自由政策模式或政府外组织主导模式，国家介入程度低，只扮演操作者或促进者的角色，为民众参与文化服务提供平台，通过制度性供给，激活社会文化资源，调动公众文化自治，自发参与和创造公共文化，由此实现自下而上的可持续性文化供给，对文化经济、文化事业、社会创新与创意发展起到重要作用。

公共文化自治，旨在实现群体自发开展文化活动，鼓励非专业个体的文化参与与创造，是自下而上的公共文化服务提供方式，为促进地方

---

① A. Littoz-Monnet, *The European Union and Culture: Between Economic Regulation and European Cultural Policy*, Manchester: Manchester University Press, 2007, pp. 21-36.

② E. V. Mulcahy, "Cultural Patronage in Comparative Perspective: Public Support for the Arts in France, Germany, Norway and Canada", *Journal of Arts Management, Law, and Society*, Vol. 27, No. 4, 1998, pp. 247-263.

③ H. Hillmann-Chartrand & C. McCaughey, "The Arm's Length Principle and the Arts: An International Perspective-past, Present, and Future", in M. C. Cummings & J. M. D. Schuster (eds), *Who's to Pay for the Arts? The International Search for Models of Support*, New York: ACA Books, 1989, pp. 43-80.

文化发展提供了可持续性力量。学者们从不同视角对公共文化自治进行过理论探讨，主要涉及公共文化的包容、参与和体验，文化产业下文化的大众化，文化表达下的自由、解放和赋权，文化资本的提升，文化公民的建设等。也有学者从社区艺术和社区文化发展角度探讨过公共文化自治的可能实现过程。公共文化自治于19世纪60年代自西方民主国家开始。当时经济发展带来国民文化需求快速增长，文化参与成为社会解放和社区发展的重要方式，文化政策重点强调多元、参与和平等的哲学观。社区文化中心类的设施开始普及，鼓励社区居民的文化创造，"自下而上的公共文化自治"出现。此后，公平和参与成为清晰的社会趋势，社会演变出多元文化结构，社会文化组织和活动由公民社会、私营组织、公共组织和当地政府等组织共同培育，公共文化自治愈发繁荣。

"强国家，弱社会"的东亚国家于近十余年开始文化自治的历程。在东亚新兴经济体韩国，公民文化自治始于20世纪90年代。1987年民主转变前，公民社会一直集中反抗军事政府。1987年的政治民主化过程中，逐渐出现的公民运动开始参与政治与民生事务，"文化福利"作为社会福利分支被首次提出，并以中央政府自上而下的方式提供。20世纪90年代中期，随着全球化的发展，"文化立国"成为国家发展战略与竞争手段，《韩国十年文化发展规划》发布，公共文化开始超越文化宣传而注重启发公民的文化敏感性、社会创造力以及自治型文化提供。因此，中央政府于1996年启动社区文化馆项目，旨在全国范围内广泛建立公共文化自治平台，发展社区日常文化，向居民提供和宣传文化信息与知识，发展文化志愿活动，强调文化决策参与，培养公共文化自治。[1]无独有偶，中国的公共文化自治也初现端倪。20世纪50至60年代，公

---

[1] M. Chu, *Research on the Ways to Develop Houses of Culture with the Changing Conditions of Local Culture*, Seoul: CCHN, 2005; J. Lee, *Beyond the Misunderstanding of Cultural Programs*, Seoul: Korea Cultural Welfare Council, 2001.

共文化服务全部属于文化事业机构管辖。1966—1976年的"文化大革命"使文化机构瘫痪。1978年财政部批准实行"事业单位，企业化管理"制双轨，公共文化徒有虚名。2003年后，全国文化体制改革，文化产业从事业体制中剥离，公共文化服务体系显示出应有的面貌。2005年10月，在《中共中央关于制定国民经济与社会发展第十一个五年规划的建议》中，公共文化服务体系在国家层面被首次提出，2007年8月，中共中央办公厅和国务院办公厅下发《关于加强公共文化服务体系建设的若干意见》，确定了数个全国性的普及重大公共文化服务工程，包括电视村村通、信息资源共享、文化站和文化阵地建设、电影放映、农家书屋。其中，文化馆（站）集阅读、宣传教育、文艺娱乐、培训、信息服务、体育健身等各类文化活动于一体，同时也是地方民众文化自治的载体。由于韩国与中国的社区文化馆项目均为该国迄今唯一以发展公民文化自治为目标的项目，两国的公共文化自治均围绕着社区文化馆展开。

从注重具体制度、政策和运作细节的文化研究视角来看，文化是一种社会规范与治理形式，可从微观角度理解文化在特定社会环境下的治理特征、问题与成效。本文欲从韩国与中国的社区文化馆项目管理角度，理解两国公共文化自治的治理特征、问题与成效，探讨微观项目与宏观社会的互动，挖掘同为"强国家弱社会"却不同政体的两个东亚国家的公共文化自治的路径与问题的异同，探索公共文化自治的发展潜能。本研究通过对两国相关机构的文档、数据和资料的回顾与分析整理，以及对两国文化部门、管理机构、工作者以及学者的半结构化的访谈，对上述问题进行分析探索。首先分别梳理两国各自的社区文化馆的管理模式与公共文化自治成效，然后探讨两国在各自社会背景下，以社区文化馆为载体的公共文化自治的问题与原因，最后探索特定宏观社会背景下公共文化自治的发展潜能。

二、韩国社区文化馆治理与公共文化自治成效

(一) 韩国社区文化馆治理

1996 年项目伊始，中央政府预算 301.8 亿韩元作为文化馆建设和运营的专项资金。中央财政提供约 50% 的建设费用，地方财政负责配套资金。作为专项基金，中央政府有权对地方政府提出的建设申请进行评估，决定哪些地方政府能够获得财政支持，地方政府的财政和人力保障对获得中央政府资助有着重要影响。此外，中央政府出台了《艺术文化促进法》和《艺术画廊与博物馆促进法》，要求社区文化馆作为文化欣赏的小型空间和进行社区交流的接待室，要求文化馆项目在全国范围保持统一规模和结构，为文化馆在社区的建设运营提供了可操作的基础。项目运营方面，中央政府向地方政府提供 38.3 亿韩元支持文化馆建成后前五年的运营，经费上提供了相当的保证。

宏观行政结构上，文化馆由韩国文化旅游部主管，地方政府及非政府组织也可参与决策制定。比如，文化馆交流协会关注界定文化馆的法律法规，负责提供技术援助、文化馆间交流和员工培训的工作。这些非政府组织机构虽然都是文化馆项目的决策参与者，但它们几乎都受中央控制。在内部管理上，文化馆或由不具专业资源的地方政府管理，或委托给有专业资源的非政府组织管理。大部分文化馆由地方政府直接管理（如 2004 年，69% 的文化馆由地方政府管理）。地方政府缺乏专业资源，仅为文化院配备政府职员两三人，且这仅有的人员按照国家公务员轮岗制度，每两到三年轮岗一次，导致他们对地方文化事务缺乏归属感，频繁推诿工作，对地方文化需求感知迟钝，难以专注文化院事务。而委托经营下的文化馆主要由地方文化中心代理。地方文化中心的目标是保护和发展地方传统文化，受有政治背景的保守上层人士推崇，1994 年随《地区文化项目的法律性发展》修订案启动，其发展获得了法定地位，受中央政府支持。地方文化中心的发展目标与文化馆的文化自治目标截

然不同，代理受中央支持的文化院项目可为自身发展赢得更多支持与声望，但地方文化中心也只关心文化馆的活动数量是否大致令人满意，除分派人手，不再进行其他投入。

2005年后，卢武铉政府希望实现更有效率的资源分配，分权成为核心政策，以提高地方财政规模并实现财政自治。包括文化院在内的163个项目转为有限的分权共享税支持，文化院建设的权力和资金转移到地方政府，地方政府有权将共享税资金按项目优先顺序分配，因此文化院项目须与其他共享税下的项目竞争资金，文化院项目数量也受共享税总额的严格控制，此外，地方政府也须为文化馆建设提供配套资金。与分权前相比，共享税项目总预算大大降低：2004年文化馆建设的中央政府资助是20亿韩元，而2005年的共享税资金仅3.37亿韩元。同期，少量国家倡议机构基金也相继出台：2004年到2006年，财政部下属彩票委员会成立的彩票基金，对文化项目提供每年10亿韩元（为期三年）的资金支持；2007年到2010年，关注文艺教育的韩国文艺教育服务组织（KAES）开始向文化馆提供资金，2007年提供10亿韩元，但到2010年逐步降为3.5亿韩元，该基金对项目的创新程度有严格标准，项目间竞争十分激烈。

政府的组织管理角色也随之发生变化。2007年后，文化馆的行政治理结构转变为"韩国文化旅游部—韩国文教组织—文化馆交流协会"模式。原本负责文化馆项目的韩国文化旅游部重心转移到总体政策制定并逐渐退出，韩国文教组织负责资金提供、政策制定与政策执行。文化馆交流协会作为合作组织，负责项目申请、咨询及向各文化馆分配文教部资金。微观经营管理上，大部分文化馆依然由地方政府管理，但文化馆在财政上失去了中央与地方的支持，人力与专业资源更加匮乏，对公共文化服务难以专注。委托经营下的文化馆中也仍主要由地方文化中心代理。地方文化中心也被下放，由地方政府管理，然而其保育和发扬传统文化的目标依然具有强大优势，因此中央与地方政府给予的预算都能维持甚至有所增长。对于文化馆的代理,因分权后文化馆不再受中央支持,导致地方文化中心也对此丧失兴趣而勉强运营,趋于提供简单非创造性参与的培训和课程。

(二)韩国公共文化自治成效

分权前,文化馆作为韩国首个以发展文化自治为目标的社区公共文化设施,获得了中央政府的支持,为文化院项目在地方实施提供了资源保障。文化馆的建立与地方财政能力并不十分相关,其建设与否更依赖地方政府意愿。中央支持使发展文化馆在地方获得了广泛重视和响应,许多地方财政水平低的地区(如庆南和全北)也积极建立文化馆。中央政府计划在 2011 年建成文化馆 350 间,到 2004 年底,由于各地方政府积极建设,已完成建设 152 间,为公共文化自治提供了所需的物质平台与保证。然而,威权的中央政府对文化馆项目的强烈兴趣与控制为文化自治带来诸多限制。从文化政策发展看,这种模式依然属于政府自上而下的供给模式,不具备项目初衷的自治倾向。中央政府通过专项基金的方式对文化院提出具体要求,代表国家意志的项目遵循统一化和技术化,易于地方政府的实施与操作,以及实现形式公平,但是这种方式强化了中央权威和对地方的控制。对文化院建设的全国统一要求忽视了地方条件,难以激发地方政府与民众的积极性,强调文化院是文化享受而非文化创造空间的做法也限制了地方居民的创造。同时,中央政府在配套资金提供上,强调地方政府的财政保障,意味着中央政府更在意地方政府的财政能力、建设运营能力,而非目标执行力,导致地方政府的注意力集中于物质条件的达标,而项目运营、人力与专业资源状况、项目在文化自治目标中发挥的功能却无人关注。导致文化院在项目活动提供上,基本以简单的教育培训为主,而居民参与类甚为寥寥,2005 年,全国平均每文化院提供教育活动 14.1 次,表演仅 2.8 次,展出仅 2.3 次。

分权后,中央政府企图通过地方政府资金实现文化馆发展,却导致文化院项目日益衰落。从 2005 年至 2010 年年底,仅 20 所新文化馆成立、关闭或合并的文化馆达26家。在运营上，活动内容均为教育培训类，不以自治为导向。作为公共文化自治平台的文化院项目在物质基础方面严重衰退，在实质内容方面也远离文化自治的目标。其原因主要是由于分权后中央政府将文化院项目下放地方政府并撤出专项资金，引发地方政府与倡议团体对该项目兴趣的丧失，同时同类机构的竞争增强，导致经济与政治资源的双重流失。(1) 地方政府兴趣丧失。与分权前情况相同，文化馆的建立与否，地方财政能力并非关键因素，首尔这样的财政优越地区的文化馆数量却大幅降低。文化馆作为被下放项目，在地方政府看来已失去中央优先性，从而在地方难以获得财政支持的优先权。同时，文化馆由不同机构经营管理，受益人不确定，对以选票为目标的地方领导来说，吸引力严重不足。分权后政府支持的运营经费几乎丧失，虽有国家倡议基金存在，但难以获得。2004年到2006年，只有一半的文化馆获得彩票基金；2010年，仅24家文化馆获得KACES基金。因此，地方政府在继续投入项目开发上没有动力，仅对文化馆及其活动项目简单维持，导致70%以上的文化馆与其他地方设施共用管理系统，缺乏专业、财力和人力资源。(2) 倡议团体缺乏支持。分权前，文化馆项目由韩国文化旅游部主管，受中央明确支持。分权后，中央政府的支持丧失，CCHN成为文化馆的代表机构和与国家协调的中介，但CCHN组织松散，政治动员能力不强，难以得到非政府文化倡议团体的政治支持，没有能力为文化馆项目争取有利政策。KACES虽为文化馆领导机构，但它不愿接手文化馆项目，因为这意味着一笔额外支出，文化馆依然难以在自身政策的制定上发出声音。2007年，MCT试图停止对所有地方文化设施的资助，但最终文化馆资助率先遭到终止。(3) 同类机构竞争。地方文化中心作为同类机构，获得了更多的国家与地方资源。在国家层面，地方文化中心拥有强大的会员网络，有影响国家政策的潜力，有助于在全国范围内增加政治权利，因此一直保有国家的财政支持。在地方上，地方文化中心与掌握政策制定权的当地领导关系亲密,有助于维护自身地位并不断获得地方政治支持。而文化馆受民间激进者支持,分权后被地方政府视为麻烦,民间社会又没有发展到能影响地方政治和政策的地步,因此地方政府的资源逐渐向地方文化中心倾斜。因此,分权后,中央政府不再对文化院项目提供专门的财政支持与关注,相对独立的地方政府的政策注意力因此淡出;更换的管理机构薄弱使国家与地方倡议支持无法获得;"强国家弱社会"背景下的文化自治目标受正统政治力量的挤压,导致文化院项目的经济、政治资源纷纷流失。文化馆的使命本是作为文化自治实现的平台,发展潜在的可持续的公共文化自治,如今平台发展停滞,项目活动内容与文化馆设定的文化自治目标严重不符,阻碍了文化自治的进程。

三、中国社区文化馆治理与公共文化自治成效

(一)中国社区文化馆治理

中国的社区文化馆以央地间自上而下的项目制形式运作。项目制的推出与财政分权改革有关,财政分权使项目制能获得充分的中央财政支持。1994 年财政包干制向财政分权制的转变,改变了中央和地方的财权和事权责任,财权不断上收,事权不断下移,央地间权责分配逐步失衡。为了平衡财权事权的纵向分布不均的矛盾,弥补地方政府的财政缺口,缩小地区间的财力不均,转移支付逐渐成为了处理府间关系的重要途径。2007 年 8 月随《关于加强公共文化服务体系建设的若干意见》出台的文化馆等文化惠民项目制反映了中央政府在民生领域投入的一系列专项资金。专项转移支付是上级政府为控制地方实现其政策目标,对委托下级政府代理的事务进行成本补偿而设立的专项资金,资金接受者需按规定用途使用资金,以严格体现资金拨付部门的意志。[①]

[①] F. Zhou, "Issues of Specialization of Fiscal Funds: Discussing 'Project-based National Governance'", *Society*, No. 1, 2010.

财政上，基层政府通过申请项目的方式获得专项转移资金，经费保障主要依靠中央财政支持，地方资金予以补充配套。每个文化馆的建设资金需通过中央预算内资金、省财政专项资金和基本建设资金及地方自筹等多渠道解决。中央和省级的投入为主要资金来源，每个文化馆的建设补助约24万元。中央和地方政府的负担比例因所处地域的经济水平而不同。贫困地区中央政府扶持力度大，比如西藏自治区中央全额资助，而发达地区主要靠省与地方自筹完成。此外，为保证乡村文化馆的有效运行，财政部从2008年起，连续四年安排15.05亿元作为设备购置专项资金，为建成并达标的文化馆购置电脑、服务器等信息设备，及桌椅、书架、音响等基本业务设备。

文化馆通过自上而下的项目制进行统一规划、管理和评估。国家发改委、财政部、文化部是关键部门，国家发改委主要负责项目总体规划设计，对选址、面积、功能布局、配置标准进行了具体规定；财政部是重要参与部门，体现了项目制下财政资源的重要性；文化部负责发改委与职能部门间以及上下级的协调。中央政府主导项目的政策制定、资金分配、项目设计和内容传输等各个环节。地方政府在中央政府指导下具体执行政策。各省、市、区县、乡镇、村对上级政策制定相应的政策实施细则，通过具体的实施细则指导当地的乡镇综合文化站的运作。比如广东省制定了《广东省乡镇综合文化站建设规划》，按照该规划的内容G市印发了《关于G市乡镇综合文化站建设的实施意见》，G市下的A县则制定了该县的《乡镇综合文化站工作职责》。具体实施中，在项目建设年度，各地需根据国家发改委和文化部的规划范围将该年度项目安排与投资上报，发改委和文化部审核后，编制年度总计划下达地方政府。实施过程中，两部门会根据项目要求对各地项目建设情况抽查、评估，项目实施完成后，国家发改委和文化部负责总验收与评估。评估标准中有一些"必备条件"，比如：西部地区建筑面积不少于300平方米，中部地区不少于400平方米，东部地区不少于500平方米；中、西部地区应有达标的文化信息共享服务室,东部地区应有达到文化部规定标准的公共电子阅览室;每年举办综合大型文化活动不少于1次,举办单项文体活动不少于3次;专职工作人员不少于2人。地方政府成立专门领导小组统筹。市级政府成立的领导小组以市政府主要负责人为组长,市委、市政府分管领导为副组长、市直有关部门和各县、区(市)政府主要领导为成员,该领导小组办公室设在市文体局,下设宣传工作组、基础设施组和后勤保障组,并抽调数名人员专职办公。市下辖的县、区(市)也建立了相应的组织领导结构和工作机构。[1] 然而在管理层面,文化馆没有编制,身兼数职、专干不专用的问题依然普遍。2011年底,全国平均每站有从业人员2.3人,其中专职人员为1.5人。待遇低、晋升机会少,无法吸引和留住专业人才,人员流动频繁。同时人员老化,业务技能不强,整体文化素质低,服务能力低下。[2]

(二) 中国公共文化自治成效

近年来,特别是大中城市的社区文化馆有较大投入,但收效甚微。文化站项目的执行评估主要体现为上级的周期性迎检。按规定,文化站建设的第一个评估时间点是2010年。2010年6月,落实中央资金的文化站建设项目12651个,平均每文化站建设资金39.87万元,每站平均建筑面积410.94平方米,完成计划总投资的98.9%。中央预算内投资占41%,地方配套资金占59%。[3] 文化馆虽大面积建成,但民众使用率不高。广州市海珠区文化馆中,所提供的文化设施十分先进,有耗资万

---

[1] Office of the Ministry of Culture, "Notice about the 1st Nationwide Evaluation on Rural and Township Cultural Houses", http://59.252.212.6/auto255/201304/t20130422_29770.html? keywords = , 2013.

[2] Y. Chen, "Implementation Process and Operation Logic of Project System: Policy Study on Cultural Democratization Project", *Journal of Public Administration*, No. 3, 2014.

[3] Ministry of Culture, "Analysis on Nationwide Rural and Township Cultural Houses Development", http://www.ccnt.gov.cn/sjzz/sjzz_cws/whtj_cws/201211/t20121107_342370.html, 2012.

元的录音设备、钢琴房及芭蕾舞培训室；中山市金溪村的文化馆中，绝大多数图书与西洋乐器因为长年未被触及而积满灰尘，大多数图书是远离乡民实际生活的政治、经济、科技类大型书目，而非乡土通俗读物，这种"沉睡的"的设备远离群众的日常生活和真实需求，成为"超前的服务"，造成了巨大浪费。湖北省官员反映，当前政府建设文化馆的方式依然以送器材、书籍为主，一些花费大量资金建设的文化馆，缺乏长效运营机制，有的甚至出租为宾馆、商场等。[1] 江苏省 J 市提供豪华文化馆，却除了上级检查之外很少对外开放，有的场地离居民区较远，场馆知晓度和使用率低，四分之一居民不知道社区文化馆在哪里，业余时间打牌打麻将的群众占53%，看电视渡过的占43%，多数外出活动的百姓依然喜爱街头或在公园、广场自娱自乐。[2]

中国当前进行的文化馆建设，包含着文化治理的主题或期许，但由于行政压力、部门利益、绩效考核，在具体实施过程偏离了自治的目的。中央政府制定了项目计划及各种政策规定，代表了强有力的国家权力和意志，便于各级政府调动资源自上而下地进行大规模的文化建设和文化资源分配。这些权威的政策支持和动员力量成为文化馆项目制发展的重要政治资源。文化馆项目应由了解地方情况的基层政府实施，从而实现公众对公共文化的自治。但中国政府主导的文化服务自上而下落实到基层政府，再由基层政府提供给民众，还要对基层政府进行绩效考核。因此，基层政府仅将其视为一种上级交代的行政任务，以自上而下的行政压力驱动，上级政府压力越强，基层政府就越卖力，甚至将其视为一时的中心工作，一旦上级政府的压力趋弱，基层政府就应付了事。在自上而下压力型体制和数字化政绩考核模式下，为了最大化显示官员

---

[1] L. Wu, "Running Logic and Consequences of Public Cultural Service", *Jianghuai Seminar*, April, 2012.

[2] C. Chen & M. Yuan, "Broken Mass Communication: Rural Cultural Development under Pressure System — Case from City J of Jiangsu Province", *Theory Observation*, 2010.

政绩，政绩通常以可见、可闻的实物形式或可量化形式呈现。基层政府的工作重点并非取悦民众，而是以数字化的工作报告向上负责，服务的内容和项目是上级规定与考核的要求，甚至是官员的想象或一厢情愿，并非基于对民众的调查，显示出建设是一回事，而其使用是另一回事。因此，基层政府并不在意民众的真实想法和评价，在所谓服务过程中缺少民众的表达与参与，脱离民众需要，这些为一时政绩所迫而运营的文化设施，也不考虑其以后的持续效益，导致与民众文化需求严重错位。

四、讨论：不完全分权对公共文化自治的影响

比较韩国与中国以社区文化馆为依托发展公共文化自治，两国的治理模式均涉及威权与分权的宏观社会背景，且中国在财政分权下的文化治理的特征、元素乃至执行效果与韩国威权时代的情况相似，尚未达到韩国分权下的治理状态，因此治理成效也与韩国威权时代类似。可见，不同的府间纵向权力分配对公共文化自治有着不同方面的影响。韩国威权下与中国财政分权下的中央政府的强力控制，以及韩国分权后的地方主导，均对社区文化馆乃至公共文化自治带来负面影响。

关于威权与分权的讨论起源于 17 世纪和 18 世纪的孟德斯鸠、卢梭、密尔、托克维尔，一般认为威权主义政府会利用权力和政治资源对地方政策进行控制，而参与式政府分权旨在提供更多的权威和资源给地方政府来加强地方自治和民主。19 世纪 80 年代开始，越来越多国家实现了行政、财政、政治分权。理论上，分权为民众保留了很多优越性，它能使政府更贴近群众，使之对一个多元社会的不同需求更为敏感，为公民参与民主过程提供更多机会，提高政府回应度和责任心，实现地方公共产品融资和转移以改善资源分配。但事实上，分权也使中央政府将责任推卸给地方政府，利用地方资源减少公共支出。当民主化基层机制缺乏时，行政分权或财政分权会使地方政府难以靠地方政治力量促使地方政

策制定者做出有效决策。即使是实现政治分权，不涉及民主政治改革的资源和责任下放、不能吸收地方政府和社团有效需求的都是不完权分权，很少会增加低层团体利益的影响，难以实现所预期的自治，难以产生社会效益。因此一些学者提出批评，认为如果没有充足的地方政治力量促使地方政策制定者制定有效决策，加上地方政府的能力和资源也往往比中央政府小，导致至少在短期内，公共服务的质量会因分权而变差。因此分权后的需求回应性很重要，如果公众不参与公共服务的设计和选择，公共服务难以符合用户偏好，自治性公共服务就更无从谈起。

如前文所述，西方民主国家的公共文化自治初现于19世纪60年代的社会解放和社区发展浪潮下，然而当时威权的中央政府担心自身地位因社区发展而削弱，对社区自治有控制倾向，文化自治因此受阻。威权下提出的自治，只是中央政府企图的职能向下释放，是对地方自治完成某些责任的期望，国家对某项政策的关注期望转化为国家与地方的共同关注，使地方成为中央的延伸，并非基于希望市民力量增强的自治。19世纪80年代分权后，公共文化让位于文化经济，对公共文化自治也有所抑制，但公平和参与已是清晰的社会趋势，社会演变出多元参与的文化结构，社会文化组织和活动由公民社会、私营组织、公共组织和当地政府等组织结构共同培育，维持了公共文化的自治提供。不同的府间纵向权力分派对文化治理模式与效果有着不同影响，威权下中央政府全权控制，自治难以发挥应有效果；分权后地方多元参与且社会力量强大，政府外的自治力量可在公共文化上发挥重要作用。可见公共文化自治无法在控制型的威权政府模式下实现，也无法在弱社会的缺乏市民文化和社会力量的不完全分权制度下产生。

韩国的分权为公共文化服务和文化自治带来巨大变化，结果却不尽如人意。2005年韩国分权制改革时，中央政府期待国家平衡发展和分散化治理，却担心持反对意见的特权力量的反对导致分权失败，因此在执行时机并不成熟之际，迅速强力地推行分权，使中央权力向地方政府移交。这种"仓促分权"不伴随民主化，也不包括地方公民社会的发展和地方社区的参与，只是政府间的职能与财政来源的下放，没有在私人领域、公益领域和公民社会中发展。韩国从长期威权制转变为现今的民主制与分权制，却依然是"强国家—弱社会"局面，公民社会尚未发育，自治性民间组织匮乏，居民对政府依然较为依赖。以文化自治为目标的文化馆项目经历了从威权到"不完全分权"的历程。分权前，地方政府作为中央政府的纵向延伸单位，政策注意力随中央而定，中央对文化院的物质基础的重视与文化自治内涵的忽略全部反映在地方层面，中央的政策控制没有为自治提供任何激励与空间。分权后的公共文化自治依然是通过政府推动文化馆项目而实施，因国家尚不具备自下而上的自发性自治能力，因此公共文化自治不是靠居民行动而是依然靠政府行动。文化馆因中央的撤资与忽视导致地方漠视，其代表机构对政策与文化倡议没有影响力，公民社会和私人领域尚无有效的诉求与需求回应渠道，民间力量的薄弱及居民对政府的依赖，又使得他们缺乏社会参与的积极性与主动性，无力形成政治力量影响地方政策支持，文化自治也因此失去了前提和基础。

相比韩国"仓促分权"下的不完全分权，中国的分权只是"类分权"型不完全分权，缺乏政治分权，财权愈发集权，事权不断下分。中央政府通过专项资金下拨的方式，对地方事务严格控制，使地方政府成为中央政府的延伸，而非独立的分权单位，更谈不上分权过程中的联动民主化，也无从提及市民社会的参与力量。公共文化服务与民众需求脱节，与公共文化服务自上而下的供给体制密切相关。现行的公共文化服务仍局限于政府体系内部运作，由于缺乏民众参与和需求表达机制，这种行政内部运作在行政自身的政绩最大化、利益最大化的牵引下难免与民众需求脱离。公共文化服务的最终效果如何，与其所处的行政体制背景、社会环境紧密相关。当下市场机制不健全、公民社会力量薄弱，由政府主导的公共文化服务基本上是在压力型行政体制内部运行，加上各级政府、部门和官员给予行政体制的考核压力、政绩显现甚或自身利益考量，使公共文化服务在实施中出现偏差，偏离了国家的文化治理目标。同时，文化部门没有实行垂直领导，在地方政府组成部门中，地方尤其是基层文化部门长期处于弱势。因此，分权过程中对各地方部门意见的回应渠道亦十分重要。

五、结论与政策建议

中韩两国的经历指明了央地关系对公共文化自治的影响，无论威权还是不完全分权都不能为公共文化自治营造积极的地方条件。两国均在历史上经历了漫长的威权制向分权制转变的历程，目前仍是"强国家—弱社会"的局面，公民社会和私人领域尚无力支持文化自治活动，韩国的分权是缺乏联动民主化的不完全分权，而中国是名义上财政集权与职能分权的不完全分权，公民社会与私人领域都缺乏有效的诉求与需求回应渠道。文化馆在威权和分权的制度下的不同历程表明了地方公民社会、多样的非营利与私人文化组织及居民发展权的重要性。威权制下，虽然中央的主动性有助于文化馆项目在地方快速发展，为文化自治创立物质基础，但没有地方塑造的资源支持就不可能持续发展，中央政府的过度控制也妨碍了地方参与和对地方需求的回应，导致与文化自治目标的疏离。因此培育支持文化馆项目的地方条件十分必要，近来增加的地方设施建设就是发展地方文化政策的尝试。然而，地方文化自治发展一直被行政机构而非多元政治所主导，在为文化自治而建立的地方文化治理层面上，地方公民社会、多样的非营利和私人文化组织及居民发展权应被尊重。当中央政府推动分权作为行政和经济改革的手段时，首先会将更多的责任转移到地方政府，地方政府通常拥有最少的资源与最低的层级，而且由于公民社会或地方政府没有通过持续的需求和互动关系实现分权，包括公民社会、志愿部门，尤其是地方政治在内的非政府部门几乎没有在分权过程中得到发展①，因此，地方政府的决策制定被注重发展而非公共文化的地方行政影响。②结果，当国家主动撤出时，地方支持文化馆和公共文化自治的动力丧失，经济与政治资源流失，管理者无力无心投入到真正激发居民个人创造潜能、鼓励文化参与和创造的活动设计中，而薄弱的民间社会力量也未能自下而上地实现资本孕育与文化自治，导致执行内容与政策目标的严重脱节，文化自治建设面临严峻挑战。因此，为了更好地处理当前地方文化治理中的问题，分权的过程需要联动民主化，对地方需求的回应与强大的民间力量十分重要，地方政治应来自多样政策制定者而非只有正式的政府和公共部门，鼓励多元部门参与的平缓的分权过程能使地方政治中不同的文化自治的观点得到发展，增加低层文化团体利益的影响，吸收地方政府与团体的有效文化需求，促生令地方文化政策有效决策的制度，产生更大的社会效益。

中韩两国的案例提供了一个窗口去探讨具有相似政治和社会经济结构的国家的文化自治道路，为纵向府际关系与文化自治关系的探讨提供了参考。基于本研究的结果，本文认为，要推动社区文化自治，需从以下几个方面展开行动：(1) 在微观设施层面，改善文化自治的文化设施管理。中央政府以立法的方式突出具体文化设施发展的重要性，以保证地方政府的重视，同时增加多样的国家项目资金，以保证各地文化自治的物质基础；给具体经营单位提供足够的财力、人才与专业资源，对经营单位的绩效考核以文化自治目标为标准，确保执行内容与政策目标一致；实行雇员长期雇佣制，培育个人潜能和社区归属感。(2) 在中观地方层面，分权过程实现多主体参与。让各参与主体在地方政治中可以表

---

① H. Lee, *New Paradigm of the Role of Civil Society*, Research Institute of Contemporary Society and Culture, 2004.
② V. Tanzi, "Fiscal Federalism and Decentralization: A Review of Some Efficiency and Macroeconomic Aspects", Conference Proceeding for Annual World Bank Conference on Development Economics, 1995.

达文化诉求，在政策制定上拥有话语权以促成利于自身的政策出台。同时也要加快民间力量发展，壮大自治主体，实现良好的文化治理结构，保障社区文化自治和政府公共文化服务供给的共同实现，从而培育支持社区文化自治的条件。(3) 在宏观国家层面，考虑分权的多维影响。参与性政府分权聚焦于项目的经济和功能方面的下放，没有考虑国家撤出在文化政策中产生的多元政策因素的影响。在发展地方自治和地方经济的同时，分权的多种层面，比如正式和非正式组织的关系与内在作用、各文化项目的特点和对当地居民的影响、来自地方文化政治的观点等都需要纳入考虑范围，从而建构新政策的优先顺序。因此，实现社区文化自治，必须在微观文化服务自身的设计上、中观的地方资源与政治力量培养上、宏观的分权与各方面因素的联动关系上进行考量，从而在全球化背景下通过可持续性的社区文化自治建设，在社区层面承担文化发展的责任，自下而上地实现文化强国的梦想，使民族文化得以延续繁荣。

第四篇

新型城镇化与城市区域治理新议题

国家治理视野下
省际流域生态补偿新思路[*]
——以皖、浙两省的新安江流域为例

杨爱平　杨和焰[**]

【摘要】 推动地区间建立横向生态补偿制度是十八届三中全会做出的政策部署，流域生态补偿也应按照这个改革思路逐步推进，但省际流域生态补偿实践中参与者对此存在一些认识偏颇。本文立足于国家治理的理论视角，以新安江流域生态补偿试点为例，从价值、主体、功能、结构四个维度对当前省际流域生态补偿存在的主要问题进行分析。相应地，本文提出了省际流域生态补偿的新思路，即强化中央政府在省际流域生态补偿中的制度供给与责任分担，构建政府、市场、社会多元主体协同参与的流域生态补偿机制，建立健全多元组合的流域生态补偿体系，探索流域生态补偿的民主协商机制。

流域生态补偿问题是近年来在我国学界和政界均备受关注的热点问题。本文主要讨论的是我国省际流域的生态补偿问题，所谓省际流域，

---

[*] 本文系 2013 年度教育部人文社科重点研究基地重大项目"中国流域水资源公共治理机制研究"（项目批准号：13JJD630014）的前期研究成果。

[**] 杨爱平，华南师范大学公共管理学院教授。杨和焰，华南师范大学政治与行政学院副教授。

是指流经若干个省份的大江大河流域，比如我国的长江流域、黄河流域、珠江流域、淮河流域、新安江流域等。党的十八届三中全会中央提出了"坚持谁受益、谁补偿原则，完善对重点生态功能区的生态补偿机制，推动地区间建立横向生态补偿制度"的政策思路。但是，具体到省际流域的生态补偿实践来看，无论一些学者还是政府官员对于"谁受益"中的"谁"（补偿客体）和"谁补偿"中的"谁"（补偿主体），以及作为推动者的中央政府的责任边界和"横向"的理解，均存在一些偏狭的认识。这种偏狭认识集中表现在两点：一是认为省际流域生态补偿的主体很明确，就是由下游政府（受益方）补偿上游政府（牺牲方）；二是中央政府在其中只是扮演推动者角色，主要责任在于横向的地方政府间关系协调，纵向的中央与地方政府责任划分似乎不怎么重要。我们认为，这种认识与做法只会导致流域生态补偿主体、机制、方式的单一化与机械化，不利于省际流域生态补偿体系的科学构建。众所周知，十八届三中全会中央同时提出了"推进国家治理体系和治理能力现代化"的改革总目标，因此，未来我国省际流域生态补偿应当立足国家治理现代化的改革方向来探索推进。那么，我国目前的省际流域生态补偿实践存在哪些主要问题？国家治理视野下省际流域生态补偿的价值理念和政策内涵是什么？应当如何构建国家治理视野下我国省际流域生态补偿的政策框架？本文结合我国最早推行省际流域生态补偿实践的新安江流域案例，对此进行抛砖引玉的分析。

一、国家治理：省际流域生态补偿研究的新视角

（一）国家治理体系的内涵界定

国家治理是党的十八大以来新一届中央政府治国理政的全新理念，它有别于过往长期实行的国家统治与国家管理这两种执政旧思维。从理论上要对国家治理做概念界定并非易事，但一般认为国家治理"包括政府治理、社会治理、企业治理、个人自治及政府、社会、企业、个人的

共同治理,它期望从传统的政府包揽一切的治理模式中走出来,实现由政府、社会、企业和个人共同治理,即走出传统由政府单一治理的模式,实现包括政府、社会、企业、个人在内的多元治理"①。简而言之,国家治理是国家联合市场和社会力量对社会公共事务的合作管理。② 关于国家治理体系的构成,国内几位代表性学者有不同看法。俞可平认为,国家治理体系是一个大体系,在下面有三个次级体系,最重要的就是政府治理、市场治理和社会治理。国家治理体系就是规范社会权力运行和维护公共秩序的一系列制度和程序,包括规范行政行为、市场行为和社会行为的一系列制度和程序。③ 何增科认为,国家治理体系涵盖主体、过程与产品,所谓主体是指在国家治理体系中,执政党与政府是最重要的治理主体,但其他治理主体的作用和影响不容忽视。过程是指国家治理是一个动态的过程,从输入端的利益表达、利益综合、政治录用、信任与支持,到政策制定、政策实施、法律适用,再到政策效果的评价与反馈及相应的政策强化或调整,构成了一个完整的循环。而国家治理的产品至少包括自由、安全、福利与团结等四大类产品。④ 薛澜则认为,国家治理体系包括基本的政治制度、公共价值、治理体系和治理能力。所谓基本政治制度,就是我们国家治理权力产生的方式和运营;公共价值体系,是指在基本政治制度下的执政理念,诸如公平正义、公众参与、公开透明、正当程序等;治理体系,是指国家治理结构的功能定位与组织体系相互关联;治理能力,即国家拥有的智力资源、配制方

---

① 丁志刚:《如何理解国家治理与国家治理体系》,载《学术界》,2014 第 2 期,第 65—72 页。
② 俞可平:《中国治理评估框架》,载《经济社会体制比较》,2008 年第 6 期,第 1—9 页。
③ 俞可平:《关于国家治理评估的若干思考》,载《华中科技大学学报》,2014 年第 3 期,第 1—2 页。
④ 何增科:《理解国家治理及其现代化》,载《马克思主义与现实》,2014 年第 1 期,第 11—15 页。

式和有效使用的能力。① 综合而言，我们认为可以从价值、主体、功能、结构等四个维度理解中国的国家治理体系。价值维度集中体现为十八大提出的富强、民主、文明、和谐、自由、平等、公正、法治等24字社会主义核心价值观；主体维度要求形成公共事务的政府、市场、社会、公民多元共治局面；功能维度是指国家要从政治、经济、文化、社会、国防、生态、党建等诸多政府职能领域着手改革与发展；结构维度要求理顺我国的党政关系、府际关系、政府与社会的关系、政府与市场的关系等。

（二）国家治理视野下省际流域生态补偿的政策内涵

国家治理体系现代化视野下我国省际流域生态补偿的价值理念和政策内涵包括如下四个方面：第一，省际流域生态补偿是我国生态文明建设的重要领域，属于我国国家治理体系功能维度中必须改革与完善的不可或缺方面，因此，应该站在国家治理体系功能领域的全局高度来重新审视。第二，省际流域生态补偿既然奉行中央推动下横向主导的政策思路，那么，上下游政府间围绕生态补偿的利益博弈、分配、让渡等应该遵循民主、平等、公正、法治的原则进行。一方面，中央政府不能简单以传统"家长制"的方式来处理和调解上下游政府间的利益纠纷；另一方面地方政府间也必须以平等、公正和法治的原则来签署和落实生态补偿的协议。第三，从主体维度看，省际流域生态补偿应当打破生态补偿由政府尤其是由下游政府"唱独角戏"补偿的认识误区，凝聚政府、市场、社会乃至公民个人等多方力量来协力共治，动员各级政府和更多政府部门参与，体现网络治理的新思维。② 第四，省际流域生态补偿中必须处理好中央政府与省级政府的责任分担、流域内上下游政府的责权划

---

① 薛澜：《顶层设计与泥泞前行：中国国家治理现代化之路》，载《公共管理学报》，2014年第4期，第1—6页。
② 胡熠：《流域区际生态利益网络型协调机制》，社会科学文献出版社2013年版，第79—107页。

分、政府与市场及政府与社会的合作关系等问题。就此而言，省际流域生态补偿还需从国家治理体系中结构维度的改良来认识。通过结构维度的改良，理顺省际流域生态补偿中中央与地方的关系，更好地发挥中央政府的作用，更合理地定位流域上下游政府在生态补偿上的权责关系。同时，通过理顺流域生态补偿中的政府与市场、政府与社会关系，实现补偿方式的多样化。

二、新安江流域省际生态补偿的成效与问题

新安江流域横跨皖、浙两省，是近年来由中央推动开展横向生态补偿试点的典型省际流域。为此，本文以新安江流域为案例，对我国省际流域生态补偿的现况及问题进行分析。

（一）新安江流域生态补偿试点的初步成效

新安江发源于安徽省黄山市休宁县六股尖，为钱塘江正源，是安徽省境内仅次于长江、淮河的第三大水系，流域总面积11674平方公里，经千岛湖、富春江、钱塘江在杭州湾入东海。新安江干流总长度358.5公里，其中安徽省境内干流长度242.3公里，由西向东流经安徽省祁门县、屯溪区、歙县，至街口出境进入浙江省淳安县后汇入千岛湖（新安江水库）。据估算，从安徽省输入新安江下游浙江地区的优质水资源总量，每年平均为66亿立方米，占千岛湖年均入湖水量的68%以上。新安江水质常年达到或优于地表水河流Ⅲ类标准，是下游地区最重要的战略水源地，也是华东地区最坚实的生态安全屏障，属于全国水质最好的河流之一。但进入21世纪以来，由于受新安江上游即安徽省境内来水影响，下游的千岛湖水质富营养化趋势明显，2006年开始由贫营养状态变为中营养状态，营养状况指数呈上升趋势。为保护这一难得的战略水资源，2011年9月，财政部、环保部正式印发《新安江流域水环境生态补偿试点实施方案》（下称《实施方案》），《实施方案》从试点原则、补偿依据和资金使用等方面进行了规定。2012年，财政部、环保部牵头

组织的全国首个跨省流域生态补偿机制试点正式在新安江流域实施，试点期内，以皖浙两省跨界断面水质相关标准为考核依据，设置补偿资金每年5亿元，其中中央3亿元，皖浙两省各1亿元，年度水质达到考核指标，浙江拨付给安徽1亿元，水质不达标则安徽拨付给浙江1亿元。无论何种情况，中央财政3亿元都全部拨付给安徽省。这种省际流域生态补偿模式俗称"对赌模式"。

新安江流域生态补偿试点工作迄今已有三年，取得了以下两方面初步成效：一方面，新安江流域总体水质保持良好。2011—2013年新安江流域总体水质为优，跨省界街口断面水质达到地表水环境质量标准Ⅱ类。环保部公布的监测数据显示，与2008—2010年三年均值相比，2013年街口断面高锰酸钾指数、总氮、总磷年均值分别下降1.2%、6.9%、11.3%，氨氮浓度略有上升但处于Ⅰ类水质指标，连续三年达到补偿条件。2014年，环保部规划院对黄山市试点中期绩效评估报告指出，2011年千岛湖营养状态出现拐点，营养状态指数开始逐步下降，并且与新安江上游水质变化趋势保持一致，表明试点对于保持和改善新安江水质的环境效益逐渐显现。另一方面，初步探索建立了一套省际流域生态补偿工作机制：一是由中央政府的相关部委牵头推动，提供中央财政支持，并充当水质监测裁判者等角色，推动跨省流域生态补偿；二是安徽省政府在制定市县政府分类考核办法中，把黄山市单独作为四类地区，对黄山市的考核不再单纯以GDP作为主要考核指标，而是加大生态环保、现代服务业等考核权重，引导并支持黄山进一步加强生态环境保护；三是安徽省政府建立了省长挂帅、副省长主抓的领导体制，而黄山市则成立新安江流域生态补偿试点领导小组，市长任组长，22个市直有关部门的主要负责人为领导组成员，设立了新安江流域生态建设保护局，具体负责新安江流域的生态保护与生态补偿试点的推进工作；四是建立了包括舆情信息沟通机制以及皖浙两省间相互沟通、联合监测、联防联控等补偿工作机制。

（二）新安江流域生态补偿试点存在的主要问题

新安江省际流域生态补偿试点实施几年来，取得了一定的成效，引起了中央及地方新闻媒体的广泛关注，同时也引发了其他跨省流域地方政府尤其是一些上游政府的冲动，它们已经或准备提出要实施上下游间横向生态补偿的设想。但是，我国省际流域生态补偿的条件是否足够充分，或者说，新安江流域跨省生态补偿的试点经验能否一下子在全国推广呢？我们认为，时机还不够成熟，因为新安江流域只是横跨了皖浙两个省份，补偿主体简单而易于确定，利益关系较为明显，下游浙江省经济发展状况良好。① 但我国大部分省际流域均是跨越了多个省份，由于涉及责任主体较多，实际操作起来肯定比新安江流域复杂。而且从现代的国家治理视角来看，新安江流域生态补偿试点还存在诸多的问题，与国家治理体系现代化的改革要求尚有不小差距。归结而言，这些问题主要有：

第一，中央政府对省际流域生态补偿的顶层设计不够，省际流域生态补偿缺乏法律和政策工具支撑。对于国家治理而言，顶层设计扮演着"统领全局"和"至高权威"的角色，是构建国家治理体系的关键环节。作为中国国家治理体系中功能领域的重要组成部分，省际流域生态补偿离不开中央政府的顶层设计。具体来看，中央的顶层设计体现在流域生态补偿统一立法以及转移支付等相关政策工具设计上。目前，我国省内流域生态补偿实践尚且能通过省级立法得到框定、指引，但省际流域生态补偿则至今缺乏一部由中央出台的"生态补偿法"或"生态补偿条例"。由于缺乏全国性法律约束，这就难以从宏观层面明确中央与省级政府纵向之间、省级政府横向之间基于水权分配的补偿权责界定。这种由"法律匮乏"带来的"权责模糊"，直接导致了目前省际流域生态补

---

① 郭少青：《论我国跨省流域生态补偿机制建构的困境与突破——以新安江流域生态补偿机制为例》，载《西部法学评论》，2013年第6期，第23—29页。

偿工作无法在全国范围内整体、高效且协调地向前推进。试点《实施方案》虽然对补偿原则、补偿标准及补偿责任等做了明确规定，但仅是一个针对特定流域的、补偿期间有限且效力有限的规范性文件，它既无法为新安江流域生态补偿试点提供长效性的补偿机制支撑，也不足以作为我国不同的跨省流域生态补偿实践的统领性法律。而且，试点工作开展至今，皖浙两省级政府仍持有保留意见，原因在于《实施方案》并不明确区域的水权归属，由此导致上下游政府之间对补偿责任、义务的认识存在偏差。

第二，省际流域生态补偿的央地支出责任与补偿事权的不对称配置，导致地方政府开展补偿有心无力。应当肯定的是，无论是提供一定的公共财政支持，还是发挥水质监测的裁判者功能，中央政府的相关部门对于新安江跨省流域生态补偿试点的施行起到重要推动作用。但由于省际流域生态补偿事务属于中央与流域内政府共同承担的全国性区域事务，因此，省际流域生态补偿事务的这种属性，要求中央政府承担更多的制度性支出责任，而非仅仅是前期的少量诱导性基金。比如，虽然中央财政对新安江流提供了每年 3 亿元的资金支持，但与上游安徽省政府至今几百亿的生态项目建设投入相比，实属杯水车薪。目前安徽省政府开展生态补偿工作所面临的最大压力，正是通过国家开发银行融资并投入新安江保护公益项目的 200 亿元贷款偿还压力，以及为保证已建成的村级保洁、河面打捞、污水处理、环境监督等项目的日常运行而需持续投入的资金压力。对于这种具有重要战略意义的水源地的保护，目前地方政府、尤其是上游的安徽省政府并没有获得与补偿事权相对应的财力支持，这使得很多生态补偿与治理工作的开展显得有心无力。现实中，这种科层命令下强调更多"地方配合"而较少"中央配套"的资金筹措方式，已无法对地方政府开展生态补偿与治理的行为产生正激励。从国家治理的视角来说，正是由于跨省流域生态补偿中两级政府在支出责任与补偿事权的不对称配置，才导致试点实践中无法发挥中央与地方两者积极性，影响了央地政府之间开展补偿治理的有效协同。

第三，生态补偿主体单一，市场与社会力量发挥不足导致补偿乏力。多元主体共同治理，这是现代国家治理的本质内涵，也是区别于传统政府管理的重要特征。新安江流域生态补偿试点中，上游政府之所以因补偿资金缺乏而有心无力，下游政府之所以仍强烈呼吁水质的进一步改善，一个重要的原因是试点实践无法汇聚最大的补偿力量，凝聚最大的补偿共识。实际上，试点工作开展至今，安徽省各级政府在各重点项目上的总投资已达120多亿元，而多达200亿的银行贷款也将由政府自身偿还，这种巨大的财政支出压力使得试点效果的持续性存疑。与政府苦苦支撑相反，市场与社会主体却没被吸纳进补偿的主体当中，这直接导致了补偿资金的严重不足。虽然黄山市也试图通过"政府引导、市场推进、社会参与"的途径来多渠道解决资金投入问题，但现实中也只是将试点资金通过项目注入市场投融资平台，而没有将市场主体实质性引入项目建设过程；虽然也寄望于"推进旅游、文化、生态'三位一体'融合发展模式"以"拓展和提升项目的连带效益、后续效益、经济效益"，但至今发展模式不见成型；虽然也构建新安江保护专栏信息平台及微信公众参与平台，并组织一系列环保行动，但事实上上游群众对于"生态移民补偿""同江不同退"等问题仍一直颇有怨言，生态补偿的共识难以凝聚。社会公众利益的难以调和导致其参与补偿的积极性偏低，而市场力量、市场资金又鲜有引入，最终使得目前跨省流域生态补偿实践实质上仍是政府"唱独角戏"，现代治理中的多元共治格局依旧难以成型。

第四，流域生态补偿方式单一，补偿方式仍局限于政府的资金补偿。我们的调研发现，"钱"始终是流域生态补偿的核心话题。在跨省流域生态补偿试点中，补偿方式主要是通过财政资金补偿，包括中央与地方两级财政资金。新安江流域的上游政府在几次工作总结与政策建议中，都重点提到"希望中央政府能加大资金投入，拓展适用范围"，"提高中央一般转移支付的力度"，以及希望下游政府能够"推动横向补偿，提高补偿标准"等。可见，资金补偿已成为上游政府所要求的最主要、最迫切的补偿方式。但这种"输血式"补偿方式已显现出难以为继的困境，而利于生态补偿存续性的"造血式"补偿方式却一直未见实质性动作。事实上，上游的黄山市也曾建议能够在当地设立浙商产业园，引导鼓励下游地区向上游地区输出高新产业、高校、旅游等，以便促进上游地区更有能力保护生态。但迄今这种"造血式"补偿建议仍没有得到下游政府的实质性回应。一方面是"输血"难以为继，另一方面是"造血"未见动静，这种悖离国家治理多样化特征、补偿方式单一化的局面，已经影响到上游政府开展跨省流域生态补偿的积极性，影响到我国首个跨省流域生态补偿试点的有效推进。

第五，流域内上下游政府间基于平等、公正、民主的讨价还价机制和利益博弈机制尚未建立。在新安江流域生态补偿实践中，安徽和浙江两省围绕补偿依据、标准、时限等问题，实际上各怀心思。作为上游地区政府的安徽，总认为自己是后发地区和欠发达地区，在你追我赶的经济发展压力下，很想凭借自己的后发优势大力发展经济。但在现有的资源禀赋和发展条件下，上游的发展必然会对环境产生一定的破坏，因此，要想保持乃至优化新安江流域目前的水质资源，势必要以牺牲上游地区的发展为代价，而上游地区为此付出的机会成本，下游政府应该做出相应的补偿。下游地区政府则认为，搞好流域环境治理，保护流域水资源本是上游政府的天职，不能以生态补偿为借口向下游地区政府漫天要价；而且，下游政府目前基于道义责任对安徽的补偿标准已经足够，如果要追加补偿，下游政府没这个义务。因此，由于市场经济条件下一种基于资源交易、产权置换为核心的政府间交易机制的缺位，导致流域生态补偿中上下游政府间的讨价还价和利益博弈机制处于一种非制度化轨道。

三、推进省际流域生态补偿的政策思路

（一）强化中央政府在省际流域生态补偿中的制度供给与责任分担

我们认为，中央政府在我国省际流域生态补偿中的角色绝不仅仅是推动者这么简单，应当基于省际流域生态补偿事务的属性强化其制度供给与资源供给的责任。

一是中央政府应当加强顶层设计，尽快出台流域生态补偿的专门法律，以法治的思维和法治的方式推进省际流域生态补偿。目前，新安江流域生态补偿实践所依据的《实施方案》，仅仅属于地方政府间的协议，不具备法律效力。由于缺乏专门、统领性的法律对跨省流域中关于水权界定、补偿原则、补偿标准等方面进行明确规定，地方政府在补偿实践中通常各执一词，极大地影响了补偿实践的开展及效果。这也影响了新安江流域试点经验在其他省际流域的可推广性，导致地方政府对于流域生态补偿实践合法性的质疑。因此，中央政府应该尽快出台《生态补偿条例》或《生态补偿法》，从根本上解决跨省流域生态补偿"无法可依"的尴尬境地，以权威的制度手段确定补偿权责、调和补偿争端、推进补偿实践。通过该法律，明确省际生态补偿的基本原则、主要领域、补偿范围、补偿对象、资金来源、补偿标准、相关利益主体的权利义务、考核评估办法、责任追究等。

二是中央政府应配套完善流域生态补偿的系列政策工具，使省际流域生态补偿的目标能落到实处。比如，国家已经有主体功能区的严格划分，相应地，应结合流域生态补偿把限制开发和禁止开发区域的政策加以落实，而不是有了主体功能区的规划但又没有具体的政策来执行。又比如，为调动和激励企业和民众参与到流域生态补偿，国家应该发挥政策组合的优势，制定出台相关的环境经济政策，如在企业和居民用电、用水方面，政府可以借助更为精细和科学的价格杠杆机制来筹措社会资金，反哺上游地区。

三是中央政府可考虑对我国几个大的流域治理委员会进行赋权扩能。目前，我国的流域治理机构主要职责在于应对日常的流域涉水事务，但对于流域内水污染处理和生态补偿事项则显得权能不足。因此，中央政府应考虑对几个大的跨省流域治理委员会赋予其重要涉水工作的决策权，以及省际流域生态补偿的利益协调与仲裁权。通过赋权扩能，强化流域治理机构的权威和实际权力，为跨省流域生态补偿提供一个公正而权威的协调与仲裁平台，减少地方政府因信息不对称而产生的补偿"违约"行为；而且，对于省际流域生态补偿的利益纠纷与协调问题，中央政府也不再事必躬亲了。

四是中央应当对央地两级政府在跨省流域生态补偿实践中的支出责任进行合理划分。十八届三中全会指出："适度加强中央事权和支出责任，国防、外交、国家安全、关系全国统一市场规则和管理等作为中央事权；部分社会保障、跨区域重大项目建设维护等作为中央和地方共同事权，逐步理顺事权关系；区域性公共服务作为地方事权。中央和地方按照事权划分相应承担和分担支出责任。中央可通过安排转移支付将部分事权支出责任委托地方承担。对于跨区域且对其他地区影响较大的公共服务，中央通过转移支付承担一部分地方事权支出责任。"跨省的流域生态保护属于跨区域且对其他地区影响较大的公共事务，中央理应通过转移支付承担地方事权支出责任。总体来看，中央财政负责的流域主要是"国家确定的重要江河、湖泊"，对这些江河湖泊的补偿资金，应由中央财政资金、生态受益地区的财政资金和所征收的环境资源税费构成的生态基金三部分构成。其他跨省的流域生态补偿资金主要应由生态受益省财政和生态专项基金解决。

(二) 构建政府、市场、社会多元主体协同参与的流域生态补偿机制

从新安江流域生态补偿实践来看，补偿资金的缺乏是影响跨省流域生态补偿开展及成效的关键因素，目前上游政府获取的补偿资金，主要来自中央及下游政府为数不多的财政转移支付，相较其庞大的生态治理

开支，缺口巨大，由此也引发社会对生态补偿长效性的担忧。因此，必须改变以政府为唯一补偿主体的补偿模式，转向以政府、市场、社会共同参与的补偿模式，在落实央地政府补偿责任的同时，拓宽补偿主体的范围，有效吸纳市场与社会补偿力量，成为流域政府开展生态治理的当务之急。

首先，继续发挥中央政府和流域内地方政府在流域生态补偿资金筹集方面的杠杆作用。应当看到，流域水污染和水资源危机如同雾霾问题一样，已经成为当下中国政府亟待优先解决的几大难题。在政府主导的国家治理格局下，政府在省际流域生态补偿中仍应发挥主导作用。因此，应当基于流域情境的不同类型，强化中央财政对跨省流域生态补偿的转移支付力度。关于这点，前面已经述及。同时，流域内上下游政府间也应展开积极协商，建立相互间权责更加对等的生态补偿制度安排。

其次，充分引入市场机制，发挥市场在流域生态补偿资源配置中的决定性作用。主要建议有：（1）借鉴广东省成立粤海集团的经验，将水费收益按固定或浮动比例纳入流域生态补偿资金范围；（2）可从流域水电公司所收取电费中提取部分资金，用于上游水环境治理；（3）可借鉴新安江千岛湖的有益经验，在流域环境承载范围内进行生态旅游开发，将部分门票收入用于对上游的生态补偿；（4）可以在加强监管的前提下，因地制宜，将水源涵养地生态林的种植与维护交由市场主体操作，以减少上游生态支出；（5）可以在明确水权的前提下，运用市场机制开展基于水量、水质的省际水权交易，补偿上游的发展机会成本；（6）可以在水环境承载力之内，探索建立上下游政府间的小范围排污权交易，既鼓励上游维持水质，又允许下游发展经济，等等。

再次，广泛动员社会组织和公众参与流域生态补偿，使其成为流域生态保护的重要主体。一方面，要改变以往主要以政府为补偿客体（对象）的旧思路，实现补偿客体（对象）从政府到民众的转变，让省际流域生态补偿真正惠及生态建设贡献地的居民，以激发和调动他们保护生态环境的积极性。另一方面，要吸纳各种社会力量参与流域生态补偿，改变以往以政府为补偿主体的做法，让社会组织和民众真正体验到流域生态环境的优劣与自身的不可分割性。比如，应建立与各种环保非政府组织的合作伙伴关系，并鼓励其组织社会公众通过募捐、上下游民间互助等形式，参与跨省流域生态补偿。又比如，可以借鉴体育彩票发行经验，发行流域生态福利彩票，通过汇聚社会公众资金以充实生态补偿资金。再比如，可以设立流域环境生态补偿基金，如在珠江流域内可以动员广东、香港、澳门等地的社会力量共同设立基金会，争取受益地区的各界人士对补偿事业的支持；此外，政府应多组织公众参与水环境生态保护等公益性的保护行动。

（三）建立健全多元组合的流域生态补偿体系

必须改变"生态补偿就是资金补偿"的狭隘认识，实行"输血式补偿"与"造血式补偿"双拳并举，实现跨省流域生态补偿方式的多样化：一是中央的政策补偿。对于流域上游地区发展利于流域生态的绿色、环保产业，中央政府应因地制宜实行相关政策优惠，通过激励性政策来引导流域水源区的产业定位，培育上游地区发展能力。二是流域内上下游政府通过协商共建产业园的方式，即"异地开发模式"进行补偿。主要有两种类型：一种是在上游流域共建低污染、环保型、效益高的产业园区，将下游符合条件的产业转入园区，上下游政府按固定比例对园区税收进行分成。这种模式在广东省东江流域的省内生态补偿中有所体现，比如中山（河源）产业转移工业园。另一种是在下游流域产业集聚区规划出一片工业区，接纳上游政府在当地的招商引资，由上游政府自主开发并占有工业区的税收，这种模式的典型代表是浙江省金磐开发区。目前异地开发模式还主要集中于省内流域，未来可推广到跨省流域。三是智力补偿与人才培育。以珠江流域为例，下游的广东省依托自身较为发达的科研机构和技术力量，为上游地区直接输送先进技术和优秀人才，以提供智力支持；同时也可以为中上游地区开展"定单式"教育培训与劳动力技能提升计划。四是通过下游购买上游的水力发电的形式进行补偿。以珠江流域为例，上游的云南省水力发电资源十分丰富，经常出现水电产量过剩而用不完的"窝电"现象，此时中下游的其他省份尤其是广东省可考虑多购买云南的水电，通过上下游地区这种市场交换的方式，既能够充分利用上游水电资源，又能以较为公平的形式补偿上游地区，可谓一举两得。五是通过生态旅游输出的方式，对上游地区进行定向补偿。流域上游一般生态环境较好，下游政府可以通过政策引导，鼓励旅游公司与社会公众通过协作性旅游的方式，带动上游生态经济发展。

（四）探索流域生态补偿的民主协商机制

协商民主政治是颇具中国特色的一项政治制度安排，实践证明其体现的平等、公正、民主等均衡参与理念，在我国国家治理的诸多功能领域均发挥着重要作用。省际流域生态补偿是我国国家治理体系中不可或缺的一个功能领域，相较于很多功能领域而言，关系更为复杂，因为它涉及中央与地方关系、地方与地方关系、部门与部门关系，以及政府与市场、社会的关系等。因此，在流域水权难以界定、补偿依据难以明晰、补偿标准难以统一的情况下，通过构建一个切实有效的流域民主协商机制，以促进流域内多重主体通过理性谈判与民主协商，制定约束性规则，明确双方或多方权责，进而推动生态补偿实践，这是目前我国跨省流域生态补偿向前推进的现实选择，也是国家治理体系中价值维度的应有之义。

一是要广泛吸收流域生态补偿的民主协商主体，体现均衡参与的价值理念。流域治理民主协商的主体须包含流域治理委员会、流域内不同地方政府、涉水职能部门以及流域内企业和社会公众等多元主体。二是发挥流域治理委员会在补偿协商中的核心领导作用。如前文所述，赋权扩能之后的流域治理委员会，将肩负统一管理流域一切涉水事务的重大责任，拥有流域内生态补偿纠纷的仲裁权，因此，流域治理委员会保障协商结果可体现对国家以及流域整体利益的考量，并能兼顾流域各方的最大利益。三是由流域治理委员会协同其他主体，出台诸如流域生态补偿实施联席会议制度、流域经常性会商制度等具体化制度，并重点明确民主协商的程序与方式，确保这些制度的有效落实。四是加强发改、财政、国土、环保、林业等省直部门在水资源保护和基础数据共享等方面的协商合作，形成流域补偿与共建意识。五是保障市场主体与社会主体参与民主协商的权利，创造渠道让企业与社会组织、公众参与到流域生态补偿的决策事宜中来，重视市场与社会主体的利益表达，并采纳其提出的建设性意见。六是尊重市场主体之间、市场主体与社会主体之间的自主性协商。基于市场机制抑或是社会合作机制而开展的自主性协商，是流域民主协商机制的重要有机组成，事实上这种协商形态是基于长期的合作与彼此的信任而形成的，与科层制下的协商形态相较而言，更显柔性[1]，因此，在流域生态补偿实践中要适当加以应用。

---

[1] 胡熠：《我国流域区际生态利益协调机制创新的目标模式》，载《中国行政管理》，2013年第6期，第78—82页。

地方政府合作的府际协议网络测度与评价：
泛珠三角的一项经验研究[*]

锁利铭　马　捷[**]

【摘要】 在我国，区域抱团式发展已通过区域资源的再度整合，形成了新的竞争主体。在深入合作发展的同时，地方政府治理形态正在从行政区行政、区域行政向区域治理转变，地方政府在面临区域发展模式转变的过程中要在"多主体参与、多层次支撑、多领域合作以及多合作区重叠"的区域合作环境中理性决策、科学发展。本文应用社会网络分析工具，以泛珠合作区在7个政策领域签署的191个协议为"关系"变量，对11个省区的区域合作机制进行分析。结论表明，非经济领域的合作正成为区域合作的重点；地理位置和资源互补性影响了合作的范围和规模；广东在整个区域合作网络中处于中心地位。

---

[*] 本文系笔者承担的国家自然科学基金项目"我国区域水资源共享冲突的网络治理模式选择与理论验证"（批准号71003013）；国家自然科学基金项目"地方政府合作路径选择与跨界政策网络动态演进机制研究"（批准号71303032）；四川省哲学社会科学规划项目"经济区发展中地方政府间跨界环境治理与合作机制研究"（批准号SC14B026）阶段性成果之一，特此说明与致谢。

[**] 锁利铭，安徽阜阳人，电子科技大学政治与公共管理学院教授，博士，研究方向为区域合作与网络治理。马捷，贵州兴仁人，电子科技大学经济与管理学院，副教授，博士，研究方向为区域经济可持续发展。

2000 年以来，以泛珠三角、长三角、京津冀等区域融合为标志的发展格局不断兴起，形成解决大量具有空间外部性的多维问题的新路径。与此同时，区域政策变迁、功能区规划等外在力量不断推动区域治理在面临区域发展模式转变的过程中要在"多主体参与、多层次支撑、多领域合作以及多合作区重叠"的环境中理性决策。[①] 理论界目前的研究目标是构建促进有效合作的机制，运用政府职能[②]、行政管辖权[③]、多中心治理[④]、交易成本[⑤]等理论对合作的动机和模式进行大量探索，并分别针对京津冀、珠三角、长三角等具体区域合作的形式、机制、障碍、阻力、路径等进行案例与对策分析。然而，在进一步拓展的过程中，不得不面临一些难以克服的问题。如区域合作产生的共同收益与个体收益如何衡量？两种收益的关系如何？合作行为对合作收益的贡献有多大？不同的合作领域是否采用了不同的合作结构？不同区域合作如何在一个标准化框架下进行比较？由于现实中区域合作的复杂性使得衡量合作程度和合作关系成为区域合作研究进一步深入的必要条件之一，同时也是该领域研究的难点之一。

一、区域合作的复杂性导致测度困境

第一，合作动力的多样性。区域合作的动力至少存在三种来源：合作收益激励、权威规划约束与合作边界拓展。首先，合作收益激励形成了地方政府内生的自愿合作，这种自愿合作基于彼

---

① 锁利铭、杨峰、刘俊：《跨界政策网络与区域治理：我国地方政府合作实践分析》，载《中国行政管理》，2013 年第 1 期。
② 陈瑞莲：《区域公共管理理论与实践研究》，中国社会科学出版社 2008 年版。
③ 杨龙、彭彦强：《理解中国地方政府合作：行政管辖权让渡的视角》，载《政治学研究》，2009 年第 4 期。
④ 张紧跟：《论珠江三角洲区域公共管理主体关系协调》，载《学术研究》，2011 年第 1 期。
⑤ 锁利铭：《我国地方政府区域合作模型研究：基于制度分析视角》，载《经济体制改革》，2014 年第 2 期。

此资源禀赋差异与互补的客观基础，以及对合作收益预期的主观条件[1]，自愿合作不需要其他权威的介入。如长三角流域的城市间合作，经历了从同质化竞争到多样化互补共荣的过渡[2]，合作收益本身便是地方政府选择合作的激励。其次，权威规划约束是上级权威外生推动形成的规划型合作，形式上表现为城市群、经济区等合作边界的规划。这种动力的局限在于涉及的地方政府间信息不完全从而难以有效规划、合作约束机制也很难有效达成，加上外部性治理中的搭便车动机等原因导致局部利益与整体利益的冲突，因此需要上级政府的介入才能促成其合作关系的建立。如2013年由环保部等六部委发布的《京津冀及周边地区落实大气污染防治行动计划实施细则》（环发〔2013〕104号）中规定了涉及的各区域的合作权利，就是上级政府主导下的区域合作方式。可以看出，这种合作是对没有权威存在的"纳什均衡"的打破，实现了从个体最优到群体最优的过渡。再次，合作边界拓展表现为由某一地方政府以合作伙伴的形式组织多个地方政府的双边和多边合作，也就是不同地方政府以某个主体为桥梁的合作。如我国始于2004年的泛珠三角合作区（即"9+2"合作区）就是由广东省牵头推动，其他8个省和2个特别行政区加入的多边合作。这种合作不同于内生推动，是基于信息完全的条件下对合作收益的预期，也不同于外生的被动合作，没有任何权威力量的介入。以"9+2"合作区为例，原本不属于传统珠三角的中、西部内陆地区如江西、广西、四川等地，突破既有地缘边界，与其他地方政府建立彼此了解、沟通与合作的关系。这种合作的驱动力在于其中桥梁组织的社会声誉与政治影响力，能够提供其他地区拓展发展边界的机会。

---

[1] Feicok, R. C., "Rational Choice and Regional Governance", *Journal of Urban Affairs*, 29 (1), 2007, pp. 47 – 63.
[2] 唐亚林：《从同质化竞争到多样化互补与共荣：泛长三角时代区域治理的理论与实践》，载《学术界》，2014年第5期。

第二，合作边界的多重性。由于地方政府在区域合作时并未有太多强制性约束参与和退出的行政法规制度，使得地方政府以不同的形式决定了不同的合作边界，在不同时期或届期的合作也决定了不同的边界。目前的合作形式包括组织、政策以及文本三种形式。首先，组织形式，包括协作领导小组、联席会等协调机构。如长三角地区的"重点合作专题组"、泛珠三角"区域合作行政首长联席会议秘书处"等，这些组织是实现区域合作常态化的必要基础。其次，政策形式主要是以上级政府的政策规定各方权益，如广东省《关于加快推进珠江三角洲区域经济一体化的指导意见》（粤府办〔2009〕38号）等对各城市合作行为的界定。最后，文本形式包括平等主体的府际协议，以及斜向的府际协议，包括"规划纲要""合作框架协议""合作宣言""合作意见""合作备忘录"等推动政府间合作的区域行政方式。① 不同形式界定的合作边界不同，形成了多重边界的复杂格局。一方面不同边界对参与主体的约束力和可执行性有较大的差异，另一方面不同边界对合作范围与规模也有不同规定，这使得合作边界呈现出不确定性。如一些城市同时加入了多个经济区、城市群或合作协议，在大的区域合作边界和背景下，较低层次的行政区通过规划或自发形成了多个"核心—边缘"的合作治理结构。② 这就增加了区域合作边界确定的难度，同时也增加了对确定边界内的区域合作的评估难度。

第三，合作领域的多元性。对于地方政府而言，经济发展、基础设施、资源环境、公共服务等都是重要的公共管理职能，也是区域合作的主要内容。区域合作早期是以经济或产业为纽带的合作，如长三角、珠三角，这与当时地方政府追求的目标直接相关。随着经济一体化、资源要素流动，以及人口迁移等逐渐增强，公共领域的问题不断暴露出来，

---

① 杨爱萍：《区域合作中的府际契约：概念与分类》，载《中国行政管理》，2011年第6期。
② 锁利铭、马捷、李丹：《"核心—边缘"视角下区域合作治理的逻辑》，载《贵州社会科学》，2014年第1期。

交通设施、水资源环境、空气污染、公共卫生等进入到区域合作范畴，区域合作的主题几乎涵盖了地方政府辖区内公共管理的全部内容。合作已经从原有经济资源的整合式交换，转变为经济、资源、环境、危机等多领域共同发展。如广东省在《关于加快推进珠江三角洲区域经济一体化的指导意见》（粤府办〔2009〕38号）中提出"以交通一体化为先导，以广州、佛山同城化为示范，坚持政府推动、市场主导，省市联手推进基础设施、产业发展、环保生态、城市规划、公共服务一体化"，《泛珠三角区域合作框架协议》着重在基础设施、产业与投资、商务与贸易、旅游、农业、劳务、科教文化、信息化建设、环境保护、卫生防疫等十个领域合作等等。合作领域的扩展，一方面是由于领域特性的需求，另一方面也是由于每一合作框架界定下，地方政府相关部门间的竞争，要通过该领域的合作寻求各自在本地行政系统中的政治地位。这就使得在大的合作区内又存在着以某些领域为主的小合作区，比如成都、资阳、眉山的通讯同城化以及长株潭的通讯同城化等。不同的合作内容由于物品及服务的特征不同带来的资产专用性，使得在合作中要获得合作收益，就必须采用不同的合作组织、合作对象与合作形式[1]，这种领域特征影响及其多元扩展使得在研究上难以分辨不同主体特征与不同领域特征对合作效果的作用，也就难以在实证中揭示真实的合作状况。

二、地方政府间多边合作与府际协议网络

长期以来，区域治理的研究受到广泛关注（见表1），尤其是新区域主义的快速发展，将区域制度改革提上议程。但是实证缺乏的原因之一来自对培育或促进区域一体化的地方政府间协议研究的忽略。[2] 府际协

---

[1] Feicok, R. C. & John, S. T., *Self-organizing Federalism: Collaborative Mechanisms to Mitigate Institutional Collective Action Dilemmas*, New York: Cambridge University Press, 2010.

[2] Kurt, T. & Wood, C. H., "Interlocal Agreements as Overlapping Social Networks: Picket-Fence Regionalism in Metropolitan Kansas City", *Public Administration Review*, 62 (5), 2002, pp. 585 – 598.

议存在多种分类,一个简单的分类就是自愿与权威驱动两种,其中自愿就包括正式与非正式两种形式,如合作框架协议、合作宣言、合作实施意见等,统称为"府际协议"。① 有些观点认为府际协议对区域合作的作用甚微,或者认为府际协议只是点对点或碎片化的解决技术性的区域共同问题,而不会对区域合作关系或区域治理结构有什么促进作用,甚至认为区域协议会干扰原有地方公共事务决策与规划,从而使得协调变得更加复杂②。支持的观点是特麦尔(Thurmaier)和伍德(Wood)指出地方政府之间的协议构成一种二元关系,多个具有二元关系特征的地方政府就会在宏观层面构成包含一系列行动者的社会网络③。制度主义学者将地方政府间的自愿协议看成是实现区域整合或一体化的一种方式④,并且府际协议的广泛建立能够使得纵向与横向间政府在没有集权的条件下实现一体化。由于府际协议对需求的善意安排,促进了区域一体化的责任心,并不断培育区域共同体组织,进而促进了区域一体化的实现。⑤ 在合

---

① Tiebot, Charles M., "A Pure Theory of Local Expenditures", *Journal of Political Economy*, 64 (5), 1956, pp. 416 – 424.

② Frug, Gerald, E., "Beyond Regional Government", *Harvard Law Review*, 115 (7), 2002, pp. 1763 – 1836.

③ Kurt, T., Wood, C. H., "Interlocal Agreements as Overlapping Social Networks: Picket-Fence Regionalism in Metropolitan Kansas City", *Public Administration Review*, 62 (5), 2002, pp. 585 – 598.

④ Ostrom, V., Bish, R. & Ostrom, E., *Local Government in the United States*, San Francisco CA: Institute for Contemporary Studies, 1988; Carr, Jered B., Feicok, R. C., *City-county Consolidation and Its Alternatives: Reshaping the Local Government Landscape*, New York: M. E. Sharpe Inc, 2004; Feicok, R. C., "Rational choice and regional governance", *Journal of Urban Affairs*, 29 (1), 2007, pp. 47 – 63; Feicok, R. C., Lee, I. W. & Park, H. J., "Administrators' and Elected Officials' Collaboration Networks: Selecting Partners to Reduce Risk in Economic Development", *Public Administration Review*, 72 (1), 2012, pp. 58 – 68.

⑤ Kurt, T. & Wood, C. H., "Interlocal Agreements As An Alternative to Consolidation", in Jered Carr & Richard C. Feiock, *Perspective on City County Consolidation and its Alternatives*, Armonk, New York: M. E. Sharpe, 2004.

作过程中，府际协议是地方政府间的合作决策行为，是其自愿互惠的制度性结果。

表1　区域治理的理论流派

理论学派	代表学者	主要观点	缺陷
政策主义	Tiebout（1956），Ostrom et al（1965），Scheneider（1989），Parks & Ronald（2000）	效率最大化源自市场式的地方政府：用脚投票；供给或生产公共产品和服务。	缺乏对区域间资源禀赋等外在因素的影响。
集中理论	Lefevre（1998）	负外部性的解决思路；由于政策问题的规模越来越大，区域边界需要相应扩大。	对多样化问题的答案过于简化；导致了僵化的官僚和无效率。
新区域主义	Downs（1996），Frug（2002），Brenner（2002），Wallis（1994）。	必须进行区域层面的制度改革；由规模经济和决策集合计划带来经济竞争力。	缺少实证经验；没有明确的成功路线。

根据 Tiebot, Charles, M., "A Pure Theory of Local Expenditures"; Ostrom, V., Tiebout, C. M., Warren, R., "The Organization of Government in Metropolitan Areas: A Theoretical Inquiry"; Mark, S., "The Competitive City: The Political Economy of Suburbia"; Parks, R. B., Ronald, O. J., Regionalism, Localism, and Metropolitan Governance: Suggestions from the Research Program on Local Public Economics; Christian, L., "Metropolitan Government and Governance in Western Countries: A Critical Review"; Anthony, D., New Visions for Metropolitan America; Frug, Gerald, E., "Beyond Regional Government"; Neil, B., Decoding the Newest "Metropolitan Regionalism" in the USA: A Critical Overview; Wallis, A. D., "Evolving Structures and Challenges of Metropolitan Regions" 整理。

相对于政策主义强调通过竞争产生多中心治理结构以及通过合并扩大官僚机构范围的两种极端形式，制度性集体行动理论更偏重于新区域主义的更为灵活的策略。这种政府工具提供了一个培养与约束机制来解决成员关心的外部性和其他问题，同时也保留了区域自身职能与权限，由此构成通过彼此约束协议连接而成的契约网络。相较由强制性权力构建的合并或区域等治理途径,契约是一种自主性较强的治理途径。同时,与强调非制度性的社会信任关系的嵌入性治理相比,其合作约束机制又较强一些。而从复杂性的角度来看,多边多领域的合作结构处于双边单一领域和多元合作组织之间(见图1)。

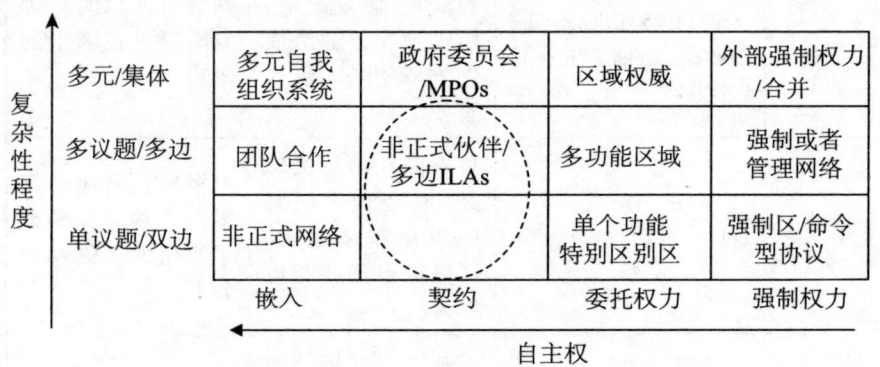

图1　地方政府区域合作的制度性集体行动框架

资料来源：根据 Richard C. Feiock, The Institutional Collective Action Framework, The Policy Studies Journal, Vol. 41, No. 3, 2013 整理。

在我国随着府际关系的不断调整,府际协议也逐渐进入到区域合作的研究视野之中。最初的研究主要关注府际协议的分类①及其不完全性。目前我国地方政府间关系呈现出多阶段的多样性特征,既有传统政治锦标赛下的竞争关系,这种关系会间接作用于地方政府的决策行为。同时,也存在着区域间的资源交换关系,如区域间贸易、投资、劳动力转移等单领域多边关系或多领域多边关系。然而,随着财政分权、市场化与国际化的推进,地方政府的诉求目标不断扩大,从单一经济增长到寻求生态、社会、文化、公共服务等多种目标,在更多的领域不断进入合作协议的同时多领域多边合作已经形成。在此基础上,由于地方政府自

---

① 杨爱萍:《区域合作中的府际契约：概念与分类》,载《中国行政管理》,2011 年第 6 期。

主权不断增强，加入区域合作的动机从单一互惠过渡到了互惠、协调与声誉积累等多重动机①，区域合作关系从而演变成由府际协议连接而成的区域合作网络（见图2）。

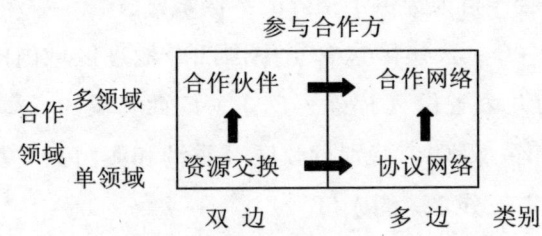

图2　中国地方政府自愿合作关系类别

需要指出的是合作网络与合作区的区别在于合作区是行政指令下的地理单元，如泛珠三角、长三角、京津冀等，而合作网络是嵌套在这些合作区内部、各成员之间自愿结成的互惠关系网，嵌套于合作区中的网络关系是地方政府自组织行为的结果。区分合作网络与合作区的用意在于，合作区只能告诉我们可能的合作主体和合作地理范围，现实的合作区内是否有合作，与真实的合作是否以合作区为驱动力，二者并不能画等号，我们需要通过发生在各领域的真实合作决策行为（协议）来勾画合作决策导致的各地方政府之间的多边关系。

三、经验研究

（一）案例选取与资料来源

近年来，在区域合作治理领域大量采取案例研究，菲沃克（Feiock）在研究佛罗里达奥兰多都市圈的区域合作中，应用了协议档案整理提取

---

① Kurt T. & Wood C. H.，"Interlocal Agreements as Overlapping Social Networks: Picket-Fence Regionalism in Metropolitan Kansas City"，*Public Administration Review*，62（5），2002，pp. 585 – 598.

数据①，这一点成为本文的方法支撑。本文选择的案例区域是"泛珠三角"合作区，"泛珠三角"（即"9+2"合作区）概念是2003年7月在国内正式提出来的。"9+2"合作区典型的区域特色为我们从网络视角研究地方政府合作行为提供了很好的案例素材。

第一，"9+2"合作区包含了中国四个地理区域内的省份：华南、东南和西南的九个省份（福建、广东、广西、贵州、海南、湖南、江西、四川、云南）及两个特别行政区（香港和澳门），覆盖了五分之一的国土面积和占三分之一的人口。

第二，"9+2"合作区经济活动十分活跃，整体综合实力强，贡献了全国三分之一的GDP，2012年整个地区平均GDP增长率为10.8%（见表2）。与此同时，区域内不同省区之间的经济发展存在明显梯度差，从表2的数据可以看出，"泛珠地区"涵盖了处于四个层次的代表性省区：第一层包括香港和澳门两个最富有的地区，是国际性的金融、贸易、商贸服务、航运和旅游中心，经济发展水平高，人均GDP是全国平均水平的5—10倍；第二层是广东、福建两省，属于沿海经济发达区，人均GDP高过全国平均水平的30%—40%，工业化特别是制造业水平比较高，经济的市场化程度高，拥有市场、管理、技术和资金的优势；第三层是中等发达地区，包括海南、湖南、江西和四川四个省，人均GDP是全国水平的75%—87%，劳动力资源丰富，市场发展潜力大；第四层是广西、云南和贵州三个欠发达地区，三个省的人均GDP低于全国平均水平，但是在农业、矿业、能源、旅游资源等产业具有很强的优势。经济发展水平和产业的这种梯次发展的特点，有利于各省区发挥各自的比较优势，推进区域合作与发展，建立合理的区域经济和产业分工体系。②

---

① Feiock, R. C. & John, S. T., *Self-Organizing Federalism*: *Collaborative Mechanisms to Mitigate Institutional Collective Action Dilemmas*, New York: Cambridge University Press, 2010.

② Borgatti, S. P., Everett, M. G. & Freeman, L. C., *Ucinet 6 for Windows*: *Software for Social Network Analysis*, Harvard MA: Analytic Technologies, 2002.

表2 "9+2"合作区各成员经济社会发展状况（2012年）

省（区）	人口（百万）	土地面积（万平方公里）	GDP（10亿美元）	人均GDP（美元）	GDP增长率（%）
福建	37.5（2.8%）	12.4（1.3%）	313.5（3.8%）	8,394（137%）	11.4（113%）
江西	45.0（3.3%）	16.7（1.7%）	206.0（2.5%）	4,582（75%）	12.3（122%）
湖南	66.4（3.9%）	21.2（2.2%）	352.5（4.3%）	5,327（87%）	10.1（100%）
广东	105.9（7.8%）	18.0（1.9%）	907.9（11%）	8,606（141%）	11.5（113%）
广西	46.8（3.5%）	23.7（2.5%）	207.3（2.5%）	4,447（73%）	11.8（117%）
海南	8.9（0.7%）	3.5（0.4%）	45.4（0.6%）	5,151（84%）	9.9（98%）
四川	80.8（6.0%）	48.5（5.1%）	379.8（4.6%）	4,711（77%）	13.6（135%）
贵州	34.8（2.6%）	17.6（1.8%）	109.0（1.3%）	3,136（51%）	12.0（119%）
云南	46.6（3.4%）	39.4（4.1%）	164.0（2.0%）	3,531（58%）	14.9（148%）
香港	71.6（0.5%）	0.1（0.01%）	249.3（3.0%）	35,433（580%）	1.5（15%）
澳门	0.6（0.04%）	0.003（0.0003%）	39.63（0.5%）	69,628（1139%）	9.9（98%）
泛珠	479.9（35.4%）	201.1（21.0%）	2,974.3（36.0%）	13,904（227%）*	10.8（107%）*
全国	1,354（100%）	960（100%）	8,256.2（100%）	6,113（100%）	10.1（100%）

注：括号中数据表示对应指标值占全国比重；GDP和人均GDP按2012年汇率6.2855折算成美元；*号代表11个省区的平均值。

资料来源：《中国统计年鉴2013》，国家统计局网站 http://www.stats.gov.cn/tjsj/ndsj/。

第三，"9+2"是在"一国两制"条件下和CEPA框架中，三个关税区之间构建的一种合作模式，具有较强的制度包容性和多样性。"一国两制"下香港和澳门的自由港制度，中国内地改革开放最早建立的经济特区广东、福建两省各地，连接中国东盟自由贸易区的广西、云南，西部开发的西南各省等等构成了泛珠合作在制度上的互补优势。

（二）"9+2"区域合作的府际协议分析

为了研究"9+2"的区域合作，我们整理了从2003年建立合作区到2013年共11年11个省区的191个府际协议数据，数据来源于"9+

2"合作区官方网站"泛珠三角合作信息网"（www.pprd.org.cn）。我们从府际协议中提取了 11 个省区在不同领域建立的双边或多边合作关系，按照官网的原始分类，这 191 个府际协议涉及七个政策领域：环境、旅游、交通、科技文化、劳务、公共卫生和贸易，其他领域由于数据不完整未列入本文研究。

府际协议的历史（见表 3）揭示了时间发展的变化趋势。在合作早期，府际协议更多关注的是经济发展和贸易关系的建立。2003 年的四个协议中，一个属于旅游领域、一个属于科技文化领域，两个属于贸易领域。随着时间的推移，更多的合作发生在了非贸易领域。到目前为止，"9 + 2"的区域合作已经拓展到了环境保护、公共卫生、交通等十几个领域。

表 3 2003—2013 期间"9 + 2"合作区协议数量趋势

	2003	2004	2005	2006	2007	2008	2009	2010	2011	2012	2013
环境保护	0	6	5	7	1	4	2	3	0	2	12
旅游	1	1	6	2	0	7	7	8	4	3	3
交通	0	0	5	2	0	3	2	2	4	5	4
科教文化	1	1	9	1	2	3	0	0	2	9	5
劳务	0	2	3	4	1	2	2	5	1	0	0
卫生防疫	0	1	0	3	1	2	0	0	1	2	0
商务与贸易	1	1	3	0	0	3	6	3	0	0	0

进一步，我们分析了府际协议在各个领域中的分布。从表 3 看出，从 2003 到 2013 年 11 年间环境和旅游是包含府际协议最多的两个领域（每个领域包含 42 个府际协议），位于第二和第三的是科技文化（33 个府际协议）和交通（27 个府际协议），这四个领域占据了全部协议的 75%。

（三）"9 + 2"的区域合作网络

府际协议的数据分析给我们提供了"9 + 2"区域合作的基本印象，

但是不足以刻画区域合作的路径和结构。为了进一步研究"9+2"区域合作治理，我们研究了11个省区通过府际协议连接起来的一系列网络关系。大多数社会网络分析都采取的是一模网络分析参与者之间的关系，本文的研究将采用隶属网络[①]，研究"9+2"合作区的二模网络关系，即网络同时包含一系列参与者和一系列事件。隶属网络中的参与者通过共同参与特定事件而连接起来，同时特定事件通过多个成员的参与而连接起来。

借助UCINET[②]，我们构造了七个政策领域的隶属网络使得"9+2"的成员通过参与府际协议而构成网络关系。在每个二模网络矩阵中，当省区 i 参与特定协议 j 时 $X_{ij}=1$，否则 $X_{ij}=0$。一个二模矩阵可以转换为两个一模关系矩阵：省区—省区（X_{ij}）和协议—协议（X_{ij}）。前者刻画的是"9+2"成员因共同参与特定协议而构建的网络关系。省区—省区矩阵揭示了任何一对省区共同结成了多少府际协议。举例而言，如果省区 X_{i1} 和 X_{i2} 共同参与了8个府际协议，那么 $X_{(i1,i2)}=8$。后者显示了哪些协议因拥有相同的参与成员而建立联系。协议矩阵表示任何一组协议有多少参与成员。同样，如果有4个成员同时参与了协议 X_{j2} 和 X_{j2}，那么 $X_{j1,j2}=4$。这样的二模网络数据对于本文的研究比双边关系更有价值。

1. 网络凝聚力

从府际协议的缔结程度来看，"9+2"成员的合作强度如何？在不同的政策网络领域，凝聚程度是否有差异？为了回答这两个问题，我们计算了网络密度（density），该指标用于描述网络中各成员结点之间关联的紧密程度，对于二元变量的一模网络而言，密度可以用图中实际有用的连线数 l 与最多可能拥有的连线总数之比来表示。对于二模网络投

[①] Wasserman, S. & Faust, K., *Social Network Analysis: Methods and Applications*, Cambridge ENG and New York: Cambridge University Press, 1994.

[②] Borgatti, S. P., Everett, M. G. & Freeman, L. C., *Ucinet 6 for Windows: Software for Social Network Analysis*, Harvard MA: Analytic Technologies, 2002.

影的一模赋值网络而言，网络密度测量的是相对于所有关系的平均关系强度。使用这样的密度测量工具，我们能够研究"9+2"成员之间共同参与府际协议的程度，密度值越大，证明网络越紧密。表4分别列出了七个领域"省区—省区"网络和"协议—协议"网络的密度值。

表4 七个领域的网络密度

省区—省区网络		协议—协议网络	
排序	密度	排序	密度
1	环境（14.84）	1	劳务（4.92）
2	科技文化（13.52）	2	交通（3.51）
3	劳务（12.15）	3	科技文化（3.47）
4	交通（11.60）	4	环境（2.96）
5	旅游（11.31）	5	公共卫生（2.6）
6	贸易（2.98）	6	旅游（2.12）
7	公共卫生（2.73）	7	贸易（1.21）

比较表4的密度和图3，省区网络中最大的合作领域（环境）拥有最高的密度值（14.84），表明省区网络的11个成员在环境政策领域的联系是最为紧密的。旅游是另一个在府际协议中占据最大份额的领域（见图3），但是该领域的省区网络密度仅排在第五（密度值为11.31），也就是说"9+2"成员共同参与的府际协议平均数为11左右。占据协议份额第三名的科技文化领域的省区网络密度值排在第二位。获益最大的是劳务领域，其协议份额是第五位（见图3），但是省区网络密度值排在了第三。贸易和公共卫生领域的排序没有太大变化。

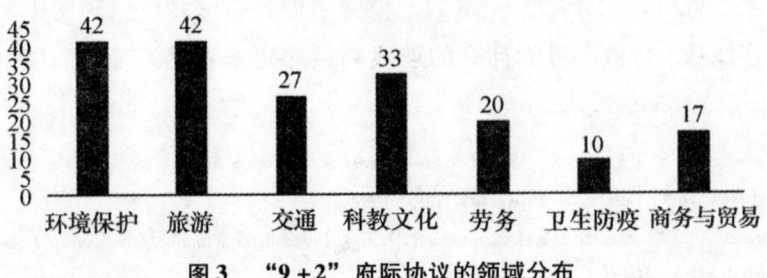

图3 "9+2"府际协议的领域分布

另一方面,协议网络表现出了不同的结果。拥有最多共同成员的是劳务领域,在特定的一组协议中,平均的参与成员是五个左右。科技文化降到了第三位,密度值为3.47。环境则降低到了第四位。交通和公共卫生这两个领域的排序在协议网络中上升了,交通从第四上升到第二,公共卫生从第七上升到第五。排名下降的是旅游从第五降到第六,还有贸易从第六下降到第七。

2. 网络结构

为了直观刻画"9+2"网络成员在不同领域参与府际协议的程度和连接关系,我们绘出了七个领域省区网络的网络图(见图4a—图4g)。图中节点代表省区,为了清晰成员间关系,网络图中各省区的位置与其所处地理位置对应。节点之间的连线代表他们共同参与的协议,由于二模网络投影的一模网络是对称的,所以我们不使用箭头。连线的粗细代表相对于他们参与的协议而言的连接强度,较粗的连线代表更多的协议,较细的连线代表较少的协议。相对于下文我们要分析的指标,网络图像更能直观揭示网络结构紧密关系。①

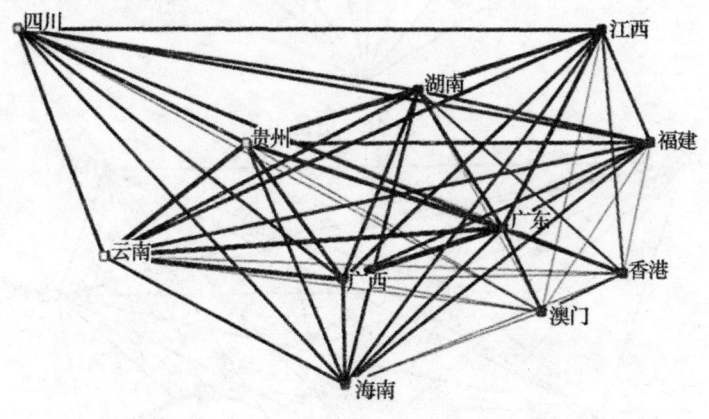

图4a 环境

---

① Fataar, A., "Policy Networks in Calibrated Political Terrain", *Journal of Education Policy*, 21 (6), 2006, pp. 641–659.

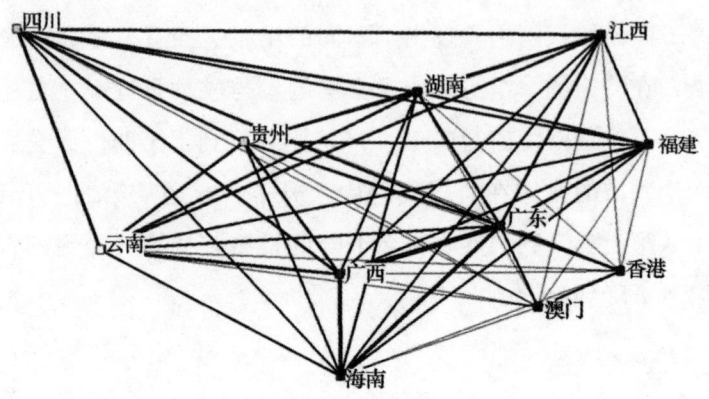

图 4b 交通

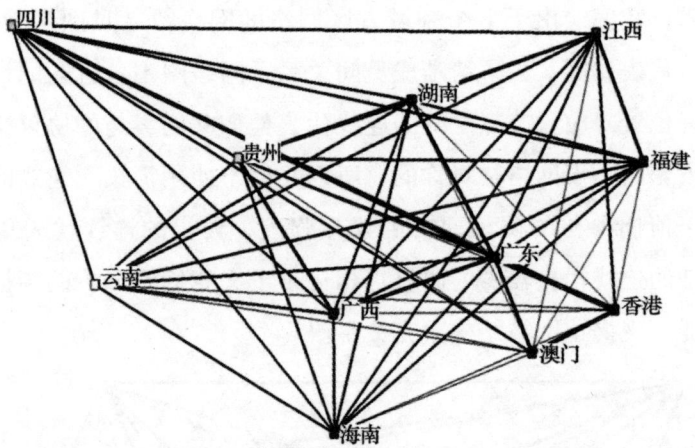

图 4c 贸易

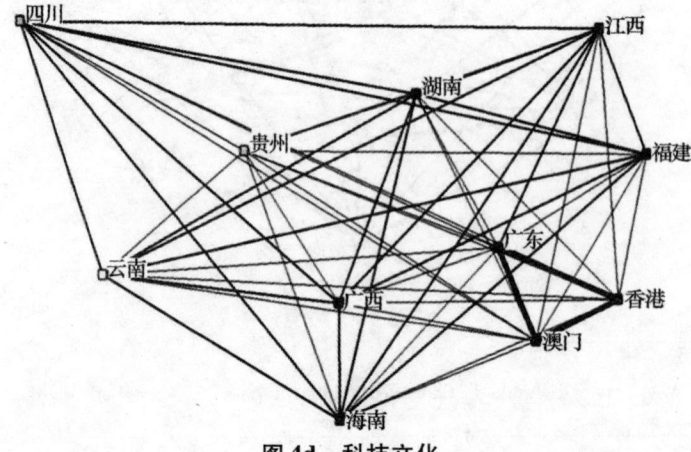

图 4d 科技文化

地方政府合作的府际协议网络测度与评价：泛珠三角的一项经验研究 | 305

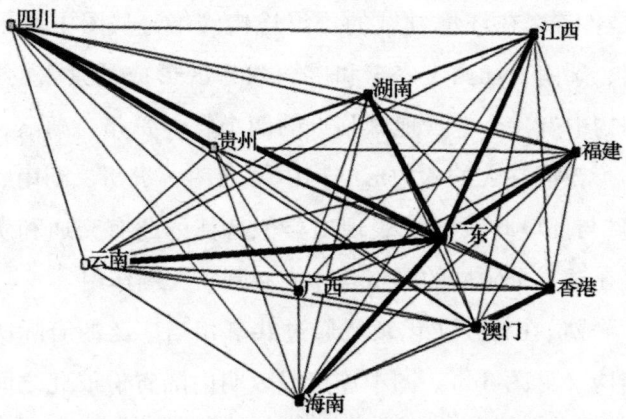

图 4e 劳务

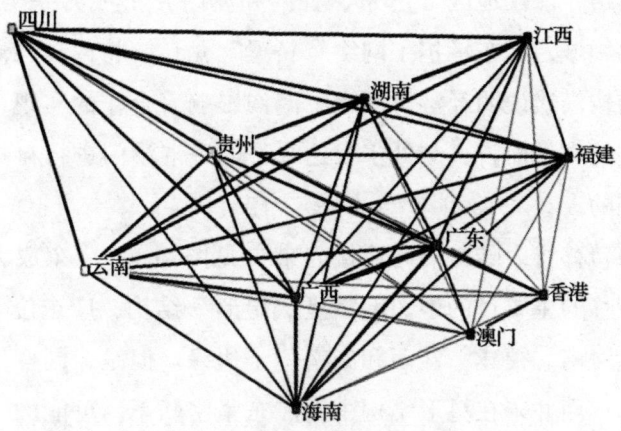

图 4f 旅游

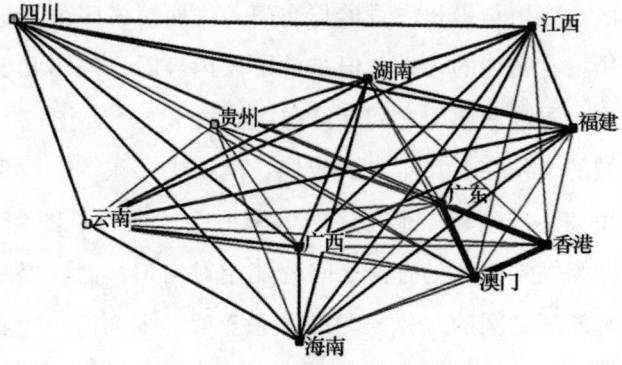

图 4g 公共卫生

图 4a 是各省区在环境领域的协议连接网络，从图中看出该领域中云南、贵州、湖南、江西、广东和广西六省区形成了紧密的网络中心。整个网络结构中有一个包含地缘临近的四个省（贵州、湖南、广东和广西）的四边形镶嵌在大的六边形结构中（云南、贵州、湖南、江西、广东和广西）。与环境政策领域表现出类似特征的还有交通和贸易，这说明地理位置在这三个领域的网络合作中起到了关键作用。

"9+2"成员在科技文化领域通过共享相当广泛的府际协议连接而成了网络结构（见图 4d）。图中连接线表明内陆省份彼此之间的关系强于他们与港澳的联系。整个网络中有两个次级网络：所有内陆地区形成一个二级网络；珠江地区（广东、香港和澳门）形成另一个二级网络。在科技文化领域，广东承担了网络"桥梁"角色，将内陆与港澳连接起来。这种结构模式说明经济发展水平鸿沟影响着合作的实现，对于发展中和欠发达的省份而言，与处于发达水平的香港澳门进行科技文化合作是极为困难的。

劳动力转移将内陆与沿海连接起来（见图 4e），广东成为各内陆地区劳动力转移的主要目的地。网络呈"星形"结构，广东位于中心，四川、云南、海南、福建、江西和湖南位于边缘。但是，同样作为内陆省区的贵州和广西并未在星形结构中与广东紧密联系。可能的原因是这两个省被劳动力大省四川的贡献所掩盖，表现平平。图中还显示了两对关系密切的省区：四川与贵州，香港与澳门。这两对省区由于地理位置原因在劳动力领域有密切的合作。但是就协议内容看，四川和贵州是低层次的劳务合作，香港和澳门之间是高层次的技术人才合作。

旅游领域的合作在近几年发展较快，网络中广东、广西和福建形成了紧密的三角关系，尤其广东与广西之间关系较强（见图 4f）。在公共卫生领域，网络关系在内陆省份之间分配相对均匀，需要提及的依然是广东、香港和澳门之间的"铁三角"关系。通过上面的分析看出，香港和澳门两个特区在"一国两制"下享受到了制度优势带来的巨大收益，但是相对其他省份而言，二者与内陆的合作需要通过广东连接。

3. 中心度

社会网络分析能够帮助我们识别网络中各成员的角色，利用度数中心度指标我们分析了"9+2"成员在网络中的重要程度。度数中心度可以帮助我们了解网络成员的权力和地位。通过对比不同省区在"9+2"合作区中的相对中心度，我们提供了每个省区的角色刻画。在一模网络中，度数中心度只是每个成员连接线的总数。在隶属网络中，有一系列的参与者和一系列的事件，隶属关系连接了每个参与者和一系列事件，也连接了每个事件和一系列参与者。所以，每个成员的中心度是其隶属的所有事件的中心度总和的相对比例，同样一个事件的中心度是其涉及的所有成员的中心度总和的比例。① 利用 UCINET，我们对构建的二模网络进行了中心度分析，表4为"9+2"网络成员中心度的排序。

最明显的结论是广东在七个领域的中心度都排在第一，这个结果再次证明了广东在"9+2"合作区中的核心地位。广东是改革开放的先行者，位于珠江流域末端，连接大陆和港澳，广东省委书记通常是中央政治局委员，因此广东具备了经济、地理和政治优势。福建虽然也是沿海开放省份，但是并未表现出与广东一样的优势地位。在大多数领域，其位置都排列在中等水平，甚至在贸易领域排名靠后。

表5 二模网络的中心度排序

排序	省区（标准化程度和中心性评分）						
	环境	旅游	交通	科技文化	劳务	公共卫生	贸易
1	广东 (0.94)	广东 (0.83)	广东 (0.93)	广东 (0.88)	广东 (0.90)	广东 (0.90)	广东 (0.65)
2	广西 (0.60)	广西 (0.55)	广西 (0.70)	广西 (0.64)	四川 (0.70)	香港 (0.80)	香港 (0.48)

---

① Fauet, Katherine, "Centrality in Affiliation Networks", *Social Networks*, 19 (2), 1997, pp. 157 – 191.

(续表)

排序	省区（标准化程度和中心性评分）						
	环境	旅游	交通	科技文化	劳务	公共卫生	贸易
3	贵州 (0.55)	江西 (0.52)	海南 (0.56)	福建 (0.58)	福建 (0.65)	澳门 (0.80)	四川 (0.35)
4	云南 (0.55)	福建 (0.48)	江西 (0.52)	海南 (0.58)	江西 (0.65)	江西 (0.40)	澳门 (0.35)
5	江西 (0.50)	湖南 (0.41)	湖南 (0.52)	湖南 (0.55)	湖南 (0.65)	福建 (0.30)	江西 (0.30)
6	湖南 (0.48)	贵州 (0.33)	四川 (0.52)	澳门 (0.52)	海南 (0.65)	湖南 (0.30)	湖南 (0.30)
7	香港 (0.45)	香港 (0.31)	云南 (0.52)	江西 (0.49)	贵州 (0.65)	广西 (0.30)	广西 (0.30)
8	四川 (0.41)	澳门 (0.31)	福建 (0.48)	贵州 (0.49)	云南 (0.65)	海南 (0.30)	贵州 (0.30)
9	福建 (0.38)	云南 (0.29)	贵州 (0.48)	云南 (0.49)	香港 (0.65)	四川 (0.30)	福建 (0.24)
10	海南 (0.36)	海南 (0.26)	香港 (0.48)	香港 (0.49)	澳门 (0.65)	云南 (0.30)	海南 (0.18)
11	澳门 (0.36)	四川 (0.26)	澳门 (0.41)	四川 (0.45)	广西 (0.60)	贵州 (0.20)	云南 (0.18)

三个欠发达地区（广西、贵州和云南）在劳务、公共卫生和贸易领域都排在较靠后的位置。然而在旅游、交通和科技文化领域虽然贵州和云南依然处于中等偏下的位置，但广西却表现出了重要的地位。在这些领域的表现源于地理优势，广西连接了中国—东盟自由贸易区和"9+2"合作区。贵州和云南则凭借其环境资源优势在环境政策领域的地位得到提高。

四个处于发展中的省份，湖南表现出与经济地位对应的角色，在所有领域都处于中间位置。江西在不同领域的位置有所波动，而海南的变化更大，在环境、旅游和贸易领域海南排名靠后，但是在其他领域排在中间靠前的位置。四川是最例外的省份，虽然它是"9+2"成员中的人口和经济大省，但是四川既不沿珠江流域，也不靠近广东，这就使得其在网络中的表现极不活跃，除了在劳务领域排名第二，在贸易领域排名第三外，其他领域的排名都靠后。

香港和澳门作为特别行政区与内陆省份有着不同的法律和政治体系，香港和澳门是"9+2"成员通往国际市场的窗口，凭借地理优势和经济地位，它们在公共卫生和贸易领域承担重要角色。

四、结论与讨论

20 世纪 90 年代以来，区域合作在我国不断涌现，且主要以构建合作区的形式形成不同的区域格局，也使得研究者们开始关注横向府际关系的治理问题。本文的研究应用网络分析工具从府际协议入手，揭示了"9+2"泛珠合作区各成员主体在合作网络中的行为及相互关系，用实证方法刻画了"9+2"区域合作的网络结构，得到了重要的结论。

第一，长期以来我国地方政府的作用饱受争论，他们被认为致力于将有限的政治资源投入到经济发展中，且忽略了环境和社会问题[1]，即使在区域合作议题上，也主要关注经济发展，大多数合作区都是经济合作区。但是，我们的研究结果得出了不同的结论，所有 191 条府际协议中，有关经济发展（旅游、交通和贸易）的是 86 条，而有关社会和环境领域（环境、公共卫生、劳务和科技文化）的有 105 条。网络分析进一步指出，"9+2"成员共同参与较多的府际协议领域和府际协议连接较多参与者的领域是环境、科技文化和劳务，这说明地方政府在区域合作中扮演了联合提供公共服务和产品的重要责任，而不仅仅是追求经济

---

[1] Xu, Jiang, Anthony, G. O. Yeh, "Political Economy of Regional Cooperation in the Pan-Pearl River Delta", in Anthony G. O. Yeh and Jiang Xu (eds.), *China's Pan-Pearl River Delta Regional Cooperation and Development*, Hong Kong: Hong Kong University Press, 2011.

增长。但是，我们发现在"9+2"合作区，公共卫生领域尚未得到足够的重视，无论是共同参与的府际协议还是共同连接的省区，公共卫生领域的密度值都较低。

第二，"9+2"合作区的网络结构图给我们研究区域合作的驱动力提供了线索。"9+2"网络成员之间是非正式的伙伴关系，参与者在自由实施发展战略中自愿加入合作网络，不存在政治权威或决策领导者。因此，网络成员之间合作关系的紧密程度受到地理优势和资源互补性的约束。贵州、湖南、广东和广西位于泛珠的中心，且彼此相邻，它们在许多领域通过大量府际协议连接，建立了紧密的合作。另一方面，香港、澳门由于地理位置远离内陆因而与各省的合作关系较少。劳务网络结构体现了明显的资源互补特性，内陆具有作为劳动力资源成本低的优势，往往成为劳动力转出地，而广东是劳动力转入地。

第三，分析结论中广东的核心地位决定了它在"9+2"合作区的领导地位，但是在意识到广东的重要性的同时，也不能忽略其他省区的在区域合作中的自主性。理解网络结构还有利于帮助我们认清区域合作中存在的问题，如广东应更积极地鼓励和带动边缘省区参与到区域合作中。区域中各成员在认识到各自在网络中的位置后可以调整区域合作策略。例如，在"一国两制"背景下，香港和澳门应更多地寻找融入"9+2"的途径。

最后需要指出的是，本文的结论在应用中存在一些局限。本文的研究只是检测了"9+2"成员通过签订府际协议构建的网络关系，但是广泛和大量的合作并不表明这些合作行为能够产生良好的合作绩效。有关这些合作努力在不同领域带来了何种程度的合作效果需要进行更深入的研究，对我国不同区域经济的比较研究也是未来拓展的方向。

我国城市区域发展评价的演进历程以及典型评价体系比较分析*

喻 锋 颜丽清**

【摘要】 改革开放以来，我国区域经济发展经历了从均衡发展到协调发展的转变，新型城镇化导向的区域政策体系已然形成，而城市区域发展评价却一直存在着分散化、非常态化和规范化缺失的状况。伴随着区域政策的变迁，我国城市区域发展评价也出现了阶段性和多样性的类型区分，在演进过程中其评价理念和内涵得以逐渐廓清，并呈现出参差多态的内容和方法体系以及众多探索个案。以此为基础来探寻我国区域政策变迁进程中城市区域发展评价的实践路径，系统梳理其评价设计的应然逻辑及其评价设计的合理向度，对于促进城市区域治理现代化水平的提升有着重要意义。

当前我国区域发展战略实现了从"两个大局"向"协调东中西、平衡南北方、统筹国内外"推进，十八届三中全会进一步提出"坚持走中国特色新型城镇化道路"，"推进国家治理体系和治理能力现代化"，《国

---

* 基金项目：国家社会科学基金青年项目"区域发展政策评价中的地方政府行为模式及其治理现代化路径研究"（15CZZ023）；广东省自然科学基金项目"新型城镇化导向的区域政策评价方法与体系设计研究"（2015A030313231）；广东省高等学校优秀青年教师培养计划项目：区域政策评价设计的理论和方法创新（YQ2015015）。

** 喻锋，华南理工大学公共管理学院副教授；颜丽清，广州市社会科学院干部、管理学硕士。

家新型城镇化发展规划（2014—2020）》以及各级各类主题或功能性区域发展规划也相继出台，这就使得新型城镇化导向的区域政策体系的完整性、统揽性和驾驭力获得了进一步的提升和强化。与此同时，我国的区域政策评价却一直存在着分散化、非常态化和规范化缺失的状况：评价主体单一且具有封闭性；已有评价多与政绩考核、干部测评混同；地方政府评价主体面临内在角色冲突和功能错位，从而导致其观念曲解、制度异构和行为偏移；评价内容过分强调量化的经济均衡目标，而忽视分配公正、环境资源负载、社会和谐与公众满意；评价设计的选择性工具偏好一定程度上影响了其预设的价值实现，价值评价被替换为了简单的"指标演义"。过分强调指标的工具性价值，虚化或模糊了区域发展评价的价值理性对于绩效评估的导向功能和正解定位，也使得评价指标体系在一定程度上缺乏包括公共服务、公共责任、公正公平在内的价值内涵。毫无疑问，城市区域发展的测度与评价对区域发展具有重要的政策导向作用，需要兼顾利益协调、嵌入现有体系、有机衔接相关制度，涉及政府部门各方利益平衡与治理结构，而政府部门的组织自利性、功能取向上的科层制导向、制度结构的非市场化等要素都使得评价设计出现某种程度的工具理性与价值理性的失衡。早在十六届四中全会形成的《中共中央关于加强党的执政能力建设的决定》中就曾指出：要"建立体现科学发展观要求的经济社会发展综合评价体系"。由此可见，城市区域发展评价既是衡量发展水平和发展状态的"量尺"，又是对区域发展能力和治理体系进行监测、诊断、调控和反馈的有效科学工具；在很大程度上，城市区域发展评价也成为了引导地方政府履职的"指挥棒"，构成了政绩量化考核的重要依据。因此，探寻我国区域政策演进历程中城市区域发展评价的实践路径，系统梳理其评价体系的应然逻辑及其评价设计的合理向度，就成为一项关乎城镇化治理的基础性工作。

一、城市区域发展的评价对象设定

"城市区域"（city-region）作为描述城市及其所在地区空间组织形

式的概念已经存在了近百年，反映了伴随城市化的发展，城市在空间分布的集聚程度和城市之间多种密切的相互关联。对"城市区域"内涵的界定是对城市区域发展开展深入研究的前提条件。在国外，格迪斯（Patrick Geddes）最早将工业城市快速扩张导致诸多功能及其影响范围超越边界，从而产生的与临近城市交叉重叠的地区称为"城市区域"。到了20世纪60年代，罗伯特·迪金森（Robert Dickinson）将"城市区域"概念发展为"城市功能经济区"，强调城市经济辐射范围以及腹地与城市之间的功能与经济联系。① 之后伴随城市区域的发展，全球化在世界范围的影响迅速扩大，增加了其在更大范围动员资源的能力。国内最早从区域角度研究城市的是宋家泰教授，他首先提出了"城市—区域"的概念在一定的区域范围内，城市与城市、城市与区域的关系表现为城镇体系结构。陆大道认为"城市—区域"空间结构概念为社会经济客体在空间上相互作用的关系。姚士谋对"城市—区域"系统空间概念结构分析是城市经济、社会、规模、职能结构的投影，强调城市群（urban agglomeration）是在特定地域范围内具有相当数量的不同性质、类型和等级的城市，依托一定的自然条件，以一个或两个特大城市、大城市作为地区经济核心，借助于综合运输网的通达性，发生与发展着城市个体之间的内在联系，从而共同构成的相对完整的城市集合体。② 周一星针对中国城镇密集区提出了"连锁都会区域"（metropolitan interlocking region）的概念，强调城市之间、城乡之间强烈的相互作用、区域一体化特征。③

借鉴国内外关于城市区域概念的辨析和研究，本文的"城市区域"主要是指城市的辐射区域，是一个具有地理空间特征的概念。任何类型

---

① 杨章贤、陈才：《区域基质及城市规划中的思维》，载《经济地理》，2011年第6期。
② 姚士谋等：《中国的城市群》，中国科学技术大学出版社1992版。
③ Zhou, Y. X., "The Metropolitan Interlocking Region in China: A Preliminary Hypothesis", in N. Ginsburg, et al. (ed.), op. ct, 1991, pp. 11-89.

和规模的城市都有其辐射范围，也都可以形成以其为中心的城市区域，城市区域一般是由中心城市和劳动力向核心城市集聚的空间范围的腹地组成。城市是区域的城市，研究城市不能就城市论城市，不能离开区域整体大环境系统。

关于发展的概念，由于不同研究者考虑问题的出发点和社会意识形态不同而有不同的定义。20世纪50年代，西方经济学家率先开始对发展展开研究。最开始，发展指经济增长。在《大英百科全书》中，发展是指一个国家的经济变化，包括数量和质量上的改善。第二次世界大战后，各国实践证明片面强调经济增长的弊端。20世纪80年代发展观进一步延伸。塔尔博（Talbot）认为发展应是满足人类需求和改善人类生活质量的一系列广泛的活动。① 戴利（Daly）将发展定义为在与环境平衡中物质增长和经济系统质变和量变的过程。② 世界银行认为发展是改善人们生活的事业。缪尔达尔认为，发展不只是 GNP 的增长，而且包括整个经济、文化和社会发展过程的上升运动。③ 美国发展经济学家托达罗（Todaro）指出："发展不纯粹是一个经济现象。从最终意义上说，发展不仅仅包括人民生活的物质和经济方面，还包括其他更广泛的方面，因此，应该把发展看为包括整个经济和社会体制的重组和重整在内的多维过程。"④ 我国著名学者罗荣渠认为社会发展的过程实际上是现代化的过程。⑤ 此后，人们在推进社会发展的同时，也使发展的内涵更加丰富起来。进入20世纪90年代，人们在经济增长、城市化、人口、资源等方面的压力下，提出了发展必须是可持续的思想，追求经济、社

---

① 联合国可持续发展大会中国筹委会：《中国可持续发展国家报告》，中国环境科学出版社 2002 年版。
② [美] 乔治·马丁内斯-维斯奎泽、弗朗索瓦·瓦利恩考特：《区域经济理论与政策：区域发展的公共政策》，安虎森、刘军辉译，经济科学出版社 2013 年版。
③ 江永平：《发展理论述评》，载《辽宁师范大学学报（社会科学版）》，2003 年第 1 期。
④ 江永平：《发展理论述评》，载《辽宁师范大学学报（社会科学版）》，2003 年第 1 期。
⑤ 罗荣渠：《现代化新论：中国的现代化之路》，华东师范大学出版社 2013 年版。

会、环境等之间的协调发展。发展的视角也由"物"转向"人",转向人的需求的满足和人的发展。总的来说,发展是包括对地区相互关联系统的质量和数量的改善,已经扩展到经济、社会、环境、文化等各领域,是一种螺旋式上升的活动。

在明晰发展与城市区域概念的基础上,要进一步理解城市区域发展的涵义。一般而言,城市区域发展的目标是多重的,同时任何城市区域发展都是在一定"关系"之下的发展。城市区域的发展实际上是一个资源配置的过程,也就是各种经济主体追求各自经济利益和福利的过程。如陆大道在区域发展的理论与实践中提出"区域发展"是指在实现宏观国民经济增长的背景下,区域经济规模、速度及总量得到迅速增长,人口增加及人均收入水平提高,人民物质生活和社会基础设施等保障措施不断获得改善,地区之间建立合理的经济合作关系,逐步缩小地区间社会经济发展水平的差距,政府能够以此为目标建立相关政策条例。[①] 陈秀山认为区域协调发展是强调坚持均衡发展与非均衡发展相结合的动态协调发展战略。它是在国民经济发展过程中,既要保持区域经济整体的高效增长,又能促进各区域的经济发展,使地区间的发展差距稳定在合理适度的范围内并逐渐收敛,达到各城市区域协调互动、共同发展的城市区域发展战略。[②] 覃成林等学者认为城市区域经济发展作为一个综合性范畴,其内涵包括:经济增长、结构变迁、增长成果分享以及增长持续性,不仅仅限于经济增长和结构变迁,发展区域经济的目的绝不是为了城市区域经济总量的增加,而是为了提高人民的生活福利。[③] 可见发展内涵的问题并不是追求"区域化"的发展,而应该强调人、自然、社会的统筹发展,包括经济社会发展的方方面面,需要带动意识和政策配

---

① 陆大道等:《中国区域发展的理论与实践》,科学出版社2003年版。
② 陈秀山、杨艳:《区域协调发展:回顾与展望》,载《西南民族大学学报》,2010年第1期。
③ 覃成林、毛超、张华:《广东区域经济发展水平评价》,载《岭南学刊》,2010年第5期。

套引导发展。

综上所述，城市区域发展是一个追求城市区域要素合理化、区域结构有序化的过程，即人口、资源、环境与经济间的协调可持续，是一个囊括了多种因素的概念载体，包括经济、环境、社会、政治等因素。发展是要素合理化、城市区域结构有序化的过程，即人口、资源、环境与经济等之间的协调、可持续，通过发展最终获得经济效益、社会效益、生态效益于一体的最佳综合效益，实现城市区域科学的发展。

二、城市区域发展评价的内涵及其逻辑依据

城市区域发展水平衡量一个地区的综合发展程度，明确城市区域发展水平，有利于从城市区域实际出发，正确选择城市区域发展方向，避免因盲目高估或低估而造成决策失误。城市区域发展的评价可以从不同价值追求的角度进行，但促进社会发展是普遍认可的最基本的价值追求。评判城市区域的社会发展水平，既要看其与一般的社会发展水平相比较的差异，以确定其发展处于一个什么样的位置；也要从城市区域与整体和国家的关联来看城市区域在整个发展体系中功能的发挥，即各城市区域的有机结合能否达到优化而形成充满活力、有持续发展能力的整体，也就是说要有全局、整体的视角。①

城市区域发展评价的设计需探寻科学的手段和工具，建立一套恰当的发展指标体系和评价方法，对城市区域内的发展状况、水平和能力进行评价，通过评价分析来认识不足、避免危机、加强能力建设，促进城市区域可持续发展。由于城市区域发展评价的重要性，该领域的研究也得到了国内外众多部门、机构和研究者的重视，在指标体系和评价方法方面各有不同的研究成果。但是由于城市区域发展本身包涵政治、经济、社会等多重因素，通常城市区域发展评价和设计过程中，首先进行

---

① 孙力、蒋瑛：《通向大国之路的中国区域发展战略》，人民日报出版社2009年版。

客观的利弊分析和得失评判，然后在不损害整体利益和保障城市区域有序发展的前提下，制定出相对"妥协"的实操方案，并通过可行的政策措施和完善的调控机制，以协同进化、共享互补、损益有序及整体优化为原则，处理好各利益阶层和集团之间的矛盾和滞涨，评价存在结果和过程导向的差异，评价体系受工具理性和价值理性的双重导向。科学化的体系化的指标建构能够具体指导城市区域的发展，提升城市区域发展的水平和质量。我国城市区域发展评价的研究大部分在基于事实的基础上，考量政治、制度等多方因素进行分析，从基于评价主体与评价客体的价值需求上，探寻一套科学的理想的城市区域发展的评价体系，从而探索当前城市区域发展评估存在的价值缺失的现状，进而有序推进城市区域发展评价实践有序、科学、健康地推进。

本文认为城市区域发展评价应有三层意义的内涵。第一，过程意义。城市区域发展的评价是一个动态的过程，发展的概念、标准应该随着时间、空间的变化而变化，应强调评价城市区域的发展性、协调性、可持续性。第二，内容意义，城市区域发展评价是对城市区域内复合系统现状的衡量，衡量应包含城市发展的经济、社会、人口、资源、环境等多方面，同时注重"数量"和"质量"两方面。在数量上，关注城市区域财富积累的总量增长，如城市区域经济产出总量、增长速度这些指标。在质量上，评价城市区域发展的效率，即所有经济活动的投入和产出的对比关系；评价城市区域发展的潜力，即地区发展保持长期、稳定、健康增长的可能性，注重效率的提高和技术进步，城市区域发展具有持久的动力和可持续发展的潜力；评价城市区域发展的和谐性，即城市区域内部经济结构、社会分配等方面的和谐，以及该城市区域与外部系统（社会系统内其他城市区域以及自然资源环境系统）的和谐。高质量的城市区域发展水平不应该以频繁、强烈的城市区域冲突为特征，而应该与其他城市区域保持和谐、共赢的发展格局，因此要注重评价城市区域间的协调和互相推动能力。城市区域的协调包括城市区域间产业结构配置、公共服务均等化等，涉及内容非常丰富，而且从宏观到微观各个层次都有所体现。第三，结果意义。应通过对城市区域发展情况的客观反映和真实评价，指出城市区域科学发展应该着重发展什么、应该怎样发展，引导城市区域真正按照科学发展理念的要求去探索和实践，更好地把科学发展观落到实处，切实做到全面发展可以对区域自身的建设进行正确地规范引导。国内外的学者从不同角度和侧面对区域发展进行了评价，如区域政策评价、可持续发展评价、协调发展评价、区域一体化评价、区域竞争力评价等。

国内外对于城市区域发展评价的研究主要包括从城市区域经济学和城市区域发展经济学对城市区域发展的探索、政府间竞争力量、政府间关系和地方治理研究、公共选择理论、政府绩效管理理论和绩效评价理论。城市区域发展评价作为一种特性城市区域空间内的评价范畴，存在工具理性和价值理性的双重导向。从理论上讲，一套有效的城市区域发展评价体系应建立在工具理性和价值理性相互统一和补充之上，事实评价与价值评价相结合，价值取向决定指标体系，指标体系反映价值取向的规律。在我国具体的城市区域发展评价实践中，评价体系成为政府利益博弈竞争的工具，不同层级的政府间的利益博弈、政治诉求等因素也影响着城市区域发展的评价。正如公共选择理论中的"经济人"假设认为政府和市场上的个体一样，是理性的"经济人"，政府有自己的利益诉求，政府在政治领域中的行为与企业在市场上的行为有相同的地方，因此政府在制定评价指标时也会按照成本—收益的分析理性地对自己的行为做出选择。评价也成为政府工作的"指挥棒"，指引着政府工作的方向，各级地方政府均按照上级政府制定的绩效考核指标来安排本地的工作重点和发展重心。目前我国对于城市区域发展评价研究更多是从实务领域的研究视角出发，受主观和客观条件的约束，偏重于评价的可行性、可操作性，设计过程亦是各方利益的博弈。因此研究基于特定价值导向。我们更加关注评价的内在价值，突破现实存在的各种主观与客观因素的限制。对城市区域发展评价体系提出应然的追求与思索,为现实的城市区域与发展的制度建设服务,为基于事实基础上的城市区域发展评价提供更坚实的理论与信念基础;更注重城市区域发展评价的应然性价值,对于现实的城市区域发展评价体系设计及其运用实践能起到引导、规范和促进作用,对缺失的理性成分与价值构成进行弥补。

三、我国城市区域发展评价的内容与方法体系:基于政策变迁的梳理

改革开放以来,我国区域经济的发展经历了从均衡发展到协调发展的转变。伴随着区域政策的变迁,城市区域发展评价也出现了阶段性和多样性的类型区分。

表1 我国城市区域发展评价类型区分

类型	评价目的	评价对象	评价客体	评价方法
区域经济发展评价/区域竞争力评价	区域经济发展水平和综合竞争力强弱	区域经济增长和发展竞争力	国民经济体系中的行政区划单位	用GDP或者人均GDP作为评价标准的单一评价方法、产业产出购买力平价数据评价法、生产率评价法、综合评价法等
区域协调发展评价/区域一体化评价	区域内经济、资源、环境、社会等各方面的协调度实现区域内部共同协调发展和资源的优化配置	协调发展程度、区域内部结构各要素一体化程度和均等化程度	国家市场体系中的行政区划单位,区域经济社会结构中的区域单元	运用综合评价的方法:层次分析法、模糊评价法、灰色关联法、多元回归分析法、主成分分析法、产业结构一体化综合评价法等

（续表）

类型	评价目的	评价对象	评价客体	评价方法
区域可持续发展评价	对区域发展的可持续程度做出判断，为制定和实施区域可持续发展战略规划，进行区域可持续发展调控服务	可持续发展能力	国家市场体系中的行政区划单位，区域环境生态系统和经济社会结构中的区域单元	综合评价法、主成分分析法、生态足迹法、层次分析法、真实储蓄率和绿色GDP测算等
区域科学发展评价	坚持以人为本，树立全面、协调、可持续的发展观，促进经济社会和人的全面发展	增长度、发展度、协调度、持续度	经济、社会、生态环境全面系统结构中的行政区划单位	绩效导向的综合评价法、关键绩效指标评价法（KPI）
新型城镇化发展评价	把生态文明理念和原则全面融入城镇化全过程，走集约、智能、绿色、低碳的新型城镇化道路	城乡统筹、区域联动智慧集约、绿色低碳	以城镇、城乡为单位的全要素综合	综合评价法

第一阶段是集中在区域经济发展以及城市竞争力的评价，主要对城市区域竞争力和现代化评价。这一阶段起始于党的十一届三中全会以后，我国开始坚定不移地推进改革开放和现代化建设，积极推动经济发展和社会全面进步。在"以经济建设为中心""让一部分地区先富起来"的战略导向下，形成了中央—地方财政关系、干部政绩考核等一系列相关制度安排，充分调动了各地发展的积极性。显然这时候城市区域发展评价的价值取向以效率为主，注重城市区域的经济发展。对城市区域竞争力评价，较具有代表性的是中国竞争力协会发布的中国城市整体竞争

力评价指标体系，该指标体系反应了规模（总量）、效率（均量）和增长（动态发展量），指标涵盖经济、社会、文化、环境四大系统，包括一级指标（单项竞争力）10个，二级指标50个，三级指标217个。中国成长竞争力评价指标体系，由城市整体实力、发展潜力、制度活力与实现能力四个一级指标构成，该评价体系包含二级指标4个，三级指标29个。两个评价指标体系均采用主成分分析方法和专家评价的方法，国内许多城市竞争力研究学者也多用这两种方法来构建城市竞争力指标体系，分析竞争力问题。

第二阶段集中在区域协调发展和区域一体化评价。改革开放之后尤其是90年代以来，东部地区发展的加速导致全国的地区差距进一步迅速拉大，近年来中西部省份增速的加快和东部沿海地区增长的放缓使得各地的经济发展差异扭转了地区差距逐步扩大的趋势，为解决区域经济非均衡发展战略形成的区际差距扩大和社会贫富差距扩大等问题，中央从1990年开始强调实施统筹区域发展战略，并在"九五"计划中提出促进中西部经济发展的六项政策措施，"实施西部大开发，促进地区协调发展"。徐颂和黄伟雄选取了反映城乡一体化的四个重要指标，采用灰色关联分析的方法，对珠江三角洲城乡一体化的区域差异以定量的方法进行研究。还有如珠三角一体化评价体系，评价体系从基础设施一体化、产业布局一体化、基本公共服务一体化、环境保护一体化、城乡规划一体化、体制机制一体化六个维度，涵盖圈内经济、政治、社会、文化、环境等60个三级指标综合衡量珠三角地区一体化程度。

第三阶段是区域可持续发展评价。这一阶段主要始于20世纪90年代后，中国颁布了《中国21世纪议程：中国21世纪人口、环境与发展白皮书》，学术界和地方政府展开对地区可持续发展水平的测量研究。这时候城市区域发展评价指标也转变了重心，由以往的GDP增长为主要指标转向绿色GDP作为衡量城市区域发展水平的重要指标。如2002年中国科学院可持续发展战略研究组《中国可持续发展能力评估指标体系》报告，包括生态支持系统、发展支持系统、环境支持系统、社会支持系统、智力支持系统五个一级指标，采用了 225 个基层指标，全面系统地对于 45 个指数进行了定量描述。中国可持续发展指标体系大多采用社会经济统计学方法，按照可持续发展的原则对大量经济、社会、资源和环境的统计信息、统计指标进行整理、分析和筛选，并适当构造一些新的指标来客观反映可持续发展的程度，并对不同评价对象的可持续发展过程做出恰当的综合评估。

第四阶段是落实城市区域科学发展观评价。党的十六届三中全会首次明确提出"科学发展观"的概念。科学发展观的提出，标志着我国经济社会发展思路的战略性调整，同时也对区域发展评价工作提出了更高要求。科学发展提出"坚持以人为本，树立全面、协调、可持续的发展观，促进经济社会和人的全面发展"，按照"统筹城乡发展、统筹区域发展、统筹经济社会发展、统筹人与自然和谐发展、统筹国内发展和对外开放"的原则推进经济社会进步。因此区域科学发展的评价应是客观、准确地评价区域经济社会的发展速度、质量和效益。结合科学发展观的内涵，已有学术共识主要从以下四个角度去评价区域发展程度：一是衡量一个地区"增长度"。即评判该地区的经济发展状况，这是发展的前提和基础；二是衡量一个地区的"发展度"。发展度强调生产力提高和社会进步的动力特征，即判断一个地区是否在真正地发展，是否在保证生活质量和生存空间的前提下健康、良性地发展；三是衡量一个国家或地区发展的"协调度"。"协调度"所要评价的问题是能否维持环境与发展之间的平衡，能否维持效率与公正之间的平衡，能否维持市场发育与政府调控之间的平衡，能否维持当代与后代之间在利益分配上的平衡；四是衡量一个地区发展的"持续度"，即判断一个地区在发展进程中的长期合理性。

第五阶段，即当下以新型城镇化为导向的城市区域发展评价。城市化，或称城镇化，一般是指人口向城市地区集聚和乡村地区转变为城市地区的过程。它是人类社会生产力发展到一定阶段的产物，是社会进步的表现，也是一个国家或地区现代化程度的重要标志。随着社会发展，在城镇化概念的基础进一步展开，提出了新型城镇化概念，特别是2012年中央经济工作会议首次正式提出"把生态文明理念和原则全面融入城镇化全过程，走集约、智能、绿色、低碳的新型城镇化道路"，提出新型城镇化水平和质量稳步提升、城镇化格局更加优化、城市发展模式科学合理、城市生活和谐宜人、城镇化体制机制不断完善五大发展目标。这五大发展目标被确立为未来中国经济发展新的增长动力和扩大内需的重要手段之后，新型城镇化发展水平越来越多地受到学界和地方政府的注意。如王永昌认为新型城市化水平体现为城市化是一个动态的发展过程，它涉及社会、经济、生态等众多的领域。[①] 李振福认为城市化水平测度应从城市发展潜力、城市发展经济、城市发展装备方面进行考虑。[②] 欧向军从人口城市化、经济城市化、生活方式城市化和地域景观城市化四个方面综合衡量一个区域的城市化发展水平。[③] 因此在对新型城镇化发展进行评价时，我们应紧紧围绕发展目标展开，更强调人，更多要求发展体系中人的价值回归，还要体现地区人口性质的变化，经济发展水平、产业结构演变以及人民生活质量的提高、生态环境的改善等。崔凯以城市化水平综合力度模型，设计了城市化水平测度指标体系，其中包括城市发展潜力指标、城市发展经济指标和城市发展装备指标三大类别共12个具体指标，并对我国当前的城市化水平进行了评价和测量。

四、我国典型城市区域发展评价体系比较与分析

广义的区域是城市区域存在的基础，是城市区域的腹地，也是城市

---

① 王永昌：《坚持走新型中国城市化道路——合力提升城市竞争力》，载《中国发展》，2007年第1期。
② 李振福：《城市水平综合测度研究》，载《北京交通大学学报》，2003年第3期。
③ 欧向军、甄峰、秦永乐、朱灵子、吴泓：《区域城市化综合水平测度及其理想动力分析——以江苏省为例》，载《地理研究》，2008年第5期。

区域发展的动力。任何城市区域的发展都不可能是孤立存在的，城市区域与相邻城市区域之间，以及与不同市场区域和行政区划单元之间的相互作用和相互影响往往是促进或抑制城市区域发展的重要因素。城市区域发展到今天已经是一个全球互动及开放性系统，它必须依赖于广大的区域，与其共生才能获得新的发展潜力。基于这种理念，本文的研究遴选了近年来在国内具有代表性的安徽、江苏、浙江、成都、广州、佛山等 20 套典型的城市区域发展评价指标体系，展开了基础的评价比较分析。

从本研究遴选的多套典型城市区域发展评价体系来看，主要呈现以下几个趋势：一是指标体系数量与质量指标的复合化。指标体系的共同特点之一是，对城市区域发展的评价不再局限于单纯的城市人口、GDP 等单一比重指标，而是考虑了城市区域的发展特性和发展需求，建立复合型的评价体系，同时包含了城市区域发展水平的传统指标和新的综合型指标，并由两者的协调程度来衡量和确定城市区域发展的整体发展水平；二是指标选取与层级力求科学。对于指标的选取，基本都遵照全面性、层次性、可比性与可操作性等原则，并且都从新时期城市区域发展的多样化内涵出发；三是内容设置上的全面性。指标涉及的方面众多，包涵 GDP、产业结构、恩格尔系数、住房面积、人均绿地面积、医疗保障水平、每万元 GDP 能耗、空气指数等，涉及经济、政治、社会、环境、生态等各方面；四是评价方法的多样性，城市区域发展评价更多趋向于构建综合性评价指标，根据所用评价区域的特点，综合采用包括专家评价法、经济分析法等在内的多样化的测评工具。

而作为研究样本的 20 套典型城市区域发展评价指标体系而言，主要呈现以下共性特征：第一，对各套指标内部比较可以看出，尽管在名称上有出入，但是各体系之间存在一些共同的类别。将在 4 套或者 4 套以上的体系中出现的一级指标进行统计则可以得到 6 个一级指标，分别是：环境、经济、社会、健康、教育、资源。这 6 个类别的指标是城市区域发展评价中较重要的内容。第二，指标体系偏重政策导向，评价缺失公民参与，公众话语权较薄弱。从4套指标体系我们看出，评价指标体系涉及城市区域发展的方方面面，但是对于公众满意度、公众参与等的关注度明显薄弱。指标侧重在客观性上，通过量化、数据来进行考核评价，对于主观指标的涉及较少。第三，在特定城市或区域的某一发展阶段，其侧重点、结构及具体的评价内容有相对的稳定性。我们可以从上述四套典型的城市区域发展评价体系看出，它们基于新型城镇化导向下，结合地区实际对城市区域发展进行评价，但评价内容的相似性较高，评价方向均比较一致。第四，对于文化、政治的维度评价少。文化、政治的影响因素显示出来具有一定难度，更难以用具体的量化指标来测定，更由于其投入—产出比需要时间积累去衡量，城市区域发展评价中出现短视行为，职务晋升与政绩考核成为其推进城市区域发展的基本动力，因此官员便想要在较短的任职周期内做出令人"注意到"的成绩，而将资源聚焦于短期的目标上，从而使得政府在对文化、政治事业方面的投入远不如经济、社会、环境等方面多，文化建设和政治建设常被忽略。第五，考核评价注重结果，这使得在提高城市区域发展更具灵活性，但也有着过程控制的缺陷。城市区域发展评价体系成了上级政府对下级政府的考核评价工具，注重最终的考核评价结果，缺乏过程贡献的考核评价，同时对于城市区域发展评价的最终受益者——广大民众，他们从中获得什么却缺乏考量，城市区域发展评价体系成为面向上级而非面向民众的考核评价工具。第六，城市区域发展评价体系中指标多是正向的指标。通常，正向指标是代表向上或向前发展、增长的指标，这些指标值越大评价就越好，所以正向指标也被称为效益型指标或望大型指标，这也在一定程度上反映出城市区域发展评价体系多以期待效益性为主。同时将大部分指标正向化，使得数据更容易测量和计算。

进一步，基于不同维度、层级以及功能导向的整合，通过高频筛选获得指标库。在广义城市区域发展价值预设的前提下，尝试运用严格的设计评价方法和流程去模拟和重现指标体系的构建流程，对珠三角地区的评价的相关者（政府官员、学者和媒体社会人士等）展开城市区域发展评价设计的问卷调查。问卷采用了较为简便的指标等级分析方法——李克特量表法，分别将每项指标分为非常重要、比较重要、一般、比较不重要、非常不重要五个等级，然后设计相应的调查问卷，针对党政机关工作人员进行问卷调查。本研究共发出 335 份调查问卷，回收有效问卷 263 份。在分析问卷调查的结果时，我们采用了主观赋值法，对非常重要、比较重要、一般、比较不重要、非常不重要五个等级依次赋予 5、4、3、2、1 分，依据调查对象的选择情况，从而推断被调查者对各项指标重要程度的判定。

表 2 基于我国典型城市区域发展评价体系的指标问卷调查分析的结构效度

KMO 和 Bartlett 的检验		
取样足够度的 Kaiser-Meyer-Olkin 度量		0.845
Bartlett 球形度检验	近似卡方	15500.627
	df	3240
	Sig.	0.000

巴特利球形检验统计量为 15500，相应的概率 Sig 为 0.000，因此可认为相关系数矩阵与单位阵有显著差异。同时，KMO 值为 0.845，根据 Kaiser 给出的 KMO 度量标准可知原有变量非常适合做因子分析，同时也说明了其结构效度良好。

表 3 基于我国典型城市区域发展评价体系的指标问卷调查分析的信度检验

案例处理汇总			
		N	%
案例	有效	231	87.8
	已排除 a	32	12.2
	总计	263	100.0
a. 在此程序中基于所有变量的列表方式删除。			

（续表）

可靠性统计量		
Cronbach's Alpha	基于标准化项的 Cronbachs Alpha	项数
0.958	0.960	80

从案例处理汇总表可以看出，有 231 个个案参与信度分析，含缺失值 32 个。由可靠性统计量表可以看出，α 系数为 0.958，其标准化后的 α 系数为 0.96，表明量表的信度良好。

基于不同的归一化方法，本文的研究对问卷进行了数据处理，将得到不同的单项评价值，它反映了评价者对单个评价指标中所包含的评价信息量及指标原值变动与评价信息量之间函数关系形式的认识发生了变化。目前已提出的归一化方法有很多，概括起来有直线型归一化法、曲线型归一化法、折线型归一化法。考虑到研究案例的性质，本文主要对直线型归一化法进行研究。为了使研究更具科学性，排除不必要客观因素导致的数据误差，我们进行了横向的归一化和纵向的归一化。横向的归一化指对 5 个评分量级采用算术平均、加强平均、标准差、计算净支持率、重要性个数频率数等多种方式将其进行处理。纵向归一化法指对横向归一化的所得值采用阈值法、比重法、标准化进行归一化，将其再次处理，并进行共有指标统计。由于选用不同的归一化方法实际上会产生不同的评价值，从而得到相应的等级排序，各种归一化方法得出的排序往往不一致。由此得出以下发现：第一，原始数据不同，归一化的方法不同，所得的排序结果也就不同，反映出受访者对于评价的关注点存在差异；而且这种差异因归一化的方法而显著不同。第二，均值化处理方法在原始数据的归一化过程中，在分母的处理上用原始数据的平均值，很好地保持了原始数据整体的一致性和关联系数的一致性；标准差化在归一化的处理过程中，用原始数据减去每一个指标值的平均值，再除以每组原始数据的标准差，很好地保持了原始数据的整体性和关联系数的一致性，不会改变原始分数的分布形状和分布顺序。经标准化后，指标的均值为0，方差为1，消除了量纲；比重法在原始数据的归一化过程中，在分母的处理上用到了各个原始数据之和，用各原始数据在总体中所占的比重来表示数据的归一化结果，保持了原始数据整体的一致性和关联系数的一致性；阈值法用到了原始指标中的最小值和最大值，这使得该方法在改变各变量权重时过分依赖两个极端取值，失去了整体的一致性和关联系数的一致性，并且在极大化和极小化的处理过程中，也相当于变相地提高或降低了原始指标的权重。基于上述统一方法的探讨、试验和比较，本文研究初步归纳出评价指标所显示出的我国典型城市区域发展评价关注重点：在排名前20的共有指标中，最受关注的是环境、收入、社会保障、医疗健康这四方面的指标。排名后20的共有指标中，最不受关注的是固定资产、GDP、人口、信息化、住房、公用设施这6个方面的指标。

五、结语

区域政策代表着政府应对区域发展不平衡问题所积聚的政治智慧和政策驾驭能力，政府在其政策过程（决策、执行、监督、评价等）中的行为逻辑彰显了其内在的价值追求、激励驱动和结构性变革的动力，也对于政府治理体系和治理能力提出了现代化的新要求。传统的政府管理考核评价模式已然无法适应当前我国多样竞合的区域发展现状，有必要在科层制的政治生态当中构建兼顾工具理性和价值理性、兼容存量思维与增量思维、兼济量度影响和质效影响的评价体系，厘清城市区域发展评价与干部考核、政府部门绩效评价以及其他相关政策评价的关系，以此来确立其独立存在的价值基点，立足于区域空间再分配关系的调节，承载经济社会多样化的功能意义和尺度重构的权力博弈，促进城市区域治理现代化水平的提升。

区域内部地区间基本公共服务水平差异*
——以广东省为例

叶 林 杨宇泽 贾德清**

一、区域内部地区间基本公共服务水平的差异

（一）基本公共服务均等化与区域协调发展

改革开放以来，随着社会经济的迅速发展，我国进入物质财富快速积累的阶段，人们也从最基本的生存需求向追求自身发展需求方向转变。在这一客观背景下，人们对基本公共服务的需求也更加多元化，并且随着城镇化水平的不断提高，基本公共服务在区域间、城乡之间以及社会基层与群体之间的差距问题也成为政府急需解决的重要任务。2006年中央政府首次明确提出公共服务体系概念，并将"完备的基本公共服务体系、较高的管理和服务水平"这一要求作为"服务型政府"建设的基本内容。党的十七大报告指出，重视地区间基本公共服务均等化问题

---

* 基金项目：教育部人文社会科学重点研究基地项目"新技术革命与公共治理转型"（项目批准号：16JJD630013）；国家社科基金重大项目"城乡一体化背景下的社会稳定体系建设研究"（项目编号：13&ZD041）。

** 叶林，中山大学中国公共管理研究中心/政治与公共事务管理学院教授、博士生导师；杨宇泽，中山大学政治与公共事务管理学院，博士研究生；贾德清，苏州大学附属第一医院人事处，科员。

的解决，有利于区域差距的缩小和统筹区域协调发展的实现。

党的十八大指出，未来一段时间内应着重解决、重点解决民生问题以及人民关注的问题。2014年中共中央国务院出台《国家新型城镇化规划（2014—2020年）》，指出随着城镇化水平的不断提高，出现了一系列亟待解决的矛盾和问题，诸如，严格的户籍制度限制以及城乡二元结构体制，导致城乡居民在基本公共服务的共享方面出现明显不平等化；"城市管理服务水平不高，城市病问题日益突出，公共服务供给能力不足"；为此，《国家新型城镇化规划（2014—2020年）》坚持"以人为本，公平共享"的基本原则，提出未来时期新型城镇化的目标，即稳步推进基本公共服务对常住人口的全面覆盖。

《国家新型城镇化规划（2014—2020年）》还规定，应该按照城市人口的空间分布与集聚特征科学布局基本公共基础设施，充分发挥市场在基本公共服务供给中的作用，实现供给主体的多元化。[1] 从中央历次重要会议和文件的出台来看，基本公共服务问题越来越受到中央和地方政府的重视，并已成为新时期推进新型城镇化发展和构建和谐社会的关键环节。笔者总结认为，当前学界和实践界对基本公共服务均等化的关注与深入研究，主要有以下几方面推动：

1. 在经济快速增长、物质财富日益丰富的大背景下，基本公共服务供需矛盾凸显

自1978年实施改革开放以来，我国便开启了由高度的计划经济体制向市场经济体制转变的进程。回顾三十多年的发展历程，我国创造了经济发展的世界奇迹，经济发展势头强劲，GDP以年平均9%的速度增长，并将中国13亿人口带入总体小康水平。然而，随着经济不断发展与社会物质财富的日益增长，人们的需求也日益多元化，特别是人们对教育、公共医疗卫生、社会保障等需求也开始全面增长。然而在社会转

---

[1] 具体内容详见中共中央国务院发布的《国家新型城镇化规划（2014—2020年）》。

型的大背景下，一方面，由于我国市场经济体制还不尽完善，政府社会职能履行还不尽合理，进而导致当前的公共服务供给能力难以满足我国居民日益多元化的需求，而且，诸如基础教育、公共医疗、基础设施以及公共安全一类的基本公共服务，由于营利能力低或周期长、见效慢等原因，私营企业或团体不愿提供或者无力提供，因而加剧了基本公共服务供需矛盾。

另一方面，我国目前正步入公共服务需求快速增长和深刻变化时期。[1] 尽管我国社会现阶段的主要矛盾没有改变，但是其具体表现形式已经随着社会发展而发生变化。其中一个十分突出而又迫切需要解决的问题是公共服务供需矛盾突出。[2] 从某种程度上讲，公共服务供需矛盾已经严重阻碍经济社会的协调，严重制约着社会福利水平的提高。

2. 实现区域基本公共服务均等化是政府职能转变的目标，是构建和谐社会与实现公平正义的重要举措

从构建和谐社会的角度来看，公平正义是构建和谐社会的必然要求。[3] 而地区间基本公共服务均等化是加快推进和构建社会主义和谐社会的重要举措，加快实现区域基本公共服务均等化将大大有助于推进和谐社会建设的进程。就政府职能转变而言，目前我国各地方政府正在经历一场深刻的变革，构建服务型政府成为一种必然趋势，而加快实现区域基本公共服务的均等化深刻地体现了服务型政府理念。基本公共服务均等化促使政府将其工作重点向社会公共领域倾斜，促使政府由效率导向向公平导向转变，有利于构建相互信任的政府与社会的和谐关系。

总之，加快推进基本公共服务均等化之于和谐社会构建的重要意义

---

[1] 王谦：《城乡公共服务均等化的理论思考》，载《中央财经大学学报》，2008 年第 8 期。
[2] 王谦：《城乡公共服务均等化的理论思考》，载《中央财经大学学报》，2008 年第 8 期。
[3] 张恒龙、陈宪：《构建和谐社会与实现公共服务均等化》，载《地方财政研究》，2007 年第 1 期。

可以从以下三个具体维度进行理解：从区域层面来看，实现区域基本公共服务均等化是缩小地区差异的基本条件，当前我国东中西地区差异十分明显，尤其是东部与中西部地区的差距还有不断扩大之势。从城乡统筹角度看，推进区域基本公共服务均等化也将大大有助于打破城乡二元结构，缩小城乡之间的发展差距。从个体与群体角度来看，实现区域基本公共服务均等化是缓解贫富差距的重要因素。总之，加快推进基本公共服务均等化有利于更好地应对由于地区不平衡、贫富差距扩大、城乡二元结构等引起的社会不稳定问题，有利于更好地落实科学发展观，实现可持续发展。

3. 实现均等化的意义与价值

公共服务非均等化问题已然成为提高社会资源配置效率、促进社会公平正义、统筹区域协调发展、构建和谐社会的现实障碍。就理论价值来看，实现区域基本公共服务均等化体现了以人为本和弥补市场供给失灵的制度安排，体现了社会公平正义的要旨。而就现实意义来看，实现区域基本公共服务均等化是缓解社会矛盾冲突的现实需要，也是平衡区域发展，实现公平与效率相结合，进而构建和谐社会的应然举措。

具体来讲，系统深入地研究省内地区间基本公共服务均等化问题的理论和现实意义可以从以下几点进行理解：

首先，不断深化对基本公共服务水平差异或非均等化领域的研究，有利于正视我国当前的公共服务差异问题，而且随着研究的日渐成熟与细化，将不断推进均等化理论向前发展；而且，不断加强对省内地区间基本公共服务均等化的研究有助于为省、市地方政府职能转变提供良好的理论指导和经验借鉴，有利于理清政府职责与市场职能之间的关系，促进政府职能转变，使政府和市场在各自领域内发挥应有的作用。

其次，公共服务的均等化实质上是实现公共资源合理优化配置，保障不同区域之间公共资源分配与获取的公平性，加强这方面的研究有利于实现省内地区间公共资源的合理流动与配置，有利于大大改善基本公共服务分布和共享的非均衡状况，有利于促进省内各地区各主体公平地分享社会发展成果，从而形成社会公平正义的价值观，激发各生产要素的积极性和创造性，最终实现省内各地区的均衡发展。

最后，大力推进地区间基本公共服务均等化是统筹区域协调发展的重要一环。省内地区间基本公共服务均等化是构建和谐社会的重要基石，所谓和谐社会，是指一个彰显公平正义、利益关系相互协调的和谐社会状态。而地区间公共服务均等化的实现过程也正是一种对社会利益结构的再调节以及对社会利益的公平再分配的过程，符合和谐社会建设的基本要求，与构建和谐社会的理念与核心价值取向不谋而合。总之，如果没有地区基本公共服务均等化作为推手，那么将不利于科学发展观的落实与和谐社会的构建，最终也将不利于国家治理能力的现代化。

（二）研究广东省内地区间基本公共服务水平差异的原因

1. 广东省内地区间经济发展差距十分明显

原广东省委书记汪洋曾表示，发展不平衡是广东科学发展最突出的短板，必须把解决区域发展不平衡问题放到突出位置，并将其纳入广东"十二五"规划之中。广东省地域广阔，各地区具有不同的发展特点和优势，但其区域发展差异也是十分明显的，社会经济的非均衡发展导致最富和最穷的地方同时出现在广东的格局。就广东全省来看，事实上只有珠三角区域属于发达地区，而粤东西北则属于经济欠发达的落后地区。汪洋指出，"区域协调发展并不是每一个区域经济发展水平都达到平衡，而是让人享受的公共服务都平衡"①；妥善解决广东省内区域发展非均衡问题，对促进广东省加快转型升级，维护社会稳定具有十分重要的意义。解决区域发展不平衡问题，首要的是基础设施建设以及加大对欠发达地区基本公共服务设施的建设。2012年以来，胡春华接掌广东并明确将"三个定位、两个率先"作为广东省未来工作的前进方向和工作

---

① 详见 http://epaper.oeeee.com/A/html/2011-01/24/content_1286718.htm。

指南，特别重视挖掘粤东西北等欠发达地区的发展潜力，注重地区间的全面均衡发展。

由此可见，地区间基本公共服务均等化对于实现地区间协调发展的重要意义已经受到高层领导的高度重视。此外，广东省作为中国改革开放的窗口，其经济的迅速发展与快速的城市化过程决定了研究广东省内地区间基本公共服务均等化在其他东部沿海省份和地区的代表性。

2. 实现广东省内地区间基本公共服务均等化的政策依据

为了贯彻落实十八大报告以及习近平总书记视察广东重要讲话精神，促进粤东西北地区振兴发展，确保广东省实现"三个定位、两个率先"的目标，2013年广东省人民政府制定并实施了《中共广东省委广东省人民政府关于进一步促进粤东西北地区振兴发展的决定》（以下简称《决定》）。该《决定》明确规定其到2020年的目标任务之一就是，大力发展社会公共事业，充分保障居民的对公共服务的最基本需求，建立完善的基本公共服务体系，到2020年时基本实现各地区基本公共服务的均等化。除了对目标任务的总体描述之外，《决定》还详细规定了应着重从促进教育均衡优化发展、提升医疗卫生服务水平、加快发展公共文化事业、完善促进就业机制、健全全民社保体系等方面促进地区间基本公共服务均等化的实现。

《珠江三角洲地区改革发展规划纲要（2008—2020年）》（以下简称《纲要》）指出，当前珠三角以及广东省地区存在"城乡和区域发展仍不平衡，社会公共事业发展还未成熟，公共服务质量有待提高"等一系列问题。[1]《纲要》针对重视基本公共服务的均衡分配问题，强调从三个不同的角度解决公共服务领域的突出问题。首先，就城乡统筹来看，应加快建立城乡一体化的公共服务体系，打破以往的行政分割治理模式，消

---

[1] 详见广东省发展和改革委员会：《珠江三角洲地区改革发展规划纲要（2008—2020年）》，http://www.gddrc.gov.cn/fgzl/fzgh/qygh/zjsjz/。

除城乡之间的制度障碍，促进公共资源和要素在不同区域的合理流动与分配；其次，从区域协调角度，大力发展地区社会公共事业，充分发挥地区公共事业主体在平衡区域发展与缩小差距方面的重要作用，渐进地实现区域基本公共服务的均等化；再次，从加快社会事业发展角度，强调优化基础教育结构，合理配置基础教育资源，大力发展科教文卫事业，建立健全就业与社会保障体系。

另外，广东省人民政府在2009年制定和实施了《基本公共服务均等化规划纲要》，指出广东省地区间基本公共服务均等化的总体目标，即到2020年建立全省统一基本公共服务体系，使城乡居民、不同层次或个体在基本公共服务的获取、共享方面大致相同或达到统一标准，不断创新供给方式，加快实现供给主体的多元化，并使广东省的公共服务水平达到中等发达国家水平。[①] 另外，还详细阐述了各项基本公共服务的实现目标以及实施路径，为实现广东省内地区间基本公共服务均等化提供行动纲领以及具体的编制依据。

3. 实现广东省地区间基本公共服务均等化的重大意义

作为改革开放前沿的广东省，珠三角地区经济社会的高度发达与粤东西北地区的贫困落后形成鲜明对比，而在构建和谐社会的大背景下，广东省也处于社会发展的关键转型期。为了充分保证广东省顺利转型以及加快和谐社会构建的步伐，就必须加快由非均衡发展向统筹兼顾、协调发展的转变。不断加快缩小广东省内各地区间基本公共服务水平差异，对构建和谐幸福广东将具有十分重要的意义。首先，加快缩小省内地区间基本公共服务水平差异有利于坚持以人为本，切实保障公民基本权利，让公民共享社会经济发展成果，实现公平与正义的社会价值；其次，有利于统筹城乡发展、促进区域协调均衡发展，维护社会稳定；有利于促进政府职能转变，引导政府以公共利益为目标，加快构建服务型

---

① 详见 http://zwgk.gd.gov.cn/006939748/200912/t20091214_11575.html。

政府。

但是，当前关于这一方面的研究则主要集中在全国层面或省际层面，对某个特定区域或者省份内部地区的基本公共服务水平差异研究相对较少，甚至没有。然而，往往特定区域或省份内部各地区间基本公共服务的均等化实现，是实现更大范围和更高层次基本公共服务均等化的基本着眼点。在省际间、地区间公共服务差距日益凸显的背景之下，省内各地区之间的基本公共服务水平差异问题也日渐突出，应足以引起学术界和实践界的关注。

另一方面，从现实出发，广东省作为率先进行省域内部地区间基本公共服务均等化探索的典型代表，迄今为止五年的时间已经过去，在《纲要》的指导下其公共服务均等化的现状如何，同时影响其差异产生的因素主要有哪些，这一系列问题都需要我们回答和解决。同时，通过实证考察和研究，不仅可以为广东省更好地做好地区间基本公共服务均等化工作提供建议，而且也可对其他省份乃至全国基本公共服务均等化工作提供有益的借鉴。

二、基本公共服务水平的文献回顾

（一）国外文献评述

事实上，"基本公共服务均等化"这一概念具有鲜明的中国特色，国外并没有这一概念，但与均等化相关的理论研究却是西方研究的热点，并且也产生了一系列可供中国参考和借鉴的优秀理论。此外，西方学者们对公共服务相对差距进行了大量研究，并提出相应的措施。

1. 均等化的理论基础

均等化理论主要发源于西方学界。1776年亚当·斯密最早论述了公共服务公平供给问题，这被认为是公共服务均等化的理论起源；1920年经济学家庇古创造了福利经济学的完整体系，并提出了"收入均等化"的理论；20世纪中叶，萨缪尔森（Samuelson）在其发表的《公共支出的纯理论》一文中，对公共产品的界定充分彰显了公共服务均等化思想；1970年托宾（Tobin）的"特定平均主义"理论，认为一些基本的公共服务应该实现平均分配。①

不难看出，经济学领域最早开始探讨均等化理论，但又不仅仅局限于经济学界，在基本公共服务均等化理论的不断发展过程中也夹杂着其他学科，如政治学、公共管理学以及地理学的不断完善和发展。下面详细介绍将作为本论文主要支撑的理论，即公共服务和中心边缘两大理论。

（1）新公共服务理论

20世纪90年代，面对公共资源分配的非均等问题，新公共管理理论饱受诟病，人们也对政府一味追求效率而忽视公平产生怀疑。而登哈特夫妇提出的新公共服务理论主张，重新回归对民主价值的追求，将公民置于治理体系的中心位置，重视公民社会与公民身份，强调以人为本的理念。

首先，新公共服务理论的倡导者认为，当今政府存在的目的是服务而非控制，所以应加快转变政府执政理念，应积极地由过去的控制型政府向服务型政府转变。其次，新公共服务理论强调实现整体利益最大化，而不是部分利益的简单相加。再者，其主张政策的执行可以通过全社会的努力和协作得到最有效的实现，但是要求政府必须在思考上要具有战略性，行动上要具有民主性。另外，新公共服务理论强调人本理念与公民本位，主张重视人而不是重视效率，应以公民为导向而不应以顾客为导向，因为公民是权利的享有者和责任的承担者，而不是简单意义上的顾客。②

通过对新公共服务理论主要内容的简单总结不难发现，新公共服务

---

① 张晓杰：《快速城市化过程中基本公共服务均等化问题研究》，复旦大学学位论文，2011年。
② 辛静：《新公共服务理论评析》，吉林大学学位论文，2008年。

理论强调政府的核心职能是服务而非掌舵或划桨，强调以人为本，并把公平、公正、民主、正义等看作公共管理的重要价值取向。本论文正是基于其核心理念和价值取向而展开，因此，新公共服务理论成为本研究的重要理论之一。

（2）中心—边缘理论

20世纪60年代，美国地理学家弗里德曼（J. R. Friechmann）在其发表的《极化发展的一般理论》一文中完整地提出了中心—边缘理论。该理论认为，从空间角度来看，任何一个区域都可以按照一定标准分为中心区和边缘区。中心区是经济的集聚区，而边缘区则是社会经济相对不发达的区域，二者共同构成一个完整的空间系统。然而，在这一严密的空间系统中，通常存在剧烈的极化与扩散效应，中心区与边缘区在相互的影响与制约中推动整个区域的发展变化。弗里德曼认为，中心区与边缘区之间存在密切的联系。一方面，中心区通过吸引边缘区的人力、财力资本，同时向边缘区输送商品从而对边缘区产生极化作用，进而形成对边缘区的支配态势；同时，中心区又将创新技术、信息以及产业关联效应扩散到边缘区，以带动边缘区的经济发展，最终促进整个空间系统的发展。另一方面，由于中心区的存在，边缘地区虽然有所发展，但是其集聚和发展却受到抑制，整个区域受到中心区的支配，资本、知识以及信息等各种要素都向中心区域集聚，而边缘地区则处于相对停止状态或趋向衰败。这就形成了中心—边缘模式。[1]

就中心—边缘理论在中国的发展来看，我国主要集中在对中心—边缘理论或模式的应用研究，主要体现在区域经济发展、产业发展以及区域经济"边缘化"等研究领域。[2] 本论文采用"中心—边缘"理论既可

---

[1] 王新文：《城市化发展的代表性理论综述》，载《中共济南市委党校济南市行政学院济南市社会主义学院学报》，2002第1期。

[2] 王小玉：《"核心—边缘"理论的国内外研究述评》，载《湖北经济学院学报（人文社会科学版）》，2007年第10期。

以为分析地区间基本公共服务水平差异研究提供研究视角，也可以结合公共服务理论从空间角度深入理解不同地区间基本公共服务水平差异形成的机制，进而为缩小这些差距提供相应的政策建议。

2. 公共服务水平差异研究

通过对国外已有文献的查阅，笔者总结发现国外学者在进行大量的基础性理论研究之外，也有学者从实证的角度运用这些基础理论进行研究。这些研究大致可以分为两个方面：

第一方面，就是对区域公共服务非均等化及其形成机制研究。如，科恩和马尔兰德（Keen & Mareland）[1]认为，激烈的财政竞争可能会导致地方公共服务供给能力的削弱；科特里克夫和拉夫豪森（Kotlikoff & Raffelhueschen）通过案例研究发现，地区间财力差异是导致区域间基本公共服务水平差异的主要原因[2]；霍夫曼和约瑟夫（Hofman & Yusef）从中国区域经济不平衡角度研究中央政府财政分配问题，并认为财政资源分配非均衡导致中国区域经济发展差距不断扩大；钱颖一和温加斯特（Qian & Weingast）的研究则发现中国财政包干制度缩小了各地区经济发展差距[3]；崔启源（Kai-yuen Tsui）通过研究也发现在1994年分税制后，中国区域间财力差异有不断扩大之势，而且指出税收返还是导致区域财力差异的最主要因素。[4]

第二方面，就如何缩小区域基本公共服务水平差距或实现不同地区间的均等化，国外学者的研究又包括两个主要的维度。其中

---

[1] M. Keen & M. Marehand, "Fiscal Competition and the Pattern of Public Spending", *Journal of Public Economics*, Vol. 66, No. 1, January 1997, pp. 33 – 53.

[2] L. J. Kotlikoff & B. Raffelhueschen, "How Regional Differences in Taxes and Public Goods Distort Life Cycle Location Choices", *NBER Working Paper*, 1991.

[3] Qian, Y. & Barry, R., "China's Transition to Markets: Market-Preserving Federalism, Chinese Style", *Journal of Policy Reform*, Vol. 2, No. 1, January 1996, pp. 149 – 185.

[4] K. Y. Tsui, "Local Tax System, Intergovernmental Transfers and China's Local Fiscal Disparities", *Journal of Comparative Economics*, Vol. 33, No. 1, January 2005, pp. 173 – 196

一个维度是，通过对政府财政转移支付状况的研究得出应实现不同地区间的财政均等化，以达到缩小地区公共服务水平差距的目的。例如，有学者在总结和分析世界范围内财政转移支付的做法后，指出发展中国家因缺乏明确的均衡标准而导致"转移支付依赖症"的出现。① 另一个维度是将研究的焦点集中于区域公共服务供给模式方面。比如，德鲁克（Drucker）"民营化"概念的提出，雷蒙特（Reymont）提出的公共物品供给的 PPP 模式②，以及伍夫努（Wuthnow）提出的"政府、市场、志愿部门三部门提供公共物品供给模式"③ 都是在这一领域产生的研究成果。

（二）国内文献评述

自 1978 年改革开放以来，我国社会经济迅速发展，社会物质财富极大丰富。然而，令人十分不解的是在总体物质财富不断增加的同时，地区之间、城乡之间的贫富差距却不断扩大。在这一背景下，国家所倡导的社会公平与正义受到了极大的挑战，而基本公共服务均等化作为实现社会公平与正义的重要举措也相应成为当前国内学界重点关注和研究讨论的问题。

由于我国对公共服务重要性的认识较为缓慢，因此，国内对基本公共服务均等化的问题研究起步也较晚。国内学术界在这方面的研究主要体现在：一是对其概念、内涵或基本范围以及均等化标准等基本问题的研究；二是对其水平差异状况研究以及形成机制研究；三是缩小基本公共服务水平差异或促进均等化的对策研究。下面笔者将逐一进行具体的

---

① 刘德吉：《国内外公共服务均等化问题研究综述》，载《上海行政学院学报》，2009 年第 6 期。
② ES Savas, "Privatization", in Mary Hawkeaworth and Maurice Kogan (eds.), *Encyclopedia of Government and Politics*, New York: Routledge, 1992.
③ 转引自张晓杰：《快速城市化过程中基本公共服务均等化问题研究》，复旦大学学位论文，2011 年。

回顾和评述。

1. 相关基础性研究

（1）公共产品与服务辨析

针对这一问题，国内学者仁者见仁，智者见智，有学者认为公共服务与公共产品是同一概念①，某种程度上二者可以等同使用。另一部分学者认为公共产品包含公共服务，公共服务只不过是一种特殊的非物质形态的公共产品。② 然而，与将公共服务纳入公共产品范畴的做法相反，部分学者认为公共服务的概念更加宽泛，公共产品应是公共服务的一部分。③ 通过对两者内涵和外延的考察笔者发现，关于两者之间的关系的探讨，实际上一直是围绕着两者的范畴进行的，即到底是谁包含谁的关系。

鉴于国内学者对两者关系尚未形成一致看法，笔者认为关于两者关系的界定没有孰优孰劣之分，而应视研究的具体情况而定。同样，在本研究中，笔者认为，公共服务不仅仅包括有形的公共产品而且还包括无形的服务，那种简单将公共产品与公共服务等齐划一的做法并不适用于本论文的讨论。

（2）基本公共服务与均等化

学者们从不同的研究视角或者学科背景出发，就基本公共服务的概念提出了各自不同的见解。但总体来看，一个普遍的观点是都十分注重突出基本公共服务的"基础性"和"核心性"等特征。即所谓的基本公

---

① 江明融：《公共服务均等化论略》，载《中南财经政法大学学报》，2006年第3期；李静毅：《试论基本公共服务均等化的理论依据及其在我国的实现途径》，载《财政研究》，2009年第1期。

② 安体富、任强：《公共服务均等化：理论、问题与对策》，载《财贸经济》，2007年第8期。

③ 陈昌盛、蔡跃洲：《中国政府公共服务：基本价值取向与综合绩效评估》，载《财政研究》，2007年第6期。

共服务应该是社会公共服务中最基础、最核心的最低层次的服务。

在对基本公共服务概念的具体理解上，部分学者主要从两个视角入手，"一是从消费需求的层次看，与低层次消费需要有直接关联的即为基本公共服务；二是从消费需求的同质性看，人们无差异消费需求属于基本公共服务"。从生存权与发展权角度来看，基本公共服务代表最基本的社会福利水平，而这种福利水平的提高或维持必须由政府提供。① 有学者在对基本公共服务进行定义时，着重强调基本公共服务必须由政府提供，由公共财政全部付费，必须是覆盖全社会的、人人公平享有的，实现人类生存与发展需要的服务；也有人指出，基本公共服务重在其"基本"特性，它是实现特定公共利益所必需的公共服务，其应是公共服务中最基本最核心的部分，应与人民大众实现自身生存和发展息息相关。②

对于基本公共服务所包含的具体内容或者具体的范围，国内学术界主要存在四种看法。第一种看法将凡是和民生相关的服务统称为基本公共服务；第二种观点是在对第一种观点进行修正的基础上形成的，指出所谓基本公共服务不能简单地将文化、教育、科技、卫生与社会保障等称为基本公共服务，其中的义务教育、基本医疗等基本方面才属于基本公共服务的范畴。如有学者指出，包含诸如基础教育、养老以及医疗卫生等一系列要素的服务才符合我国现阶段对基本公共服务的界定。③ 总之，"公共"和"基本"这两大显著特征是在理解基本公共服务内涵时需要我们着重把握的。④ 第三种理解是，基本公共服务是"底线"服务，

---

① 项继权：《基本公共服务均等化：政策目标与制度保障》，载《华中师范大学学报》，2008年第1期。
② 柏良泽：《中国基本公共服务均等化的路径和策略》，载《中国浦东干部学院学报》，2009年第1期。
③ 丁元竹：《基本公共服务如何均等化》，载《瞭望》，2007年第22期。
④ 吕炜、王伟同：《我国基本公共服务提供均等化问题研究——基于公共需求与政府能力视角的分析》，载《财政研究》，2008年第5期。

其最终的目的是实现个人或群体的最基本的生存权与发展权问题。有学者从需求层次角度将其范围划分为三层：第一层，包括义务教育、公共医疗卫生、基本社会保障；第二层，包括公共安全、基础设施与环境保护；第三层，一般公共服务、科学技术与文化。[1] 从实现公民基本权利以及自我实现、自我发展角度来看，基本公共服务的范围可以划分为：社会保障、就业、医疗卫生、公共教育、公共管理、文体传媒、城乡社区、环境保护、交通运输等九类。[2] 第四种理解主要将基本公共服务界定为关乎民生的日常性项目，从而将其与一系列资本类项目，诸如公路、铁路等基础设施建设等服务区分开来。

综上所述，在进行基本公共服务范围界定及研究时应认识到，其客体是不因客观因素而被剥夺的，同时其又具备公民基本权利的性质。它应是政府向社会提供的全体公民能够公平享有的大致相等的，最基础、最核心的公共服务。

目前国内大部分学者首要关注基本公共服务均等化的内涵和标准两个方面。就其内涵研究来看，大多数学者主要从经济、财会以及管理学等角度进行了大量研究分析并提出各自不同的观点。部分学者将均等化视为一个动态的变化过程，认为该过程主要是指政府与公民互动的过程，即政府满足公民基本需要和公民享受基本权利的过程[3]，它具有鲜明的层次性、阶段性以及区域性等特点，由于我国现阶段的发展水平和基本国情等现实因素的制约，我们在当前阶段应主要关注区域基本公共服务的均等化问题，然后逐步向城乡之间以及全民均等化迈进。[4] 此外，

---

[1] 陈昌盛：《基本公共服务均等化：中国行动路线图》，载《财会研究》，2008年第2期。
[2] 曾红颖：《我国基本公共服务均等化标准体系及转移支付效果评价》，载《经济研究》，2012年第6期。
[3] 王国梁：《基于包容性增长视角的基本公共服务受益均等化研究》，浙江大学学位论文，2013年。
[4] 阎坤等：《公共服务均等化问题研究》，载《经济研究参考》，2007年第58期。

部分学者从财政学、经济学角度出发，主要采取量化的手段，将公民获得的基本公共服务数量作为标准进行研究，指出所谓基本公共服务的均等化就是指"没有城乡和区域差别的单位公民应当享受均等化的公共服务数量"[①]；还有学者指出均等化是指提供相对公平而非绝对平均的公共服务，并主要涵盖基础教育、公共医疗卫生、就业和社会保障、基本住房等。[②]

除此之外，还有部分学者从公民权利的角度给出基本公共服务均等化的定义，如有学者着眼于"均等化"并认为所谓的均等化，应是公共服务在获取与共享方面的机会均等，而不是一味地追求绝对的平均主义，但是其差距应与社会可接受的程度相适应，其实质在于政府要为全体社会成员提供基本而有保障的公共产品和公共服务，其终极目标是应当使人与人之间所享受到的基本公共服务的均等化，在我国，即最终实现地区之间的均等，城乡之间的均等和人与人之间的均等。[③]

然而，以丁元竹为代表的学者们着眼于全国层面，认为基本公共服务的均等化是指"中央政府通过制定相关基本公共服务国家标准（设施标准、设备标准、人员配备标准、日常运行费用标准），在财政上确保负责提供服务的地方政府具有均等支付这些基本公共服务的能力，确保社会、政府、服务机构不存在偏见、歧视、特殊门槛的前提下使每个公民不分城乡、不分地区地能够有机会接近法定基本公共服务项目的过程"[④]。

如何科学合理地测度均等化，或者说如何提供以及提供多少数量基本公共服务才能达到现实意义上的均等，这是一个十分重要的问题。而要想解决公共服务均等化的测量问题，就必须对其测度标准进行清楚的界定。

---

① 曾红颖：《我国基本公共服务均等化标准体系及转移支付效果评价》，载《经济研究》，2012年第6期。
② 郑佳：《中国基本公共服务均等化政策协同研究》，吉林大学学位论文，2010年。
③ 刘薇：《我国"基本公共服务"理论研究述评》，载《经济研究参考》，2010年第16期。
④ 陈祎：《小城镇的供水体制：现状、问题与对策》，浙江大学学位论文，2011年。

关于均等化的标准主要有三种理解，即最低标准、平均标准和相等标准，三者之间是一个层层递进的动态演化过程①；在确定基本公共服务均等化的标准时应该坚持适度原则，既不能太高也不能太低，而应根据不同区域的实际情况设计一种可以最终实现结果均等的相对标准。此外，在基本公共服务水平测度指标的选取方面短期内应将重点放在"产出"类指标上，如曾红颖将人口构成因素加以考量，并提出"标准人"模型。

通过文献梳理发现，就均等化的内涵，学者仁者见仁，智者见智，各有侧重，但可看出只是某些内容上的细微差别，绝大多数学者都将基础教育、公共医疗卫生、公共基础设施、环境保护等一系列与群众生活密切相关的领域视为基本公共服务的具体研究对象，同时这些领域也正是本论文所要关注的。

2. 基本公共服务水平差异现状及形成机制研究

（1）水平差异现状研究

当前关于公共服务水平差异现状的研究主要聚焦在区域层面，绝大多数研究都表明我国不同区域之间存在着明显的公共服务水平差距。有学者以我国的各省为样本，采用基尼系数、变异系数、泰尔指数、主成分分析等定量手段对各省公共服务状况进行深入研究，发现我国东、中、西区域以及省际之间甚至内部之间均存在明显的差异，并且这种差距并没有缩小的趋势，而是与地区间的经济发展差距呈现"耦合性"②；也有学者专门针对省际差异进行了研究，认为从短期来看，省际之间公共服务差距将持续存在，而就长期而言，省际之间公共服务差距将呈现先上升而后下降的倒"U"型变化趋势③；还有学者从财政学的视角，

---

① 柏良泽：《中国基本公共服务均等化的路径和策略》，载《中国浦东干部学院学报》，2009年第1期。
② 李敏纳等：《中国社会性公共服务区域差异分析》，载《经济地理》，2009年第6期。
③ 曾国平等：《中国地区公共服务水平差异及变动趋势的实证检验——基于政府投入角度》，载《经济体制改革》，2011年第4期。

研究区域基本公共服务差异的现状。如有学者通过人均财政支出指标分析区域均等化状况①，发现经济发达地区由于具备较强的税收能力，而欠发达地区由于自身税收能力较弱，同时又不能获得较多的中央或上级税收返还以弥补自身财力不足，致使不同地方政府的公共服务供给能力出现差异，最终导致地区间基本公共服务的非均等化。也有学者在区域层面的框架下另辟蹊径，着重研究城乡间基本公共服务差异，陈继宁对城乡教育、医疗卫生、社会保障等方面进行了比较②；张丽琴等采用定量数据研究方法对城乡医疗卫生服务的可及性进行了比较。③

除此之外，城市地理学者进一步将研究的范围以及研究的基本公共服务进行细化，即重点研究某一个特定的城市特定类别的公共服务空间分布的差异状况。许多学者利用地理信息系统技术，并结合交通、人口以及城市土地利用方式等诸多因素，研究某个城市基本公共服务供给的可达性问题，或某种类型的公共服务设施空间分布特征及差异，或运用因子分析等定量方法测度某种公共服务或设施的空间公平性问题。

（2）形成机制研究

国内学者大部分主要从公共财政体系以及社会制度安排两个方面，采用实证分析的方法，一方面从公共财政体制角度，实证分析和研究基本公共服务差异与当前财政体制和财政转移支付制度的关系；另一方面从政府管理体制角度，重点研究我国当前的一系列政治制度安排与地区基本公共服务差异的关系。

首先，财税体制不完善，转移支付制度存在结构性缺陷是一个流行

---

① 姜晓萍、吴菁：《国内外基本公共服务均等化研究述评》，载《上海行政学院学报》，2012年第5期。
② 陈继宁：《论小城镇建设与城乡公共服务均等化》，载《中共四川省委省级机关党校学报》，2007年第3期。
③ 张丽琴、王勤、唐鸣：《医疗卫生服务的差异分析与均等化对策》，载《社会主义研究》，2007年第6期。

的研究领域,很多学者提出了自己的看法。有学者认为,我国现行的"财权上收,事权下放"的财政领导体制,导致政府间财权与事权责任不清,而严重依赖中央政府财政转移支付和各种预算外收费的做法将十分不利于均等化过程的推进。[1] 我国当前的税收返还制度对均等化的推进作用并不明显,相反,这种制度设计使得地区基本公共服务出现"强者愈强,弱者渐弱"的"鲶鱼效应"。一般性的转移支付虽然对缩小地区差距有积极作用,但是由于转移支付规模小,力度不强,并且中央政府的一般性转移支付大部分是根据非均等化因素被分配到各地区,从而导致逆向均等化问题,继而令一般转移支付的均等化作用大打折扣。安体富等也得出相似的结论:复杂的财政转移支付形式、交叉混乱的转移支付过程以及对所有地区"一视同仁"的基数税收返还方式,最终使得转移支付的均等化作用十分有限。总之,分税制改革不到位,央地政府间职责存在多方面错位,地方事权与财力不匹配,中央主管部分决策过大、过细,转移支付制度设计不合理、国家专项转移支付配套资金超过地方财力等等是导致我国地区间公共服务水平差异的重要原因。[2]

其次,部分学者认为地区间非均衡的基本公共服务供给是多方面因素共同作用的结果,公共财政体系只是其中一个重要的方面,而其他制度性因素,如城乡二元体制、公共服务体制与制度等同样值得重视。户籍制度的存在将城市人口与农村人口截然分开,这种人口管理方式导致城市人口和农村人口在基本公共服务的获取与共享方面产生显著差异,已成为导致地区间基本公共服务差异的重要原因;在现实社会中存在地区分割与城乡分割等多重分割现象,已经造成城乡居民在身份认同和权利共享方面的异化。因此,这种以户籍制度为代表的城乡二元体制给基本公共服务的均等化带来很大的困难。

---

[1] 刘薇:《我国"基本公共服务"理论研究述评》,载《经济研究参考》,2010年第16期。
[2] 倪红日、张亮:《基本公共服务均等化与财政管理体制改革研究》,载《管理世界》,2012年第9期。

除户籍制度之外，差异性赋予制度、社会分治模式以及资源配置的城市偏向性，也在很大程度上导致基本公共服务水平差异的产生。有学者认为，"二元经济结构"是导致城乡非均等化的根源；此外，我国在公共服务供给领域实行的城市偏向型非均衡制度，造成城乡之间不均衡的财政投入，而财政投入的非均等化，其中一个直接后果就是造成地方政府供给能力出现显著差异，而这种供给能力的差异将不利于城乡基本公共服务均等化的实现。另外，我国基本公共服务标准存在诸多问题，比如标准模糊、笼统，没有充分考虑到各地区的实际情况；没有给出基本公共服务的最低标准，标准制订工作滞后，修订不透明、不及时，难以适应社会发展需要。

3. 缩小公共服务水平差距的路径研究

当前学术界主要从财税体制与政府管理体制、政府职能转变两大方面探讨如何实现基本公共服务均等化的问题。首先，地方政府在公共服务的过程中扮演十分重要的角色，特别是基层地方政府直接与人民群众接触，对其居民的基本公共服务需求最了解。因此，应加快转变政府管理体制，合理划分事权和财权，适度放权，不断增强地方政府在基本公共服务过程中的自主性和灵活性，适时引入市场机制，创新公共服务供给方式，形成政府与市场优势互补的良好供应机制；转变政府执政理念，新时期的政府应以服务为导向，改变以行政区划为依据的分割治理模式，实现人口、公共资源和要素在不同地区间的自由流动，提高公共资源利用效率，从而达到不断缩小地区差距的目的；在完善转移支付制度方面，应加强监督，强化对转移支付的约束力，以确保转移支付发挥有效的调节作用。[①] 同样值得关注的是，地方财力是实现均等化的关键和前提，逐步完善省级及以下地方税收体系，明确各级政府的收支权

---

① 刘铭达：《完善省以下转移支付制度的建议》，载《中国财政》，2007年第1期。

限①，将是今后财税体制改革需要努力的方向。同时，地方政府还应该更加关注市场，弥补市场失灵，完善税收监督制度等。

总之，从财税角度来看，应充分发挥财政在均等化过程中的基础作用。首先，应调整财政支出方向和结构，财政支出应更加关注基本公共服务领域；其次，改革当前财税体制，构建合理的央地财权与事权责任机制，增强地方政府财力以为公共服务的提供奠定物质基础；再次，改变先前无差别的税收返还体制，增加一般性转移支付规模，有针对性、有重点地进行转移支付，以最大程度地发挥转移支付均等化的作用；最后，大力发展市场经济，扩大税基，不断提高地方政府的税收吸纳能力，逐步实现地方政府在基本公共服务支出财力上的均等化。

均等化的实现与推进，很大程度上要依赖政府，然而，我国公共服务领域之所以问题突出其根源就在于政府转型滞后。因此，当前地方政府的首要任务是，转变政府职能，加快建设服务型政府，不断强化政府基本公共服务供给职责。促进政府职能转变、强化政府公共服务职能应首先处理好央地关系，严格划分央地政府职责权限，明确地方政府的公共服务能力与职责；应加快建立公共服务评价指标体系以加强中央对地方的问责。

另外，由于我国在基本公共服务制度建设领域相对滞后，导致我国基本公共服务存在低水平、非均衡等突出问题，所以当务之急，应尽快建立符合我国基本国情的基本公共服务的制度②；在市场经济中，多元化的供给主体以及激烈的市场竞争，可以提高基本公共服务的有效性；因此，应坚持以政府为主体，同时合理引导社会公众、非营利组织等社会团体以及私营企业的参与，以提高基本公共服务供给效率与能力。

4. 对已有文献的评价

已有文献主要从基础理论、现状以及实现路径进行了深入分析和探

---

① 阎坤：《转移支付制度与县乡财政体制构建》，载《财贸经济》，2004年第8期。
② 刘薇：《我国"基本公共服务"理论研究述评》，载《经济研究参考》，2010年第16期。

讨，并取得了一系列重要的成果，但是这些研究仅仅关注其中的某个特定问题，研究相对孤立、零散而不成体系。随着我国社会经济的不断发展，基本公共服务供给差异已经远远超过地区间的经济差距，并且出现了多方面的问题，已经不能够单从某一角度进行研究就能解决问题。但恰恰现有的研究仅局限于特定的研究视角，而没有很好地使不同学科的理论进行很好的对话，也没有借鉴不同学科的研究而提出一个系统性的解决方案。

虽然学术界和实践界从各自的立场进行了一系列的研究，填补了我国在这一领域的空缺，也取得了相应的研究成果，然而，就当前的研究现状来看，可能有以下几个方面需要进一步完善：首先，从研究类型来看，制度性研究占了较大比重，而实证分析较少；大部分研究主要从我国当前的财政转移支付制度以及城乡二元体制等方面入手分析其形成机制，但实证分析较为缺乏；第二，供给主体是研究基本公共服务均等化的一个重要方面，已有研究也从政府供给层面对政府财政支配能力以及公共责任等进行深入的研究，但忽视了基本公共服务的需求者。最后，更值得引起重视的是，在基本公共服务均等化的定量研究方面，经济学和财政学领域的学者进行的研究占据较大比重，而社会学和公共管理学相关的定量研究则相对不足。而且，大部分学者对全国东、中、西三大区域的基本公共服务均等化状况研究较多，而忽视了省域内部不同地区之间基本公共服务水平差异状况的研究。

和谐社会的构建，中国梦的实现，最基本的要求就是满足居民的基本需求，确保为每个人的自由发展提供充分保障。事实上，不仅仅我国东中西差异十分明显，一省之内各地区之间的发展不均衡问题也同样突出，在局部地区已经成为影响一省经济稳定、社会发展乃至政治安定的重要因素。因此，本论文拟以广东省为例，旨在研究省域内部地区间基本公共服务水平差异状况，并探索适合广东省域实际情况的基本公共服务均等化模式，也期望能够为我国其他省份实现省内各地区间基本公共服务均等化提供有益的借鉴。

三、广东省省内基本公共服务差异的实证分析

（一）数据搜集

在对地区间基本公共服务均等化的定量研究方面，主要以《广东统计年鉴》以及各地级市年鉴、经济与社会发展公报等数据为基础，分析地区间基本公共服务水平差异的现状及其影响因素。在实证数据分析后，研究结论的分析以及政策建议部分拟采用从相关规划部门获得的资料并结合广东实际情况得出。

（二）数据分析

在对数据进行分析时，本论文采用当前该研究领域比较具有代表性的研究方法，首先对原始数据进行无量纲化处理，其次，在标准化的基础上对各方面指标的单项指标进行主成分分析，以主成分的方差贡献率为权重计算方面指标的综合得分，再次，在将各方面指标合成一个地区基本公共服务综合指数时，拟采用加权算数平均的合成方法，至于各方面指标的权重问题，考虑到各方面指标具有同等的重要性，因此本文赋予每个方面指标相同的权重。在对地区基本公共服务差距进行考察时，运用变异系数从整体上考察基本公共服务差异状况，另外还采用绝对

$$\Delta_{(N)} = \frac{\sum_{i=1}^{g} \sum_{j=1}^{g} x_{ij}^{N}}{g(g-1)}$$ 收敛和 $i \neq j$ 收敛，对广东省的珠三角中心区域和外围区域的基本公共服务差异现状进行深入研究；最后，运用面板数据模型，对影响差异的因素进行验证性研究。

（三）指标构建

公共服务均等化指标评价体系是进行均等化研究的重要基础和前提，国内外不同的研究机构和学者们对公共服务均等化指标评价体系的构建进行了较为成熟的探索与研究，并从不同的角度提出了一系列典型

的公共服务均等化的指标评价体系。表2详细介绍了目前国内外学界比较流行的指标评价体系。

表2 UNDP人类发展指数（HDI）

总指数	二级指数	三级指标	具体内容
人类发展指数	预期寿命指数	出生时预期寿命	健康长寿的生活
	教育指数	成人识字率 毛入学率（GER）	知识的获取
	GDP指数	人均GDP	体面的生活

资料来源：本表根据胡鞍钢等（2005）、宋洪远等（2004）的论文内容整理得来。杨永恒、胡鞍钢、张宁：《基于主成分分析法的人类发展指数替代技术》，载《经济研究》，2005，07：4-17。宋洪远、马永良：《使用人类发展指数对中国城乡差距的一种估计》，载《经济研究》，2004，11：4-15。

1. UNDP人类发展指数

人类发展指数是联合国开发计划署在1990年提出的，它是衡量一个地区发展程度的最基本指标，最初用于监控世界各地人类发展水平，之后部分学者将其应用到某个国家内部，利用主成分分析法，对国内各地区之间进行考察，并用以评估一国内部的人类发展差距。

人类发展指数的编制十分简单并且很容易理解，被很多国家广泛接受和认同。然而，通过人类发展指数的设计初衷及其目的，不难看出其主要适用于对全世界范围内不同国家和地区之间的人类发展差距进行比较。而且，经过各国学者的不断努力，人类发展指数也被用于一国之内不同省份地区的发展差距对比。如果将人类发展指数直接用于省内地区间基本公共服务水平差异的测量可能不太容易，而且其指标设计简单和笼统，就不能详细地反映省内地区间的细微差别。但是，作为衡量地区发展程度的最基本指标，该指标体系反应的是地区人类发展最基本的方面。因此，本论文也受到人类发展指数设计原则的启发，力求所选指标反映的是人类最基本的、最基础的公共服务需求。

2. 中国市场化指数

中国市场化指数是由樊纲、王小鲁和朱恒鹏等于 2007 年编制的,其主要目的是考察我国不同区域内市场化的进展程度,对我国各省、直辖市、自治区的市场化进程做一个基本的判断,以期了解各地区间市场化的均衡程度。中国市场化指数主要由五个方面指标和 23 个分指标组成,而且该市场化指数利用基本计量方法构造而成,不依赖于专家评分等主观因素,完全客观。具体指标体系如表 3:

表3 中国市场化指数指标体系一览表

	方面指标	分指标
综合指数	政府与市场的关系	市场分配经济资源的比重、减轻农村居民的税费负担、减轻政府对企业的干扰、减轻企业的税外负担、缩小政府规模
	非国有经济的发展	非国有经济在工业总产值中的比重、非国有经济在全社会固定资产总投资中所占比重、非国有经济就业人数占城镇总就业人数的比重
	产品市场的发育程度	价格由市场决定的程度(包括:1. 社会零售商品中价格由市场决定的部分所占比重;2. 生产资料中价格由市场决定的部分所占比重;3. 农产品中价格由市场决定的部分所占比重)、减少商品的地区贸易壁垒
	要素市场的发育程度	金融业的市场化(1. 金融业的市场竞争;2. 信贷资金分配的市场化)、引进外资的程度、劳动力流动性、技术成果市场化
	市场中介组织发育和法律制度环境	市场中介组织的发育(包括:1. 律师人数与当地人口的比例;2. 注册会计师人数与当地人口的比例)、对生产者合法权益的保护(包括:1. 市场秩序;2. 执法效率)、知识产权保护(包括:1. 三种专利申请受理数量与科技人员数的比例;2. 三种专利申请批准数量与科技人员数的比例)、消费者权益保护(包括:1. 消费市场秩序;2. 对消费者的保护的程度)

资料来源:根据樊纲、王小鲁、张立文、朱恒鹏:《中国各地区市场化相对进程报告》内容整理得来。樊纲、王小鲁、张立文、朱恒鹏:《中国各地区市场化相对进程报告》,经济科学出版社 2013 年版。

从表面上来看，中国市场发展指数与本文研究的省内地区间基本公共服务均等化没有太大关系，其主要用于考察不同地区之间市场化进程的均衡程度，指标设计也并没有涉及基本公共服务的具体内容。但是，应看到凡是运用综合评价方法构建测度均等化的指标体系，其设计原则和精神都是相通的。中国市场化指数从市场化进程角度测量地区间市场化的均衡程度，而本文旨在测量省内地区间基本公共服务的均等化程度，虽然两者之间角度不同，但同样给本文带来颇多启示。比如，其在方面指标的选取方面，力求使用客观指标，避免主观因素的影响，试图构建一个尽可能客观的评价指标体系，从而使研究达到可验证性和科学性的要求。同样，本研究指标体系的建构也坚持尽最大可能使用客观指标，尽量避免使用主观指标以保证测量的客观性、科学性和可比性。

3. 中国发展指数

中国发展指数是在努力实现全面协调可持续的发展观的前提下提出的。在中国发展指数编制之前，关于我国地区发展水平的差异，国内外学者都做过一些研究，但中国人民大学中国调查评价中心的学者们认为，这些研究或多或少存在一定的不足，甚至与百姓的感受存在一定的距离。因此，中国人民大学中国调查评价中心的学者们以 HDI 为基础，并结合我国国内基本情况，按照定性选取的原则编制了中国发展指数。该指数指标体系强调指标的代表性和综合性，主要包括：4 个单项指数，15 个指标（10 个正向指标、5 个逆向指标）构成。具体内容如表 4：

中国人民大学中国调查评价中心编制的中国发展指数在评价指标的选取时，结合定性与定量两种方法，指标体系相对全面完善。而且指标直观、通俗易懂，其指标严格按照我国社会经济指标设计，能够较好地对接统计数据进行研究。在考察的内容方面，该指数充分体现了综合性和全面性，强调了均衡发展的特性。

表4 中国发展指数一览表

综合指数	单项指数	分指标
中国发展指数	健康指数	出生预期寿命、婴儿死亡率、每万人平均床位数
	教育指数	成人文盲率、大专以上文化程度人口比例
	生活水平指数	农村居民年人均纯收入、人均GDP、城乡居民年人均消费比、城镇居民恩格尔系数
	社会环境指数	城镇登记失业率、第三产业增加值占GDP比例、人均道路面积、城镇居民人均居住面积、省会城市空气质量达到并好于二级的天数（即省会城市API）、人均环境污染治理投资额

资料来源：由笔者通过参考2007年中国人民大学中国调查评价中心《中国发展指数的编制研究》整理得来。袁卫、彭非：《中国发展指数的编制研究》，载《中国人民大学学报》，2007，02：1–12。

中国发展指数评价指标体系给本研究带来的启示主要有：首先，该评价体系强调指标设计要贴近现实，即要与民生息息相关，这也是本文在设计指标时应该十分注意的问题；其次，强调指标的代表性与综合性，本文在设计指标评价体系时也坚持精简原则与重点原则相结合，力求选取最具代表性的单项指标，不主张运用繁琐的单项指标达到全面性目的；再次，中国发展指数关注我国地区间的均衡发展问题，其中很多指标可以为基本公共服务均等化的研究直接借用，给本文指标评价体系的建构提供很好的指标方面的借鉴。

4. 中国地区经济综合竞争力指标体系

中国地区经济综合竞争力指标体系是由李建平、李闽榕以及高燕京等编制的，其编制目的是采用综合评价方法编制一个能够对省域经济综合竞争力进行预测和评价的指标体系。该指标体系在实践过程中不断修改与调整，逐渐被学术界接受和认同，成为当前国内几种主流的指标评价体系之一。中国省域经济综合竞争力指标体系主要包括1个一级指标、9个二级指标、25个三级指标和207个四级指标①，限于篇幅问题，本文主要给出该指标体系的前三级指标。但是，该指标体系中前三级指标都是指向性的，只有四级指标是属于具有客观数据的基础性指标。中国省域经济综合竞争力指标体系内容见表5：

表5 中国地区经济综合竞争力预测指标体系（含一、二、三级指标）

一级指标	二级指标	三级指标
中国省域经济综合竞争力	宏观经济竞争力	经济实力竞争力、经济结构竞争力、经济外向度竞争力
	产业经济竞争力	农业竞争力、工业竞争力、服务业竞争力、企业竞争力
	可持续发展竞争力	资源竞争力、环境竞争力、人力资源竞争力
	财政金融竞争力	财政竞争力、金融竞争力
	知识经济竞争力	科技竞争力、教育竞争力、文化竞争力
	发展环境竞争力	基础设施竞争力、软环境竞争力
	政府作用竞争力	政府发展经济竞争力、政府规划经济竞争力、政府保障经济竞争力
	发展水平竞争力	工业化进程竞争力、城市化进程竞争力、市场化进程竞争力
	科学和谐发展竞争力	发展方式竞争力、协调发展竞争力

资料来源：根据李闽榕等的论文内容整理得来。李闽榕、黄茂兴、李军军：《省域经济综合竞争力预测模型的构建与精确度验证》，载《管理世界》，2009，02：1-11。

总体来看，中国省域经济综合竞争力指标体系是一个非常全面和详细的评价指数。虽然，本文并没有列出该评价体系的四级指标，但是笔者通过查阅其四级指标发现，其中60个均值类指标几乎将测度地区间

---

① 李闽榕、黄茂兴、李军军：《省域经济综合竞争力预测模型的构建与精确度验证》，载《管理世界》，2009年第2期。

基本公共服务均等化方面的客观指标全部覆盖，而且更为重要的是该指标评价体系的许多均值类指标都能够直接为本论文研究所采用。因此，指标的选取与分类等方面是本文需要重点琢磨与借鉴的。

（四）均等化评价指标体系具体构建研究

在回顾了几种颇具代表性的有关测度均等化指标评价体系之后，本部分将回顾国内学者立足各自不同的研究视角所进行的相关指标体系的具体构建。本论文做这样的梳理是十分必要的，因为回顾具体的构建研究文献，将很好地为本研究就具体测度指标的选取提供借鉴和启发。当然，众多学者都是在上述典型的均等化指标评价体系的前提下，从各自的学科背景出发，针对不同的研究目的进行的。

从"产出"角度看，几乎所有的指标评价体系都包含产出方面的评价指标，因为，产出类的指标更加直观和可以度量。如安体富等[1]，构建了中国公共服务均等化水平指标体系，该体系包含七大方面指标和十六个单项指标，并以此对我国地区基本公共服务水平进行了评价；马慧强等[2]构建的测度地市级层面公共服务水平指标体系，共包括7个一级指标和29个二级指标，都是从产出角度进行衡量的；刘成奎等[3]从产出角度，利用社会保障、卫生服务、基础教育、基础设施等4大指标构建了城乡基本公共服务均等化指标评价体系，并计算出相应的基本公共服务均等化指数。[4]

从"投入"角度看，大部分主要选取人均财政收支、人均GDP等

---

[1] 安体富，任强：《中国公共服务均等化水平指标体系的构建——基于地区差别视角的量化分析》，载《财贸经济》，2008年第6期。

[2] 马慧强，韩增林，江海旭：《我国基本公共服务空间差异格局与质量特征分析》，载《经济地理》，2011年第2期。

[3] 刘成奎：《政府城市偏好、网络信息与城乡基本公共服务均等化》，载《财贸研究》，2013年第6期。

[4] 官永彬：《我国区际基本公共服务差距评价指标体系构建及其实证分析》，载《经济体制改革》，2011年第5期。

指标构建了基本公共服务均等化的指标体系。还有少数学者从"投入""产出"和"结果"三个角度，结合公共管理学科特点，考虑到"公共治理能力"日益体现为政府向社会提供的一系列公共服务，故将其纳入指标体系。

总的来看，虽然上述具体的研究实践都没有超出五种主流的指标评价体系，但指标体系的设置角度、选取原则以及测度内容方面由于没有统一的标准，导致一些研究结论相左。总之，在具体的指标体系构建研究中，指标构建角度随意性较大，缺乏系统性；指标选取没有固定标准，缺乏严谨性。

通过对学术界有关地区间公共服务均等化评价指标体系文献的梳理，大致可以将指标体系的构建分为以下类：第一类是从"投入"角度构建指标评价体系，尤其是财政投入角度；第二类是从"产出"角度构建指标评价体系，考察基本公共服务均等化状况；第三类是从"投入"与"产出"两个角度构建指标评价体系，从此角度构建指标体系的属于少数。本文认为上述几种角度都具有其合理性，但是仅仅只从一个角度进行评价指标的构建可能不能反映研究对象的全貌。因为，在诸多的影响因素中，除了地方政府的财力水平，地方政府的供给效率或管理制度也会对基本公共服务均等化产生重要影响。因此，本文结合当前实际情况，从产出和投入两个角度构建基本公共服务均等化评价指标体系，以期全面真实地测度研究对象的特征。

1. 指标选取的原则

本文主要通过考察研究广东省各地区之间基本公共服务水平差异的基本状况，发现导致地区间基本公共服务差异或非均等化状况的影响因素，进而针对这些影响因素提出不断缩小差距的政策措施。而且出于指标外延交叉以及数据资料搜集的方便性，本论文认为，指标在于精而不在于多，选择最近代表性的指标才能达到事半功倍的效果。此外，在指标遴选过程中还应结合我国当前面临的实际情况和突出问题，针对社会公众最关心、最迫切、最需要解决的问题来设计指标，坚持重点突出原则，将那些涉及大众基本生存权与发展权的指标组作为主要考察对象。

2. 独立性与可比性原则

指标评级体系中各指标之间应该做到不重不漏。本文力求完整地评价地区间基本公共服务均等化状况，就必须充分利用每个指标，在保证所选指标尽可能涵盖方面特征信息的前提下，避免同一层次评价指标间的重合。此外，所选指标应该客观实际并且便于比较。

3. 科学性与可得性原则

尽管强调指标的选取必须最大限度地反映方面调整信息，但是现实情况中，某些指标的确可以最大限度地反映研究对象的特征，但是该指标的数据信息却很难获取或者需要付出高昂的成本才可获得。考虑到本研究的经费、时间问题，本论文所使用数据均来源于统计年鉴、统计公报等数据库。因此，只能在保证指标数据可获得的前提下，选取能够最大限度代表或涵盖研究对象特征信息的指标。

此外，除了以上原则和标准需要注意外，本文认为，指标选取的口径问题也应该引起重视。原因是，随着我国城市化进程的不断加快，大量的农民涌入城市，那么在这种现实情况下，对于人口流出地农村地区和人口流入地城市来讲，其基本公共服务的对象都不再是户籍人口，而是全体常住人口。因此，本文中的指标都是以常住人口为统计口径的。

在进行具体的指标体系构建时，严格按照前文所界定的基本公共服务的范围或内容，这也是构建指标体系的最基本原则。本文的基本公共服务共包括六大方面，在借鉴国内外典型指标体系的基础上，从产出和投入两大角度进行构建。基础教育服务是地方政府基本公共服务供给的重要内容，限于数据的可获得性，主要选取普通中小学的师生比进行测量。

在考察公共卫生服务时，大多数研究主要采用医疗机构数、床位数、技术人员数以及执业医师数四类，但是本论文注意到在统计年鉴中执业医师数与技术人员数互有交叉，而反应一个地区公共卫生服务水平最关键的还要看该地区的执业医师数情况，因此，在遵循独立性的原则下，本文采用万人医疗机构数、床位数和执业医师数三大指标，并且采用常住人口进行计算。

关于社会保障，目前主要涵盖养老、失业、生育、工伤、医疗等方面。而为保持各方面指标间的独立性和可比性，本论文将医疗保险剔除社会保障指标范畴，因为其已在公共卫生方面有所体现。而生育和工伤保险两大指标由于数据确实较多，考虑到会影响研究效果故也将其剔除，最终从投入和产出视角将养老保险、失业率以及失业保险作为社会保障的单项指标。

从产出角度来看，基础设施方面的公共服务主要体现在道路及桥梁建设、城市人均公共交通车辆、人均电力消耗等方面；从投入角度看，人均基础设施固定资产投资额很好地反映了地方政府在增强基本公共服务供给方面的努力。但是，同样由于统计数据的可靠性以及难获得性，导致本论文只选取人均公路里程、人均电力消费和固定资产投资三个指标，其中人均公路里程主要是指人均等级公路里程，非等级公路并没有计算在内，同时，由于年份跨度较大且数据统计口径的变化导致本论文没有将基本建设固定资产投资从地区固定资产投资总额剥离出来，而不得不采用地区固定资产投资总额进行计算。

绝大多数学者在研究环境保护相关的公共服务时都将工业废水排放达标率、工业烟尘排放达标率作为单项指标进行具体测度。然而，本论文限于数据的缺失，只能采用其中一个指标，即工业废水排放达标率；同时为了使各方面指标下的单项指标数量尽可能相等，本论文选取了工业废物综合利用率和人均园林绿地面积作为替代指标。在有的研究中将人均园林绿地面积纳入基础设施方面，而本文认为绿地的覆盖率与一个地区的环境保护的关系更为密切，它是一个地区环境质量改善的重要因素，故将其纳入环保服务范畴。

在对公共文化服务进行测量时，笔者发现有许多指标可以反应一个地区公共文化服务的水平，但是大多数指标都是不能够量化或者指标数据的获得异常困难。因此，本文选取人均文化馆、公共图书馆和博物馆数（该指标的计算是将一个地区的文化馆、公共图书馆和博物馆数加总之后求人均）以及人均广播、电视机构数两大指标。具体内容详见表6。

表6 省内地区间基本公共服务水平评价体系

综合指数	方面指标	单项指标
地区综合指数	基础教育服务指数	普通小学师生比
		普通中学师生比
	公共卫生服务指数	万人医疗卫生机构数（个/万人）
		万人医疗机构床位数（张/万人）
	社会保障服务指数	万人执业医师数（人/万人）
		基本养老保险覆盖率（%）
		失业保险覆盖率（%）
	基础设施服务指数	城镇登记失业率（%）
		每万人公路里程（公里/万人）
		人均固定资产投资额（元/人）
	环境保护服务指数	人均电力消费（百千瓦小时/人）
		工业固体废物综合利用率（%）
		工业废水排放达标率（%）
	公共文化服务指数	人均园林绿地面积（平方米/人）
		万人广播、电视机构数（个/万人）
		万人文化馆、公共图书馆和博物馆数（个/万人）

资料来源：主要借鉴陈昌盛、蔡跃洲（2007），安体富、任强（2008），豆建民、刘欣（2011）等指标构建。陈昌盛、蔡跃洲：《中国政府公共服务：基本价值取向与综合绩效评估》，载《财政研究》，2007，06：20-24。安体富、任强：《中国公共服务均等化水平指标体系的构建——基于地区差别视角的量化分析》，载《财贸经济》，2008，06：79-82。豆建民、刘欣：《中国区域基本公共服务水平的收敛性及其影响因素分析》，载《财经研究》，2011，10：37-47。

三、研究发现

由于前文构建的指标评价体系包含了 6 大方面指标和 16 个单项指标，指标纷繁复杂，而后续的研究需要运用一个总的指数进行面板数据研究，因此本文采用多指标综合评价方法进行分析，并进行以下几方面工作：

第一步，原始数据的无量纲化处理：本文选取 2000—2012 年广东省各地区统计年鉴数据进行分析，为了消除指标之间的计量单位以及数值形式差异，本文拟采用极值化法对原始数据进行无量纲化处理，进而得到原始数据的标准化值，极值化法计算公式为：

如果指标为正向指标，则无量纲化公式为：

$$yi = \frac{xi - \min xi}{\max xi - \min xi}$$

如果指标为负向指标，那么无量纲化公式为：

$$yi = \frac{\max xi - xi}{\max xi - \min xi}$$

其中，yi 为各单项指标经过标准化的数值，其取值在 0 和 1 之间；xi 为各单项指标的原始值，$\max xi$、$\min xi$ 分别为 xi 在 2000—2012 年不同地区该指标中的最大原始值和最小原始值。

第二步，方面指标及地区基本公共服务均等化综合指数的合成方法：在对各单项指标原始数据进行标准化的基础上，将单项指标合成方面指标时比较多的做法是采用加权算术平均法、加权几何平均法等，根据论文的研究目的，本文拟选择加权算术平均法，同时，在确定各单项指标的权重时，考虑各指标具有同等的重要性，所以赋予每个单项指标相同的权重。在计算地区基本公共服务均等化综合指数时本文采用上述同样的合成方法进行计算。

第三步，省内地区间基本公共服务水平差异的整体评价：主要采用变异系数进行测量，变异系数的计算公式为：

$$ei = \frac{si}{\overline{yi}}$$

其中，ei 表示第 i 年的公共服务均等化指数变异系数，si 表示第 i 年各地区公共服务指数的标准差，$\overline{yi}$ 表示第 i 年各地区公共服务指数的平均值。ei 的值越大表示地区间公共服务水平差异越大，ei 的值越小表示差异越小。

根据上述计算步骤和原理，本部分将 2000—2012 年广东省 21 个地级市的各指标数据采用极差化法进行标准化，进而采用算术平均法计算出地区基本公共服务差异指数，并对基本公共服务总体与各具体指标做出评价。

（一）区域基本公共服务总体差异评价

从图 1 中可以看出，地区综合指数的 CV 值在 2000 年为 0.226，2001 年略有上升，2002 年又下降为 0.223，然而自 2003 年后虽稍有波动，但整体呈不断上升趋势，2008 年达到最高为 0.293。从 2008 年以来，地区综合指数逐年下降，到 2012 年时，地区综合指数下降到 0.211。这说明从 2008 年广东省实施珠三角一体化以及加快推进公共服务均等化等一系列战略规划已初见成效。从方面指标来看，2000—2012 年间公共文化指数整体呈逐年扩大趋势，社会保障指数有较大的波动趋势，2000—2009 年呈逐年上升趋势，2009 年之后呈逐年下降趋势。除此之外，其他公共服务方面指标整体均呈下降趋势。从单项指标来看（图2），除了公共文化方面的指标以外，其余单项指标均呈现下降趋势，这从侧面反映出各地区间的相对差距在不断缩小，这可能是由于标准差在不断扩大但均值也较大幅度地上升所致。

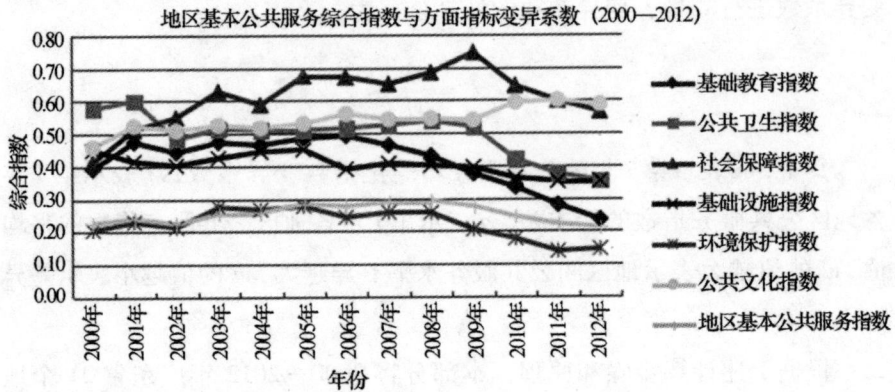

图 1　地区间基本公共服务综合指数（CV）与六个方面指标（CV）变化趋势

资料来源：作者自制。

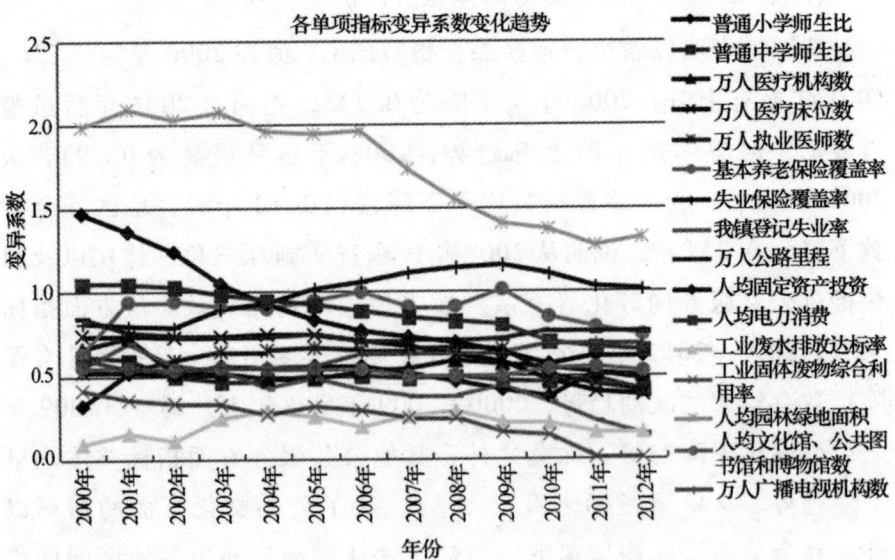

图 2　基本公共服务单项指标变异系数

资料来源：作者自制。

四、广东省内地区间基本公共服务差异空间分析

对于空间分布的研究一直是经济地理学的重点和热点问题。现有文献主要从空间的集聚与收敛两个方面对经济活动的空间特征进行研究。本论文认为通过空间集聚与收敛这两大特征对区域间基本公共服务差异进行分析将是一个很有益的尝试。因此,本论文将借用经济地理学的空间集聚与收敛理论对广东省内各地区间基本公共服务差异状况及其形成机制进行研究,进而为加快推进广东省各地区间基本公共服务均等化提供符合实际的政策建议。

(一)基本公共服务空间分布总体分析

由于广东省特殊的省情,广东省珠江三角洲地区经济十分发达,而珠三角以外的粤东、粤西、粤北地区与其差距较大。因此,本文为了进一步考察珠三角地区与粤东、粤西、粤北的基本公共服务差异程度,拟将广东省21个地级市划分为中心区域——珠三角区域和外围区域——粤东、粤西、粤北两大部分。本文对中心区域和外围区域的划分,参照广东省对珠江三角洲地区的划分,其余地区则作为外围区域。其中,中心区域包括:广州、深圳、佛山、珠海、东莞、中山、惠州、江门和肇庆9个地级市;外围区域包括:韶关、梅州、清远、云浮、阳江、汕头、汕尾、揭阳、潮州、河源、茂名、湛江12个地级市。

表7显示了计算后的广东省各地市2000—2012年的基本公共服务水平指数,由于年份较多,限于篇幅在这里主要列举2000年、2008年和2012年3个年份的数据。从时间趋势角度,就广东全省来看,地区间基本公共服务水平呈现不断上升的发展路径,平均指数值从2000年的0.293上升到2012年的0.457。从中心与外围两大区域来看,中心区域平均值高于全省平均值,而外围区域各地市基本公共服务指数平均值则低于全省平均水平(见图3),中心与外围两大区域之间存在显著差异。而从各地市差别上看,以2012年为例,珠海市的公共服务水平最高,且服

务水平达到 0.658，揭阳市的公共服务水平最低，得分只有 0.303。由此可见，广东省中心区域与外围区域、各地市之间仍存在着显著差距。

表7 主要年份各地市基本公共服务水平指数

地区/年份	2000年	2008年	2012年	地区/年份	2000年	2008年	2012年
广州	0.413	0.549	0.567	中山	0.287	0.424	0.483
深圳	0.327	0.506	0.542	江门	0.324	0.408	0.480
珠海	0.421	0.568	0.658	阳江	0.256	0.367	0.456
汕头	0.261	0.243	0.344	湛江	0.238	0.253	0.337
佛山	0.322	0.417	0.442	茂名	0.224	0.232	0.344
韶关	0.416	0.532	0.623	肇庆	0.274	0.329	0.465
河源	0.316	0.371	0.489	清远	0.312	0.381	0.507
梅州	0.294	0.409	0.493	潮州	0.275	0.331	0.386
惠州	0.311	0.387	0.490	揭阳	0.188	0.189	0.303
汕尾	0.205	0.201	0.310	云浮	0.281	0.340	0.452
东莞	0.205	0.390	0.429	均值	0.293	0.373	0.457

资料来源：2000—2012年《广东统计年鉴》、各地市统计年鉴，数据经作者标准化后计算得来。

注：地市基本公共服务水平指数的计算方法是：首先，在对原始数据进行标准化的基础上，采用加权算术平均法，将各单项指标数据合成方面指标；在确定各单项指标的权重时，考虑各指标具有同等的重要性，所以赋予每个单项指标相同的权重。然后，采用上述同样的方法计算各地市基本公共服务的综合指数。

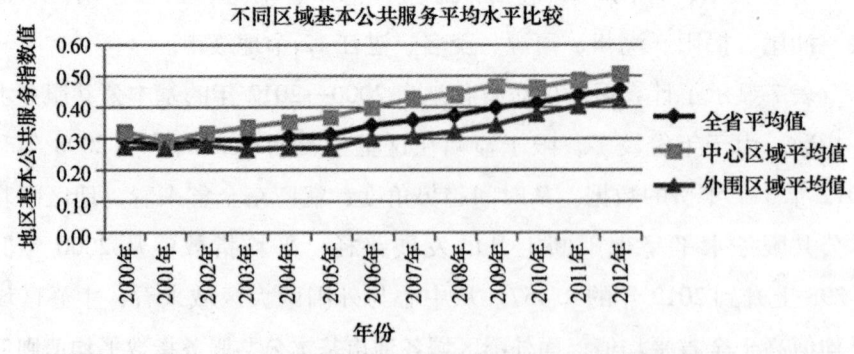

图3 中心区域和外围区域基本公共服务指数平均值
资料来源：作者自制。

（二）地区基本公共服务空间集聚分析

集聚是一种空间经济现象。集聚效应带来的结果是规模经济的出现，而在各种生产要素、人口以及服务业不断流向集聚区域的同时便催生了城市以及城市规模的不断扩大。空间集聚一般会促使集聚区域即中心区域具有较高的经济发展水平或服务水平，而集聚区以外的边缘地带的经济发展或服务水平远远低于中心区，由此便产生了空间的差异问题。因此，空间集聚效应在某种程度上是造成地区间基本公共服务差异的一个重要原因。空间集聚引起的直接结果是城市的快速发展，因此，基本公共服务的空间集聚特征分析可以通过分析地区城市化平均水平和地区基本公共服务水平来直观地体现（图4）。

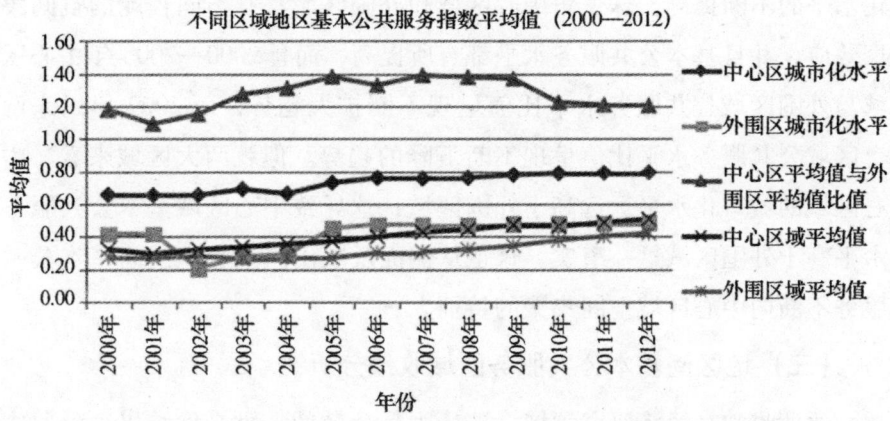

图4　2000—2012年珠三角中心、外围区域基本公共服务平均水平及城市化水平

资料来源：作者自制。

从城市化水平方面来看，珠三角中心区域的城市化水平自2000年以来就达到了60%以上，并且呈现不断提高的趋势；外围区域城市化水平在2000—2002年呈现下降趋势，2003—2005年城市化水平提高较快，自2005年以后外围区域城市化水平呈现一种缓慢的上升趋势，城市化水平一直在45%左右徘徊；通过观察可以看出中心区域的城市化水平远远高于外围区域，即中心区域的集聚程度远远高于外围区域。

从地区基本公共服务水平指数看，中心区域九大城市的平均值在 0.3 以上，并且呈现逐年上升的趋势；外围区域的基本公共服务平均得分为 0.2 以上，并且也呈现上升趋势。为了更加直观地观察和比较中心区域与外围区域的差距，本文构造了中心区域与外围区域基本公共服务平均得分比值这一指标，从上图可以看出自 2000 年以来，珠三角中心区域的平均水平远高于外围区域，且中心区域的水平始终保持在外围区域平均水平的 1.1 倍左右。

通过对 2000—2012 年广东省珠三角中心区域与外围区域基本公共服务平均水平及城市化平均水平的分析发现，随着空间集聚程度，即城市化水平的不断提高，珠三角中心区域和外围区域都有不同程度的空间集聚效应，并且基本公共服务水平都有所提高，而且 2000—2008 年中心区域与外围区域公共服务水平比值呈现不断扩大趋势，而 2009 年以来两个区域公共服务水平比值呈现不断下降的趋势。但就两大区域来看，中心区域的城市化水平远远高于外围区域，这导致中心区域基本公共服务水平高于外围区域这一事实。这也从侧面反映出广东省地区间基本公共服务不断向中心区域空间集聚的特征。

（三）地区间基本公共服务区域收敛分析

所谓收敛在经济研究领域，被认为是分散的一种必然结果。分散主要是指在某一个特定区域内，核心区域的经济发展会向外发散并辐射欠发达地区，以至于当核心区域异常发达或经济发展接近成熟阶段时，就会带动其周边区域的快速发展，并且外围区域的经济发展速度往往会高于核心区域的经济增长速度，这时便产生了所谓的区域收敛现象。考虑到区域公共服务与地区经济发展具有十分密切的关系，故本论文尝试运用收敛的基本思想对珠三角核心与外围两大区域的基本公共服务水平状况进行分析。

1. 地区基本公共服务水平 α 收敛

对于区域收敛现象的分析主要有产出或收入水平上的收敛（即 α 收敛）和经济增长率的收敛（即 β 收敛）两种。[①] α 收敛可以看成是横截面数据的收敛，主要检验的是经济主体产出水平随时间推移而不断缩小的趋势。而本论文研究的地区基本公共服务水平，主要反映的是产出方面。因此，本论文在对广东省内地区间基本公共服务空间分布采用 α 收敛方法进行检验。对于 α 收敛已有文献主要采用泰尔指数、基尼系数以及变异系数进行检验。本论文采用应用简易的变异系数对区域基本公共服务水平的 α 收敛情况进行考察。

从图5可以得出以下结论：

首先，从整体趋势来看，广东省内各地区间基本公共服水平的变异系数是减少的，这也说明在2000—2012年期间存在 α 收敛。

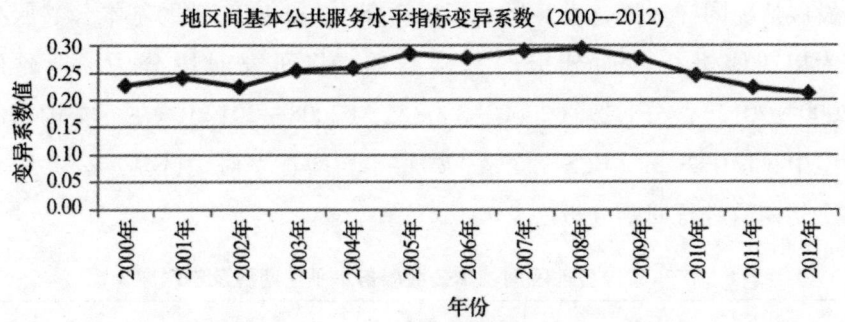

图5 地区间基本公共服务水平指数差异系数（2000—2012年）

资料来源：作者自制。

其次，在总体存在 α 收敛的情况下，又体现出一定的波动性，变异系数呈现"先上升后下降"的趋势。具体来说，第一阶段：从2000年到2002年期间，出现了一个明显而短暂的"先升后降"趋势；第二阶

[①] 曾光：《长三角城市经济增长的收敛性研究》，复旦大学博士学位论文，2006年。

段：从 2003 年到 2008 年，变异系数从 0.257391202 上升到 0.293476009，表明这六年间，广东省各地区间基本公共服务水平存在着 α—发散；第三阶段：从 2008 年到 2012 年这五年间，变异系数从 0.293476009 逐年下降到 0.210904042，下降的速度较快，这表明广东省内各地区间基本公共服务水平自 2008 年以后存在明显的 α 收敛，而且收敛的速度较快。

综上来看，2000—2012 年这十三年期间，广东省内各地区间基本公共服务水平总体存在着 α—收敛，但在总的 α 收敛中，变异系数存在一定的波动。

2. 地区基本公共服务水平绝对 β 收敛检验

所谓的 β 收敛主要指的是落后地区的某些经济指标逐步接近富裕地区水平的速度。[①] 本论文认为运用 β 收敛对研究地区间基本公共服务水平发展情况同样适用，表 8 显示了以 2000 年和 2008 年的基本公共服务作为初期值进行截面分析的基础数据，将研究时段分为：全时段（2000—2012），分时段（2000—2008）、（2008—2012）。在下文构建的模型中，仅引入 ln（BPS）变量，即将年均增长率对地区基本公共服务水平初期值进行回归分析。

表 8　广东省内各地区间基本公共服务水平基期值及年均增长率

地区	2000 年	2008 年	2000—2012 年均增长率	2000—2008 年均增长率	2008—2012 年均增长率
广州	0.41	0.55	2.67	3.64	0.77
深圳	0.33	0.51	4.29	5.60	1.72
珠海	0.42	0.57	3.79	3.81	3.74
汕头	0.26	0.24	2.33	-0.91	9.11

---

① 金相郁：《区域经济增长收敛的分析方法》，载《数量经济技术经济研究》，2006 年第 3 期。

（续表）

地区	2000 年	2008 年	2000—2012 年均增长率	2000—2008 年均增长率	2008—2012 年均增长率
佛山	0.32	0.42	2.67	3.28	1.46
韶关	0.42	0.53	3.43	3.13	4.03
河源	0.32	0.37	3.70	2.03	7.12
梅州	0.29	0.41	4.39	4.22	4.75
惠州	0.31	0.39	3.86	2.78	6.04
汕尾	0.21	0.20	3.48	-0.26	11.38
东莞	0.21	0.39	6.33	8.34	2.41
中山	0.29	0.42	4.43	4.98	3.34
江门	0.32	0.41	3.33	2.91	4.18
阳江	0.26	0.37	4.93	4.62	5.55
湛江	0.24	0.25	2.94	0.77	7.42
茂名	0.22	0.23	3.63	0.40	10.40
肇庆	0.27	0.33	4.51	2.30	9.08
清远	0.31	0.38	4.14	2.53	7.45
潮州	0.27	0.33	2.87	2.37	3.88
揭阳	0.19	0.19	4.08	0.09	12.53
云浮	0.28	0.34	4.03	2.40	7.35

资料来源：作者自制。

注：基期地区基本公共服务指数对数值为 2000 年、2008 年各地区基本公共服务水平指数取对数，年均增长率为 2000—2012 年期间各地区年平均增长率。

本论文采用以下回归方程进行回归分析：

$$\gamma_{it} = \alpha_1 + \beta * \ln(BPS) + \varepsilon_{it}$$

其中 γ_{it} 表示 2000 年到 2012 年各地区基本公共服务水平指数年均增长率，ln（BPS）为 2000 年地区基本公共服务水平指数，ε_{it} 为随机扰动项。

通过对公式的回归发现，基期地区基本公共服务对数值与年均增长率之间没有明显的显著关系。这说明广东省各地区间基本公共服务水平不存在明显的绝对 β 收敛。

表9 广东省内地区间基本公共服务水平差距绝对 β 收敛回归结果

变量	截面分析		
	2000—2012 年	2000—2008 年	2008—2012 年
β	-1.211 (-1.358)	2.853 (1.340)	-9.108*** (-7.724)
常数项	2.286* (2.019)	6.381** (2.361)	3.510** (2.761)
样本个数	21	21	21
R^2	0.088	0.086	0.758
F 值	1.844	1.796	59.66

括号内数字表示 t 值检验结果***，**，* 分别表示在1%，5%和10%水平上显著。

资料来源：作者根据2000—2012年统计年鉴数据计算得来。

通过截面回归分析可以发现，2000—2012 年常数项在5%的显著水平上显著，而收敛系数 β 不显著，这表明整体来看广东省内地区间基本公共服务水平不存在绝对 β 收敛；同样的2000—2008 年广东省内地区间基本公共服务水平的收敛系数也不显著，说明这一时期同样不存在绝对 β 收敛，这一趋势与广东省内地区间基本公共服务水平变异系数的变化趋势相符，变异系数趋势变化表明，各地区之间基本公共服务水平差异是不断扩大的，因此不存在绝对 β 收敛是在意料之中的；而2008—2012年期间，收敛系数和常数项系数均呈显著水平，这说明自2008年以来广东省各地区间基本公共服务水平存在绝对 β 收敛，这与广东省2008年以来实施的珠三角一体化战略规划有很大的关系。

不断缩小地区间基本公共服务水平差距是当前构建和谐社会的重要手段，本文立足广东特殊省情，并兼顾指标与数据的可获得性等方面的限制，从地市级层面构建了基本公共服务评价指标体系，搜集了广东省

21个地级市 2000—2012 年的统计数据，并运用多指标综合评价方法，首先将原始数据采用极差化法进行标准化，然后采用加权算数平均方法计算方面指标和地区基本公共服务指数值，最后，对地区基本公共服务指数值进行分析，以期获得广东省内地区间基本公共服务水平差距的事实特征。通过初步的研究发现：

（1）从变异系数来看，广东省内地区间基本公共服务差距总体呈缩小趋势，即存在 α 收敛，变异系数的缩小反映了广东省内各地区间基本公共服务不断走向均等化的基本事实，但是不能准确测度广东省内各地区间基本公共服务水平的真实差距；

（2）通过对不同区域的比较发现，广东省各地区之间仍存在显著差异，中心区域基本公共服务水平值明显高于外围区域；

（3）地区间基本公共服务各方面指标并非呈现单向递减或递增趋势，而是波动起伏但总体又呈现先增后降趋势，个别方面指标非均衡程度差异显著，公共文化指数和社会保障指数波动较大呈不断扩大趋势；

（4）广东省地区基本公共服务水平的空间分布具有明显的空间集聚特征，中心区域与外围区域都具有空间集聚的特征，但中心区域的空间集聚程度更高。

（5）通过分时段的截面分析发现，广东省内各地区基本公共服务水平整体来看不存在 β 收敛，但是在分时段研究中，2008—2012 年期间存在明显的 β 收敛，即落后地区基本公共服务水平提升速度明显高于发达地区的提升速度。

总之，通过研究发现广东省内各地区之间基本公共服务差异的一个基本事实：各地区间基本公共服务差距整体趋于缩小，但各地区间的绝对差距仍然较大，广东省珠三角地区与珠三角外围地区的公共服务差距明显，并且个别公共服务项目，如社会保障指数、公共文化指数，仍有较大波动或地区差距不断扩大的趋势。

五、促进地区间基本公共服务均等化的建议

（一）合理集聚、控制规模，解决城市人口规模和人口密度的矛盾

城市人口在空间领域上的集聚，可以大大降低基本公共服务提供的成本，从而从整体上缩小地区基本公共服务水平差距。因此，引导人口向经济发达区域的集聚将有利于地区间基本公共服务水平差异的缩小。广东省尤其是珠三角地区城市人口规模已逐渐达到城市合理人口规模的上限。珠三角区域当前面临的一个突出问题是如何更好地解决城市人口规模与人口密度的问题。城市人口规模的过度集中将导致"挤出效应"的出现，进而导致地区基本公共服务提供成本的提高。十八大关于城镇化的相关政策明确提出要合理控制城市人口规模。因此，针对珠三角人口规模过度集聚的城市，应该采取合理的分流措施，一方面应加强珠三角中心城市的辐射带动功能，广州、深圳等特大城市应适当疏散经济功能和其他相关功能，推动产业转移与调整；另一方面应有重点地发展小城镇，大城市周边的重点城镇可以作为其功能疏散的承接者，并有重点地逐步培养重点城镇成为卫星城。①

（二）提高地区财政自给率，完善转移支付制度，构建合理的财政支出体制

雄厚的财力是政府提供地区基本公共服务的重要物质基础，而地区经济发展水平的不断提高与地方政府的税收能力成正比，经济越发达的地区也意味着地方政府往往具有较强的财政支出能力。因此，应加快发展地区经济，通过地区自身经济实力的不断增长来达到较高的财政自给率，进而加大对地区基本公共服务供给的财力支持。

另外，加快促进省内各地区之间财政能力均等化，是实现各地区之

---

① 详见《国家新型城镇化规划（2014—2020年）》。

间基本公共服务均等化的关键因素。具体措施主要有：第一，应继续加大省级财政转移支付，尤其是对欠发达地区，继续保持欠发达地区的基本公共服务支出增长率高于中心区域；第二，在加强纵向转移支付的同时，也应该重视横向转移支付的作用，加快建立纵横相结合的财政转移支付制度，实施发达地区向欠发达地区的点对点帮扶①；第三，在基本公共服务提供的财权分配上，针对不同地区的经济发展水平应采取不同的财权分配措施，在欠发达的粤东、粤西、粤北地区应主要由省级政府承担，在中等发达地区主要由三级政府承担，但地市级政府应承担主要责任，在经济发达地区也要由三级政府承担，但以县级政府为主；再次，加快产业结构调整，促进产业结构优化升级，以合理的产业布局带动合理的人口布局。

（三）提高居民收入，不断满足居民的多样化需求

首先，各地区要根据自身情况制定合理的各具特色的地区经济发展规划，不断增强地区经济实力。一方面可以扩大地方税基不断增强政府的公共财政实力；另一方面，地区经济的快速发展，往往能够增加居民的收入，不断提高居民的消费能力。满足地区居民的需求并为其提供高质量的、全面的公共服务是地方政府存在的基础。各地政府在提供基本公共服务的过程中应充分听取公众意见，注重回应公民的实际需求，以保证基本公共服务提供的有效性；另一方面基层地方政府处于与公众接触的第一线，基层政府最了解民众的真正需求，因此，在基本公共服务提供过程中应赋予公共服务提供者一定的自主权，这样提供者才能始终保持灵活性，对居民基本公共服务需求做出及时回应，并提高财政资金的有效性。

（四）优化产业结构，促进产业结构的合理化和高级化

广东省各地区，尤其是珠三角外围经济欠发达地区应加快产业结构

---

① 详见《广东省基本公共服务均等化规划纲要（2009—2020 年）》。

升级，加快创新发展，明确思路和方向，注重发挥各地区的比较优势，因地制宜，不断突出重点，加强地区交流和帮扶，实现优势互补，寻求错位发展的经济性增长点，不断增强自身发展功能。珠三角外围区域的各地区，一方面应加快改善投资环境，加大招商引资力度，积极承接珠三角核心区域的产业转移，优化发展临港工业、钢铁、石化、能源、装备制造等重化产业；另一方面，也应加快发展现代物流、金融、科技服务、商贸会展等生产性服务业和新能源、新材料、生物医药、电子信息等战略性新兴产业，不断提高第三产业比重，构建各具特色的现代产业体系。同时，珠三角核心区域应加快产业结构优化升级，尽快将传统产业向珠三角外围区域转移，加快发展现代服务业，不断引导生产要素向产业高级化方向发展，进而使广东省各地区整体呈现一种产业结构不断合理化且核心区域不断实现高级化的格局。

（五）推进基本公共服务供给主体的多元化

政府是基本公共服务供给的主体，然而广东省作为一个市场化程度较高的区域，除政府外还应该积极利用市场机制，创新基本公共服务融资体制，转变政府职能，确保政府不缺位、不越位，充分发挥市场作用，从而对居民的基本公共服务需求变化做出及时灵活的调整和响应，大大降低基本公共服务供给成本，提高效率。因此，应加快探索和建立基本公共服务供给的多元参与机制，吸引各种社会力量和组织参与到公共服务的提供中来。

后 记

　　21世纪是中国的世纪，也是城市的世纪。党的十八大报告中提出："坚持走中国特色新型工业化、信息化、城镇化、农业现代化道路，推动信息化和工业化深度融合、工业化和城镇化良性互动、城镇化和农业现代化相互协调，促进工业化、信息化、城镇化、农业现代化同步发展。"建设城乡统筹、城乡一体、产城互动、节约集约、生态宜居、和谐发展为基本特征的城镇化，形成大中小城市、小城镇、新型农村社区协调发展、互促共进的新型城镇化，是我国实现中华民族百年复兴，全面建成小康社会的重要战略。在这个过程中，城市区域的治理转型至关重要。经过半个世纪的摸索后，我国的城市区域治理形成了从中央战略到地方行动，从府际合作到跨域协调的立体网络。这种治理模式既具备了西方治理理论的要素，又体现了我国政府、市场与社会的转型特征。中国式的治理需要政府的宏观协调、市场的活跃参与和社会的积极推动三者的合力。只有这种模式才能解决环境污染、公共服务、土地利用、经济增长等中国城镇化问题，通过形成有效的城市区域治理，推进我国的新型城镇化道路。希望此书能为这种探索提供理论和实践的贡献。

　　此书即将付梓之际，感谢撰写各章的学者同行的辛苦付出。此书的出版是大家共聚中山大学参加第二届"面向21世纪的全球区域—城市发展国际会议"暨"第四届变迁中的中国城市社会和城市治理"研讨会，共同探讨我国城镇化与区域治理的智慧结晶。中山大学中国公共管理研究中心和政治与公共事务管理学院在 2011 年和 2014 年主办的两届会议为海内外学者提供了碰撞学术火花的平台，特别感念会议发起者陈瑞莲教授的支持和付出。张育琴同学和其他志愿者在会议举办和书稿编辑过程中付出了辛苦的劳动。中央编译出版社贾宇琰及王琳等老师的专业意见和热心帮助为此书的出版提供了重要支持。在此谨表示由衷的感谢。

图书在版编目（CIP）数据

中国新型城镇化发展与城市区域治理创新/叶林等著．—北京：中央编译出版社，2017.7
ISBN 978-7-5117-3292-7

Ⅰ．①中…
Ⅱ．①叶…
Ⅲ．①城市化－研究－中国 ②城市管理－研究－中国
Ⅳ．①F299.21 ②F299.23

中国版本图书馆 CIP 数据核字（2017）第 045994 号

中国新型城镇化发展与城市区域治理创新

出 版 人：	葛海彦
出版统筹：	贾宇琰
责任编辑：	王　琳　赵　灿
责任印制：	尹　珺
出版发行：	中央编译出版社
地　　址：	北京西城区车公庄大街乙 5 号鸿儒大厦 B 座（100044）
电　　话：	（010）52612345（总编室）　　（010）52612341（编辑室）
	（010）52612316（发行部）　　（010）52612346（馆配部）
传　　真：	（010）66515838
经　　销：	全国新华书店
印　　刷：	北京紫瑞利印刷有限公司
开　　本：	787 毫米×1092 毫米　1/16
字　　数：	331 千字
印　　张：	24.75
版　　次：	2017 年 7 月第 1 版
印　　次：	2017 年 7 月第 1 次印刷
定　　价：	89.00 元
网　　址：	www.cctphome.com　　邮　箱：cctp@cctphome.com
新浪微博：	@中央编译出版社　　微　信：中央编译出版社(ID: cctphome)
淘宝店铺：	中央编译出版社直销店(http://shop108367160.taobao.com)
	（010）55626985

本社常年法律顾问：北京市吴栾赵阎律师事务所律师　闫军　梁勤
凡有印装质量问题，本社负责调换，电话：（010）55626985